公路工程现场管理人员一本通系列丛书

公路安全员一本通

本书编委会 编

中国建材工业出版社

图书在版编目(CIP)数据

公路安全员一本通/《公路安全员一本通》编委会编.
—北京:中国建材工业出版社,2009.1(2021.8重印)
(公路工程现场管理人员一本通系列丛书)
ISBN 978-7-80227-517-1

Ⅰ.公… Ⅱ.公… Ⅲ.道路工程－工程施工－安全管理
Ⅳ.U415.12

中国版本图书馆 CIP 数据核字(2008)第 208194 号

公路安全员一本通
本书编委会 编

出版发行：	中国建材工业出版社
地　　址：	北京市海淀区三里河路1号
邮　　编：	100044
经　　销：	全国各地新华书店
印　　刷：	北京紫瑞利印刷有限公司
开　　本：	850mm×1168mm　1/32
印　　张：	14
字　　数：	549千字
版　　次：	2009年1月第1版
印　　次：	2021年8月第5次
书　　号：	ISBN 978-7-80227-517-1
定　　价：	41.80元

本社网址：www.jccbs.com.cn
本书如出现印装质量问题，由我社发行部负责调换。电话：(010)88386906
对本书内容有任何疑问及建议，请与本书责编联系。邮箱：dayi51@sina.com

内 容 提 要

本书结合公路工程安全员的工作特点,主要介绍了安全员岗位职责和要求、公路工程现场安全管理、公路工程施工安全操作、公路施工机械安全操作、公路工程安全施工技术、公路养护安全作业、施工现场环境卫生与文明施工、公路工程伤亡事故管理等方面的相关知识。

本书实用性强,可作为公路工程施工安全员的考试培训用书,也可作为公路工程施工技术人员的学习参考资料以及大中专院校相关专业师生的参考用书。

公路安全员一本通
编委会

主　编：胡立光
副主编：李闪闪　王秋艳
编　委：陈海霞　杜翠霞　韩俊英　吉斌武　李　丽
　　　　梁　允　刘　超　刘亚祯　刘　怡　卢晓雪
　　　　卢月林　宋丽华　田　芳　王翠玲　王刚领
　　　　王四英　王艳妮　王　胤　辛国静　徐　晶
　　　　杨华军　张　静　张青立　张小玲　张彦宁
　　　　张英楠

前　　言

根据我国公路交通发展的宏伟蓝图,2010年前全国公路通车里程将达到230万km,高速公路总里程达到5万km,基本建成西部8条省际通道,东部地区基本形成高速公路网,国、省干线公路等级全面提高,农村公路交通条件得到明显改善。再经过十几年的努力,全国公路总里程将达到300万km,高速公路总里程达到7万km以上,基本形成国家高速公路网。

现阶段由于全球性金融危机的不断蔓延与发展,我国经济也不可避免地受到了影响。为了抵御国际金融危机对我国经济的不利影响,我国中央政府审时度势,积极应对,快速出台了一系列以扩大内需为主调的稳定和保持国内经济增长的政策措施。这将给包括公路建设在内的交通基础设施建设带来新一轮发展机遇。国家将在高等级公路建设、农村公路建设、国省干线改造、费收政策改革、公路应急服务系统、超限治理和安保工程等方面进一步加快建设步伐。

随着我国公路工程建设的飞速发展,公路工程建设从业人员队伍不断扩大,多行业的施工企业都加入到了公路工程建设之中。为了确保公路工程建设的质量,国家和公路工程行业主管部门对加强公路工程施工现场技术人员的技术培训,提高他们的业务素质提出了明确的要求,要求公路工程施工人员应参加所在岗位的培训,并应取得相应岗位的上岗资格。为此我们组织公路工程方面的专家学者,根据公路工程岗位培训工作的需要,编写了这套《公路工程现场管理人员一本通系列丛书》。本套丛书共包括以下分册:

1. 道路施工员一本通
2. 桥涵施工员一本通
3. 公路质量员一本通
4. 公路监理员一本通
5. 公路材料员一本通
6. 公路测量员一本通

7. 公路安全员一本通
8. 公路造价员一本通
9. 公路资料员一本通
10. 公路现场电工一本通

本套丛书既是我国公路工程施工经验的总结,也是对我国公路工程施工管理过程的归纳与升华。与市面上同类图书比较,本套丛书主要具有以下特点:

(1)丛书紧扣"一本通"的理念进行编写。主要对公路工程施工现场管理人员的工作职责、专业技术知识、业务管理和质量管理实施细则以及有关的专业法规、标准和规范等进行了归纳总结,融新材料、新技术、新工艺为一体。

(2)在内容组成上,将理论性和技术实用性进行合理搭配,力求做到理论精练够用,技术实践突出,以满足公路工程建设施工现场管理人员的需要。因此丛书在叙述过程中选择了一定的必不可少的基本理论知识作为其技术部分的基础,以帮助读者尽快地领会技术内容的实质和要领,从而能在实际应用中发挥主观能动性,提高应用技术的水平。

(3)紧扣实际工作。丛书以公路工程施工过程为主线,将公路工程施工技术与相关标准规范、施工管理人员应具备的基本知识,以及公路工程施工质量控制要点、质量问题的原因分析、质量问题处理措施等知识全部融为一体,是一套不可多得的实用工具书。

丛书编写过程中,参考和引用了部分著作及文献资料,且得到了有关部门和专家的大力支持与帮助,在此深表谢意。由于编者的水平,丛书中错误及疏漏之处在所难免,恳请广大读者和有关专家批评指正。

丛书编委会

目 录

第一章 安全员岗位职责和要求 (1)
第一节 安全员的岗位职责和权利 (1)
一、安全员的职责 (1)
二、安全员的权力 (1)
第二节 安全员的作用和基本要求 (2)
一、安全员的作用 (2)
二、安全员的基本要求 (2)
第三节 安全员必备基础知识 (3)
一、工程材料基础知识 (3)
二、力学基础知识 (7)
三、工程施工图识读 (10)
第四节 怎样做好安全员工作 (17)

第二章 公路工程现场安全管理 (20)
第一节 安全管理概述 (20)
一、安全管理的概念和作用 (20)
二、安全生产的方针和原则 (21)
三、安全管理的"五种关系"与"六个坚持" (24)
四、安全管理的内容与方法 (26)
五、有关安全生产的法律法规 (30)
六、常见的违法行为及法律责任 (35)
七、公路工程安全生产各方责任 (37)
第二节 安全管理保证体系 (47)
一、安全管理体系 (47)
二、安全管理策划 (48)
三、安全生产保证体系 (50)
四、公路施工企业安全生产管理制度 (54)
第三节 公路工程安全管理措施 (60)
一、安全教育培训 (60)

二、安全生产责任制 …………………………………… (65)
　　三、安全生产检查制度 ………………………………… (66)
　　四、安全验收 …………………………………………… (72)
　　五、劳动防护用品管理 ………………………………… (73)
第四节　施工现场临时用电安全管理 …………………… (78)
　　一、临时用电安全管理原则 …………………………… (78)
　　二、电器接零或接地 …………………………………… (81)
　　三、配电室 ……………………………………………… (84)
　　四、配电箱 ……………………………………………… (85)
　　五、施工用电线路 ……………………………………… (86)
　　六、施工照明 …………………………………………… (90)
　　七、临时用电安全技术交底 …………………………… (91)
第五节　施工现场防火安全管理 ………………………… (94)
　　一、重点部位和重点工种防火要求 …………………… (94)
　　二、特殊施工场所的防火要求 ………………………… (102)
　　三、高层建筑工程施工防火 …………………………… (103)
第六节　高处作业安全管理 ……………………………… (108)
　　一、洞口、临边作业安全防护 ………………………… (108)
　　二、高险作业的安全防护 ……………………………… (109)
　　三、交叉作业的安全防护 ……………………………… (110)
第七节　季节性施工安全管理 …………………………… (111)
　　一、雨期施工 …………………………………………… (111)
　　二、冬期施工 …………………………………………… (111)
　　三、暑期施工 …………………………………………… (112)
第八节　脚手架管理 ……………………………………… (130)
　　一、一般规定 …………………………………………… (130)
　　二、门式钢管脚手架 …………………………………… (136)
　　三、吊篮架子 …………………………………………… (139)
　　四、扣件式钢管脚手架 ………………………………… (140)
　　五、悬挑式脚手架 ……………………………………… (150)
　　六、凳式与支柱式脚手架 ……………………………… (151)
　　七、满堂红脚手架 ……………………………………… (151)

目 录

第三章　公路工程施工安全操作 (153)
第一节　一般规定 (153)
第二节　一般作业工种安全操作 (154)
　一、测量工、实验工 (154)
　二、壮工 (155)
　三、混凝土工 (159)
　四、沥青混合料拌合机操作工 (160)
　五、混凝土机械操作工 (162)
　六、钢筋工 (164)
　七、预应力钢筋张拉工 (168)
　八、筑路工 (168)
　九、盾构机操作工 (171)
　十、管道工(金属管道工) (172)
　十一、钻孔机操作工 (176)
　十二、木工(模板) (176)
　十三、下水道工 (180)
　十四、顶管工 (182)
　十五、锚喷工 (186)
　十六、中小型机械操作工 (186)
第三节　特种作业工种安全操作 (188)
　一、特种作业范围 (188)
　二、基本条件与岗位要求 (189)
　三、架子工 (191)
　四、司炉工 (192)
　五、焊工 (193)
　六、起重运输机械操作工 (199)
　七、动力机械操作工 (206)
　八、起重工(挂钩工、信号工) (208)
　九、电工 (211)

第四章　公路施工机械安全操作 (215)
第一节　土石方机械 (215)
　一、单斗挖掘机 (215)

二、挖掘装载机 …………………………………………… (216)
　　三、推土机 ………………………………………………… (217)
　　四、铲运机 ………………………………………………… (219)
第二节　混凝土机械 …………………………………………… (220)
　　一、混凝土搅拌机 ………………………………………… (220)
　　二、混凝土搅拌站 ………………………………………… (222)
　　三、混凝土搅拌输送车 …………………………………… (223)
　　四、混凝土泵 ……………………………………………… (224)
　　五、混凝土振动器 ………………………………………… (225)
　　六、液压滑升设备 ………………………………………… (226)
第三节　起重设备 ……………………………………………… (227)
　　一、塔式起重机 …………………………………………… (227)
　　二、履带式起重机 ………………………………………… (231)
　　三、门式、桥式起重机与电动葫芦 ……………………… (232)
　　四、汽车、轮胎式起重机 ………………………………… (234)
　　五、卷扬机 ………………………………………………… (235)
　　六、施工升降机 …………………………………………… (236)
　　七、龙门架及井架物料提升机 …………………………… (237)
　　八、电葫芦 ………………………………………………… (244)
第四节　钢筋加工机械 ………………………………………… (244)
　　一、钢筋除锈机 …………………………………………… (244)
　　二、钢筋调直机 …………………………………………… (245)
　　三、钢筋切断机 …………………………………………… (245)
　　四、钢筋弯曲机 …………………………………………… (246)
　　五、钢筋冷拉机 …………………………………………… (246)
　　六、预应力钢筋拉伸设备 ………………………………… (247)
第五节　焊接机械 ……………………………………………… (247)
　　一、电弧焊 ………………………………………………… (247)
　　二、交流电焊机 …………………………………………… (248)
　　三、直流电焊机 …………………………………………… (248)
　　四、对焊机 ………………………………………………… (249)
　　五、点焊机 ………………………………………………… (249)

目　录

　　六、乙炔气焊 ·· (250)

第六节　桩工及水工机械 ·· (251)

　　一、基本要求 ·· (251)

　　二、柴油打桩锤 ··· (251)

　　三、振动桩锤 ·· (252)

　　四、履带式打桩机(三支点式) ·· (253)

　　五、静力压桩机 ··· (254)

　　六、离心水泵 ·· (255)

　　七、潜水泵 ··· (256)

　　八、深井泵 ··· (256)

　　九、泥浆泵 ··· (256)

第七节　路面机械 ·· (257)

　　一、摊铺机 ··· (257)

　　二、振动压路机 ··· (258)

　　三、蛙式夯实机 ··· (258)

第八节　筑路机械 ·· (259)

　　一、一般规定 ·· (259)

　　二、稳定土拌合机 ·· (260)

　　三、稳定土、石灰粉、煤灰类混合料拌合站 ······················· (260)

　　四、沥青混合料拌合站 ··· (260)

　　五、沥青洒布机 ··· (262)

　　六、沥青混凝土摊铺机 ··· (262)

第五章　公路工程安全施工技术 ·· (264)

第一节　公路工程安全施工概述 ·· (264)

　　一、一般规定 ·· (264)

　　二、施工测量 ·· (264)

　　三、施工准备 ·· (265)

　　四、施工临时设施 ·· (266)

　　五、拆迁与加固 ··· (269)

　　六、安全防护设施 ·· (270)

　　七、施工机械 ·· (272)

　　八、临时码头 ·· (273)

第二节　道路工程安全施工技术 …………………………… (273)
　　一、路基 ………………………………………………… (273)
　　二、路面 ………………………………………………… (298)
第三节　桥涵隧道工程安全施工技术 ……………………… (306)
　　一、桥涵 ………………………………………………… (306)
　　二、隧道 ………………………………………………… (326)
第四节　主要工序作业安全施工技术 ……………………… (339)
　　一、水上作业 …………………………………………… (339)
　　二、潜水作业 …………………………………………… (339)
　　三、夜间施工 …………………………………………… (341)
　　四、边通车、边施工地段的交通管理 ………………… (341)
　　五、特殊季节施工 ……………………………………… (342)

第六章　公路养护安全作业 …………………………… (344)

第一节　养护维修作业控制区 ……………………………… (344)
　　一、警告区 ……………………………………………… (344)
　　二、过渡区 ……………………………………………… (346)
　　三、缓冲区 ……………………………………………… (348)
　　四、工作区 ……………………………………………… (348)
　　五、终止区 ……………………………………………… (348)
第二节　养护安全设施 ……………………………………… (348)
第三节　养护维修作业控制区布置 ………………………… (350)
　　一、高速公路及一级公路养护维修作业控制区布置 … (350)
　　二、二、三级公路养护维修作业控制区布置 ………… (351)
　　三、特大桥桥面和隧道养护维修作业控制区布置 …… (353)
　　四、平面交叉口养护维修作业控制区布置 …………… (353)
　　五、收费广场养护维修作业控制区布置 ……………… (354)
第四节　养护维修安全作业 ………………………………… (354)
　　一、公路养护维修安全作业 …………………………… (354)
　　二、桥梁、隧道养护维修安全作业 …………………… (355)
　　三、冬期除雪安全作业 ………………………………… (356)
　　四、雨期安全作业 ……………………………………… (356)
　　五、雾天养护维修安全作业 …………………………… (356)

  六、山区养护维修安全作业 …………………………………… (356)
  七、清扫、绿化养护及道路检测安全作业 …………………… (356)
  八、养护维修机具安全作业 …………………………………… (357)
第七章　施工现场环境卫生与文明施工 ……………………… (358)
 第一节　施工现场环境卫生管理 ………………………………… (358)
  一、施工区卫生管理 …………………………………………… (358)
  二、生活区卫生管理 …………………………………………… (359)
  三、食堂卫生管理 ……………………………………………… (359)
  四、厕所卫生管理 ……………………………………………… (361)
 第二节　文明施工 ………………………………………………… (361)
  一、文明施工基本条件 ………………………………………… (362)
  二、文明施工基本要求 ………………………………………… (362)
 第三节　施工现场安全色标管理 ………………………………… (363)
  一、安全色 ……………………………………………………… (363)
  二、安全标志 …………………………………………………… (363)
  三、施工现场安全色标数量及位置 …………………………… (363)
 附录　建筑施工现场环境与卫生标准 …………………………… (364)
第八章　公路工程伤亡事故管理 ………………………………… (369)
 第一节　伤亡事故的定义与分类 ………………………………… (369)
  一、伤亡事故的定义 …………………………………………… (369)
  二、伤亡事故的分类 …………………………………………… (369)
 第二节　伤亡事故的处理 ………………………………………… (371)
  一、迅速抢救伤员、保护事故现场 …………………………… (371)
  二、组织事故调查组 …………………………………………… (371)
  三、现场勘察 …………………………………………………… (372)
  四、分析事故原因 ……………………………………………… (373)
  五、伤亡事故报告 ……………………………………………… (374)
 第三节　事故的预测和预防 ……………………………………… (374)
  一、事故原因 …………………………………………………… (374)
  二、事故的预测 ………………………………………………… (376)
  三、事故的预防 ………………………………………………… (376)
  四、施工现场危险因素及控制方法 …………………………… (378)

第四节　事故应急救援预案 ……………………………… (383)
  一、事故应急救援体系 ……………………………………… (383)
  二、事故应急预案的案例与编制 …………………………… (389)
第五节　工伤认定及保险待遇 …………………………… (392)
  一、认定条件 ………………………………………………… (392)
  二、工伤认定申请 …………………………………………… (393)
  三、工伤认定受理 …………………………………………… (393)
  四、工伤保险待遇 …………………………………………… (393)
第六节　现场急救技术 …………………………………… (396)
  一、止血 ……………………………………………………… (396)
  二、包扎 ……………………………………………………… (399)
  三、骨折固定和搬运 ………………………………………… (400)
  四、呼吸心跳骤停的紧急救护 ……………………………… (402)
第七节　伤员的急救 ……………………………………… (403)
  一、现场急救步骤 …………………………………………… (403)
  二、火灾的急救 ……………………………………………… (403)
  三、触电的急救 ……………………………………………… (404)
  四、严重创伤出血伤员的救治 ……………………………… (405)
  五、溺水的急救 ……………………………………………… (406)
  六、中毒事故的急救 ………………………………………… (407)
  七、高温中暑的急救 ………………………………………… (408)
第八节　公路工程施工典型伤亡事故案例 ……………… (409)
  一、高处坠落事故 …………………………………………… (409)
  二、触电伤亡事故 …………………………………………… (413)
  三、机械伤害事故 …………………………………………… (417)
  四、起重伤害事故 …………………………………………… (418)
  五、物体打击事故 …………………………………………… (423)
  六、坍塌伤亡事故 …………………………………………… (425)

参考文献 ……………………………………………………… (431)

第一章 安全员岗位职责和要求

第一节 安全员的岗位职责和权利

一、安全员的职责

(1)施工现场安全员的主要职责是协助项目经理做好安全管理工作,指导班组开展安全生产。

(2)认真贯彻落实安全生产责任制,执行各项安全生产规章制度,经常深入现场检查,及时向上级汇报解决安全工作上存在的严重问题或严重事故隐患。

(3)会同有关部门做好安全生产的宣传教育和培训工作,组织安全工作检查评比,总结和推广安全生产的先进经验,并会同有关部门做好防毒、防尘、防暑降温以及女工保护工作。

(4)参加编制施工方案和安全技术措施,并每日进行安全巡查,发现事故隐患,及时纠正。

(5)督促有关部门按规定及时发放和合理使用个人防护用品。

(6)督促一线施工人员严格按照安全操作规程办事,认真做好安全技术交底,对违反操作规程的行为给予及时制止。

(7)根据施工特点和季节特点,提出每月、每季度和每年度安全工作重点,编制安全计划。针对存在问题,提出改进措施和重点注意事项。

(8)参加伤亡事故的调查处理,做好工伤事故统计、分析和报告,协助有关部门提出预防措施。根据施工现场实际情况,向安全管理部门和有关领导提出改善安全生产和改进安全管理的建议。

二、安全员的权力

(1)遇有特别紧急的不安全情况时,有权指令先行停止生产,并且立即报告领导研究处理。

(2)有权检查所属单位对安全生产方针或上级指示贯彻执行的情况。

(3)对少数执意违章者,经教育不改的,有权执行罚款办法。

(4)对安全隐患存在较多较严重的施工部位,有权签发隐患通知单,并责令班组负责人限期整改。

(5)对不认真执行安全生产方针或上级指示的单位或个人,有权越级向上汇报。

第二节　安全员的作用和基本要求

一、安全员的作用

施工企业的安全员是战斗在基本建设战线上劳动保护工作的安全检查员；是党在加强劳动保护工作上的得力助手和参谋；是直接在生产一线避免伤亡事故的"工地警察"；是保证职工在生产过程中安全与健康的卫士。他们身上担负的责任重大，任务艰巨。

安全生产工作关系到整个工程的顺利进行和职工的安危与健康，任何工作上的失职、疏忽和失误，都有可能导致重大安全事故的发生，所以安全员的责任重大。

二、安全员的基本要求

(1)要求每个安全员应经培训合格后持证上岗，要有高度的热情和强烈的责任感、事业心，热爱安全工作，且在工作中敢于坚持原则，秉公执法。

(2)要求熟悉安全生产方针政策，了解国家及行业有关安全生产的所有法律、法规、条例、操作规程、安全技术要求等。

(3)要求熟悉工程所在地相关管理部门的有关规定，熟悉施工现场各项安全生产制度。

(4)要求有一定的专业知识和操作技能，熟悉施工现场各道工序的技术要求，熟悉生产流程，了解各工种各工序之间的衔接，善于协调各工种、工序之间的关系。

(5)要求有一定的施工现场工作经验和现场组织能力，有分析问题和解决问题的能力，善于总结经验和教训，有洞察力和预见性，及时发现事故苗头并提出改进措施，对突发事故能够沉着应对。

(6)要求对工地上经常使用的机械设备和电气设备的性能和工作原理有一定的了解，对起重、吊装、脚手架、爆破等容易出事故的工种或工序应有一定程度的了解，懂得脚手架的负荷计算、架子的架设和拆除程序，土方开挖坡度计算和架设支撑，电气设备接零接地的一般要求等，发现问题能够正确处理。

(7)要求有一定的防火防爆知识和技术，能够熟练地使用工地上配备的消防器材。懂得防尘防毒的基本知识，会使用防护设施和劳保用品。

(8)要求熟悉工伤事故调查处理程序，掌握一些简单的急救技术进行现场初级救生。

(9)大工程和特殊工程施工现场安全员应该具有力学、施工技术等学科的一般知识。

第三节 安全员必备基础知识

一、工程材料基础知识

1. 工程材料分类

根据组成物质的种类及化学成分将工程材料分为无机材料、有机材料和复合材料三大类，见表1-1。

表 1-1　　　　　　　　　　工程材料分类

无机材料	金属材料	黑色金属：钢、铁； 有色金属：铝、铜等及其合金
	非金属材料	天然石材：砂、石、各种岩石制成的材料； 烧土制品：黏土砖、瓦、陶瓷、玻璃等； 胶凝材料：石灰、石膏、水玻璃、水泥、混凝土、砂浆、硅酸盐制品
有机材料	植物质材料 沥青材料 高分子材料	木材、竹材； 石油沥青、煤沥青、沥青制品； 塑料、涂料、胶粘剂
复合材料	无机非金属材料 与有机材料复合	钢纤维混凝土、沥青混凝土、聚合物混凝土

2. 工程材料技术标准

我国工程材料的技术标准分为四级，具体分类见表1-2。

表 1-2　　　　　　　　　　工程材料技术标准

名　称	代　号	备　注
国家标准	GB	由国家标准化委员会发布的全国性指导技术文件
部颁标准	JC	由主管生产部（或总局）发布，代号按部名定
地方标准	DB	由地方主管部门发布的地方性指导技术文件
企业标准	QB	企业标准仅仅适用于本企业，凡没有制度国家标准、部颁标准的产品，都要制定企业标准

3. 常用无机非金属材料

工程常用无机非金属材料类别、特性和应用见表1-3。

表 1-3　　常用无机非金属材料特性及应用

类别	说明	特性	应用
石灰	主要成分是碳酸钙,在900~1100℃温度下会煅烧成以氧化钙为主要成分的生石灰	使用时将生石灰加水消解为熟石灰,熟化过程为放热反应	可用于制作石灰砂浆、三合灰、加气混凝土制品、碳化石灰板等
石膏	主要成分为硫酸钙	石膏使用起来凝结硬化快,硬化后抗拉和抗压强度较高,防火性好	制成石膏抹灰材料、纸面石膏板、石膏空心条板等各种墙体材料
硅酸盐水泥	由硅酸盐水泥熟料、0~5%石灰石或粒化高炉矿渣、适量石膏磨细制成	主要技术性质包括细度、凝结时间、标准稠度用水量、体积安定性、强度、水化热	适用于一般建筑工程,配制商强度等级混凝土,不适用于大体积、耐高温和海工结构
建筑砂浆	主要由胶凝材料(水泥、石灰、石膏)、细骨料(砂子)、外加剂和水拌合而成	主要技术性质包括和易性、强度和粘结力	可以用来砌筑砖、石砌体,室内、外抹灰,镶贴大理石、水磨石,粘贴面砖等
普通混凝土	主要由水泥、粗集料、细集料、外加剂和水拌合而成	主要技术性质包括混凝土拌合物的和易性、混凝土的强度和耐久性	各种工程
普通黏土砖	主要是以黏土为原料,经配料、制坯、干燥、焙烧、冷却而成	普通黏土砖外形为长方体,标准尺寸为240mm×115mm×53mm,主要技术性质还包括强度等级和抗风化性能	主要用于建筑物的承重墙体的砌筑,也用于砌筑柱、拱、烟囱、沟道、窑身及建筑物的基础
建筑砌块	主要是以天然材料、工业废料或混凝土为主要原料制造生产	主要技术性质包括产品质量等级和强度等级	主要用于一般建筑物墙体的砌筑,也可用来砌筑框架、框剪结构的填充墙

4. 常用无机金属材料

常用无机金属材料的品种分类及说明见表 1-4。

表 1-4　　　　　　　　　常用无机金属材料

类　别	说　明	应　用
热轧钢筋	主要分为热轧光圆钢筋和热轧带肋钢筋。热轧轨带肋钢筋的牌号由 HRB 和牌号的屈服点最小值构成,如 HRB335	主要用于钢筋混凝土结构和预应力钢筋混凝土结构的配筋。盘圆钢筋还是冷拔钢丝的原材料
冷拉钢筋	是将热轧钢筋在常温下实行强力拉伸,以提高屈服极限强度	盘圆钢筋冷拉后可用于钢筋混凝土结构中的受拉筋;热轧带肋钢筋冷拉后可作为预应力混凝土结构中的预应力钢筋
冷轧带肋钢筋	是热轧圆盘条经冷轧或冷拔减径后在其表面冷轧成有肋的钢筋,钢筋代号用 LL 表示	主要用于普通混凝土结构件和中小型预应力混凝土结构件的配筋
热处理钢筋	是指用热轧中碳低合金钢筋经淬火、回火调质处理的钢筋,代号为 RB150	主要用于预应力混凝土
预应力钢丝	是以优质高碳钢圆盘条经等温淬火并拔制而成	适用于大荷载、大跨度及曲线配筋的预应力混凝土结构
热轧型钢	常用的热轧型钢有角钢(等边和不等边)、工字钢、槽钢,T 型钢,H 型钢,L 型钢等	主要用于钢结构
冷弯薄壁型钢	通常是用 2~6mm 薄钢板冷弯或模压而成,有角钢、槽钢等开口薄壁型钢和方形、矩形等空心薄壁型钢	
钢　管	常用的有热轧无缝钢管和焊接钢管	
钢　板	用光面轧辊轧制而成的扁平钢材,根据轧制温度不同,可分为热轧和冷轧两种。热轧钢板分为厚板(厚度大于 4mm)和薄板(厚度为 0.35~4mm)两种,冷轧钢板只有薄板(厚度为 0.2~4mm)一种	主要用于钢结构,厚板可用于焊接结构,薄板可用作屋面或墙面等围护结构,或作为涂层钢板的原料,如制作压型钢板,用于楼板、屋面等

5. 常用有机材料

常用的有机材料分类及品种见表 1-5。

表 1-5　　　　　　　　　常用有机材料

类　别	品　种
防水材料	沥青、石油沥青、沥青防水卷材、高聚物改性沥青防水卷材、合成高分子防水卷材、防水涂料
防腐材料	过氯乙烯漆、环氧树脂漆、酚醛漆、沥青漆、聚氯酯漆、树脂类耐腐蚀胶泥、玻璃钢防腐材料、防腐塑料板材
保温材料	聚氯乙烯泡沫塑料、硬质聚氨酯泡沫塑料、软木及软木板、木丝板

6. 建材、设备的规格型号表示法

(1)土建材料(表 1-6)。

表 1-6　土建材料的规格型号表示法

符号	意义	符号	意义	
∟	角钢	M	门	
⊏	槽钢	n	螺栓孔数目	
⊥	工字钢	C	混凝土强度等级	材料强度等级表示法
—	扁钢、钢板	M	砂浆强度等级	
□	方钢	MU	砖、石、砌块强度等级	
ϕ	圆形材料直径	S	钢材强度等级	
″	英寸	T	木材强度等级	
#	号	β	高厚比	
@	每个、每样相等中距	λ	长细比	
C	窗	〔 〕	允许的	
c	保护层厚度	+(−)	受拉(受压)的	
e	偏心距			

(2)电气材料设备(表 1-7)。

表 1-7　电气材料设备规格型号表示法

符号	意义	符号	意义	
AWG	美国线规			
BWG	伯明翰线规	BLV	铝芯聚氯乙烯绝缘线	导线类型表示法
CWG	中国线规	BLVV	铝芯聚氯乙烯护套线	
SWG	英国线规	BLX	铝芯橡皮线	
DG	电线管	BLXF	铝芯氯丁橡皮线	
G	焊接钢管	BV	铜芯聚氯乙烯绝缘线	
VG	硬塑料管	BVR	铜芯聚氯乙烯绝缘软线	
		BVV	铜芯聚氯乙烯护套线	
B	壁装式	BX	铜芯橡皮线	
D	吸顶式	BXR	铜芯橡皮软线	
G	管吊式 灯具安装方式表示法	BXF	铜芯氯丁橡皮线	
L	链吊式	HBV	铜芯聚氯乙烯通信广播线	
R	嵌入式	HPV	铜芯聚氯乙烯电话配线	
X	线吊式			

第一章 安全员岗位职责和要求

(3) 给水排水材料设备(表1-8)。

表1-8　　　　　给水排水材料设备规格型号表示法

符号	意义	符号	意义
DN	公称直径(毫米)	S	上水管
d	管螺纹(英寸)	TF	通风管
P_g	管线承受压力，如 $1.6N/mm^2$	X	下水管
		XF	循环水管
AQ	氨气管	Y	油管
DQ	氮气管	YI	乙炔管
E	二氧化碳管	YQ	氧气管
GF	鼓风管	YS	压缩空气管
H	化工管	Z	蒸气管
L	凝水管	ZK	真空管
M	煤气管	ZQ	沼气管
QQ	氢气管	$B、B_A$	单级单吸离心水泵
R	热水管	$D、D_A$	多级多吸离心水泵
RH	乳化剂管	HB	单级单吸混流泵
		$J、J_A$	离心式水泵
		$S、S_A$	单级双吸离心水泵

左侧 AQ～RH：输送液体、气体管类型表示法
右侧 S～ZQ：输送液体、气体管类型表示法
右侧 B～S：水泵类表示法

二、力学基础知识

1. 力的基本性质

(1) 力的作用效果。促使或限制物体运动状态的改变，称力的运动效果；促使物体发生变形或破坏，称力的变形效果。

(2) 力的三要素。力的大小、力的方向和力的作用点的位置称三要素。

(3) 作用与反作用原理。力是物体之间的作用，其作用力与反作用力总是大小相等，方向相反，沿同一作用线相互作用。

(4) 力的合成与分解。作用在物体上的两个力用一个力来代替称力的合成。力的合成可用平行四边形法则，见图1-1，P_1 与 P_2 合成 R。利用平行四边形法则也可将一个力分解为两个力，如将 R 分解为 P_1、P_2。但是力的合成只有一个结果，而力的分解会有多种结果。

(5) 约束与约束反力。工程结构是由很多杆件组成的一个整体，其中每一个杆件的运动都要受到相联杆件的限制或称约束。约束杆件对被约束杆件的反作用力，称约束反力。

2. 力矩的特性及应用

(1) 力矩的概念。力使物体绕某点转动的效果要用力矩来度量。力矩＝力×

力臂,$M=P \cdot a$。转动中心称力矩中心,力臂是力矩中心 O 点至力 P 的作用线的垂直距离 a,见图 1-2。力矩的单位是 N·m。

(2)力矩的平衡。物体绕某点没有转动的条件是,对该点的顺时针力矩之和等于反时针力矩之和,即 $\sum M=0$,称力矩平衡方程。

(3)力矩平衡方程的应用。利用力矩平衡方程求杆件的未知力,见图 1-3。

$\sum M_A=0$,求 R_B;
$\sum M_B=0$,求 R_A。

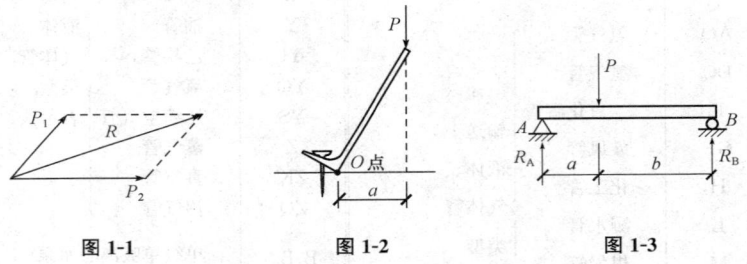

图 1-1　　　　　图 1-2　　　　　图 1-3

3. 物体的平衡

(1)物体的平衡状态。物体相对于地球处于静止状态和等速直线运动状态,力学上把这两种状态都称为平衡状态。

(2)平衡条件。物体在许多力的共同作用下处于平衡状态时,这些力(称为力系)之间必须满足一定的条件,这个条件称为力系的平衡条件。两个力大小相等,方向相反,作用线相重合,这就是二力的平衡条件。

(3)平面汇交力系的平衡条件。一个物体上的作用力系,作用线都在同一平面内,且汇交于一点,这种力系称为平面汇交力系。平面汇交力系的平衡条件是,$\sum X=0$ 和 $\sum Y=0$,见图 1-4。

(4)利用平衡条件求未知力。一个物体,重量为 W,通过两条绳索 AC 和 BC 吊着。计算 AC、BC 拉力的步骤为:首先取隔离体,作出隔离体受力图。然后再列平衡方程,$\sum X=0$,$\sum Y=0$,求未知力 T_1、T_2,见图 1-5。

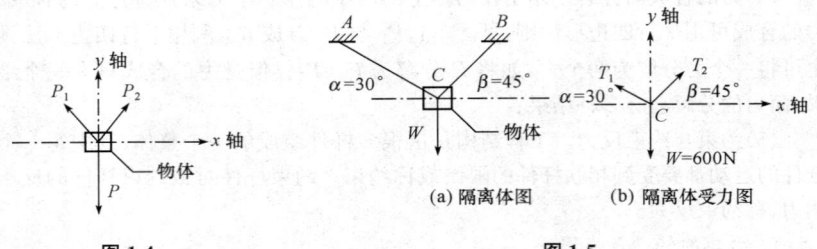

图 1-4　　　　　图 1-5

4. 轴力、应力、应变

(1)轴力。力作用于杆件的两端并沿杆件的轴线,称轴力。轴力分拉力和压力两种。

(2)应力。如图1-6所示,杆件的内力是指杆件本身的一部分与另一部分之间互相作用的力,N即为1—1截面的内力。作用在截面单位面积上的内力称为应力。

应力$\sigma=N/A$,其中A为截面的面积。

轴向拉力产生拉应力,轴向压力产生压应力。拉应力和压应力垂直于截面时,称为正应力。应力以$N/m^2(Pa)$或$kN/m^2(kPa)$为单位。

(3)应变。拉杆在拉力P的作用下,杆的长度将伸长,见图1-7。压杆在压力的作用下,杆将缩短。

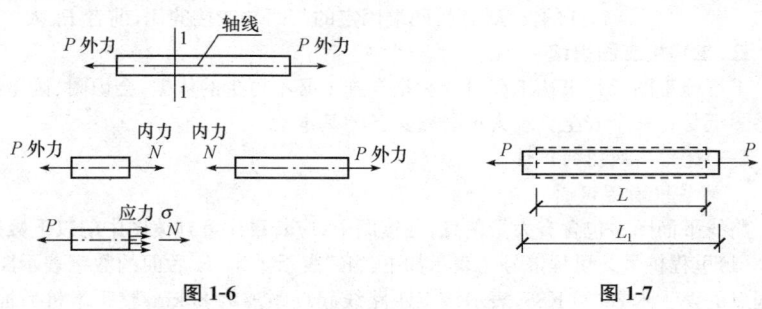

图 1-6   图 1-7

杆的伸长(或缩短)$\Delta L=L_1-L$

线应变=杆的伸长(或缩短)/杆的原长,即$\Delta L/L$。

ε称线应变,即单位长度的伸长(或压缩)量。对于拉伸,ε称拉应变;对于压缩,ε称压应变。

(4)弹性变形。如将拉力或压力卸去后,杆的长度将恢复到原来的长度,这种性质称为弹性。具有弹性的物体称为弹性体。

弹性物体,在拉力或压力的作用下,物体将发生伸长或压缩变形,去掉拉力或压力物体将消失变形,恢复到原来的形状,这种变形称为弹性变形。

5. 杆件强度、刚度和稳定

(1)杆件的基本受力形式。结构杆件的基本受力形式按其变形特点可归纳为以下五种:拉伸、压缩、弯曲、剪切和扭转。

(2)杆件强度。结构杆件在规定的荷载作用下,保证不因材料强度发生破坏的要求,称为强度要求。

(3)杆件刚度。结构杆件在规定的荷载作用下,虽有足够的强度,但其变形也不能过大,超过了允许的范围,也会影响正常的使用。限制过大变形的要求即为刚度要求。

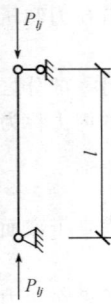

图1-8

(4)杆件稳定。在工程结构中,受压杆件比较细长,受力达到一定的数值时,杆件突然发生弯曲,以致引起整个结构的破坏,这种现象称为失稳。因此受压杆件要有稳定的要求。

图1-8所示为一个细长的压杆,承受轴向压力P,当压力P增加到P_{lj}时,压杆的直线平衡状态失去了稳定。P_{lj}具有临界的性质,因此称为临界力。

(5)临界力P_{lj}的大小与下列因素有关:
1)压杆的材料:钢柱的P_{lj}比木柱大。
2)压杆的截面形状与大小:截面大,不易失稳。
3)压杆的长度l:长度大,P_{lj}小,易失稳。
4)杆的支承情况:两端固定的与两端铰接的比,前者P_{lj}大。

三、工程施工图识读

工程施工图纸是表达工程设计和指导施工必不可少的依据,会识图、读懂图、熟悉图纸是每一个安全管理人员必须具备的基本素质。

(一)道路路线图的识读

1. 路线平面图识读

路线平面图中包含有大量信息,在读图中,应着重注意判读图中的以下数据:
(1)里程桩号。里程桩号的表示如下:"K"表示千米,K后面的数字表示距路线起点的整千米数,如K88,表示该点距路线起点距离为88km;整千米桩后面的"+"号表示整千米加上某一距离,该距离单位为米,如K88+688,表示该点距路线起点距离为88km+688m;两个整千米桩之间标有百米桩,以数字1,2,3,…,9表示,表明至前一个整千米桩的距离,如标示为6的百米桩,表明至前一个整千米桩的距离为600m。

(2)在公路路线平面图中常常存在断链情况的标注。例如,假定在图中交点JD_{185}与JD_{186}之间标有"K66+500=K64+350 断链2150m长"的桩点,该桩点称为断链桩;该桩点具有两个里程数,前一个里程数用于该桩点以前路线里程的计量,后一个里程数用于该桩点以后路线里程的计量。计量的有效范围为至前或至后一个断链桩点为止,如无前、后断链桩点存在,则顺延至路线起点或终点。

路线局部改线后,路线长度发生增减,计量路线长度的里程会发生变化,为了将里程数的变化限制在改线范围之内而设置断链桩;断链桩前的里程按改线后的实测里程,而断链桩以后的里程仍按改线前的里程不变。

断链桩点位标注的两个里程数,当"="号前面的里程数大于后面的里程数时称为"长链";当"="前面的里程数小于后面的里程数时称为"短链"。

(3)路线平面图中绘有等高线,沿等高线梯度方向标注的数字,例如280、

290、300等,为该等高线的高程,标于每10m高差的等高线上。

(4)平面图的空余位置列有曲线表,表中的符号为汉语拼音字母,其含义可查设计文件常用符号表。在路线平面图中,主要符号有JD(交点)、ΔZ(左偏角,表示路线沿前进方向左偏的角度,Δ即为新的路线前进方向与原来的路线前进方向的夹角)、ΔY(右偏角,表示路线沿前进方向右偏的角度;Δ即为新的路线前进方向与原来的路线前进方向的夹角);R(平曲线半径)、T(切线长)、L(曲线长)、E(外矢距)、ZY(直圆点——直线段与圆曲线的交点)、YZ(圆直点——圆曲线与直线段的交点)、ZH(直缓点——直线段与缓和曲线的交点)、HZ(缓直点——缓和曲线与直线段的交点)、HY(缓圆点——缓和曲线与圆曲线的交点)、YH(圆缓点——圆曲线与缓和曲线的交点)、QZ(曲线中点)、BM(水准点)等。

(5)图中还用相应的图示示出了桥梁、隧道、涵洞等构造物,请参阅有关图例。

(6)图中路线两侧地形、地物的判读,在具备基本的地形图的读图知识后就很容易读懂。

2. 路线纵断面图识读

在纵断面图中包含有大量信息,在读图中,应注意判读以下数据:

(1)里程桩号。里程桩号栏系按图示比例标有里程桩位、百米桩位、变坡点桩位、平曲线和竖曲线各要素桩位以及各桩之间插入的整数桩位;一般施工图设计纵断面图中插入整数桩位后相邻桩的间距不大于20m;数据K××,表示整千米数,如K56表示该处里程为56km;100,200,…,为百米桩,变坡点桩、曲线要素桩大多为非整数桩。

(2)地面高程、设计高程、填高挖深。纵坐标为高程,标出的范围以能表达出地面标高的起伏为度;将外业测量得到的各中线桩点原地面高程与里程桩号对应,点绘在坐标系中,连接各点即得出地面线;将按设计纵坡计算出的各桩号设计高程与里程桩号对应,点绘于坐标系中,连接各点得出道路的设计线;并将地面高程和设计高程值列于与桩号对应的、图幅下方表中地面高程栏和设计高程栏;设计线在地面线以上的路段为填方路段,每一桩号的设计高程减地面高程之值即为填筑高度,即图幅下方表中的填(高)栏中之值;地面线在设计线以上的路段为挖方路段,每一桩号的地面高程减设计高程之值即为挖深值,在挖(深)栏中表示。在纵断面图中示出的填挖高度仅表示该处中线位置的填挖高度,填挖工程量还要结合横断面图才能进行计算。

(3)坡度、坡长。坡度、坡长栏中之值系纵坡设计(拉坡)的最终结果值,在纵设计中,通常将变坡点设置在直线段的整桩号上,故坡长一般为整数;在图幅下方表中的坡长、坡度栏中,沿路线前进方向其向上倾斜的斜线段表示上坡、向下倾斜的斜线段表示下坡;在斜线段的上方示出的值是坡度值(百分数表示,下坡为负),斜线段下方示出的值为坡长值(单位为m)。

(4)平曲线。平曲线栏中示出的是平曲线设置情况,沿路线前进方向向左(表示左偏)或向右(表示右偏)的台阶垂直短线仅次于曲线起点和终点,并用文字标出了该曲线的交点编号(如 JD119)、平曲线半径(如 $R=1200$)、曲线长(如 $L=190$)。

(5)土壤地质概况。图幅下方土壤地质概况栏中分段示出了道路沿线的土壤地质概况。

(6)竖曲线。在纵断面图上用两端带竖直短线的水平线表示竖曲线,竖直短线在水平线上方的表示凹竖曲线,竖直短线在水平线下方的表示凸竖曲线;竖直短线分别要与竖曲线起点和终点对齐,并标出 R(竖曲线半径)、T(竖曲线切线长)、E(竖曲线外距);在工程量计算中,会涉及竖曲线的里程桩号、设计高程、地面高程。

(7)结构物。在纵断面图上用竖直线段标示出了桥梁、涵洞的位置;在竖直线段左边标出了结构物的结构形式、跨(孔)径、跨(孔)数,如"6~30m 预应力混凝土 T 型梁桥",表示设置有 6 跨,每跨 30m 的预应力混凝土 T 型梁桥;在竖直线段右边示出的,如 K66+180,表示该结构物的中心桩号为 K66+180;有隧道时,标出了隧道的进、出口位置、里程桩号、隧道名称。

(8)长、短链。若路线存在长链或短链的情况,在纵断面图中的相应桩点亦标出了长链、短链的数据。

3. 路线横断面图识读

(1)路基标准横断面图。通常,设计图中的路基标准横断面图上标注有各细部尺寸,如行车宽度、路肩宽度、分隔带宽度、填方路堤边坡坡度、挖方路堑边坡坡度、台阶宽度、路基横坡坡度、设计高程位置、路中线位置、超高旋转轴位置、截水沟位置、公路界、公路用地范围等。标准横断面图中的数据仅表示该道路路基在通常情况下的横断面设计情况,在特定情况下,比如存在超高、加宽等时的路基横断面的有关数据应在路基横断面图中查找。

(2)路基横断面图。路基横断面图是按照路基设计表中的每一桩号和参数绘制出的路基横断面图。图中除表示出了该横断面的形状外,还标明了该横断面的里程桩号、中桩处的填(高)挖(深)值、填、挖面积,以中线为界的左、右路基宽度等数据。

(3)路面结构设计图的判读。在路面结构设计图的判读中,应重点读懂并弄清:

1)路面结构层的设置与层次划分;

2)每一结构层的组成;

3)各结构层的尺寸、用材(料)与施工技术、施工工艺要求;

4)工程量的计算规则、方法与计算结果及其与造价编制中对工程量计算的要求的一致性。

在读图过程中,应将图、表结合起来阅读和理解。

(二)道路交叉图识读

1. 互通式立体交叉设计图识读

(1)互通式立体交叉一览表及其阅读。在该表中示出了全线互通式立体交叉的数量及其设计的基本情况,表中包含的内容有全线各互通式立体交叉的名称、中心桩号、起讫桩号、地名、互通形式、交叉方式、被交叉公路名称及等级;表中分别按主线、匝道、被交叉公路列出了设计速度、最小平曲线半径、最大纵坡、全长,路面结构类型及厚度,跨线桥、匝道桥结构类型及数量(米/座),以及桥涵、通道等。

通过互通式立体交叉一览表的阅读,对全线互通式立体交叉的设置情况,各立交的基本设计参数、工程规模等有一个全面了解。

(2)互通式立体交叉设计图及其阅读。

1)互通式立体交叉平面图。该图类似于路线平面图,在图中绘出了被交叉公路、匝道、变速车道、跨线桥及其交角,互通式立体交叉区综合排水系统等。

2)互通式立体交叉线位图。该图绘出了坐标网格并标注了坐标,示出了主线、被交叉公路及匝道(包括变速车道)中心线、桩号(千米桩、百米桩、平曲线主要桩位)、平曲线要素等,列出了交点、平曲线控制点坐标。

3)互通式立体交叉纵断面图。该图类似于路线纵断面图,在图中示出了主线、被交叉公路、匝道的纵断面。

4)匝道连接部设计图和匝道连接部标高数据图。匝道连接部设计图中示出了互通式立体交叉简图及连接部位置,绘有匝道与主线、匝道与被交道路、匝道与收费站、匝道与匝道等连接部分的设计图(包括中心线、行车道、路缘带、路肩、鼻端边线,未绘地形),并示出了桩号、各部尺寸、缘石平面图和断面图等。

匝道连接部标高数据图示出了互通式立体交叉简图及连接部位,绘出了连接细部平面(包括中心线、中央分隔带、路缘带、行车道、硬路肩、土路肩、鼻端边线,未绘地形),示出有各断面桩号、路拱横坡和断面中心线以及各部分宽度。

5)互通式立体交叉区内路基、路面及排水设计图表。该部分图表中有路基标准横断面图、路基横断面设计图、路面结构图、排水工程设计图、防护工程设计图等,并附有相应的有格。

6)主线及匝道跨线桥桥型布置图表。

7)主线及跨线桥结构设计图表。

8)通道设计图表、涵洞设计图表。

9)管线设计图。管线设计图中示出了管线的布置(包括平面位置、标高、形式、孔径等),检查井的布置、结构形式等。

10)附属设施设计图。在该部分设计图中示出了立体交叉范围内的其他各项工程,如挡土墙、交通工程、沿线设施预埋管道、阶梯、绿化等工程的位置、形式、结构、尺寸、采用的材料、工程数量等方面的内容。

11)互通式立体交叉设计图包含的图纸内容较多,既有道路方面的,也有桥涵结构方面的,还有防护、排水等方面的设计图。在读图时,要系统地阅读;要将各部分图纸的有机联系、相互之间的关系弄清楚,特别要注意核定其位置关系、构造关系、尺寸关系的正确性及其施工方面的协调性、施工方法的可行性等。

2. 分离式立体交叉设计图识读

(1)分离式立体交叉一览表及其阅读。分离式立体交叉一览表中,给出了各分离式立体交叉的中心桩号及各被交公路名称及等级、交叉方式及与主线的交角、设计荷载、孔数与孔径、桥面净宽、桥梁总长度、上部构造、下部构造、被交公路改建长度、最大纵坡等。

通过该一览表的阅读,可以掌握本工程所含分离式立体交叉的数量、各分立式立体交叉的设计形式(上跨或下穿)、立交桥的桥梁结构形式及工程规模、被交公路的情况等方面内容。

(2)分离式立体交叉设计图及其阅读。

1)分离式立体交叉平面图。该图的范围包括桥梁两端的全部引道在内,图中示出了主线、被交叉公路或铁路、跨线桥及其交角、里程桩号和平曲线要素、护栏、防护网、管道及排水设施位置等。

2)分离式立体交叉纵断面图。该图与路线纵断面图类似;有时该图与平面图一并绘制在一幅图面上。

3)被交叉公路横断面图和路基、路面设计图。该图中示出了被交叉公路的标准横断面图、路基各横断面图、路面结构设计图等。

4)分离式立体交叉桥的桥型布置图。该图示出了分离式立体交叉桥的桥型布置,图中示出了设计的桥梁的结构形式,桥的平面、纵断面(立面)、横断面,墩台设计情况、地质情况、地质情况、里程桩号、设计高程,路线的平曲线、竖曲线设计要素等。

5)分离式立体交叉桥结构设计图。该图中示出了桥的上部结构、下部结构、基础等各部分结构的细部构造、尺寸、所用材料以及对施工方法、施工工艺方面的要求等。

6)其他构造物设计图。若被交叉公路内有挡土墙、涵洞、管线等其他构造物时,则在该图中示出。

由于分离式立体交叉设计图包含的图册较多,涉及的工程内容包括道路、桥梁、涵洞、支挡结构等,因此,应系统地阅读,将各部分图纸之间的关系、相互之间的联系弄清楚,特别是与造价编制有关的,如工程数量、所用材料及数量、施工方法、技术措施等。

3. 平面交叉工程设计图识读

(1)平面交叉工程数量表。在该表中列出了除交通工程及沿线设施以外的、在平面交叉区内(包括交叉区内主线)的所有工程量及材料数量等。

(2)平面交叉布置图。在该图中绘出了地形、地物、主线、被交叉公路或铁路、交通岛等;并注明了交叉点桩号及交角,水准点位置、编号及高程,管线及排水设施的位置等。

(3)平面交叉设计图。该图中示出了环形和渠化交叉的平面、纵断面和横断面及标高数据图等。

对该部分图表的阅读主要是结合平面交叉布置图和设计图核定其工程数量表中的数量。

4. 管线交叉工程设计图识读

(1)管线工程数量表。该表中列出了管线交叉桩号、地名、交叉方式、交叉方式、交角、被交叉的管线长度及管线类型、管线上跨或下穿、净空或埋深,以及工程数量、材料数量等。

(2)管线交叉设计图。管线交叉处如果设计有人工构造物的,在该图中示出,包括其细部构造。

5. 人行天桥工程设计图识读

(1)人行天桥工程数量表。在该表中列出了除交通工程及沿线设施外的人行天桥的数量、每座天桥的工程量或材料数量。

(2)人行天桥设计图。人行天桥设计图与桥梁设计图同,在该图中示出了人行天桥的结构形式,立面图、平面图、横断面图,各细部结构和尺寸、所用材料、高程等。

由于人行天桥结构通常比较简单,因此读懂该部分图表较容易,只需要对照设计图,核对人行天桥工程数量表中的数据即可。

6. 通道工程设计图识读

通道是专供行人通行的,由道路路面以下穿越的构造物。

(1)通道工程数量表。该表中列出了除交通工程及沿线设施以外的、通道范围内的所有工程数量或材料数量。

(2)通道设计图。通道设计图包括通道布置图和通道结构设计图。通道布置图中示出了全部引道在内的平面、纵断面、横断面、地质断面、地下水位等;通道结构设计图中示出了通道的结构形式、细部构造、尺寸、设计高程、地质情况、所用材料等,该图与小桥、涵洞结构设计图类似。

(三)桥涵工程图识读

1. 阅读设计说明

阅读设计图的总说明,以便弄清桥(涵)的设计依据、设计标准、技术指标、桥(涵)位置处的自然、地理、气候、水文、地质等情况;桥(涵)的总体布置,采用的结构形式,所用的材料,施工方法、施工工艺的特定要求等。

2. 阅读工程数量表

在特大、大桥及中桥的设计图纸中,列有工程数量表,在表中列有该桥的中心桩号、河流或桥名、交角、孔数和孔径、长度、结构类型、采用标准图时采用的标准图编号等;并分别按桥面系、上部、下部、基础列出有材料用量或工程数量(包括交通工程及沿线设施通过桥梁的预埋件等)。

该表中的材料用量或工程量,结合有关设计图复核后,是编制造价的依据。在该表的阅读中,应重点复核各结构部位工程数量的正确性、该工程量名称与有关设计图中名称的一致性。

3. 桥位平面图识读

特大、大桥及复杂中桥有桥位平面图,在该图中示出了地形、桥梁位置、里程桩号、直线或平曲线要素,桥长、桥宽,墩台形式、位置和尺寸,锥坡、调治构造物布置等。通过该图的阅读,应对该桥有一个较深的总体概念。

4. 桥型布置图识读

由于桥梁的结构形式很多,因此,通常要按照设计所取的结构形式,绘出桥型布置图。该图在一张图纸上绘有桥的立面(或纵断面)、平面、横断面;并在图中示出了河床断面、地质分界线、钻孔位置及编号、特征水位、冲刷深度、墩台高度及基础埋置深度、桥面纵坡以及各部尺寸和高程;弯桥或斜桥还示出有桥轴线半径、水流方向和斜交角;特大、大桥,该图中的下部各栏中还列出有里程桩号、设计高程、坡度、坡长、竖曲线要素、平曲线要素等。在桥型布置图的读图和熟悉过程中,要重点读懂和弄清桥梁的结构形式、组成、结构细部组成情况、工程量的计算情况等。

5. 桥梁细部结构设计图识读

在桥梁上部结构、下部结构、基础及桥面系等细部结构设计图中,详细绘制出了各细部结构的组成、构造并标示了尺寸等;如果是采用的标准图来作为细部结构的设计图,则在图册中对其细部结构可能没有一一绘制,但在桥型布置图中一定会注明标准图的名称及编号。在阅读和熟悉这部分图纸时,重点应读懂并弄清其结构的细部组成、构造、结构尺寸和工程量;并复核各相关图纸之间细部组成、构造、结构尺寸和工的一致性。

6. 调治构造物设计图识读

如果桥梁工程中布置有调治构造物,如导流堤、护岸等构造物,则在其设计图册中应绘制有平面布置图、立面图、横断面图等。在读图中应重点读懂并弄清调治构造物的布置情况、结构细部组成情况及工程量计算情况等。

7. 小桥、涵洞设计图识读

小桥、涵洞的设计图册中,通常有布置图、结构设计图和小桥、涵洞工程数量表、过水路面设计图和工程数量表等。

在小桥布置图中,绘出了立面(或纵断面)、平面、横断面、河床断面、标明了水位、地质概况、各部尺寸、高程和里程等。

在涵洞布置图中,绘出了设计涵洞处原地面线及涵洞纵向布置,斜涵尚绘制有平面和进出口的立面情况、地基土质情况、各部尺寸和高程等。

对结构设计图,采用标准图的,则可能未绘制结构设计图,但在平面布置图中则注明有标准图的名称及编号;进行特殊设计的,则绘制有结构设计图;对交通工程及沿线设施所需要的预埋件、预留孔及其位置等,在结构设计图中也予以标明。

图册中应列有小桥或涵洞工程数量表,在表中列有小桥或涵洞的中心桩号、交角(若为斜交)、孔数和孔径、桥长和涵长、结构类型;涵洞的进出口形式,小桥的墩台、基础形式;工程及材料数量等。

对设计有过水路面的,在设计图册中则有过水路面设计图和工程数量表。在过水路面设计图中,绘制有立面(或纵断面)、平面、横断面设计图;在工程数量表中,列出有起讫桩号、长度、宽度、结构类型、说明、采用标准图编号、工程及材料数量等。

在对小桥、涵洞设计图进行阅读和理解的过程中,应重点读懂并熟悉小桥、涵洞的特定布置、结构细部、材料或工程数量、施工要求等。

第四节 怎样做好安全员工作

怎样当好安全员,概括起来应做到以下几项工作:

1. 增强事业心,做到尽职尽责

安全员的职责是保护职工的生命安全和生产积极性,保证职工身体健康并有充沛精力投入到四化建设中去。每个安全人员都必须有高度的政治责任感,热爱自己的工作,把安全工作看成自己的长期事业和终身职业,时时刻刻以党和国家的利益为重,搞好自己的工作。

劳动保护工作是一项政策性、技术性、群众性较强的工作。安全检查人员要以强烈的事业心和以对党、对人民的高度负责精神,做到尽职尽责,经常深入工地发现问题,解决问题。不管有多大困难,要想方设法去克服,为避免伤亡事故出计献策,为保证职工的生命安全千方百计,为施工生产的安全顺利进行创造条件,做到群众欢迎、领导满意、自己高兴,这是非常重要的职责,也是一门很深的学问。要想真正做好,必须下苦功,出大力气才会有明显的效果。

2. 努力钻研业务技术,做到精通本行专业

"知识就是力量",能否掌握现代科学文化知识,是做好安全工作的重要环节,安全员必须孜孜不倦地"学习、学习、再学习",去获取知识,才能献身于建设事业。

公路工程施工与其他行业在生产安全方面有很多不同的特点,这给施工生产带来了很多不安全因素,因而,安全生产的预见性、可控性难度很大,安全检查员要适应生产的发展需要,抓住这些特点,努力学习,掌握其基本知识,精通本行专业,才能真正起到检查督促的作用,才能防止瞎指挥、打乱仗。为此,首先要熟悉国家的有关安全规程、法规和管理制度;也要熟悉施工工艺和操作方法;要具有本

专业的统计、计划报表的编制和分析整理能力;要具有管理基层安全工作的能力和经验;要具有根据过去经验或教训以及现存的主要问题,总结一般事故规律的能力等,这些是做好安全工作的基础,务必要认真做到。

3. 加强预见性,将事故消灭在发生之前

"安全第一,预防为主"的方针,是搞好安全工作的准则,也是搞好安全检查的关键。只有做好预防工作,才能处于主动。国家颁发的劳动安全法则,上级制定的安全规程、制度和方法,都是贯彻预防为主的方针,只要认真贯彻,就会收到好的效果。

(1)要有正确的学习态度。就是要从思想上认识到,学习是工作的保证,在学习方法上,要理论联系实际,善于总结经验教训。

(2)要有积极的思想。就是要发挥主观能动作用,在施工前有预见性的提出问题、办法,订出措施,做好施工前的准备。

(3)要有踏实的作风。就是要深入现场掌握情况,准确地发现问题,做到心中有数。

(4)要有正确的方法。就是既能提出问题,又要善于依靠群众和领导,帮助施工人员解决问题。这就要求安全员既要熟悉安全生产方针政策、法令、安全的基本知识和管理的各项制度,又要熟悉生产流程、操作方法。要掌握分管专业安全方面的原始记录、报表和必要的历史资料,做好分析整理工作。

4. 做到依靠领导

一个安全员要做好安全工作,必须依靠领导的支持和帮助,要经常向领导请示、汇报安全生产情况,真正当好领导的参谋,成为领导在安全生产上的得力助手。安全工作中如遇到不能处理和解决的问题,对安全工作影响极大,要及时汇报,依靠领导出面解决;安全员组织开展安全生产评比竞赛的各个时期安全大检查,以及组织广大职工群众参观学习安全生产方面的展览、活动等,都必须取得领导的支持。

5. 做到走群众路线

"安全生产,人人有责",劳动保护工作是广大职工的事业,只有动员群众,依靠群众走群众路线,才能管好。

要使广大群众充分认识到安全生产的政治意义与经济意义以及与个人切身利益的关系,启发群众自觉贯彻执行安全生产规章制度。走群众路线,依靠群众管好安全生产,除向职工进行宣传教育外,还要发动群众参加安全管理,定期开展安全检查和无事故竞赛,推动安全生产工作的开展。

6. 做到认真调查、分析事故

工人职工伤亡事故的调查、登记、统计和报告,是研究生产中工伤事故的原因、规律和制定对策的依据。因此,对发生任何大小事故以及未遂事故,都应认真调查,分析原因,吸取教训,从而找出事故规律,定出防护措施。安全员对发生的每一件事故,都应认真全面调查和正确分析。掌握事故发生前后的每一细微情况,以及事故的全过程,全面研究、综合分析论证,才能找出事故真正原因,从中吸取教训。

第二章　公路工程现场安全管理

第一节　安全管理概述

一、安全管理的概念和作用

1. 安全管理的概念

安全管理的中心问题,是保护生产活动中人的安全与健康,保证生产顺利进行。宏观的安全管理包括劳动保护、安全技术和工业卫生,它们是相互联系又相互独立的三个方面。

劳动保护侧重于以政策、规程、条例、制度等形式,规范操作或管理行为,从而使劳动者的劳动安全与身体健康得到应有的法律保障。

安全技术侧重对劳动手段和劳动对象的管理,包括预防伤亡事故的工程技术和安全与身体健康得到应有的法律保障。

工业卫生着重工业生产中高温、粉尘、振动、噪声、毒物的管理。通过防护、医疗、保健等措施,防止劳动者的安全与健康受到有害因素的危害。

从生产管理的角度来看,安全管理应概括为:在进行生产管理的同时,通过采用计划、组织、技术等手段,依据并适应生产中人、物、环境因素的运动规律,使其积极方面充分发挥,并且利于控制事故不致发生的一切管理活动。如在生产管理过程中实行作业标准化,安全、合理地进行作业现场布置,推行安全操作资格确认制度,建立与完善安全生产管理制度等。

针对生产中人、物或环境因素的状态,有侧重地采取控制人的具体不安全行为和环境的具体不安全状态的措施,往往会收到较好的效果。这种具体的安全控制措施,是实现安全管理的有力保障。

施工现场是施工生产因素的集中点,其动态特点是多工种立体作业,生产设施的临时性,作业环境多变性,人机的流动性。施工现场中直接从事生产作业的人密集,机、料集中,存在着多种危险因素。因此,施工现场属于事故多发的作业现场。控制人的不健全行为和物的不健全状态,是施工现场安全管理的重点,也是预防与避免伤害事故、保证生产处于最佳安全状态的根本环节。

直接从事施工操作的人,随时随地活动于危险因素的包围中,随时受到自身行为失误和危险状态的威胁或伤害。因此,对施工现场的人、机环境系统的可靠性,必须进行经常性的检查、分析、判断、调整,强化动态中的安全管理活动。

2. 安全管理的作用

(1)安全生产是我们党和国家在生产建设中一贯坚持的指导思想,是我国的

第二章 公路工程现场安全管理

一项重要政策,是社会主义精神文明建设的主要内容。

生存和健康是人的基本需求,保护劳动者在生产中的安全和健康,是国家劳动保护工作中的一项重要政策。施工项目安全生产的根本目的在于保护劳动者的人身安全、职业健康,保护国家财产不受损失,这与国家利益和人民利益是一致的。项目的安全生产和劳动保护工作还与社会安定和国家一系列其他重要政策的实施息息相关。

(2)项目安全生产是企业可持续发展的基本保证,是企业在市场竞争中的基本条件之一。

施工项目安全生产是项目施工生产顺利进行的基本保证,是实现项目各项管理目标的基础。安全生产作为项目施工生产过程控制中的重要环节,其生产要素的不安全行为和状态对施工进度和工程质量有很大影响,生产要素的不安全后果直接影响项目工程成本。减少或消除事故隐患,实现安全生产,将直接影响企业的经济效益,同时,企业的安全和文明在社会和市场竞争中的积极效应,将对企业的生存和发展产生重要影响。

二、安全生产的方针和原则

(一)安全生产的方针

我国安全生产方针经历了一个从"安全生产"到"安全第一、预防为主"的产生和发展过程,且强调在生产中要做好预防工作,尽可能将事故消灭在萌芽状态。因此,对于我国安全生产方针的含义,应从这一方针的产生和发展去理解,归纳起来主要有以下几方面的内容。

1. 安全生产的重要性

生产过程中的安全是生产发展的客观需要,特别是现代化生产,更不允许有所忽视,必须强化安全生产。在生产活动中把安全工作放在第一位,尤其当生产与安全发生矛盾时,生产要服从安全,这是安全第一的含义。

在社会主义国家里,安全生产又有其重要意义,它是国家的一项重要政策,是社会主义企业管理的一项重要原则。

2. 安全与生产的辩证关系

在生产建设中,必须用辩证统一的观点去处理安全与生产的关系。也就是说,项目领导者必须善于安排好安全工作与生产工作,特别是在生产任务繁重的情况下,安全工作与生产工作发生矛盾时,更应处理好两者的关系,不能忽视安全工作。越是生产任务重,越要重视安全,把安全工作做好。否则,就会引发工伤事故,既妨碍生产,又影响企业声誉,这是多年来生产实践证明的一条重要经验。

3. 安全生产工作必须强调预防为主

安全生产工作以"预防为主"是现代生产发展的需要。现代科学技术日新月异,往往又是多学科综合运用,安全问题十分复杂,稍有疏忽就会酿成事故。"预防为主"就是要在事前做好安全工作,"防患于未然"。依靠科技进步,加强安全科学管理,搞好科学预测与分析工作,把工伤事故和职业危害消灭在萌芽状态。"安全第一和预防为主"二者是相辅相成、互相促进的。"预防为主"是实现"安全第一"的基础。要做到"安全第一",首先要搞好预防措施。预防工作做好了,就可以保证安全生产,实现安全第一,否则安全第一就是一句空话,这也是在实践中证明了的一条重要经验。

(二)安全生产的原则

1. 安全生产管理体制

现阶段,我国的安全生产管理体制为"企业负责、行业管理、国家监察、群众监督、劳动者遵章守纪"。这一体制体现了企业在安全生产工作中的主体地位,符合国家在社会主义市场经济条件下加强企业安全生产工作的要求。

(1)企业负责。企业负责这条原则,最先是由国务院领导提出实行的,并通过国务院(1993)50号文件正式发布的。这条原则的确立,进一步完善了自1985年以来,我国实行的"国家监察、行政管理、群众监督"的管理体制,明确了企业应认真贯彻执行国家安全生产的法律法规和规章制度,并对本企业的劳动保护和安全生产工作负责。从而改变了以往安全生产工作由政府包办代替、企业责任不明确的状况,健全了社会主义市场经济条件下新的安全生产管理体制。

(2)行业管理。行政主管部门根据"管生产必须管安全"的原则,管理本行业的安全生产工作,建立安全生产管理机构,配备安全技术干部,组织贯彻执行国家安全生产方针、法律、法规,制定行业的规章制度和规范标准,负责对本行业安全生产管理工作的策划、组织实施和监督检查、考核。

(3)国家监察。安全生产行政主管部门按照国务院要求实施国家劳动安全监察。国家监察是一种执法监察,主要是监察国家法律法规的执行情况,预防和纠正违反法规、政策的偏差。它不干预企事业单位遵循法律法规、制定的措施和步骤等具体事务,也不能替代行业管理部门日常管理和安全检查。

(4)群众监督。保护员工的安全健康是工会的主要职责之一。工会对危害职工安全健康的现象有抵制、纠正以至控告的权力,这是一种自下而上的群众监督。这种监督是与国家安全监察的行政管理相辅相成的,应密切配合、相互合作、互通情况,共同搞好安全生产工作。

(5)劳动者遵章守纪。许多事故的发生都与职工的违章行为有直接关系。因此,劳动者在生产过程中应该自觉遵守安全生产规章制度和劳动纪律,严格执行安全技术操作规程,不违章操作。劳动者遵章守纪也是减少事故、实现安全生产的重要保证。

2. 安全生产的原则

(1)管生产必须管安全。"管生产必须管安全"的原则是指项目各级领导和全体员工在生产过程中必须坚持在抓生产的同时抓好安全工作,要抓好生产与安全的"五同时",即在计划、布置、检查、总结、评比生产工作的同时计划、布置、检查、总结、评比安全工作。

"管生产必须管安全"的原则是施工项目必须坚持的基本原则。首先国家和企业有责任保护劳动者的安全与健康,保证国家财产和人民生命财产的安全,尽一切努力在生产和其他活动中避免一切可以避免的事故;其次,项目的最优化目标是高产、低耗、优质、安全。忽视安全,片面追求产量、产值,是无法达到最优化目标的。伤亡事故的发生,不仅会给企业,还可能给环境、社会,乃至在国际上造成恶劣影响,造成无法弥补的损失。

"管生产必须管安全"的原则体现了安全和生产的统一,安全和生产是一个有机的整体,两者不能分割更不能对立起来,应将安全寓于生产之中,生产组织者在生产技术实施过程中,应当承担安全生产的责任,把"管生产必须管安全"原则落实到每个员工的岗位责任制上去,从组织上、制度上固定下来,以保证这一原则的实施。

(2)安全具有否决权。"安全具有否决权"的原则是指安全工作是衡量项目管理的一项基本内容,它要求在对项目各项指标考核、评优创先时,首先必须考虑安全指标的完成情况。安全指标没有实现,其他指标顺利完成,仍无法实现项目的最优化,安全具有一票否决的作用。

安全否决权还表现在:区域位置的环境安全不合格不准建厂、企业的本质安全不符合国家规定不准投资、某项工程或设备不符合安全要求不准使用等。

(3)职业安全卫生"三同时"。"三同时"原则是指一切生产性的基本建设和技术改造工程项目,必须符合国家的职业安全卫生方面的法规和标准。职业安全卫生技术措施及设施应与主体工程同时设计、同时施工、同时投产使用,以确保项目投产后符合职业安全卫生要求,保障劳动者在生产过程中的安全与健康。

编制或审定工程项目设计任务书时,必须编制或审定劳动安全卫生技术要求和采取相应的措施方案。竣工验收时,必须有劳动安全卫生设施完成情况及其质量评价报告,并经安全生产主管部门、卫生部门和工会组织参加验收签字后,方准投产使用。

职业安全卫生"三同时"是安全生产工作中一项带有根本性的工作,它体现了"安全第一、预防为主"的方针,使新建、改建、扩建项目不留事故隐患,这是有效控制伤亡事故和职业病发生的根本措施。

(4)事故处理的"四不放过"。国家法律法规要求,企业一旦发生事故,在处理时实施"四不放过"原则。"四不放过"是指在因工伤亡事故的调查处理中,必须坚持事故原因分析不清不放过,事故责任者和群众没受到教育不放过,没有整改预防措施不放过,事故责任者和责任领导不处理不放过。

1)"四不放过"原则要求在调查处理工伤事故时,首先要把事故原因分析清楚,找出导致事故发生的真正原因,不能敷衍了事,不能在尚未找到事故主要原因时就轻易下结论,也不能把次要原因当成主要原因,搞清楚各因素的因果关系才算达到事故分析的目的。

2)"四不放过"原则要求在调查处理工伤事故时,不能认为原因分析清楚了,有关责任人员也处理了就算完成任务了,还必须使事故责任者和企业员工了解事故发生的原因及所造成的危害,并深刻认识到搞好安全生产的重要性,大家从事故中吸取教训,在今后工作中更加重视安全工作。

3)"四不放过"原则要求在对工伤事故进行调查处理时,必须针对事故发生的原因,制定防止类似事故重复发生的预防措施,并督促事故发生单位组织实施,只有这样,才算达到了事故调查和处理的最终目的。

4)"四不放过"原则在对工伤事故进行处理时,对于事故责任者要依据法律、法规的有关规定和事故原因的分析进行处理,承担相应的行政责任或者刑事责任,达到惩前毖后、汲取教训、采取措施、防止事故再发生的目的。

三、安全管理的"五种关系"与"六个坚持"

(一)正确处理安全的"五种关系"

1. 安全与危险的关系

安全与危险在同一事物的运动中是相互对立的,也是相互依赖而存在的,因为有危险,所以才进行安全生产过程控制,以防止或减少危险。安全与危险并非是等量并存、平静相处,随着事物的运动变化,安全与危险的关系时刻都在变化,彼此进行斗争且事物的发展将向斗争的胜方倾斜。可见,在事物的运动中,都不会存在绝对的安全或危险。保持生产的安全状态,必须采取多种措施,以预防为主,危险因素是可以控制的。因为危险因素客观的存在于事物运动之中,是可预知的,也是可以控制的。

2. 安全与生产的统一

生产是人类社会存在和发展的基础,如生产中的人、物、环境都处于危险状态,则生产无法顺利进行,因此,安全是生产的客观要求,当生产完全停止,安全也就失去意义。就生产目标来说,组织好安全生产就是对国家、人民和社会最大的负责。有了安全保障,生产才能持续、稳定、健康地发展。若生产活动中事故不断发生,生产势必陷于混乱,甚至瘫痪。当生产与安全发生矛盾,危及员工生命或资产时,停止生产经营活动并且进行整治、消除危险因素以后,生产经营形势会变得更好。

3. 安全与质量同步

质量和安全工作交互作用,互为因果。安全第一,质量第一,两个第一并不矛盾。安全第一是从保护生产经营因素的角度提出的,而质量第一则是从关心产品成果的角度而强调的,安全为质量服务,质量需要安全保证。在生产过程中,二者都要兼顾,否则,生产活动将陷于失控状态。

4. 安全与速度互促

生产中违背客观规律,盲目蛮干、乱干,侥幸求得的进度,缺乏真实与可靠的安全支撑,往往容易酿成不幸,不但无速度可言,反而会延误时间,影响生产。速度应以安全作保障,应追求安全加速度,避免安全减速度。安全与速度成正比关系,一味强调速度,置安全于不顾的做法是极其危险的。当速度与安全发生矛盾时,暂时减缓速度,确保安全才是正确的选择。

5. 安全与效益同在

安全技术措施的实施,会不断改善劳动条件,调动职工的积极性,提高工作效率,从而带来经济效益。从这个意义上说,安全与效益是完全一致的,安全措施的实施促进了效益的增长。在实施安全措施的过程中,投入要精打细算、统筹安排,既要保证安全生产,又要做到经济合理。为了省钱而忽视安全生产或盲目追求高投入,都是不可取的。

(二) 做到"六个坚持"

1. 坚持生产、安全同时管

安全寓于生产之中,并对生产发挥促进与保证作用,因此,安全与生产虽有时会出现矛盾,但从安全、生产的管理目标看,二者表现出高度的一致和统一。安全管理是生产管理的重要组成部分,安全与生产在实施过程中,存在着密切的联系和进行共同管理的基础。国务院在《关于加强企业生产中安全工作的几项规定》中明确指出:"各级领导人员在管理生产的同时,必须负责管理安全工作"。"企业中各有关专职机构,都应该在各自业务范围内,对实现安全生产的要求负责"。管生产同时管安全,不仅是对各级领导人员明确安全管理的责任,同时,也向一切与生产相关的机构和人员明确了业务范围内的安全管理责任。由此可见,一切与生产有关的机构、人员,都必须参与安全管理,并在管理中承担责任。认为安全管理只是安全部门的事,是一种片面的、错误的认识。各级人员安全生产责任制度的建立,管理责任的落实,体现了管生产同时管安全的原则。

2. 坚持目标管理

安全管理的内容是对生产中的人、物、环境因素状态的管理,在于有效地控制人的不安全行为和物的不安全状态,消除或避免事故,达到保护劳动者的安全与健康的目标。没有明确目标的安全管理是一种盲目行为。盲目的安全管理,往往劳民伤财且危险因素依然存在。在一定意义上,盲目的安全管理只能纵容威胁人的安全与健康状态并向更为严重的方向发展或转化。

3. 坚持预防为主

安全生产的方针是"安全第一、预防为主",安全第一是从保护生产力的角度和高度,表明在生产范围内安全与生产的关系,肯定安全在生产活动中的位置和重要性。进行安全管理不是处理事故,而是在生产经营活动中针对生产的特点,对生产要素采取管理措施,有效地控制不安全因素的发生与扩大,把可能发生的事故消灭在萌芽状态,以保证生产经营活动中人的安全与健康。预防为主,首先是端正对生产中不安全因素的认识和消除不安全因素的态度,选准消除不安全因素的时机。在安排与布置生产经营任务的时候,针对施工生产中可能出现的危险因素,采取措施予以消除是最佳选择。在生产活动过程中,经常检查,及时发现不安全因素,采取措施,明确责任,尽快、坚决地予以消除,是安全管理应有的正确态度。

4. 坚持全员管理

安全管理不是少数人或安全机构的事,而是一切与生产有关的机构、人员共同的事,缺乏全员的参与,安全管理不会有生气,不会出现好的管理效果。当然,这并非否定安全管理第一责任人和安全监督机构的作用。单位负责人在安全管理中的作用固然重要,但全员参与安全管理更加重要。安全管理涉及生产经营活动的方方面面,涉及从开工到竣工交付的全部过程、生产时间和生产要素。因此,生产经营活动中必须坚持全员、全方位的安全管理。

5. 坚持过程控制

通过识别和控制特殊关键的过程,达到预防和消除事故,防止或消除事故伤害的目的。在安全管理的主要内容中,虽然都是为了达到安全管理的目标,但是对生产过程的控制,与安全管理目标的关系更直接,显得更为突出,因此,在生产中,人的不安全行为和物的不安全状态的控制必须列入过程安全制定管理的节点。事故发生往往由于人的不安全行为运动轨迹与物的不安全状态运动轨迹的交叉所造成的,从事故发生的原因看,也说明了对生产过程的控制,应该作为安全管理重点。

6. 坚持持续改进

安全管理是在变化着的生产经营活动中的管理,是一种动态的管理,这意味着要不断改进发展、不断变化,以适应动态的生产活动。消除新的危险因素需要不间断的摸索新规律,总结控制的办法与经验,指导动态的安全管理,从而不断提高安全管理水平。

四、安全管理的内容与方法

1. 安全管理的主要内容

(1)安全管理的基础工作。主要包括建立纵向专业管理、横向各职能部门管理以及与群众监督相结合的安全管理体制,以企业安全生产责任制为中心的规章制度体系,安全生产标准体系,安全技术措施体系,安全宣传及安全技术教育体系,应急与救灾救援体系,事故统计、报告与管理体系,安全信息管理系统,制订安全生产发展目标、发展规划和年度计划(市政灾害预防与处理计划),开展危险源辨识、评估评价和管理,进行安全技术措施经费管理等。

(2)生产建设中的动态安全管理。主要指企业生产环境和生产工艺过程中的安全保障,包括:生产过程中人员不安全行为的发现与控制,设备安全性能的检测、检验和维修管理,物质流的安全管理,环境安全化的保证,重大危险源的监控,生产工艺过程安全性的动态评价与控制,安全监测监控系统的管理,定期、不定期的安全检查监督等。

(3)安全信息化工作。包括对国际国内安全信息、煤炭行业安全生产信息、本企业内安全信息的搜集、整理、分析、传输、反馈,安全信息运转速度的提高,安全信息作用的充分发挥等方面,以提高安全管理的信息化水平,推动安全生产自动化、科学化、动态化。

安全管理是随着社会和科学技术的进步而不断地发展的。现代安全管理主要是在传统安全管理的基础上,注重系统化、整体化、横向综合化,运用新科技和系统工程的原理与方法进行安全管理,强调八大要素(法规、机构、队伍、人、财、物、时间和信息)管理,办法是完善系统,达到本质安全化,工作以完善系统、"事前"为主。其内容包括以下几个方面。

1)系统危险性的识别。

2)系统可能发生事故类型和后果预测。

3)事故原因和条件的分析,可作定性分析,也可作定量分析,可作"事后"分析,主要作"事前"分析,根据具体情况和要求而定。

4)针对系统作可靠性或故障率的分析。

5)用人机工程的控制,研究人机关系和最佳配合。

6)环境(社会环境、自然环境、工作环境)因素的研究。

7)安全措施。

8)应急措施。

2. 安全管理常用方法

安全管理方法是安全管理过程中关于思考、认识、解决安全问题的途径、程序和技巧的统称。作为管理的一个分支,安全管理可以采用管理的一些基本方法,但必须注意安全管理所具有的特殊性。同时,由于安全工作的重要性和复杂性,安全管理方法需要不断地创新,以满足社会和企业生产发展的需要。常用的安全管理方法如下:

(1)安全检查法。安全检查,又称安全生产检查,是企业根据生产特点,对生产过程中的安全生产状况进行经常性、定期性、监督性的管理活动,也是促使企业在整个生产活动的过程中,贯彻方针、执行法规、按章作业、依制度办事,实施对安全生产管理的一种实用管理技术方法。

安全检查的内容很多,最常用的提法是"六查",即查思想、查领导、查现场、查隐患、查制度、查管理。具体实施方法必须贯彻领导与群众相结合、自查和互查相结合、检查和整改相结合的原则,防止走形式、走过场。

(2)安全目标管理法。安全目标管理是安全管理的集中要求和目的所在,是指将企业一定时期的安全工作任务转化为明确的安全工作目标,并将目标分解到本系统的各个部门和个人,各个部门和个人严格地、自觉地按照所定目标进行工作的一种管理方法。安全目标管理是实施全系统、全方位、全过程和全员性安全管理,提高系统功能,达到降低事故发生率,实现安全目标值,保障搞好企业安全生产目的的重要策略。

安全目标管理是一种信任、指导性的管理,它主要是通过定目标、定方针、排日程,依靠自觉行动与严格检查,保证目标的实现。安全目标管理既强调工作成果,又重视人的作用,把以工作为中心和以人为中心的管理方法统一起来,从而实现更有效的管理。

(3)代明循环管理法。代明循环管理法,又叫 PDCA 循环法,P(plan,计划)、D(do,实施)、C(check,检查)、A(action,处理),是美国人代明提出的一种企业管理方法。其实质是把管理工作分为四个阶段,按八步法循环提高,如图 2-1 所示。

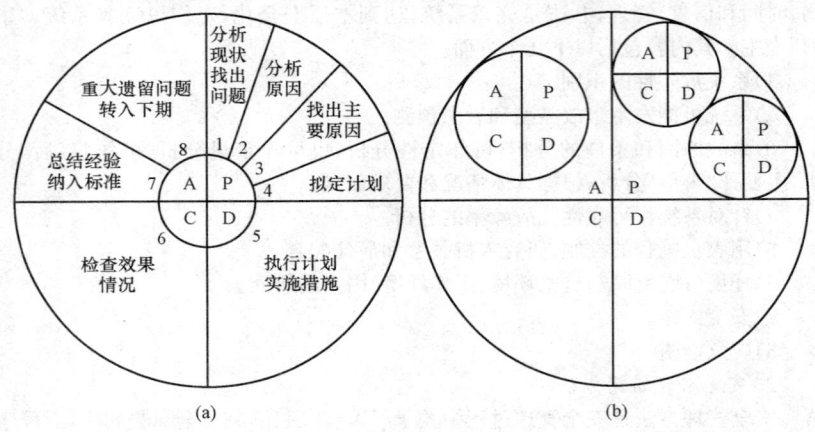

图 2-1　PDCA 循环法示意图

PDCA 循环的特点如下:
1)大环套小环,小环保大环。
2)每转动一周就意味着工作进一步。每一次循环都比前一个循环更高级,或叫更高一个水平,如图 2-2 所示。

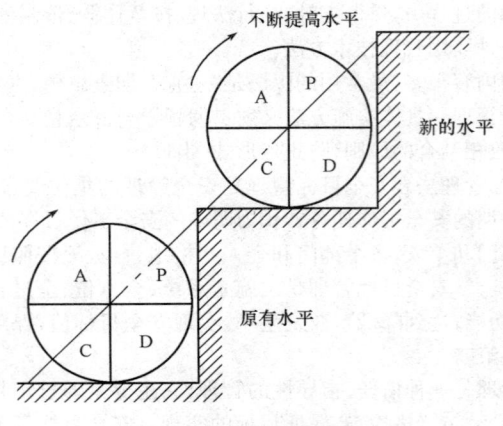

图 2-2　代明循环爬楼梯

3) PDCA 循环是综合循环,四个环节是紧密衔接成为一体。每一个人员,每一项工作都自觉地运用 PDCA 循环,就能使工作获得成功。

PDCA 循环分四个阶段八个步骤,安全管理也分为四个阶段八个步骤进行,如图 2-3 所示。

1) 分析现状找出问题,即查隐患。
2) 分析产生问题的情况,即查原因。
3) 找出主要影响因素,即找关键。
4) 制定整改计划与措施,即定措施。
5) 实施措施与计划,即实施。
6) 检查决策实施效果,即检查。
7) 实行标准,巩固成果,即总结经验。
8) 转下循环处理的问题,即转下循环。

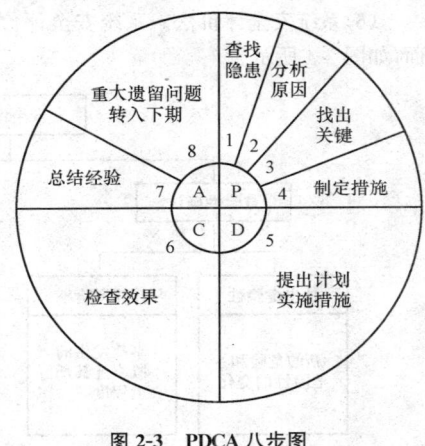

图 2-3 PDCA 八步图

这种循环不是简单的重复,而是一次比一次提高,是一种螺旋式的上升,使安全管理工作得到不断提高。

(4) 系统工程管理法。安全系统工程是以现代系统安全管理的理论基础和主要方法为指导来管理安全生产,可以改变传统的安全管理现状,实现系统安全化,达到最佳的安全生产效益。安全生产工程研究的内容多、范围广,主要包括:

1) 研究事故致因。事故发生的原因是多方面的,归纳起来事故致因有以下四个方面:人的不安全行为,物(机)的不安全状态,环境不安全条件和管理上的缺陷。

2) 制定事故预防对策。制定事故预防的三大对策,即工程技术对策(本质安全化措施)、管理法制对策(强化安全措施)、教育培训对策(人治安全化措施)。

3) 教育培训对策。按规定要求对职工进行安全教育培训,提高其安全意识、技能,使职工按章作业,并杜绝不安全行为。

(5) 系统安全预测法。预测是运用各种知识和科学手段,分析研究历史资料,对安全生产发展的趋势或结果进行事先的推测和估计。系统安全预测的方法种类繁多,煤矿常用的大致可分为以下三类:

1) 安全生产专业技术方面。
2) 安全生产管理技术方面。如回看历史法、过程转移法、检查隐患法、观察预兆法、相关回归法、趋势外推法、规范反馈法、控制图法、管理评定法等。

3)人的安全行为方面。如人体生物节律法、行为抽样法、心理归类法、思想排队法、行动分类法、年龄统计法等。

(6)系统安全评价法。系统安全评价包括危险性确认和危险性评价两个方面,如图2-4所示。

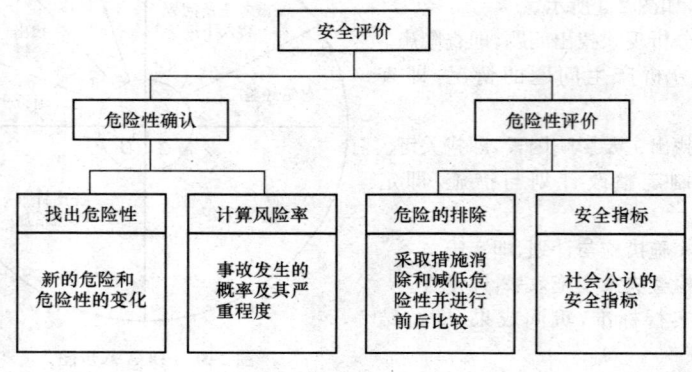

图 2-4 理想系统评价

安全评价的根本问题是确定安全与危险的界限,分析危险因素的危险性,采取降低危险性的措施。评价前要先确定系统的危险性,再根据危险的影响范围和公认的安全指标,对危险性进行具体评价,并采取措施消除或降低系统的危险性,使其达到允许的范围。评价中的允许范围是指社会允许标准,他取决于国家政治、经济和技术等。可以将评价看成既是一种"传感器",又是一种"检测器",前者是感受传递企业安全生产方面的数量和质量的信息;后者主要是检查安全生产方面的数量和质量,是否符合国家(或上级)规定的标准和要求。

由此可见,通过开展评价工作,在一定程度上赋予企业以压力、动力及活力。企业发挥自己的优势,促使企业上等级、上水平,对安全生产及其管理工作起到重要的促进作用。

五、有关安全生产的法律法规

1.《中华人民共和国安全生产法》(以下简称《安全生产法》)

该法于2002年6月29日由中华人民共和国第九届全国人民代表大会常务委员会第28次会议通过,由江泽民主席签署第70号主席令予以颁布,并于2002年11月1日起施行。这是我国第一部规范安全生产的综合性法律。该法共七章97条。

(1)立法的目的与意义。《安全生产法》的立法目的是:加强安全生产的监督管理,防止和减少安全事故,保障人民群众生命和财产安全,促进经济发展。

制定《安全生产法》的意义是"四个需要":一是依法加强监督管理、安全监察

第二章 公路工程现场安全管理

和依法行政的需要;二是防止和减少生产安全事故,保护人民群众生命和财产安全的需要;三是依法制裁安全生产违法犯罪的需要;四是建立和完善我国安全生产法律体系的需要。

(2)《安全生产法》的主要内容。该法从提出立法到建议出台历经21年。它作为我国安全生产的综合性法律,具有丰富的法律内涵和规范作用。该法总结了我国安全生产正反两方面的经验,体现了依法治国的基本方略。

具体内容:第一章总则;第二章生产经营单位安全生产保障;第三章从业人员的权利和义务;第四章安全生产的监督管理;第五章生产安全事故的应急救援与调查处理;第六章法律责任;第七章附则。

(3)生产经营单位主要负责人的六项责任。《安全生产法》第17条对生产经营单位主要负责人的安全生产职责做了专门的规定,具体包括以下6项。

1)建立、健全本单位安全生产责任制。

2)组织制定本单位安全生产规章制度和操作规程。

3)保证本单位安全生产投入的有效实施。

4)督促、检查本单位安全生产工作,及时消除生产安全事故隐患。

5)组织制定并实施本单位生产安全事故应急救援预案。

6)及时、如实报告生产安全事故。

(4)生产安全事故责任追究的规定。

1)生产经营单位发生生产安全事故,经调查确定为责任事故的,除了应当查明事故单位的责任并依法予以追究外,还应当查明对安全生产的有关事项负有审查批准和监督职责的行政部门的责任,对于有失职、渎职行为的,依照本法77条的规定追究法律责任。

2)根据《安全生产法》的规定,对生产经营单位负责人有行政处分、个人经济罚款、限期不得担任生产经营单位的主要负责人、降职、撤职、处15日以下拘留等处罚;造成严重后果的,构成犯罪的,依照《刑法》有关规定追究刑事责任。

2.《公路工程施工安全技术规程》

(1)《公路工程施工安全技术规程》制定的目的和意义。《公路工程施工安全技术规程》(JTJ 076—1995)(以下简称《规程》)于1995年3月14日由中华人民共和国交通部发布。

《规程》制定的目的是保障公路施工安全和施工人员的人身安全,防止事故发生。

(2)《规程》的主要内容。《规程》共有10章。第一章总则,规定了施工企业各级领导干部、工程技术人员和生产管理人员,必须遵守的各项规定以及本规程的适用范围;第二章一般规定,规定了参加施工的人员、施工单位、操作人员的要求及所涉及的施工机具设备的要求;第三章施工准备,规定了施工现场、施工测量、场内交通及水电设施、砂、石采集及堆放、施工机械、临时码头等的安全行为标准;

第四章路基工程,规定了清理现场、土方、石方及防护工程的安全行为标准;第五章路面工程,规定了基层施工、沥青路面、水泥混凝土路面、机械碾压及旧路面凿除的安全行为标准;第六章桥涵工程,规定了基础工程、墩台工程、上部工程、混凝土预制场及预制构件运输等安全行为标准;第七章隧道工程,规定了隧道开挖、凿孔、爆破、洞内运输、支护、衬砌、竖井、斜井、通风、防尘、照明、排水、防火及瓦斯防治等安全行为标准;第八章主要工序作业,规定了模板、木工机械、支架、脚手架、钢筋、焊接、锅炉、起重吊装、高处作业、水上作业及潜水作业等安全行为标准;第九章特殊季节与夜间施工,规定了雨季、冬季、高温季节及夜间施工的安全行为标准;第十章边运车、边施工地段的交通管理,规定了对通行车辆的安全管理,确保施工、交通安全。

3.《安全生产许可证条例》

(1)制定本条例的目的和适用范围。制定本条例的目的是为了严格规范安全生产条件,进一步加强安全生产监督管理,防止和减少生产安全事故,确保安全生产。

本条例适用于矿山企业、建筑施工企业和危险化学品、烟花爆竹、民用爆破器材生产企业。

(2)主要内容。本条例于2004年1月13日以中华人民共和国国务院第397号令公布,自公布之日起施行,共24条。

本条例规定了相关企业实行安全生产许可制度,明确了国务院安全生产监督管理部门及省、自治区、直辖市的安全生产监督管理部门负责生产许可证的颁发和管理,企业取得安全生产许可证应当具有的安全生产条件,许可证的有效期为3年,以及违反本条例应承担的相应法律责任。

4.《生产安全事故报告和调查处理条例》

本条例于2007年6月1日由中华人民共和国国务院第493号令公布,自公布之日起施行,共46条。

(1)制定本条例的目的及适用范围。制定该条例的目的是为了规范生产安全事故的报告和调查处理,落实生产安全事故责任追究制度,防止和减少安全事故。它适用于生产经营活动中发生的造成人身伤亡或者直接经济损失的生产安全事故的报告和调查处理。

(2)主要内容。《生产安全事故报告和调查处理条例》共有6章46条,主要包括:总则、事故报告、事故调查、事故处理、法律责任、附则。

5.《国务院关于特大安全事故行政责任追究的规定》

本规定于2001年4月21日以中华人民共和国国务院第302号令公布,自公布之日起施行,共24条。

(1)制定本规定的主要目的及特大安全事故的类别。制定本规定的主要目的是为了有效地防范特大安全事故的发生,严肃追究特大安全事故的行政责任,保

第二章 公路工程现场安全管理

障人民群众生命、财产安全。

地方人民政府主要领导人和政府有关部门正职负责人下列特大安全事故的防范、发生,依照法律、行政法规和本规定,有失职、渎职情形或者负有领导责任的,依照本规定给予行政处分;构成玩忽职守罪或者其他刑事罪,依法追究刑事责任:①特大火灾事故;②特大交通事故;③特大建筑质量安全事故;④民用爆炸物品和化学危险品特大安全事故;⑤煤矿和其他矿山特大安全事故;⑥锅炉、压力容器、压力管道和特种设备特大安全事故;⑦其他特大安全事故。

(2)地方各级政府和政府有关部门防范特大安全事故的职责。地方各级政府和政府有关部门应当依照有关规定,采取行政措施对本地区实施安全监督管理,防范特大安全事故的发生。

(3)在发生特大事故后,有关方面应采取的措施以及对有关事故责任人的处罚。在发生特大事故后,有关方面应采取的措施是:①上报事故情况,②协助事故调查;③组织救助。重大事故的责任人应受到行政处罚和承担法律责任。

6.《安全生产违法行为行政处罚办法》(以下简称《处罚办法》)

本办法由国家安全生产监督管理局于 2007 年 11 月 30 日第 15 号令公布,自 2008 年 1 月 1 日起施行。

(1)立法目的及适用范围。制定该办法的目的是为了制裁安全生产违法行为,规范安全生产行政处罚工作,保证生产经营单位依法进行安全生产。它适用于县级以上人民政府安全生产监督管理部门对生产经营单位及其有关人员在生产经营活动中违反有关安全生产的法律、行政法规、部门规章、国家标准、行业标准和规程的违法行为实施行政处罚。

(2)主要内容。《处罚办法》共有 6 章 78 条,主要包括:总则,行政处罚的种类、管辖,行政处罚的程序,行政处罚的适用,行政处罚的执行和备案,附则。其中在第二章行政处罚的种类、管辖中规定行政处罚共有 9 种,分别为:警告,罚款,没收违法所得,责令改正,责令限期改正,责令停止违法行为,责令停产停业整顿,责令停产停业,责令停止建设,拘留,关闭,吊销有关证照,安全生产法律、行政法规规定的其他行政处罚。在第四章行政处罚的适用中,规定了对生产经营单位及主要负责人不够刑事处罚的安全生产违法行为,可以处以 20 万以下的罚款。其他违法处罚规定也明确、具体,有很强的可操作性。

7.公路工程相关的安全技术标准

有关安全卫生的国家技术标准,已颁布 200 多个,再加上有关的行业安全技术标准就更多了。所谓标准就是一经批准发布,就是技术法规,各级生产、建设、科研、设计管理部门和企业、事业单位,都必须严格贯彻执行,任何单位不得擅自更改或降低标准,详细内容如表 2-1 所示。

表 2-1　　　　　　　公路工程相关法规及行业标准

类别	编号	名称
安全管理	GB/T 15236—1994	《职业安全卫生术语》
	JGJ 59—1999	《建筑施工安全检查标准》
	JGJ/T 77—2003	《施工企业安全生产评价标准》
	DGJ 08—903—2003	《施工现场安全生产保证体系》
	GB/T 50326—2001	《建设工程项目管理规范》
	GB/T 6441—1986	《企业职工伤亡事故分类》
脚手架	GB 19155—2003	《高处作业吊篮》
	JGJ 130—2001	《建筑施工扣件式钢管脚手架安全技术规范》
	JGJ 128—2000	《建筑施工门式钢管脚手架安全技术规范》
	建建[2000]230号	《建筑施工附着升降脚手架管理暂行规定》
高处作业	JGJ 80—1991	《建筑施工高处作业安全技术规范》
	GB/T 3608—1993	《高处作业分级》
模板工程	DG/TJ 08—016—2004	《钢管扣件水平模板的支撑系统安全技术规程》
	JGJ 65—1989	《液压滑动模板施工安全技术规程》
施工用电	JGJ 46—2005	《施工现场临时用电安全技术规范》
	GB/T 3805—2005	《特低电压(Eiv)限值》
	GB 6829—1995	《剩余电流动作保护器的一般要求》
垂直运输机械	JGJ 33—2001	《建筑机械使用安全技术规程》
	JG/T 100—1999	《塔式起重机操作使用规程》
	GB 10055—2007	《施工升降机安全规则》
	GB/T 10054—2005	《施工升降机》
	GB 5144—2006	《塔式起重机安全规程》
	JGJ 88—1992	《龙门架及井架物料提升机安全技术规范》
桩工机械	GB 13750—2004	《振动沉拔桩机安全操作规程》
	GB 13749—2003	《柴油打桩机安全操作规程》
公路工程	JTJ 076—1995	《公路工程施工安全技术规程》
	JTGH 30—2004	《公路养护安全作业规程》
	CJJ 6—1985	《排水管道维护安全技术规程》
	DGJ 08—116—2005	《型钢水泥土搅拌墙技术规程》

第二章 公路工程现场安全管理

续表

类别	编号	名称
环境与卫生	JGJ 146—2004	《建筑施工现场环境与卫生标准》
	GB 12523—1990	《建筑施工场界噪声限值》
安全防护	GB 2811—2007	《安全帽》
	GB 6095—1985	《安全带》
	GB 5725—1997	《安全网》
	GB 16909—1997	《密目式安全立网》
	GB 2893—2001	《安全色》
	GB 2894—1996	《安全标志》

六、常见的违法行为及法律责任

1. 法律的本质与特征

法律有广义、狭义两种含义。狭义的法律是指我国人大及其常委会制定的规范性文件。广义的法律也就是法,是由国家制定或认可,反映统治阶级意志,并由国家强制力保证实施的行为规范总和,是规范人们言行的准则。

法律的本质,是指阶级意志性和物质制约性。阶级意志性是指经过国家制定或认可,形成人人必须遵守、由国家机器强制力保障的行为规范;物质制约性是指统治阶级意志的内容受到客观存在的物质条件所制约。经济基础的变化决定着法律的变化。

法律的特征,是指具有不同于道德、风俗、习惯、宗教等行为规范的特点。

2. 违法与法律制裁、犯罪及其构成

(1)违法是指不履行法定义务或者做出法律禁止的行为。违法的构成要件如下:

1)必须是一种行为,只有违法的思想动机而未见之于行为不构成违法。

2)必须侵犯了客体,即侵犯了法律所保护的社会关系和社会秩序,具有一定的社会危害。

3)违法的主体必须是有责任能力的人或依法设置的法人。

4)必须是行为者主观上出于故意或过失。

上述4个方面缺少任何一个方面都不能构成违法。违法可分为:①刑事违法,构成犯罪;②民事违法,包括违反民法、婚姻法等,给国家机关、社会组织或公民个人造成某种利益损失的行为;③行政违法,即违反行政管理法规的行为。

(2)法律责任是指违法者对因其违法所造成的对社会和受害者的危害而应承担的法律后果。因违法而承担的法律责任在国家的相应法律中是有明确规定的,并且是由国家的强制力保证实施。

(3)法律制裁是由国家专门机关根据违法者应承担的法律责任所实施的惩罚性制裁措施。按照违法者承担的法律责任及触犯法规不同,法律制裁可分为刑事、民事和行政制裁。

(4)凡是违反刑法危害社会而应受到刑事处罚的称为犯罪。犯罪有如下3个特征:①社会危害性,是一切犯罪的客观属性;②刑事违法性,即违反刑事法律的禁令;③应受惩罚性。在大多数情况下,惩罚是犯罪的必然结果。只有少数犯罪行为,由于刑事法律规定的某种原因,可以免除处罚,但仍不失为犯罪。

犯罪构成亦称犯罪要件。各种犯罪行为都有具体的犯罪构成要件,一切犯罪具备的共同要件包括:犯罪主体、犯罪客体、犯罪主观心态、犯罪活动客观外在表现。

3. 法律责任

对违反安全法规的违法者进行法律责任的追究,是法律权威性、威慑力的具体体现。对于有失职、渎职造成严重后果的,必须依法追究有关责任人的法律责任,给予刑事、行政和民事制裁,才能有效保护安全生产。

(1)刑事责任追究。根据刑法等法律的规定,安全生产方面的刑事责任,主要有以下几种情况。

1)违反法规和规章制度造成重大事故的。违反法规和规章制度追究的对象可能是企业经营管理者,也可能是事故直接责任人。

2)存在隐患拒不整改造成重大事故的。对直接责任人员,依法应处3年以下有期徒刑或者拘役;情节特别严重的,处3年以上7年以下有期徒刑。

3)违章指挥、违反劳动纪律造成重大事故的。刑法规定,对上述人员处3年以下有期徒刑或者拘役;情节特别严重的,处3年以上7年以下有期徒刑。

4)建设、设计、施工、工程监理单位降低工程质量标准造成重大事故的。刑法规定,应处5年以下有期徒刑或者拘役;后果特别严重的,处5年以上10年以下有期徒刑。

5)非法生产、经营和运输枪支、弹药、爆炸物品的。刑法规定处3年以上10年以下有期徒刑;情节严重的,处10年以上有期徒刑、无期徒刑或者死刑。

6)国家机关工作人员失职、渎职和徇私舞弊造成重大事故的。刑法规定处3年以下有期徒刑或者拘役;情节特别严重的,处3年以上7年以下有期徒刑。国家机关工作人员徇私舞弊,犯前款罪的,处5年以下有期徒刑或者拘役;情节特别严重的,处5年以上10年以下有期徒刑。

另外,根据《安全生产法》的规定,不依照该法规定保证安全生产所必需的资金投入,或者生产经营单位主要负责人未履行该法规定的安全生产管理职责导致发生安全生产事故,或在本单位发生重大生产安全事故时,不立即组织抢救、在事故调查处理期间擅离职守或者逃匿的,以及对生产安全事故隐瞒不报、谎报或者拖延不报,构成犯罪的,均依照刑法有关规定追究刑事责任。

(2)行政责任追究。包括行政处分和行政处罚。

1)行政处分。由于过失或者没有履行工作职责造成安全事故,尚未构成犯罪的,对国家机关工作人员、国有企事业单位负责人,可根据情节追究有关责任人员的行政责任,即给予行政处分。行政处分包括:开除公职、撤职、降级、记过、记大过、警告等。

2)行政处罚。国家安全生产监督管理部门在安全执法检查中,实施行政处罚是追究生产经营单位及有关责任人员行政责任的另一种形式。行政处罚的种类有:警告,罚款,没收违法所得及非法财物,责令改正,责令停产停业,暂扣或者吊销许可证、暂扣或者吊销执照,行政拘留以及法律、行政法规规定的其他行政处罚。

(3)民事责任追究。根据《安全生产法》等法律法规应追究民事责任的情况如下所述。

1)承担安全评价、认证、检测、检验工作的机构出具虚假证明,给他人造成损害的,与生产经营单位承担连带赔偿责任。

2)生产经营单位将生产经营项目、场所、设备发包或者出租给不具备安全生产条件或者相应资质的单位或者个人,导致发生生产安全事故,给他人造成损害的,与承包方、承租方承担连带赔偿责任。

3)生产经营单位发生生产安全事故造成人员伤亡、他人财产损失的,应当依法承担赔偿责任。

4)因生产安全事故受到损害的从业人员,除依法享受工伤社会保险外,依照有关民事法律尚有获得赔偿的权利,有权向本单位提出赔偿要求。

七、公路工程安全生产各方责任

(一)建设工程参与各方安全责任

1. 建设单位安全责任

(1)执行法律、法规和工程建设强制性标准并遵守合同的约定,不得对勘察、设计、施工、工程监理等单位提出不符合建设工程安全生产法律、法规和强制性标准规定的要求;执行合同中约定的工期,不得压缩合同约定的工期。

(2)在申请领取施工许可证时,要报送有关安全施工的资料,且自开工报告批准之日起15日内,将保证安全施工的措施报送建设工程所在地的县级以上地方人民政府建设行政主管部门或者其他有关部门备案。

(3)建设单位应当将拆除工程发包给具有相应资质等级的施工单位。建设单位应当在拆除工程施工15日前,将有关资料报送建设工程所在地的县级以上地方人民政府建设行政主管部门或者其他有关部门备案。

(4)提供安全生产费用,在编制工程概算时,应当确定建设工程安全作业环境及安全施工措施所需费用。

2. 勘察单位安全责任

勘察单位应当按照法律、法规和工程建设强制性标准进行勘察,提供的勘察文件应当真实、准确,满足建设工程安全生产的需要。

在勘察作业时,应当严格执行操作规程,采取措施保证各类管线、设施和周边建筑物、构筑物的安全。

3. 设计单位安全责任

设计单位应当按照法律、法规和工程建设强制性标准进行设计,应当考虑施工安全操作和防护的需要,对涉及施工安全的重点部位和环节在设计文件中注明,并对防范生产安全事故提出指导意见。

设计单位应当对采用新结构、新材料、新工艺的建设工程和特殊结构的建设工程,在设计中提出保障施工作业人员安全和预防生产安全事故的措施建议。

4. 监理单位安全责任

工程监理单位和监理工程师应当按照法律法规和工程建设强制性标准实施监理,并对建设工程安全生产承担监理责任。

工程监理单位应当审查施工组织设计中的安全技术措施或专项施工方案是否符合工程建设强制性标准。

工程监理单位在实施监理的过程中,发现存在事故隐患的,应当要求施工单位整改;情况严重的,应当要求施工单位暂时停止施工,并及时报告建设单位;施工单位拒不整改或者不停止施工的,工程监理单位应当及时向有关主管部门报告。

5. 施工单位安全责任

(1)一般要求。

1)施工单位从事建设工程的新建、扩建、改建和拆除等活动,应当具备国家规定的注册资本、专业技术人员、技术装备和安全生产等条件,依法取得相应等级的资质证书,并在其资质等级许可的范围内承揽工程。

2)施工单位主要负责人依法对本单位的安全生产工作全面负责。建立健全安全生产管理制度,包括安全生产许可证制度、安全生产责任制度、安全生产教育培训制度、安全生产费用保障制度、安全生产管理机构和专职人员制度、特种人员持证上岗制度、安全技术措施制度、专项施工方案专家论证审查制度、施工前详细说明制度、消费安全责任制度、防护用品及设备管理制度、起重机械和设备设施验收登记制度、三类人员考核任职制度、意外伤害保险制度、安全事故应急救援制度、安全事故报告制度。

3)施工单位应当设立安全生产管理机构,配备专职安全生产管理人员。

4)施工单位应当在施工组织设计中编制安全技术措施和临时用电方案,对达到一定规模的危险较大的分部分项工程(如基坑支护与降水工程、土方开挖工程、模板工程、起重吊装工程、脚手架工程及拆除爆破工程等)编制专项施工方案,并

第二章 公路工程现场安全管理

附具安全验算结果,经施工单位技术负责人、总监理工程师签字后实施,由专职安全员进行现场监督。

施工现场的安全防护用具、机械设备、施工机具及配件必须由专人管理,定期进行检查、维修和保养,建立相应资料档案,并按国家有关规定及时报废。

施工单位在使用施工起重机械和整体提升脚手架、模板等自升式架设设施前,应当组织有关单位进行验收;使用承租的机械设备和施工机具及配件,由施工总承包单位、分包单位、出租单位和安装单位共同进行验收,验收合格后方可使用。

(2)总分包单位的安全责任。

1)总包单位的职责。

①项目经理是项目安全生产的第一负责人,必须认真贯彻执行国家和地方有关安全法规、规范、标准,严格按文明安全工地标准组织施工生产。确保实现安全控制指标和实现文明安全工地达标计划。

②建立健全安全生产保证体系,根据安全生产组织标准和工程规模设置安全生产机构,配备安全检查人员,并设置5~7人(含分包)的安全生产委员会或安全生产领导小组,定期召开会议(每月不少于一次),负责对本工程项目安全生产工作的重大事项及时做出决策,组织督促检查实施,并将分包的安全人员纳入总包管理,统一活动。

③在编制、审批施工组织设计或施工方案和冬雨期施工措施时,必须同时编制、审批安全技术措施,如改变原方案时必须重新报批,并经常检查措施、方案的执行情况,对于无措施、无交底或针对性不强的方案,不准组织施工。

④工程项目经理部的有关负责人、施工管理人员、特种作业人员必须经当地政府安全培训、年审取得资格证书、证件的才有资格上岗,凡在培训、考核范围内未取得安全资格的施工管理人员、特种作业人员不准直接组织施工管理和从事特种作业。

⑤强化安全教育,除对全员进行安全技术知识和安全意识教育外,要强化分包新入场人员的"三级安全教育",教育面必须达到100%,经教育培训考核合格,做到持证上岗,同时要坚持转场和调换工种的安全教育,并做好记录、登记建档工作。

⑥根据工程进度情况,除进行不定期的、季节性的安全检查外,工程项目经理部每半月由项目执行经理组织一次检查,每周由安全部门组织各分包进行专业(或全面)检查。对查到的隐患,责成分包并组织有关人员立即或限期进行消项整改。

⑦工程项目部(总包方)与分包方应在工程实施之前或进场的同时及时签订含有明确安全目标和职责条款划分的经营(管理)合同或协议书,当不能按期签订时,必须签订临时安全协议。

⑧根据工程进展情况和分包进场时间,应分别签订年度或一次性的安全生产责任书或责任状,做到总分包在安全管理上责任划分明确,有奖有罚。

⑨项目部实行"总包方统一管理,分包方各负其责"的施工现场管理体制,负责对发包方、分包和上级各部门或政府部门的综合协调管理工作。工程项目经理对施工现场的管理工作负全面领导责任。

⑩项目部有权限期责令分包将不能尽责的施工管理人员调离本工程,重新配备符合总包要求的施工管理人员。

2)分包单位的职责。

①分包的项目经理、主管副经理是安全生产管理工作的第一责任人,必须认真贯彻执行总包在执行的有关规定、标准和总包的有关决定和指示,按总包的要求组织施工。

②建立健全安全保证体系。根据安全生产组标准设置安全机构,配备安全检查人员,每50人要配备一名专职安全人员,不足50人的要设兼职安全人员,并接受工程项目安全部门的业务管理。

③分包在编制分包项目或单项作业的施工方案或冬雨期方案措施时,必须同时编制安全消防技术措施,并经总包审批后方可实施,如改变原方案时必须重新报批。

④分包必须执行逐级安全技术交底制度和班组长班前安全讲话制度,并跟踪检查管理。

⑤分包必须按规定执行安全防护设施、设备验收制度,并履行书面验收手续,并建档存查。

⑥分包必须接受总包及其上级主管部门的各种安全检查并接受奖罚。在生产例会上应先检查、汇报安全生产情况。在施工生产过程中切实把好安全教育、检查、措施、交底、防护、文明、验收等七关,做到预防为主。

⑦强化安全教育,除对全体施工人员进行经常性的安全教育外,对新入场人员必须进行三级安全教育培训,做到持证上岗,同时要坚持转场和调换工种的安全教育;特种作业人员必须经过专业安全技术培训考核,持有效证件上岗。

⑧分包必须按总包的要求实行重点劳动防护用品定点厂家产品采购、使用制度,对个人劳动防护用品实行定期、定量供应制。并严格按规定要求佩戴。

⑨凡因分包单位管理不严而发生的因工伤亡事故,所造成的一切经济损失及后果由分包单位自负。

⑩各分包方发生因工伤亡事故,要立即用最快捷的方式向总包方报告,并积极组织抢救伤员,保护好现场,如因抢救伤员必须移动现场设备、设施的,要做出记录或拍照。

⑪对安全管理纰漏多,施工现场管理混乱的分包单位除进行罚款处理外,对问题严重、屡教不改,甚至不服管理的分包单位,予以解除经济合同。

第二章　公路工程现场安全管理

3）业主指定分包单位。

①必须具备与分包工程相应的企业资质，并具备《建筑施工企业安全资格认可证》。

②建立健全安全生产管理机构，配备安全员；接受总包的监督、协调和指导，实现总包的安全生产目标。

③独立完成安全技术措施方案的编制、审核和审批，对自行施工范围内的安全措施、设施进行验收。

④对分包范围内的安全生产负责，对所辖职工的身体健康负责，为职工提供安全的作业环境，自带设备与手持电动工具的安全装置齐全、灵敏可靠。

⑤履行与总包和业主签订的总分包合同及《安全管理责任书》中的有关安全生产条款。

⑥自行完成所辖职工的合法用工手续。

⑦自行开展总包规定的各项安全活动。

(3) 总承包单位的安全责任。

1）总承包单位应当自行完成公路工程主体工程的施工。

2）总承包单位依法将工程分包给其他单位的，分包合同中应当明确各自的安全生产方的权利、义务。总承包单位和分包单位对分包工程的安全生产承担连带责任。

3）公路工程实行工程总承包的，如发生事故，由总承包单位负责上报事故。

(二) 施工单位内部安全责任分工

为贯彻落实党和国家有关安全生产的政策法规，明确施工项目各级人员、各职能部门安全生产责任，保证施工生产过程中的人身安全和财产安全，根据国家有关规定，制定施工项目安全生产责任制。

1. 项目经理部安全生产责任

(1) 项目经理部是安全生产工作的载体，具体组织和实施项目安全生产、文明施工、环境保护工作，对本项目工程的安全生产负全面责任。

(2) 贯彻落实各项安全生产的法律、法规、规章、制度，组织实施各项安全管理工作，完成各项考核指标。

(3) 建立并完善项目部安全生产责任制和安全考核评价体系，积极开展各项安全活动，监督、控制分包队伍执行安全规定，履行安全职责。

(4) 发生伤亡事故及时上报，并保护好事故现场，积极抢救伤员，认真配合事故调查组开展伤亡事故的调查和分析，按照"四不放过"原则，落实整改防范措施，对责任人员进行处理。

2. 项目部各级人员安全生产责任

(1) 工程项目经理。

1）项目经理是工程项目生产的最大责任者，同时按照国务院所确定的"管生产必须管安全"的原则,又是项目安全生产的最大责任者。因此,项目经理安全生产职责的核心,是对参加本工程项目施工的全体职工的安全与健康负责,在组织与指挥生产的全过程中,把安全生产措施落实到每一个生产环节中,严格遵守安全技术操作规程。

2)要组织工程项目施工的全员教育,对工程项目的管理人员和施工操作人员,要按其各自的安全职责范围进行教育,建立安全生产奖惩制度。对于违章和失职者要予以处罚,对于一贯遵守规章并做出成绩的予以奖励。

3)在工程施工中发生重大事故,要立即组织人员保护现场,并立即向主管上级汇报,积极配合劳动部门、安全部门和司法部门调查事故原因,提出预防事故重复发生和防止事故危害扩大的初步措施。

4)要定期组织召开安全生产会议。针对施工的不同阶段、不同季节以及临时出现的有关安全生产问题,及时召集项目管理人员、各施工队、分公司,必要时应扩大到工人班组长,研究对策并确定各项措施的执行人。每次开会都记录会议内容,发现隐患或问题就解决、落实。

5)对职工进行持续、系统的安全教育。安全教育的主要内容包括:思想政治、劳动保护方针、政策、规章制度、劳动纪律、安全技术知识、典型经验和事故教训等。

教育职工尊重科学,按客观规律办事,不违章指挥,不违章操作,使广大职工认识到安全技术、劳动保护规章制度是多年实践经验的总结,有的甚至付出了血的代价。使每个职工都能克服坏的操作习惯,自觉地学习和执行规程。

教育职工树立"安全生产、文明生产,人人有责"的思想。仅仅领导重视不行,仅仅班组长、安全员重视也不行,必须全体职工人人重视,人人动手,共同努力才能搞好安全生产。认识到安全生产是可以实现的,关键在于对安全产生的思想认识和责任心。

6)应当坚持每周的现场安全生产活动,坚持每天的班前安全生产讲话。一般工程,项目经理可集中全员开展每周和每日的活动;大工程,项目经理可集中工人班组长以上的人员进行活动。每周活动的主要内容是:分析和通报一周内的不安全问题和所发生的事故,以及有关安全生产情况。每天的班前活动,主要是向职工或班组长说明当天任务的特点、危险作业的部位和作业时的安全要求。

7)每天要巡视施工现场。对于大的工程还要指定安全技术人员分别巡视,并及时收集工程情况。发现不安全因素要立即指令执行人或亲自处理。对于不安全的隐患,也要下令解决。做到:小问题当天解决;大问题限期解决;危及职工生命的问题要先排除险情,采取可靠措施后再施工。

8)认真做好安全生产工作日记。要认真记录每天的安全生产情况以及发现和处理问题等。这项工作,既有利于积累安全生产管理经验,又是发生事故追查责任的重要依据。

第二章 公路工程现场安全管理

9)做好录用劳务单位提供人员,特别是选用零散工人做劳务时的安全管理要与录用的劳务单位或个人签订用工合同,明确双方义务和责任,确定违约违纪的处罚,特别是安全生产方面的各种要求和规定。

对录用的所有工人,都要进行安全技术知识培训,要让进场的工人了解该项目施工的有关安全要求;掌握自身的施工安全技术,提高安全自我保护能力。

对于严重违章违纪、造成重大安全事故的责任者要坚决辞退。

(2)工程项目生产副经理。

1)对工程项目的安全生产负直接领导责任,协助工程项目经理认真贯彻执行国家安全生产方针、政策、法规,落实各项安全生产规范、标准和工程项目的各项安全生产管理制度。

2)组织实施工程项目总体和施工各阶段安全生产工作规划以及各项安全技术措施、方案的组织实施工作,组织落实工程项目各级人员的安全生产责任制。

3)组织领导工程项目安全生产的宣传教育工作,并制定工程项目安全培训实施办法,确定安全生产考核指标,制定实施措施和方案,并负责组织实施,负责外协施工队伍各类人员的安全教育、培训和考核审查的组织领导工作。

4)配合工程项目经理组织定期安全生产检查,负责工程项目各种形式的安全生产检查的组织、督促工作和安全生产隐患整改"三落实"的实施工作,及时解决施工中的安全生产问题。

5)负责工程项目安全生产管理机构的领导工作,认真听取、采纳安全生产的合理化建议,支持安全生产管理人员的业务工作,保证工程项目安全生产保证体系的正常运转。

6)工地发生伤亡事故时,负责事故现场保护、职工教育、防范措施落实,并协助做好事故调查分析的具体组织工作。

(3)项目安全总监。

1)在现场经理的直接领导下履行项目安全生产工作的监督管理职责。

2)宣传贯彻安全生产方针政策、规章制度,推动项目安全组织保证体系的运行。

3)督促实施施工组织设计、安全技术措施,实现安全管理目标,对项目各项安全生产管理制度的贯彻与落实情况进行检查与具体指导。

4)组织分承包商安全专兼职人员开展安全监督与检查工作。

5)查处违章指挥、违章操作、违反劳动纪律的行为和人员,对重大事故隐患采取有效的控制措施,必要时可采取局部甚至全部停产的非常措施。

6)督促开展周一安全活动和项目安全讲评活动。

7)负责办理与发放各级管理人员的安全资格证书和操作人员安全上岗证。

8)参与事故的调查与处理。

(4)工程项目技术负责人。

1)对工程项目生产经营中的安全生产负技术责任。

2)贯彻落实国家安全生产方针、政策,严格执行安全技术规程、规范、标准;结合工程特点,进行项目整体安全技术交底。

3)参加或组织编制施工组织设计,在编制、审查施工方案时,必须制定、审查安全技术措施,保证其可行性和针对性,并认真监督实施情况,发现问题及时解决。

4)主持制定技术措施计划和季节性施工方案的同时,必须制定相应的安全技术措施并监督执行,及时解决执行中出现的问题。

5)应用新材料、新技术、新工艺,要及时上报,经批准后方可实施,同时必须对上岗人员进行安全技术培训、教育;认真执行相应的安全技术措施与安全操作工艺要求,预防施工中因化学药品引起的火灾、中毒或在新工艺实施中可能造成的事故。

6)主持安全防护设施和设备的验收。严格控制不符合标准要求的防护设备、设施投入使用;使用中的设施、设备,要组织定期检查,发现问题及时处理。

7)参加安全生产定期检查,对施工中存在的事故隐患和不安全因素,从技术上提出整改意见和消除办法。

8)参加或配合工伤及重大未遂事故的调查,从技术上分析事故发生的原因,提出防范措施和整改意见。

(5)工长、施工员。

1)工长、施工员是所管辖区域范围内安全生产的第一责任人,对所管辖范围内的安全生产负直接领导责任。

2)认真贯彻落实上级有关规定,监督执行安全技术措施及安全操作规程,针对生产任务特点,向班组(外协施工队伍)进行书面安全技术交底,履行签字手续,并对规程、措施、交底要求的执行情况进行经常检查,随时纠正违章作业。

3)负责组织落实所管辖施工队伍的三级安全教育、常规安全教育、季节转换及针对施工各阶段特点等进行的各种形式的安全教育,负责组织落实所管辖施工队伍特种作业人员的安全培训工作和持证上岗的管理工作。

4)经常检查所管辖区域的作业环境、设备和安全防护设施的安全状况,发现问题及时纠正解决。对重点特殊部位施工,必须检查作业人员及各种设备和安全防护设施的技术状况是否符合安全标准要求,认真做好书面安全技术交底,落实安全技术措施,并监督其执行,做到不违章指挥。

5)负责组织落实所管辖班组(外协施工队伍)开展各项安全活动,学习安全操作规程,接受安全管理机构或人员的安全监督检查,及时解决其提出的不安全问题。

6)对工程项目中应用的新材料、新工艺、新技术严格执行申报、审批制度,发现不安全问题,及时停止施工,并上报领导或有关部门。

7)发生因工伤亡及未遂事故必须停止施工,保护现场,立即上报,对重大事故隐患和重大未遂事故,必须查明事故发生原因,落实整改措施,经上级有关部门验收合格后方准恢复施工,不得擅自撤除现场保护设施,强行复工。

(6)外协施工队负责人。

1)外协施工队负责人是本队安全生产的第一责任人,对本单位安全生产负全面领导责任。

2)认真执行安全生产的各项法规、规定、规章制度及安全操作规程,合理安排组织施工班组人员上岗作业,对本队人员在施工生产中的安全和健康负责。

3)严格履行各项劳务用工手续,做到证件齐全,特种作业持证上岗。做好本队人员的岗位安全培训、教育工作,经常组织学习安全操作规程,监督本队人员遵守劳动、安全纪律,做到不违章指挥,制止违章作业。

4)必须保持本队人员的相对稳定,人员变更须事先向用工单位有关部门报批,新进场人员必须按规定办理各种手续,经入场和上岗安全教育后,方准上岗。

5)组织本队人员开展各项安全生产活动,根据上级的交底向本队各施工班组进行详细的书面安全交底,针对当天施工任务、作业环境等情况,做好班前安全讲话,施工中发现安全问题,应及时解决。

6)定期和不定期组织检查本队施工的作业现场安全生产状况,发现不安全因素,及时整改,发现重大事故隐患应立即停止施工,并上报有关领导,严禁冒险蛮干。

7)发生因工伤亡或重大未遂事故,组织保护好事故现场,做好伤者抢救工作和防范措施,并立即上报,不准隐瞒、拖延不报。

(7)班组长。

1)班组长是本班组安全生产的第一责任人,认真执行安全生产规章制度及安全技术操作规程,合理安排班组人员的工作,对本班组人员在施工生产中的安全和健康负直接责任。

2)经常组织班组人员开展各项安全生产活动和学习安全技术操作规程,监督班组人员正确使用个人劳动防护用品和安全设施、设备,不断提高安全自保能力。

3)认真落实安全技术交底要求,做好班前交底,严格执行安全防护标准,不违章指挥,不冒险蛮干。

4)经常检查班组作业现场的安全生产状况和工人的安全意识、安全行为,发现问题及时解决,并上报有关领导。

5)发生因工伤亡或未遂事故,保护好事故现场,并立即上报有关领导。

(8)工人。

1)工人是本岗位安全生产的第一责任人,在本岗位作业中对自己、对环境、对他人的安全负责。

2)认真学习,严格执行安全操作规程,模范遵守安全生产规章制度。

3) 积极参加各项安全生产活动,认真执行安全技术交底要求,不违章作业,不违反劳动纪律,虚心服从安全生产管理人员的监督、指导。

4) 发扬团结友爱精神,在安全生产方面做到互相帮助,互相监督,维护一切安全设施、设备,做到正确使用,不准随意拆改,对新工人有传、带、帮的责任。

5) 对不安全的作业要求要提出意见,有权拒绝违章指令。

6) 发生因工伤亡事故,要保护好事故现场并立即上报。

7) 在作业时要严格做到"眼观六面、安全定位,措施得当、安全操作"。

3. 项目部各职能部门安全生产责任

(1) 安全部。

1) 安全部是项目安全生产的责任部门,是项目安全生产领导小组的办公机构,行使项目安全工作的监督检查职权。

2) 协助项目经理开展各项安全生产业务活动,监督项目安全生产保证体系的正常运转。

3) 定期向项目安全生产领导小组汇报安全情况,通报安全信息,及时传达项目安全决策,并监督实施。

4) 组织、指导项目分包安全机构和安全人员开展各项业务工作,定期进行项目安全性测评。

(2) 工程管理部。

1) 在编制项目总工期控制进度计划、年、季、月计划时,必须树立"安全第一"的思想,综合平衡各生产要素,保证安全工程与生产任务协调一致。

2) 对于改善劳动条件、预防伤亡事故项目,要视同生产项目优先安排;对于施工中重要的安全防护设施、设备的施工要纳入正式工序,予以时间保证。

3) 在检查生产计划实施情况的同时,检查安全措施项目的执行情况。

4) 负责编制项目文明施工计划,并组织具体实施。

5) 负责现场环境保护工作的具体组织和落实。

6) 负责项目大、中、小型机械设备的日常维护、保养和安全管理。

(3) 技术部。

1) 负责编制项目施工组织设计中安全技术措施方案,编制特殊、专项安全技术方案。

2) 参加项目安全设备、设施的安全验收,从安全技术角度进行把关。

3) 检查施工组织设计和施工方案的实施情况的同时,检查安全技术措施的实施情况,对施工中涉及的安全技术问题,提出解决办法。

4) 对项目使用的新技术、新工艺、新材料、新设备,制定相应的安全技术措施和安全操作规程,并负责工人的安全技术教育。

(4) 物资部。

1) 重要劳动防护用品的采购和使用必须符合国家标准和有关规定,执行本系统重要劳动防护用品定点使用管理规定。同时,会同项目安全部门进行验收。

2)加强对使用机具和防护用品的管理,对自有及协力自备的机具和防护用品定期进行检验、鉴定,对不合格品及时报废、更新,确保使用安全。

3)负责施工现场材料堆放和物品储运的安全。

(5)机电部。

1)选择机电分承包方时,要考核其安全资质和安全保证能力。

2)平衡施工进度,交叉作业时,确保各方安全。

3)负责机电安全技术培训和考核工作。

(6)合约部。

1)分包单位进场前签订总分包安全管理合同或安全管理责任书。

2)在经济合同中应分清总分包安全防护费用的划分范围。

3)在每月工程款结算单中扣除由于违章而被处罚的罚款。

(7)办公室。

1)负责项目全体人员安全教育培训的组织工作。

2)负责现场 CI 管理的组织和落实。

3)负责项目安全责任目标的考核。

4)负责现场文明施工与各相关方的沟通。

4. 责任追究制度

(1)对因安全责任不落实、安全组织制度不健全、安全管理混乱、安全措施经费不到位、安全防护失控、违章指挥、缺乏对分承包方安全控制力度等主要原因导致因工伤亡事故发生,除对有关人员按照责任状进行经济处罚外,对主要领导责任者给予警告、记过处分;对重要领导责任者给予警告处分。

(2)对因上述主要原因导致重大伤亡事故发生,除对有关人员按照责任状进行经济处罚外,对主要领导责任者给予记过、记大过、降级、撤职处分;对重要领导责任者给予警告、记过、记大过处分。

(3)构成犯罪的,由司法机关依法追究刑事责任。

第二节 安全管理保证体系

一、安全管理体系

1. 安全管理体系的原则

(1)安全生产管理体系应符合建筑业企业和本工程项目施工生产管理现状及特点,使之符合安全生产法规的要求。

(2)建立安全管理体系并形成文件。体系文件包括安全计划,企业制定的各类安全管理标准,相关的国家、行业、地方法律和法规文件、各类记录、报表和台账。

2. 安全生产策划

(1)针对工程项目的规模、结构、环境、技术含量、施工风险和资源配置等因素进行安全生产策划,策划内容包括:

1)配置必要的设施、装备和专业人员,确定控制和检查的手段、措施。

2)确定整个施工过程中应执行的文件、规范。如脚手架工作、高处作业、机械作业、临时用电、动用明火、沉井、深挖基础施工和爆破工程等作业规定。

3)冬期、雨期、雪天和夜间施工时安全技术措施及夏季的防暑降温工作。

4)确定危险部位和过程,对风险大和专业性较强的工程项目进行安全论证。同时采取相适应的安全技术措施,并得到有关部门的批准。

5)因本工程项目的特殊需求所补充的安全操作规定。

6)制定施工各阶段具有针对性的安全技术交底文本。

7)制定安全记录表格,确定搜集、整理和记录各种安全活动的人员和职责。

(2)根据安全生产策划结果,单独编制安全保证计划,也可在项目施工组织设计中独立体现。

(3)安全保证计划实施前,按要求报项目业主或企业确认审批。

(4)确认要求:

1)项目业主或企业有关负责人主持安全计划的审核。

2)执行安全计划的项目经理部负责人及相关部门参与确认。

3)确认安全计划的完整性和可行性。

4)各级安全生产岗位责任制得到确认。

5)任何与安全计划不一致事宜都得到解决。

6)项目经理部有满足安全保证的能力并得到确认。

7)记录并保存确认过程。

8)经确认的项目安全计划,应送上级主管部门备案。

二、安全管理策划

1. 安全管理策划的原则

(1)预防性。施工项目安全管理策划必须坚持"安全第一、预防为主"的原则,体现安全管理的预防和预控作用,针对施工项目的全过程制定预警措施。

(2)全过程性。项目的安全策划应包括由可行性研究开始到设计、施工,直至竣工验收的全过程策划,施工项目安全管理策划要覆盖施工生产的全过程和全部内容,使安全技术措施贯穿至施工生产的全过程,以实现系统的安全。

(3)科学性。施工项目的安全策划应能代表最先进的生产力和最先进的管理方法,承诺并遵守国家的法律法规,遵照地方政府的安全管理规定,执行安全技术标准和安全技术规范,科学指导安全生产。

(4)可操作性。施工项目安全策划的目标和方案应尊重实际情况,坚持实事求是的原则,其方案应具有可操作性,安全技术措施应具有针对性。

(5)实效的最优化。施工项目安全策划应遵循实效最优化的原则,即不盲目地扩大项目投入,又不得以取消和减少安全技术措施经费来降低项目成本。而是在确保安全目标的前提下,在经济投入、人力投入和物资投入上坚持最优化的原则。

2. 安全管理策划的基本内容
(1)设计策划依据。
1)国家、地方政府和主管部门的有关规定。
2)采用的主要技术规范、规程、标准和其他依据。
(2)工程概述。
1)本项目设计所承担的任务及范围。
2)工程性质、地理位置及特殊要求。
3)职业安全与卫生状况。
4)主要工艺、原料、半成品、成品、设备及主要危害概述。
(3)施工及场地布置。
1)根据场地自然条件预测的主要危险因素及防范措施。
2)工程总体布置中如锅炉房、氧气、乙炔等易燃易爆、有毒物品造成的影响及防范措施。
3)临时用电变压器周边环境。
4)对周边居民出行是否有影响。
(4)生产过程中危险因素的分析。
1)安全防护工作如脚手架作业防护、洞口防护、临边防护、高空作业防护和模板工程、起重及施工机具机械设备防护。
2)关键特殊工序如洞内作业、潮湿作业、深基开挖、易燃易爆品、防尘、防触电。
3)特殊工种如电工、电焊工、架子工、爆破工、机械工、起重工、机械司机等,除一般教育外,还要经过专业安全技能培训。
4)临时用电的安全系统管理如总体布置和各个施工阶段的临电(电闸箱、电路、施工机具等)的布设。
5)保卫消防工作的安全系统管理如临时消防用水、临时消防管道、消防灭火器材的布设等。
(5)主要安全防范措施。
1)根据全面分析各种危害因素确定的工艺路线、选用可靠的装置设备,从生产、火灾危险性分类设置的安全设施和必要的检测、检验设备。
2)按照爆炸和火灾危险场所的类别、等级、范围选择电气设备的安全距离及防雷、防静电及防止误操作等设施。
3)对可能发生的事故作出的预案、方案及抢救、疏散和应急措施。

4)危险场所和部位如高空作业、外墙临边作业等;危险期间如冬期、雨期、高温天气等所采用的防护设备、设施及其效果等。

(6)预期效果评价。施工项目的安全检查包括安全生产责任制、安全保证计划、安全组织机构、安全保证措施、安全技术交底、安全教育、安全持证上岗、安全设施、安全标识、操作行为、违规管理、安全记录检查等各方面的。

(7)安全措施经费。
1)主要生产环节专项防范设施费用。
2)检测设备及设施费用。
3)安全教育设备及设施费用。
4)事故应急措施费用。

三、安全生产保证体系

完善安全管理体制,建立健全安全管理制度、安全管理机构和安全生产责任制是安全管理的重要内容,也是实现安全生产目标管理的组织保证。

为适应社会主义市场经济的需要,1993年国务院将原来的"国家监察、行政管理、群众监督"的安全生产管理体制,发展为"企业负责、行业管理、国家监察、群众监督、劳动者遵章守纪"。而施工项目安全生产保证体系就是按照这样的安全生产管理体制建立和健全起来的。

1. 安全生产组织保证体系
(1)安全生产组织保证体系的构成。
1)安全生产委员会由工程项目经理、主管生产和技术的副经理、安全部负责人、分包单位负责人以及人事、财务、机械、工会等有关部门负责人组成,人员以5~7人为宜。
2)安全生产领导小组由工程项目经理、主管生产和技术的副经理、专职安全管理人员、分包单位负责人以及人事、财务、机械、工会等负责人组成,人员以3~5人为宜。
3)安全生产委员会(或安全生产领导小组)主任(或组长)由工程项目经理担任。
4)安全生产委员会(或安全生产领导小组)职责:
①安全生产委员会(或安全生产领导小组)是工程项目安全生产的最高权力机构,负责对工程项目安全生产的重大事项及时做出决策。
②认真贯彻执行国家有关安全生产和劳动保护的方针、政策、法令以及上级有关规章制度、指示、决议,并组织检查执行情况。
③负责制定工程项目安全生产规划和各项管理制度,及时解决实施过程中的难点和问题。
④每月对工程项目进行至少一次全面的安全生产大检查,并召开专门会议,分析安全生产形势,制定预防因工伤亡事故发生的措施和对策。

⑤协助上级有关部门进行因工伤亡事故的调查、分析和处理。

(2)设置安全生产专职管理机构——安全部。

1)安全部是工程项目安全生产专职管理机构,安全生产委员会(或安全生产领导小组)的常设办事机构设在安全部。其职责包括:

①协助工程项目经理开展各项安全生产业务工作。

②定时准确地向工程项目经理和安全生产委员会(或安全生产领导小组)汇报安全生产情况。

③组织和指导下属安全部门和分包单位的专职安全员(安全生产管理机构)开展各项有效的安全生产管理工作。

④行使安全生产监督检查职权。

2)设置安全生产总监(工程师)职位。其职责为:

①协助工程项目经理开展安全生产工作,为工程项目经理进行安全生产决策提供依据。

②每月向项目安全生产委员会(或安全生产领导小组)汇报本月工程项目安全生产状况。

③定期向公司(厂、院)安全生产管理部门汇报安全生产情况。

④对工程项目安全生产工作开展情况进行监督。

⑤有权要求有关部门和分部分项工程负责人报告各自业务范围内的安全生产情况。

⑥有权建议处理不重视安全生产工作的部门负责人、工长及其他有关人员。

⑦组织并参加各类安全生产检查活动。

⑧监督工程项目正、副经理的安全生产行为。

⑨对安全生产委员会或领导小组做出的各项决议的实施情况进行监督。

⑩行使工程项目副经理的相关职权。

3)安全管理人员的配置。

①施工项目1万 m^2(建筑面积)及以下设置1人。

②施工项目1万~3万 m^2 设置2人。

③施工项目3万~5万 m^2 设置3人。

④施工项目在5万 m^2 以上按专业设置安全员,成立安全组。

(3)分包队伍。分包队伍按规定建立安全组织保证体系,其管理机构以及人员纳入工程项目安全生产保证体系,接受工程项目安全部的业务领导,参加工程项目统一组织的各项安全生产活动,并按周向项目安全部传递有关安全生产的信息。

1)分包自身管理体系的建立。分包单位100人以下设兼职安全员;100~300人必须有专职安全员1名;300~500人必须有专职安全员2名,纳入总包安全部统一进行业务指导和管理。

2)班组长、分包专业队长是兼职安全员,负责本班组工人的健康和安全,负责消除本作业区的安全隐患,对施工现场实行目标管理。

2. 安全生产责任保证体系

施工项目是安全生产工作的载体,具体组织和实施项目安全生产工作,是企业安全生产的基层组织,负全面责任。

(1)安全生产责任保证体系的三个层次。

1)项目经理作为本施工项目安全生产第一负责人,由其组织和聘用施工项目安全负责人、技术负责人、生产调度负责人、机械管理负责人、消防管理负责人、劳动管理负责人及其他相关部门负责人组成安全决策机构。

2)分包队伍负责人作为本队伍安全生产第一责任人,组织本队伍执行总包单位安全管理规定和各项安全决策,组织安全生产。

3)作业班组负责人(或作业工人)作为本班组或作业区域安全生产第一责任人,贯彻执行上级指令,保证本区域、本岗位安全生产。

(2)应履行的安全生产责任。

1)贯彻落实各项安全生产的法律、法规、规章、制度,组织实施各项安全管理工作,完成上级下达的各项考核指标。

2)建立并完善项目经理部安全生产责任制和各项安全管理规章制度,组织开展安全教育、安全检查,积极开展日常安全活动,监督、控制分包队伍执行安全规定,履行安全职责。

3)建立安全生产组织机构,设置安全专职人员,保证安全技术措施经费的落实和投入。

4)制定并落实项目施工安全技术方案和安全防护技术措施,为作业人员提供安全的生产作业环境。

5)发生伤亡事故及时上报,并保护好事故现场,积极抢救伤员,认真配合事故调查组开展伤亡事故的调查和分析,按照"四不放过"原则,落实整改防范措施,对责任人员进行处理。

3. 安全生产资源保证体系

施工项目的安全生产必须有充足的资源做保障。安全资源的投入包括人力资源、物资资源和资金。

(1)安全人力资源投入包括专职安全管理人员的设置和高素质技术人员、操作工人的配置,以及安全教育培训投入。

(2)安全物资资源投入包括进入现场材料的把关和料具的现场管理以及机电、起重设备、锅炉、压力容器及自制机械等资源的投入。

1)物资资源系统人员对机、电、起重设备、锅炉、压力容器及自制机械的安全运行负责,按照安全技术规范进行经常性检查,并监督各种设备、设施的维修和保养;对大型设备设施、中小型机械操作人员定期进行培训、考核,持证上岗。负责

第二章　公路工程现场安全管理

起重设备、提升机具、成套设施的安全验收。

2)安全所需材料应加强供应过程中的质量管理,防止假冒伪劣产品进入施工现场,最大限度地减少工程建设伤亡事故的发生。首先是正确选择进货渠道和材料的质量把关。一般大型建筑公司都有相应的定点采购单位,对生产厂家及供货单位要进行资格审查,内容如下:要有营业执照,生产许可证,生产产品允许等级标准,产品监察证书,产品获奖情况;应有完善的检测手段、手续和实验机构,可提供产品合格证和材质证明;应对其产品质量和生产历史情况进行调查和评估,了解其他用户使用情况与意见,生产厂方(或供货单位)的经济实力、担保能力、包装储运能力等。质量把关应由材料采购人员做好市场调查和预测工作,通过"比质量、比价格、比运距"的优化原则,验证产品合格证及有关检测实验等资料,批量采购并应签订合同。

3)安全材料质量的验收管理。在组织送料前由安全人员和材料员先行看货验收;进库时由保管员和安全人员一起组织验收方可入库。必须是验收质量合格,技术资料齐全的才能登入进料台账,发料使用。

4)安全材料、设备的维修保养工作。维修保养工作是施工项目资源保证的重要环节,保管人员应经常对所管物资进行检查,了解和掌握物资保管过程中的变化情况,以便及时采取措施,进行防护,从而保证设备出场的完好。如用电设备,包括手动工具、照明设施必须在出库前由电工全面检测并做好记录,只有保证合格设备才能出库,避免工人有时盲目检修而形成的事故隐患。

(3)安全投资包括主动投资和被动投资、预防投资与事后投资、安全措施费用、个人防护品费用、职业病诊治费用等。安全投资的政策应遵循"谁受益谁整改,谁危害谁负担;谁需要谁投资的原则"。现阶段我国一般企业的安全投资应该达到项目造价的0.8%~2.5%。所以每一个施工的工程项目在资金投入方面必须认真贯彻执行国家、地方政府有关劳动保护用品的规定和防暑降温经费规定,做到职工个人防护用品费用和现场安全措施费用的及时提供。特别是部分工程具有自身的特点,如建筑物周边有高压线路或变压器需要采取防护,建筑物临近高层建筑需要采取措施临边进行加固等。

安全投资所产生的效益可从事故损失测算和安全效益评价来估算。事故损失的分类包括:直接损失与间接损失、有形损失与无形损失、经济损失与非经济损失等。

4. 安全生产管理制度

施工项目应建立10项安全生产管理制度:

(1)安全生产责任制度。
(2)安全生产检查制度。
(3)安全生产验收制度。
(4)安全生产教育培训制度。

(5)安全生产技术管理制度。
(6)安全生产奖罚制度。
(7)安全生产值班制度。
(8)工人因工伤亡事故报告、统计制度。
(9)重要劳动防护用品定点使用管理制度。
(10)消防保卫管理制度。

四、公路施工企业安全生产管理制度

(一)施工企业安全生产许可制度

1. 安全生产许可证的申请条件

(1)建立、健全安全生产责任制,制定完备的安全生产规章制度和操作规程。

(2)安全投入符合安全生产要求。

(3)设置安全生产管理机构,配备专职安全生产管理人员。

(4)主要负责人和安全生产管理人员经考核合格。

(5)特种作业人员经有关业务主管部门考核合格,取得特种作业操作资格证书。

(6)从业人员经安全生产教育和培训合格。

2. 安全生产许可证的申请与颁发

(1)企业应当在进行生产前申请领取安全生产许可证。

(2)安全生产许可证颁发管理机关应当自收到申请之日起 45 日内审查完毕,经审查符合本条例规定的安全生产条件的,颁发安全生产许可证;不符合本条例规定的安全生产条件的,不予颁发安全生产许可证,书面通知企业并说明理由。

3. 安全生产许可证的监督管理

(1)安全生产许可证由国务院安全生产监督管理部门规定统一的式样。

(2)安全生产许可证的有效期为 3 年。安全生产许可证有效期满需要延期的,企业应当于期满前 3 个月向原安全生产许可证颁发管理机关办理延期手续。

(3)企业在安全生产许可证有效期内,严格遵守有关安全生产的法律法规,未发生死亡事故的,安全生产许可证有效期满时,经原安全生产许可证颁发管理机关同意,不再审查,安全生产许可证有效期延期 3 年。

4. 安全生产许可证的法律责任

(1)企业取得安全生产许可证,不得降低安全生产条件,并应当加强日常安全生产管理,接受安全生产许可证颁发管理机关的监督检查。

(2)安全生产许可证颁发管理机关应当加强对取得安全生产许可证的企业的监督检查,发现其不再具备本条例规定的安全生产条件,应当暂扣或者吊销安全生产许可证。

(二)施工企业安全生产组织制度

安全生产的组织管理是设计并建立一种责任和权利机制以形成安全的工作

第二章 公路工程现场安全管理

环境的过程。安全生产组织管理制度是生产经营单位为了有效实施安全生产的组织管理所建立的用以规范、指导、协调各部门和各岗位人员管理和工作行为的规章体系。

1. 安全组织机构和安全保证体系

公路施工企业应当建立由总经理任主任,主管生产及安全的副总经理、总工程师任副主任,各职能部门负责人和所属项目经理任组员的安全生产委员会(按照"接触危险者最有发言权"的理论,安全生产委员会应该吸纳危险岗位作业人员参加),用以规划和决策全公司的安全生产工作。

项目经理部要建立由项目经理任组长,主管生产、安全副经理任副组长,各职能部门负责人和所属工区主任或工班长任组员的安全领导小组,用以计划和决策本项目的安全生产工作,并专门设立专职安全管理机构或专职安全管理人员在本项目内,牵头组织落实安全规章制度。

按照目前施工企业的一般情况,专职安全管理人员数量应保证每个合同额在5000万元以下施工项目至少配1名,合同额在5000万元至1.5亿元的施工项目至少配2名,合同额在1.5亿元以上的大型施工项目应分专业配置专职安全管理人员。

2. 建立职业健康安全管理体系

职业健康安全管理体系是一个国家推荐标准,充分体现了管理的系统性、先进性、持续改进性、预防性以及全过程控制性,可以说是企业提高职业健康安全工作水平、预防事故和职业危害的最科学的方法之一。

在确定职业健康安全管理体系模式时,强调按系统理论管理职业健康安全及其相关事务,以达到预防和减少生产事故和劳动疾病的目的。具体采用了系统化的戴明模型,即通过策划(Plan)、行动(Do)、检查(Check)、改进(Act)四个环节构成一个动态循环并螺旋上升的系统化管理模式。

职业健康安全管理体系的内容由五大功能块组成,即职业健康安全方针、策划(规划)、实施与运行、检查与纠正措施和管理评审;而每一功能块又是由若干要素组成,这些要素不是孤立的,而是相互联系的。

建立和运行职业健康安全管理体系的基本步骤如下:
(1)进行危险源辨识,并评价出重大危险源。
(2)搜集相关法律、法规,使组织明确自己所必须要遵守的规定。
(3)制定职业健康安全方针,阐明组织在职业健康安全方面的宗旨。
(4)编制管理手册、程序文件、管理方案、作业指导书等。
(5)体系运行。

(三)施工企业安全生产责任制度

建立安全生产责任制是国家法律法规的要求。

安全生产责任制是生产经营单位岗位责任制的重要组成部分,是安全生产管理制度中的核心制度。

安全生产责任制是责任追究的依据。只有实行安全生产责任制度才能做到"层层有分工、事事有人管、人人有专责",在发生事故后,才能根据安全生产职责来认定和处理有关责任人员。

安全生产责任制度就是对各级负责人、各职能部门以及各类施工人员在管理和施工过程中应当承担的责任做出明确规定,即将安全生产责任分解到施工单位主要负责人、项目负责人、班组长以及每个岗位的作业人员身上。建立安全责任制的方法如下:

(1)企业主要负责人要亲自组织、审核。安全生产责任制是根据"管生产必须管安全"的原则,紧密围绕生产经营活动。

(2)根据企业机构设置和岗位设置的情况制定各部门和各岗位人员的安全职责。

(3)专门机构负责,自下而上或自上而下地制定。

(四)安全生产技术交底制度

1. 安全技术交底的基本要求

(1)安全技术交底必须逐级进行,纵向要延伸到全体作业人员,即从企业到项目到班组最后到人。

(2)安全技术交底必须具体、明确,有针对性。

(3)安全技术交底的内容主要针对施工中给作业人员带来潜在危险的问题进行。

(4)应将施工程序、施工方法、安全技术措施向工长、班组长进行详细交底。

(5)定期向两个以上作业队和多个工种进行交叉施工的作业队进行书面交底。

(6)应该优先采用新的安全技术措施。

(7)安全技术交底必须有书面的签字记录。

2. 安全技术交底的主要内容

(1)本工程项目的施工作业特点和危险源、危险点。

(2)针对危险源、危险点的具体预防措施。

(3)相应的安全操作规程和标准。

(4)应该注意的安全事项。

(5)发生事故后应该采取的避难和紧急救援措施。

(五)安全资金保障制度

按照《中华人民共和国安全生产法》规定,生产经营单位应当具备安全生产条件所必需的资金投入,生产经营单位应当安排用于配备劳动保护用品、进行安全生产培训的经费,并对由于安全生产所必需的资金投入不足而导致的后果承担责任。

第二章 公路工程现场安全管理

安全资金保障制度的主要内容如下:

(1)企业安全资金投入或者安全费用的来源要有保障,并按照国家和行业的有关要求明确提取比例。

(2)企业安全资金投入或者安全费用,应当专项用于下列安全生产事项,不得挪作他用。

1)安全技术措施工程建设。

2)安全设备、设施的更新和维护。

3)安全生产宣传、教育和培训。

4)劳动防护用品配备。

5)其他保障安全生产的事项。

(3)企业安全资金投入或者安全费用的计划、支取、使用、效果验证,以及投入资金数量的统计等的审批或操作流程。

(4)企业的主要负责人必须保证本单位安全生产条件所需资金的投入。同时要根据企业安全资金投入或者安全费用的计划、支取、使用、效果验证,以及投入资金数量的统计等的审批或操作流程,规定一系列相关人员在安全资金保障、落实等各环节上的权利和责任。

(六)施工企业安全技术资料归档目录

1. 安全管理资料

(1)安全生产管理规章制度。

1)安全生产责任制。

2)安全教育制度。

3)安全检查制度。

4)文明施工管理规定。

5)消防安全管理制度。

6)施工临时用电管理规定。

7)特种作业人员持证上岗制度。

8)班组安全活动制度。

8)工伤事故报告调查处理制度。

10)安全及文明施工管理奖罚规定。

(2)安全保证体系、机构、人员名单。

(3)各工种安全技术操作规程。

(4)经济承包中安全生产指标(工程项目经营管理责任书)。

(5)专职安全员、安全主任任命书。

(6)施工组织设计及专项安全施工组织设计。

(7)安全管理目标。

(8)安全责任目标的分解。

(9)安全责任目标考核制度、考核记录。
(10)分部(分项)工程安全技术交底。
(11)定期安全检查记录、安全隐患"三定"记录。
(12)持证上岗人员名册及证件复印件。
(13)现场安全标志、标语统计表。
(14)违章处罚情况记录。
(15)工伤事故档案。
(16)安全日常教育、新工人入场三级教育记录。
(17)新工人入场三级登记表。
(18)新工人入场三级教育考试卷。
(19)班前活动记录。
(20)其他资料。
2. 脚手架及"三宝、四口""五临边"管理资料
(1)脚手架搭设方案。
(2)脚手架计算书。
(3)脚手架搭设安全交底记录。
(4)高处作业安全防护设施(临边、洞口等)验收记录。
(5)"三宝"及安全网、扣件等的合格证。
(6)其他资料。
3. 高边坡、模板工程管理资料
(1)边坡支护施工方案。
(2)边坡施工临边防护措施。
(3)边坡施工排水措施。
(4)边坡施工防止临近建筑物危险沉降措施。
(5)边坡支护变形观测记录及毗邻建筑物、重要管线和道路沉降观测记录。
(6)模板工程施工方案。
(7)现浇混凝土模板支撑系统计算书。
(8)根据混凝土输送方法制定的针对性安全措施。
(9)现浇混凝土模板支撑检查验收记录。
(10)拆模申请批准表。
(11)其他资料。
4. 机械设备管理资料
(1)机械设备管理人员及操作人员名单。
(2)现场机械设备一览表。
(3)大型设备安装、拆卸方案及安装队伍资格证。
(4)机械设备安装、操作交底记录。

(5)中、小型机械安装验收记录。
(6)机械设备管理制度。
(7)各种机械安全操作规程。
(8)设备运转记录。
(9)其他资料。
5. 施工用电管理资料
(1)临时用电施工组织设计或安全用电技术措施和电气防火措施。
(2)临时用电安全技术交底。
(3)临时用电工程检查验收表。
(4)接地(重复接地、防雷)电阻值测定记录(每月测一次)。
(5)电工工作日记。
(6)定期检(复)查表。
(7)总配电箱、配电箱、开关箱管理责任分工表。
(8)施工用电管理规定。
(9)其他资料。
6. 文明施工管理资料
(1)文明施工领导小组人员名单。
(2)治安保卫制度、措施、责任分解。
(3)现场门前"五牌一图"设置内容及位置。
(4)现场卫生责任制。
(5)现场急救措施。
(6)现场急救药品和急救器材登记表。
(7)经培训的急救人员名单及证件。
(8)防粉尘、防噪声措施。
(9)防止泥浆、污水、废水外流或堵塞下水管道和排水管道措施。
(10)宿舍消暑和除蚊虫叮咬措施。
(11)施工不扰民措施。
(12)炊事员名册及体检合格证。
(13)食堂卫生许可证。
(14)其他资料。
7. 消防管理资料
(1)消防领导小组名单。
(2)三级防火责任人名单(公司、项目、班组)。
(3)三级防火责任书。
(4)消防年度计划、年终总结。
(5)各种防火制度、措施。

(6)工地重点防火部位及消防器材放置平面图。
(7)消防器材登记表。
(8)义务消防队人员名单。
(9)工地动火申请表。
(10)工地消防教育和演习记录。
(11)工地消防检查、整改记录。
(12)消防器材月检记录卡。
(13)其他资料。
8. 工会劳动保护管理资料
(1)项目部劳动保护监督检查小组和班组劳动保护检查员名单。
(2)年度劳动保护工作计划、检查、总结资料。
(3)项目部、班组劳动保护委员会(小组)、检查员责任制。
(4)工程现场工会劳动保护工作记录。
(5)工程现场自我救护组织。
(6)劳保用品发放登记表。
(7)其他资料。

第三节 公路工程安全管理措施

一、安全教育培训

(一)安全教育的内容

安全是生产赖以正常进行的前提,安全教育又是安全管理工作的重要环节,是提高全员安全素质、安全管理水平和防止事故发生从而实现安全生产的重要手段。

安全教育主要包括安全生产思想教育、知识教育、技能教育和法制教育4个方面的内容。

1. 安全生产思想教育

安全思想教育的目的是为安全生产奠定思想基础。通常从加强思想认识、方针政策和劳动纪律教育等方面进行。

(1)思想认识和方针政策的教育。一是提高各级管理人员和广大职工群众对安全生产重要意义的认识。从思想上、理论上认识社会主义制度下搞好安全生产的重要意义,以增强关心人、保护人的责任感,树立牢固的群众观点;二是通过安全生产方针、政策教育。提高各级技术、管理人员和广大职工的政策水平,使他们正确、全面地理解党和国家的安全生产方针、政策并严肃认真地执行。

(2)劳动纪律教育。主要是使广大职工懂得严格执行劳动纪律对实现安全生产的重要性,企业的劳动纪律是劳动者进行共同劳动时必须遵守的法则和秩序。

第二章 公路工程现场安全管理

反对违章指挥、违章作业,严格执行安全操作规程,遵守劳动纪律是贯彻安全生产方针,减少伤害事故,实现安全生产的重要保证。

2. 安全生产知识教育

企业所有职工必须具备安全基本知识。因此,全体职工都必须接受安全知识教育和每年按规定学时进行安全培训。安全基本知识教育的主要内容是:企业的基本生产概况;施工(生产)流程、方法;企业施工(生产)危险区域及其安全防护的基本知识和注意事项;机械设备、厂(场)内运输的有关安全知识;有关电气设备(动力照明)的基本安全知识;高处作业安全知识;生产(施工)中使用的有毒、有害物质的安全防护基本知识;消防制度及灭火器材应用的基本知识;个人防护用品的正确使用知识等。

3. 安全生产技能教育

安全技能教育就是结合本工种专业特点,实现安全操作、安全防护所必须具备的基本技术知识要求。每个职工都要熟悉本工种、本岗位专业安全技术知识。安全技能知识是比较专门、细致和深入的知识。它包括安全技术、劳动卫生和安全操作规程。国家规定登高架设、起重、焊接、电气、爆破、压力容器、锅炉等特种作业人员必须进行专门的安全技术培训。宣传先进经验,既是教育职工找差距的过程,又是学、赶先进的过程;事故教育可以从事故教训中吸取有益的东西,防止今后类似事故的重复发生。

4. 安全生产法制教育

法制教育就是要采取各种有效形式,对全体职工进行安全生产法规和法制教育,从而提高职工遵法、守法的自觉性,以达到安全生产的目的。

(二)安全教育的对象

国家法律法规规定:生产经营单位应当对从业人员进行安全生产教育和培训,保证从业人员具备必要的安全生产知识,熟悉有关的安全生产规章制度和安全操作规程,掌握本岗位的安全操作技能。未经安全生产教育和培训不合格的从业人员,不得上岗作业。

地方政府及行业管理部门对施工项目各级管理人员的安全教育培训做出了具体规定,要求施工项目安全教育培训率实现100%。

施工项目安全教育培训的对象包括以下5类人员:

(1)工程项目经理、项目执行经理、项目技术负责人。工程项目主要管理人员必须经过当地政府或上级主管部门组织的安全生产专项培训,培训时间不得少于24小时,经考核合格后,持《安全生产资质证书》上岗。

(2)工程项目基层管理人员。施工项目基层管理人员每年必须接受公司安全生产年审,经考试合格后,持证上岗。

(3)分包负责人、分包队伍管理人员。必须接受政府主管部门或总包单位的安全培训,经考试合格后持证上岗。

(4)特种作业人员。必须经过专门的安全理论培训和安全技术实际训练,经理论和实际操作的双项考核,合格者持《特种作业操作证》上岗作业。

(5)操作工人。新入场工人必须经过三级安全教育,考试合格后持"上岗证"上岗作业。

(三)安全教育的形式

1. 新工人"三级安全教育"

三级安全教育是企业必须坚持的安全生产基本教育制度。对新工人(包括新招收的合同工、临时工、学徒工、农民工及实习和代培人员)必须进行公司、项目、作业班组三级安全教育,时间不得少于40小时。

三级安全教育由安全、教育和劳资等部门配合组织进行。经教育考试合格者才准许进入生产岗位;不合格者必须补课、补考。对新工人的三级安全教育情况,要建立档案(印制职工安全生产教育卡)。新工人工作一个阶段后还应进行重复性的安全再教育,加深安全感性、理性知识的意识。三级安全教育的主要内容如下:

(1)公司进行安全基本知识、法规、法制教育,主要内容是:

1)党和国家的安全生产方针、政策。

2)安全生产法规、标准和法制观念。

3)本单位施工(生产)过程及安全生产规章制度,安全纪律。

4)本单位安全生产形势、历史上发生的重大事故及应吸取的教训。

5)发生事故后如何抢救伤员、排险、保护现场和及时进行报告。

(2)项目进行现场规章制度和遵章守纪教育,主要内容是:

1)本单位(工区、工程处、车间、项目)施工(生产)特点及施工(生产)安全基本知识。

2)本单位(包括施工、生产场地)安全生产制度、规定及安全注意事项。

3)本工种的安全技术操作规程。

4)机械设备、电气安全及高处作业等安全基本知识。

5)防火、防雷、防尘、防爆知识及紧急情况安全处置和安全疏散知识。

6)防护用品发放标准及防护用具、用品使用的基本知识。

(3)班组安全生产教育由班组长主持,或由班组安全员及指定技术熟练、重视安全生产的老工人进行本工种岗位安全操作及班组安全制度、纪律教育,主要内容是:

1)本班组作业特点及安全操作规程。

2)班组安全活动制度及纪律。

3)爱护和正确使用安全防护装置(设施)及个人劳动防护用品。

4)本岗位易发生事故的不安全因素及其防范对策。

5)本岗位的作业环境及使用的机械设备、工具的安全要求。

第二章 公路工程现场安全管理

2. 转场安全教育

新转入施工现场的工人必须进行转场安全教育,教育时间不得少于 8 小时,教育内容包括:

(1)本工程项目安全生产状况及施工条件。

(2)施工现场中危险部位的防护措施及典型事故案例。

(3)本工程项目的安全管理体系、规定及制度。

3. 变换工种安全教育

凡改变工种或调换工作岗位的工人必须进行变换工种安全教育;变换工种安全教育时间不得少于 4 小时,教育考核合格后方准上岗。教育内容包括:

(1)新工作岗位或生产班组安全生产概况、工作性质和职责。

(2)新工作岗位必要的安全知识,各种机具设备及安全防护设施的性能和作用。

(3)新工作岗位、新工种的安全技术操作规程。

(4)新工作岗位容易发生事故及有毒有害的地方。

(5)新工作岗位个人防护用品的使用和保管。

一般工种不得从事特种作业。

4. 特种作业安全教育

从事特种作业的人员必须经过专门的安全技术培训,经考试合格取得操作证后方准独立作业。特种作业的类别及操作项目包括:

(1)电工作业:①用电安全技术;②低压运行维修;③高压运行维修;④低压安装;⑤电缆安装;⑥高压值班;⑦超高压值班;⑧高压电气试验;⑨高压安装;⑩继电保护及二次仪表整定。

(2)金属焊接作业:①手工电弧焊;②气焊、气割;③CO_2 气体保护焊;④手工钨极氩弧焊;⑤埋弧自动焊;⑥电阻焊;⑦钢材对焊(电渣焊);⑧锅炉压力容器焊接。

(3)起重机械作业:①塔式起重机操作;②汽车式起重机驾驶;③桥式起重机驾驶;④挂钩作业;⑤信号指挥;⑥履带式起重机驾驶;⑦轨道式起重机驾驶;⑧垂直卷扬机操作;⑨客运电梯驾驶;⑩货运电梯驾驶;⑪施工外用电梯驾驶。

(4)登高架设作业:①脚手架拆装;②起重设备拆装;③超高处作业。

(5)厂内机动车辆驾驶:①叉车、铲车驾驶;②电瓶车驾驶;③翻斗车驾驶;④汽车驾驶;⑤摩托车驾驶;⑥拖拉机驾驶;⑦机械施工用车(推土机、挖掘机、装载机、压路机、平地机、铲运机)驾驶;⑧矿山机车驾驶;⑨地铁机车驾驶。

有下列疾病或生理缺陷者,不得从事特种作业:

(1)器质性心脏血管病。包括风湿性心脏病、先天性心脏病(治愈者除外)、心肌病、心电图异常者。

(2)血压超过 160/90mmHg,低于 86/56mmHg。

(3)精神病、癫痫病。

(4)重症神经官能症及脑外伤后遗症。
(5)晕厥(近一年有晕厥发作者)。
(6)血红蛋白男性低于90%,女性低于80%者。
(7)肢体残废,功能受限者。
(8)慢性骨髓炎。
(9)厂内机动驾驶类:大型车身高不足155cm;小型车身高不足150cm。
(10)耳全聋及发声不清者;厂内机动车驾驶听力不足5m者。
(11)色盲。
(12)双眼裸视力低于0.4,矫正视力不足0.7者。
(13)活动性结核(包括肺外结核)。
(14)支气管哮喘(反复发作者)。
(15)支气管扩张(反复感染、咯血)。

对特种作业人员的培训、取证及复审等工作严格执行国家、地方政府的有关规定。对从事特种作业的人员要进行经常性的安全教育,时间为每月1次,每次教育4小时。教育内容为:

(1)特种作业人员所在岗位的工作特点,可能存在的危险、隐患和安全注意事项。
(2)特种作业岗位的安全技术要领及个人防护用品的正确使用方法。
(3)本岗位曾发生的事故案例及经验教训。

5. 班前安全活动交底(班前讲话)

班前安全讲话作为施工队伍经常性安全教育活动之一,各作业班组长于每班工作开始前(包括夜间工作前)必须对本班组全体人员进行不少于15分钟的班前安全活动交底。班组长要将安全活动交底内容记录在专用的记录本上,各成员在记录本上签名。

班前安全活动交底的内容应包括:
(1)本班组安全生产须知。
(2)本班工作中的危险点和应采取的对策。
(3)上一班工作中存在的安全问题和应采取的对策。

在特殊性、季节性和危险性较大的作业前,责任工长要参加班前安全讲话并对工作中应注意的安全事项进行重点交底。

6. 周一安全活动

周一安全活动作为施工项目经常性安全活动之一,每周一开始工作前应对全体在岗工人开展至少1小时的安全生产及法制教育活动。活动形式可采取看录像、听报告、分析事故案例、图片展览、急救示范、智力竞赛、热点辩论等形式进行。工程项目主要负责人要进行安全讲话,主要内容包括:

(1)上周安全生产形势、存在的问题及对策。

(2)最新安全生产信息。
(3)重大和季节性的安全技术措施。
(4)本周安全生产工作的重点、难点和危险点。
(5)本周安全生产工作的目标和要求。

7. 季节性施工安全教育

进入雨期及冬期施工前,在现场经理的部署下,由各区域责任工程师负责组织本区域内施工的分包队伍管理人员及操作工人进行专门的季节性施工安全技术教育,时间不少于2小时。

8. 节假日安全教育

节假日前后应特别注意各级管理人员及操作者的思想动态,有意识、有目的地进行教育,稳定他们的思想情绪,预防事故的发生。

9. 特殊情况安全教育

施工项目出现以下几种情况时,工程项目经理应及时安排有关部门和人员对施工工人进行安全生产教育,时间不少于2小时。
(1)因故改变安全操作规程。
(2)实施重大和季节性安全技术措施。
(3)更新仪器、设备和工具,推广新工艺、新技术。
(4)发生因工伤亡事故、机械损坏事故及重大未遂事故。
(5)出现其他不安全因素,安全生产环境发生了变化。

二、安全生产责任制

施工项目承担控制、管理施工生产进度、成本、质量、安全等目标的责任,因此必须同时承担进行安全管理、实现安全生产的责任。

(1)建立、完善以项目经理为首的安全生产领导组织,有组织地开展安全管理活动。承担组织、领导安全生产的责任。

(2)建立各级人员安全生产责任制度,明确各级人员的安全责任。抓制度落实、抓责任落实。定期检查安全责任落实情况,及时报告。

1)项目经理是施工项目安全管理第一责任人。
2)各级职能部门、人员,在各自业务范围内,对实现安全生产的要求负责。
3)全员承担安全生产责任,建立安全生产责任制,从经理到工人的生产系统做到纵向到底,一环不漏。各职能部门、人员的安全生产责任做到横向到边,人人负责。

(3)施工项目应通过监察部门的安全生产资质审查,并得到认可。

一切从事生产管理与操作规程的人员,依照其从事的生产内容,分别通过企业、施工项目的安全审查,取得安全操作认可证,持证上岗。

特种作业人员,除经企业的安全审查,还需按规定参加安全操作考核,取得监察部门核发的《安全操作合格证》,坚持"持证上岗"。施工现场出现特种作业无证操作现象时,施工项目必须承担管理责任。

(4)施工项目负责施工生产中物的状态审验与认可,承担物的状态漏验、失控的管理责任,接受由此而出现的经济损失。

(5)一切管理、操作人员均需与施工项目签订安全协议,向施工项目做出安全保证。

(6)安全生产责任落实情况的检查,应做认真、详细的记录,作为分配、补偿的原始资料之一。

三、安全生产检查制度

安全检查是揭示和消除安全管理缺陷、事故隐患,交流经验,促进安全生产的有效措施。因此,企业必须建立、完善安全检查制度。

(一)安全生产检查制度

为了全面提高项目安全生产管理水平,及时消除安全隐患,落实各项安全生产制度和措施,在确保安全的情况下正常地进行施工、生产,施工项目实行逐级安全检查制度:

(1)公司对项目实施定期检查和重点作业部位巡检制度。

(2)项目经理部每月由现场经理组织,安全总监配合,对施工现场进行一次安全大检查。

(3)区域责任工程师每半个月组织专业责任工程师(工长)、分包商(专业公司)、行政、技术负责人、工长对所管辖的区域进行安全大检查。

(4)专业责任工程师(工长)实行日巡检制度。

(5)项目安全总监对上述人员的活动情况实施监督与检查。

(6)项目分包单位必须建立各自的安全检查制度,除参加总包组织的检查外,必须坚持自检,及时发现、纠正、整改本责任区的违章、隐患。对危险和重点部位要跟踪检查,做到预防为主。

(7)施工(生产)班组要做好班前、班中、班后和节假日前后的安全自检工作,尤其作业前必须对作业环境进行认真检查,做到身边无隐患,班组不违章。

(8)各级检查都必须有明确的目的,做到"四定",即定整改责任人、定整改措施、定整改完成时间、定整改验收人,并做好检查记录。

(二)安全生产检查的依据

公路施工安全检查应分为安全管理和专项安全技术两部分。

对安全管理的检查依据是相关安全生产的法律、法规、规章制度;对专项安全技术的检查依据是相关公路施工安全技术规范、标准和安全操作规程、安全作业指导书等。

(三)安全生产检查的形式

安全检查的形式多种多样,但都要保证"群专结合"形式的体现。所谓"群专结合",就是安全检查不仅要依靠专职安全管理人员和各类技术人员,按照有关安全生产的法律、法规、规范、标准等进行检查,更要依靠施工生产一线的作业人员,

第二章 公路工程现场安全管理

从实际出发,从人本的观念出发,发现影响安全生产的各种因素并加以消除。这样做还有助于管理人员、技术人员与作业人员之间相互沟通、相互交流、相互促进,共同受到安全生产的教育。

（四）安全生产检查的类型

安全检查的形式多样,主要有上级检查、定期检查、专业性检查、经常性检查、季节性检查以及自行检查等（表2-2）。

表2-2　　　　　　　　施工项目安全检查形式

检查形式	检查内容
上级检查	上级检查是指主管各级部门对下属单位进行的安全检查。这种检查,能发现本行业安全施工存在的共性和主要问题,具有针对性、调查性,也有批评性。同时通过检查总结,扩大(积累)安全施工经验,对基层推动作用较大
定期检查	施工单位内部必须建立定期安全检查制度。公司级定期安全检查可每季度组织一次,工程处可每月或每半月组织一次检查,施工队要每周检查一次。每次检查都要由主管安全的领导带队,同工会、安全、动力设备、保卫等部门一起,按事先计划的检查方式和内容进行检查。定期检查属全面性和考核性的检查
专业性检查	专业安全检查应由公司有关业务分管部门单独组织,有关人员针对安全工作存在的突出问题,对某项专业(如施工机械、脚手架、电气、塔吊、锅炉、防尘防毒等)存在的普遍性安全问题进行单项检查。这类检查针对性强,能有的放矢,对帮助提高某项专业安全技术水平有很大作用
经常性检查	经常性的安全检查主要是要提高大家的安全意识,督促员工时刻牢记,在施工中安全操作,及时发现安全隐患,消除隐患,保证施工的正常进行。经常性安全检查有:班组进行班前、班后岗位安全检查;各级安全员及安全值班人员日常巡回安全检查;各级管理人员在检查施工同时检查安全等
季节性检查	季节性和节假日前后的安全检查。季节性安全检查是针对气候特点(如夏季、冬季、风季、雨季等)可能给施工安全和施工人员健康带来危害而组织的安全检查。节假日(如元旦、劳动节、国庆节等)前后的安全检查,主要是防止施工人员在这一段时间思想放松,纪律松懈而容易发生事故。检查应由单位领导组织有关部门人员进行
自行检查	施工人员在施工过程中还要经常进行自检、互检和交接检查。自检是施工人员工作前、后对自身所处的环境和工作程序进行安全检查,以随时消除安全隐患。互检是指班组之间、员工之间开展的安全检查,以便互相帮助,共同防事故。交接检查是指上道工序完毕,交给下道工序使用前,在工地负责人组织工长、安全员、班组及其他有关人员参加情况下,由上道工序施工人员进行安全交底并一起进行安全检查和验收,认为合格后,才能交给下道工序使用

(五)安全生产检查的内容

1. 安全生产检查工作

安全检查工作应包括以下两大方面:

(1)各级管理人员对安全施工规章制度的建立与落实。规章制度的内容包括:安全施工责任制,岗位责任制,安全教育制度,安全检查制度。

(2)施工现场安全措施的落实和有关安全规定的执行情况。主要包括以下内容:

1)安全技术措施。根据工程特点、施工方法、施工机械、编制了完善的安全技术措施并在施工过程中得到贯彻。

2)施工现场安全组织。工地上是否有专、兼职安全员并组成安全活动小组,工作开展情况,完整的施工安全记录。

3)安全技术交底,操作规章的学习贯彻情况。

4)安全设防情况。

5)个人防护情况。

6)安全用电情况。

7)施工现场防火设备。

8)安全标志牌等。

2. 安全生产检查的重点内容

(1)临时用电系统和设施:

1)临时用电是否采用 TN-S 接零保护系统。

①TN-S 系统就是五线制,保护零线和工作零线分开。在一级配电柜设立两个端子板,即工作零线和保护零线端子板,此时入线是一根中性线,出线就是两根线,也就是工作零线和保护零线分别由各自端子板引出。

②现场塔吊等设备要求电源从一级配电柜直接引入,引到塔吊专用箱,不允许与其他设备共用。

③现场一级配电柜要做重复接地。

2)施工中临时用电的负荷匹配和电箱合理配置、配设问题。

内容:负荷匹配和电箱合理配置、配设要达到"三级配电、两级保护"要求,符合《施工现场临时用电安全技术规范》(JGJ 46—2005)等规范和标准。

3)临电器材和用电设备是否具备安全防护装置和安全措施。

①对室外及固定的配电要有防雨防砸棚、围栏,如果是金属的,还要接保护零线、箱子下方砌台、箱门配锁、有警告标志和制度责任人等。

②木工机械等设备的使用环境和防护设施齐全有效。

③手持电动工具达标等。

4)生活和施工照明的特殊要求。

①灯具(碘钨灯、镝灯、探照灯、手持灯等)高度、防护、接线、材料符合规范

要求。

②走线要符合规范和必要的保护措施。

③在需要使用安全电压场所要采用低压照明,低压变压器配置符合要求。

5)消防泵、大型机械的特殊用电要求。

对塔吊、消防泵、外用电梯等配置专用电箱,做好防雷接地,对塔吊、外用电梯电缆要做合适处理等。

6)雨期施工中,对绝缘和接地电阻的及时摇测和记录情况。

(2)施工准备阶段:

1)如施工区域内有地下电缆、水管或防空洞等,要指令专人进行妥善处理。

2)现场内或施工区域附近有高压架空线时,要在施工组织设计中采取相应的技术措施,确保施工安全。

3)施工现场的周围如临近居民住宅或交通要道,要充分考虑施工扰民、妨碍交通、发生安全事故的各种可能因素,以确保人员安全。对有可能发生的危险隐患,要有相应的防护措施,如搭设过街、民房防护棚,施工中作业层的全封闭措施等。

4)在现场内设金属加工、混凝土搅拌站时,要尽量远离居民区及交通要道,防止施工中噪声干扰居民正常生活。

(3)基础施工阶段:

1)土方施工前,检查是否有针对性的安全技术交底并督促执行。

2)在雨期或地下水位较高的区域施工时,是否有排水、挡水和降水措施。

3)根据组织设计放坡比例是否合理,有没有支护措施或打护坡桩。

4)深基础施工,作业人员工作环境和通风是否良好。

5)工作位置距基础 2m 以下是否有基础周边防护措施。

(4)结构施工阶段:

1)做好对外脚手架的安全检查与验收,预防高处坠落和防物体打击。

①搭设材料和安全网合格与检测。

②水平 6m 支网和 3m 挑网。

③出入口的护头棚。

④脚手架搭设基础、间距、拉结点、扣件连接。

⑤卸荷措施。

⑥结构施工层和距地 2m 以上操作部位的外防护等。

2)做好"三宝"等安全防护用品(安全帽、安全带、安全网、绝缘手套、防护鞋等)的使用检查与验收。

3)做好孔、洞口(楼梯口、预留洞口、电梯井口、管道井口、首层出入口等)的安全检查与验收。

4)做好临边(阳台边、屋面周边、结构楼层周边、雨篷与挑檐边、水箱与水塔周边、斜道两侧边、卸料平台外侧边、梯段边)的安全检查与验收。

5)做好机械设备人员教育和持证上岗情况,对所有设备进行检查与验收。

6)对材料,特别是大模板的存放和吊装使用。

7)施工人员上下通道。

8)对一些特殊结构工程,如钢结构吊装、大型梁架吊装以及特殊危险作业要对施工方案和安全措施、技术交底进行检查与验收。

(5)竣工收尾阶段:

1)外装修脚手架的拆除。

2)现场清理工作。

安全检查日检记录可参见"施工现场安全检查日检表"(表 2-3)。

表 2-3 施工现场安全检查日检表

施工单位		检查日期		气象	
工程名称		检查人员		负责人	
序号	检查项目	检 查 内 容		存在问题及处理	
1	脚手架	间距、拉结、脚手板、载重、卸荷			
2	吊篮架子	保险绳、就位固定、升降工具、吊点			
3	插口架子(挂架)	吊钩保险、别杠			
4	桥式架子	立柱垂直、安全装置、升降工具			
5	坑槽边坡	边坡状况、放坡、支撑、边缘荷载、堆物状况			
6	临边防护	坑(槽)边和屋面、进出料口、楼梯、阳台、平台、框架结构四周防护及安全网支搭			
7	孔洞	电梯井口、预留洞口、楼梯口、通道口			
8	电气	漏电保护器、闸具、闸箱、导线、接线、照明、电动工具			
9	垂直运输机械	吊具、钢丝绳、防护设施、信号指挥			
10	中小型机械	防护装置、接地、接零保护			
11	料具存放	模板、料具、构件的安全存放			
12	电气焊	焊机间距离、焊机、中压罐、气瓶			
13	防护用品使用	安全帽、安全带、防护鞋、防护手套			

续表

序号	检查项目	检查内容	存在问题及处理
14	施工道路	交通标志、路面、安全通道	
15	特殊情况	脚手架基础、塔基、电气设备、防雨措施、交叉作业、揽风绳	
16	违章	持证上岗、违章指挥、违章作业	
17	重大隐患		
18	备注		

(六)安全生产检查的方法及工作程序

1. 常规检查

常规检查是常见的一种检查方法。通常是由安全管理人员作为检查工作的主体,到作业场所的现场,通过感观或辅助一定的简单工具、仪表等,对作业人员的行为、作业场所的环境条件、生产设备设施等进行的定性检查。安全检查人员通过这一手段,及时发现现场存在的安全隐患并采取措施予以消除,纠正施工人员的不安全行为。

常规检查完全依靠安全检查人员的经验和能力,检查的结果直接受安全检查人员个人素质的影响。因此,对安全检查人员个人素质的要求较高。

2. 安全检查表法

为使检查工作更加规范,将个人的行为对检查结果的影响减少到最小,常采用安全检查表法。

安全检查表法(SCL)是事先把系统加以剖析,列出各层次的不安全因素,确定检查项目,并把检查项目按系统的组成顺序编制成表,以便进行检查或评审,这种表就叫做安全检查表。安全检查表是进行安全检查,发现和查明各种危险和隐患,监督各项安全规章制度的实施,及时发现事故隐患并制止违章行为的一个有力工具。

安全检查表应列举需查明的所有可能会导致事故的不安全因素。每个检查表均需注明检查时间、检查者、直接负责人等,以便分清责任。安全检查表的设计应做到系统、全面,检查项目应明确。

编制安全检查表的主要依据:

(1)相关标准、规程、规范及规定。

(2)国内外事故案例及本单位在安全管理及生产中的相关经验。

(3)通过系统分析,确定的危险部位及防范措施都是安全检查表的内容。

(4)新知识、新成果、新方法、新技术、新法规和新标准。

我国许多行业都编制并实施了适合行业特点的安全检查标准,如建筑、火电、机械、煤炭等行业都制定了适用于本行业的安全检查表。企业在实施安全检查工作时,根据行业颁布的安全检查标准,可以结合本单位的具体情况制定更具可操作性的检查表。

3. 仪器检查法

机器、设备内部的缺陷及作业环境条件的真实信息或定量数据,只能通过仪器检查法来进行定量化的检验与测量,才能发现安全隐患,从而为后续整改提供信息。因此,必要时需要实施仪器检查。由于被检查的对象不同,检查所用的仪器和手段也不同。

4. 安全生产检查的工作程序

(1)安全检查准备:

1)确定检查对象、目的、任务。

2)查阅、掌握相关法规、标准、规程的要求。

3)了解检查对象的工艺流程、生产情况、可能出现危险、危害的情况。

4)制定检查计划,安排检查内容、方法、步骤。

5)编写安全检查表或检查提纲。

6)准备必要的检测工具、仪器、书写表格或记录本。

7)挑选和训练检查人员并进行必要的分工等。

(2)实施安全检查。实施安全检查就是通过访谈、查阅文件和记录、现场检查、仪器测量的方式获取信息。

1)访谈。通过与有关人员谈话来了解相关部门、岗位执行规章制度的情况。

2)查阅文件和记录。检查设计文件、作业规程、安全措施、责任制度、操作规程等是否齐全、有效;查阅相应记录,判断上述文件是否被执行。

3)现场观察。到作业现场寻找不安全因素、事故隐患、事故征兆等。

4)仪器测量。利用一定的检测检验仪器设备,对在用的设施、设备、器材状况及作业环境条件等进行测量,以发现隐患。

(3)通过分析做出判断。掌握情况(获得信息)之后,就要进行分析、判断和检验。可凭经验、技能进行分析、判断,必要时可以通过仪器检验得出正确结论。

(4)及时做出决定进行处理。做出判断后,应针对存在的问题做出采取措施的决定,即下达隐患整改意见和要求,包括要求进行信息的反馈。

(5)整改落实。通过复查整改落实情况,获得整改效果的信息,以实现安全检查工作的闭环。

四、安全验收

1. 安全技术方案实施情况的验收

(1)项目的安全技术方案的落实情况由技术负责人牵头组织验收。

(2)交叉作业施工的安全技术措施由施工员(工长)组织验收。

第二章 公路工程现场安全管理

(3)分项分部工程安全技术措施由施工员(工长)组织验收。
(4)一次验收严重不合格的安全技术措施应重新组织验收。
(5)安全总监要参与以上验收活动,并提出自己的具体意见,对需重新组织验收的项目要限期重验。

2. 设施与设备验收

(1)一般防护设施和中小型机械设备由施工员(工长)会同分包技术管理人员共同验收。
(2)整体防护设施以及重点防护设施由项目总(主任)工程师组织区域施工员(工长)、安全总监及有关人员进行验收。
(3)单位工程防护设施及重点防护设施由单位工程施工员(工长)组织安全员、分包队伍的施工、技术负责人进行验收。
(4)项目经理部安全总监及相关分包安全员都要参加有关的验收,其验收资料要分专业归档。
(5)以下高大防护设施、临电设施、大型设备需在项目经理部自检自查基础上报请公司安全部(设备部)组织技术负责人及有关部门及人员验收。

1)20m以上的高大外脚手架、满堂红架。
2)吊篮架、挑架、外挂脚手架、卸料平台。
3)整体式提升架。
4)垂直卷扬提升架。
5)塔式起重机、电动吊篮、外用施工电梯。
6)临电设施。
7)钢结构吊装索具及配套防护设施。
8)25m^3/h以上的混凝土搅拌站(台)。
9)其他大型及配套的防护设施。

(6)因设计方案变更,重新装、架设的大型设备及高大防护设施要重新验收。

五、劳动防护用品管理

(一)劳动防护用品分类

劳动防护用品种类很多,从劳动卫生学角度,通常按防护部位分类。
(1)头部防护用品。为防御头部不受外来物体打击和其他因素危害配备的个人防护装备,如一般防护帽、防尘帽、防水帽、安全帽、防寒帽、防静电帽、防高温帽、防电磁辐射帽、防昆虫帽等。
(2)呼吸器官防护用品。为防御有害气体、蒸汽、粉尘、烟、雾由呼吸道吸入,或直接向使用者供氧或清净空气,保证尘、毒污染或缺氧环境中作业人员正常呼吸的防护用具,如防尘口罩(面具)、防毒口罩(面具)等。
(3)眼、面部防护用品。预防烟雾、尘粒、金属火花和飞屑、热、电磁辐射、激光、化学飞溅等伤害眼睛或面部的个人防护用品,如焊接护目镜和面罩、炉窑护目镜和面罩以及防冲击眼护具等。

(4)听觉器官防护用品。能够防止过量的声能侵入外耳道,使人耳避免噪声的过度刺激,减少听力损失,预防由噪声对人身引起的不良影响的个体防护用品,如耳塞、耳罩、防噪声头盔等。

(5)手部防护用品。保护手和手臂,供作业者劳动时戴用的手套(劳动防护手套),如一般防护手套、防水手套、防寒手套、防毒手套、防静电手套、防高温手套、防 X 射线手套、防酸碱手套、防油手套、防振手套、防切割手套、绝缘手套等。

(6)足部防护用品。防止生产过程中有害物质和能量损伤劳动者足部的护具,通常人们称劳动防护鞋,如防尘鞋、防水鞋、防寒鞋、防静电鞋、防高温鞋、防酸碱鞋、防油鞋、防烫脚鞋、防滑鞋、防刺穿鞋、电绝缘鞋、防振鞋等。

(7)躯干防护用品。即通常讲的防护服,如一般防护服、防水服、防寒服、防砸背心、防毒服、阻燃服、防静电服、防高温服、防电磁辐射服、耐酸碱服、防油服、水上救生衣、防昆虫服、防风沙服等。

(8)护肤用品。指用于防止皮肤(主要是面、手等外露部分)免受化学、物理等因素危害的用品,如防毒、防腐、防射线、防油漆的护肤品等。

(9)防坠落用品。防止人体从高处坠落,通过绳带,将高处作业者的身体系于固定物体上,或在作业场所的边沿下方张网,以防不慎坠落,如安全带、安全网等。

劳动防护用品也可按照用途分类。以防止伤亡事故为目的可分为:防坠落用品、防冲击用品、防触电用品、防机械外伤用品、防酸碱用品、耐油用品、防水用品、防寒用品;以预防职业病为目的可分为:防尘用品、防毒用品、防放射性用品、防热辐射用品、防噪声用品等。

(二)劳动防护用品的正确使用方法

使用劳动防护用品的一般要求是:

(1)劳动防护用品使用前应先做一次外观检查。检查的目的是认定用品对有害因素防护效能的程度,用品外观有无缺陷或损坏,各部件组装是否严密,启动是否灵活等。

(2)劳动防护用品的使用必须在其性能范围内,不得超极限使用;不得使用未经国家指定、经监测部门认可(国家标准)和检验,还不到标准的产品;不能随便代替,更不能以次充好。

(3)严格按照使用说明书正确使用劳动防护用品。

(三)个人劳动防护用品

1. 个人劳动防护用品的发放范围及标准

个人劳动防护用品用于保护劳动者在生产过程中的安全和健康,根据原国家经贸委《劳动防护用品配备标准》的规定,施工项目个人护品配备标准见表 2-4。

第二章 公路工程现场安全管理

表 2-4　　　　　防护用品配备标准

序号	名称\典型工种	工作服	工作帽	工作鞋	劳防手套	防寒服	雨衣	胶鞋	眼护具	防尘口罩	防毒护具	安全帽	安全带	护听器
1	电工	√	√	fz、jy	jy	√	√	—	—	—	—	√	—	—
2	电焊工	zr	zr	fz	√	√	—	—	hj	—	—	√	—	—
3	油漆工	√	√	√	√	√	√	—	—	√	√	√	—	—
4	带锯工	√	√	fz	fg	√	√	√	cj	—	—	√	—	√
5	木工	√	√	fz、cc	√	√	√	—	cj	—	—	√	—	—
6	砌筑工	√	√	fz、cc	√	√	—	jf	—	—	—	√	—	—
7	安装起重工	√	√	√	√	√	—	jf	—	—	—	√	√	—
8	中小型机械操作工	√	√	fz	√	√	—	jf	—	—	—	√	—	—
9	汽车驾驶员	√	√	√	√	√	√	zw	—	—	—	—	—	—

注：fz—防砸；jy—绝缘；hj—焊接护目；fg—防割；cj—防冲击；cc—防刺穿；zw—防紫外线；zr—阻燃；jf—胶面防砸。

2. 个人劳动防护品发放的原则

(1) 工种相同，但劳动条件发生变化，应发给不同的护品。

(2) 一人从事多个工种的作业，按其基本工种配给。如从事其他工种作业时不适用，须按实际需要补充。

(3) 同工种岗位调动，原发个人护品如未到期须继续使用。

(4) 停岗人员护品按在岗使用时间累计计算。

(5) 由于本人原因造成个人护品提前报废，应及时予以更新，但是费用由个人承担。

(6) 个人防护用品的发放必须建立档案，严格履行签字手续。

(四) 重要劳动防护用品

1. 重要护品的范围

(1) 安全帽。

(2) 安全带。

(3) 安全网。

(4) 钢管脚手扣件。

(5) 漏电保护器。

(6) 临时供电用电缆。

(7) 电焊机二次侧保安器。

(8) 临时供电用配电箱(柜)。

(9)政府及上级规定的其他产品。

2. 重要护品的使用与管理

(1)应按照原劳动部 1996 年 4 月 23 日颁发的《劳动防护用品管理规定》执行。

(2)物资部门负责重要护品的计划、供应、保管等工作。

(3)安全部门负责重要护品的验收,并对使用和管理等实施检查、监督。

(4)使用劳动防护用品的项目应为使用者免费提供符合国家规定的劳动防护用品。

(5)使用单位不得以货币或其他物品代替应当配备的劳动防护用品。

(6)使用单位应教育本单位使用者按照劳动防护用品使用规则和防护要求正确使用防护用品。

(7)使用单位应建立健全劳动保护用品的购买、验收、保管、发放、使用、更换报废等管理制度并应按照劳动保护用品的使用要求,在使用前对其防护功能进行必要的检查。

(五)特种劳动防护用品

1. 特种护品的范围

(1)安全帽。

(2)过滤式防毒面具面罩。

(3)安全带。

(4)电焊护目镜和面罩。

(5)安全网。

(6)防静电导电安全鞋。

(7)长管面具。

(8)过滤式防微粒口罩。

(9)防冲击眼护镜。

(10)防静电工作服。

(11)防酸工作服。

(12)防静电手套。

(13)防酸手套。

(14)防噪声护具。

(15)防尘口罩。

(16)炉窑护目镜和面罩。

(17)皮安全鞋。

(18)阻燃防护服。

(19)防酸碱鞋。

(20)胶面防砸安全鞋。

(21)防穿刺鞋。

第二章 公路工程现场安全管理

(22)绝缘皮鞋。
(23)低压绝缘布面胶底绝缘鞋。

2. 特种护品的使用与管理

(1)特种护品参照个体护品的标准,按需发放。
(2)特种护品实行以旧换新制度。

(六)劳动保健管理

劳动保健制度是对从事危害身体严重工种的一项补偿性措施,不是防止职业病和职业中毒等危害的根本途径。防止职业病和职业中毒危害的根本途径是:通过技术改造、工艺改革和原料、产品的变换来控制、治理不良的劳动环境,最后达到消除的目的。

1. 保健工种及等级划分

享受劳动保健的工种及等级划分见表 2-5。

表 2-5　　　　　　　保健工种及等级划分

编号	保健项目	保健等级
1	X射线工作人员	甲
2	熬、涂、刷热沥青	乙
3	喷漆	乙
4	氩弧焊	乙
5	铝镁合金焊工	乙
6	铝焊工	丙
7	电焊工	丙
8	混凝土及配灰工	丙
9	石料粉碎工	丙
10	高压油泵工	丙
11	电镀工	丙
12	阀门打压工	丙
13	油漆工	丙
14	热处理工	丙
15	锻工(7、8、9月)	丙
16	高温作业工(38℃以上,7、8、9月)	丙
17	30m以上高攀作业	丙
18	掏污水井	丙

续表

编号	保健项目	保健等级
19	理发工(接触氨气水)	丙
20	复印机操作工(包括晒图员)	甲
21	荧光屏前操作员(计算机操作员、话务员等)	乙
22	档案员	丙

2. 享受劳动保健的条件
(1)每天从事甲类有害健康作业 5 小时以上,并连续作业 3 天以上者。
(2)每天从事乙类有害健康作业 5 小时以上,并连续作业 6 天以上者。
(3)从事丙类有害健康作业每月累计 15 天以上者。

3. 保健费的发放与考核
(1)操作人员由班组长考勤,安全员和劳资员审核,工程项目主管生产经理批准。
(2)管理人员由工程项目劳资部门考勤,安全部门审核,工程项目经理批准。
(3)每天从事甲或乙类有害健康作业 5 小时以下,连续作业 10 天以上者,按甲类 15.0 元/月、乙类 12.0 元/月标准发给;当月从事有害作业加班累计超过 15 小时者,按甲类 60.0 元/月、乙类 48.0 元/月、丙类 36.0 元/月标准发给。
(4)同时从事两项以上有害作业者,按危害等级高的标准发给保健费。

4. 保健费发放标准
(1)甲类每天 1.0 元,按每月 30 天计算,合计 30.0 元/月。
(2)乙类每天 0.8 元,按每月 30 天计算,合计 24.0 元/月。
(3)丙类每天 0.6 元,按每月 30 天计算,合计 18.0 元/月。

5. 定期健康检查
(1)工程项目对拟从事有害作业的人员以及特种作业人员必须做就业前的身体健康状况的全面检查。
(2)工程项目对职业中毒和患有职业病的人员要建立档案,患病后要妥善安置,离职后要做追踪检查。

第四节 施工现场临时用电安全管理

一、临时用电安全管理原则

1. 临时用电施工组织设计
(1)临时用电施工组织设计范围:
按照《施工现场临时用电安全技术规范》(JGJ 46—2005)的规定,临时用电设

第二章 公路工程现场安全管理

备在5台及5台以上或设备总容量在50kW及50kW以上者,应编制临时用电施工组织设计和制定安全用电技术措施及电气防火措施。

以上是施工现场临时用电管理应当遵循的第一项技术原则,不必考虑正式工程的技术内容。

(2)施工现场临时用电组织设计的内容:
1)现场勘测。
2)确定电源进线、变电所或配电室、配电装置、用电设备位置及线路走向。
3)进行负荷计算。
4)选择变压器。
5)设计配电系统:
①设计配电线路,选择导线或电缆。
②设计配电装置,选择电器。
③设计接地装置。
④绘制临时用电工程图纸,主要包括用电工程总平面图、配电装置布置图、配电系统接线图、接地装置设计图。
6)设计防雷装置。
7)确定防护措施。
8)制定安全用电措施和电气防火措施。

(3)临时用电工程图纸应单独绘制,临时用电工程应按图施工。

(4)临时用电组织设计及变更时,必须履行"编制、审核、批准"程序,由电气工程技术人员组织编制,经相关部门审核及具有法人资格企业的技术负责人批准后实施。变更用电组织设计时应补充有关图纸资料。

(5)临时用电工程必须经编制、审核、批准部门和使用单位共同验收,合格后方可投入使用。

(6)临时用电施工组织设计审批手续:
1)施工现场临时用电施工组织设计必须由施工单位的电气工程技术人员编制,技术负责人审核。封面上要注明工程名称、施工单位、编制人并加盖单位公章。
2)施工单位所编制的施工组织设计,必须符合《施工现场临时用电安全技术规范》(JGJ 46—2005)中的有关规定。
3)临时用电施工组织设计必须在开工前15天内报上级主管部门审核、批准后方可进行临时用电施工。施工时要严格执行审核后的施工组织设计,按图施工。当需要变更施工组织设计时,应补充有关图纸资料,同样需要上报主管部门批准,待批准后,按照修改前、后的临时用电施工组织设计对照施工。

2. 临时用电安全技术档案

(1)施工现场临时用电必须建立安全技术档案,并应包括下列内容:

1) 用电组织设计的全部资料。
2) 修改用电组织设计的资料。
3) 用电技术交底资料。
4) 用电工程检查验收表。
5) 电气设备的试、检验凭单和调试记录。
6) 接地电阻、绝缘电阻和漏电保护器漏电动作参数测定记录表。
7) 定期检(复)查表。
8) 电工安装、巡检、维修、拆除工作记录。

(2) 安全技术档案应由主管该现场的电气技术人员负责建立与管理。其中"电工安装、巡检、维修、拆除工作记录"可指定电工代管,每周由项目经理审核认可,并应在临时用电工程拆除后统一归档。

(3) 临时用电工程应定期检查。定期检查时,应复查接地电阻值和绝缘电阻值。

(4) 临时用电工程定期检查应按分部、分项工程进行,对安全隐患必须及时处理,并应履行复查验收手续。

3. 施工现场外电线路的安全距离与防护

(1) 外电线路的安全距离

1) 在建工程不得在外电架空线路正下方施工、搭设作业棚、建造生活设施或堆放构件、架具、材料及其他杂物等。

2) 在建工程(含脚手架)的周边与外电架空线路的边线之间的最小安全操作距离应符合表2-6的规定。

表2-6 在建工程(含脚手架)的周边与架空线路的边线之间的最小安全操作距离

外电线路电压等级(kV)	<1	1~10	35~110	220	330~500
最小安全操作距离(m)	4.0	6.0	8.0	10	15

注:上、下脚手架的斜道不宜设在有外电线路的一侧。

3) 施工现场的机动车道与外电架空线路交叉时,架空线路的最低点与路面的最小垂直距离应符合表2-7的规定。

表2-7 施工现场的机动车道与架空线路交叉时的最小垂直距离

外电线路电压等级(kV)	<1	1~10	35
最小垂直距离(m)	6.0	7.0	7.0

4) 起重机严禁越过无防护设施的外电架空线路作业。在外电架空线路附近吊装时,起重机的任何部位或被吊物边缘在最大偏斜时与架空线路边线的最小安

第二章 公路工程现场安全管理

全距离应符合表 2-8 的规定。

表 2-8　　　　起重机与架空线路边线的最小安全距离

电压(kV) 最小安全距离(m)	<1	10	35	110	220	330	500
沿垂直方向	1.5	3.0	4.0	5.0	6.0	7.0	8.5
沿水平方向	1.5	2.0	3.5	4.0	6.0	7.0	8.5

5)施工现场开挖沟槽边缘与外电埋地电缆沟槽边缘之间的距离不得小于 0.5m。

6)当达不到第 2)~4)条中的规定时,必须采取绝缘隔离防护措施,并应悬挂醒目的警告标志。

架设防护设施时,必须经有关部门批准,采用线路暂时停电或其他可靠的安全技术措施,并应有电气工程技术人员和专职安全人员监护。

防护设施与外电线路之间的安全距离不应小于表 2-9 所列数值。

防护设施应坚固、稳定,且对外电线路的隔离防护应达到 IP30 级。

表 2-9　　　　防护设施与外电线路之间的最小安全距离

外电线路电压等级(kV)	≤10	35	110	220	330	500
最小安全距离(m)	1.7	2.0	2.5	4.0	5.0	6.0

7)在外电架空线路附近开挖沟槽时,必须会同有关部门采取加固措施,防止外电架空线路电杆倾斜、悬倒。

(2)电气设备防护。

1)电气设备现场周围不得存放易燃易爆物、污源和腐蚀介质,否则应予清除或做防护处置,其防护等级必须与环境条件相适应。

2)电气设备设置场所应能避免物体打击和机械损伤,否则应做防护处置。

二、电器接零或接地

在施工现场专用变压器的供电的 TN-S 接零保护系统中,电气设备的金属外壳必须与保护零线连接。保护零线应由工作接地线、配电室(总配电箱)电源侧零线或总漏电保护器电源侧零线处引出(图 2-5)。

1. 保护接零

(1)在 TN 系统中,下列电气设备不带电的外露可导电部分应做保护接零:

1)电机、变压器、电器、照明器具、手持式电动工具的金属外壳。

2)电气设备传动装置的金属部件。

3)配电柜与控制柜的金属框架。

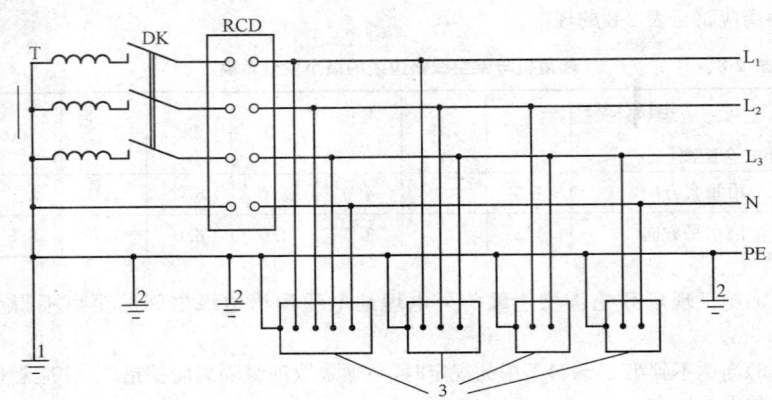

图 2-5 专用变压器供电时 TN—S 接零保护系统示意图

1——工作接地；2——PE 线重复接地；3——电气设备金属外壳
（正常不带电的外露可导电部分）；L_1、L_2、L_3——相线；
N——工作零线；PE——保护零线；DK——总电源隔离开关；
RCD——总漏电保护器（兼有短路、过载、漏电保护功能的漏电断路器）；T——变压器

4）配电装置的金属箱体、框架及靠近带电部分的金属围栏和金属门。

5）电力线路的金属保护管、敷线的钢索、起重机的底座和轨道、滑升模板金属操作平台等。

6）安装在电力线路杆（塔）上的开关、电容器等电气装置的金属外壳及支架。

（2）城防、人防、隧道等潮湿或条件特别恶劣施工现场的电气设备必须采用保护接零。

（3）在 TN 系统中，下列电气设备不带电的外露可导电部分，可不做保护接零：

1）在木质、沥青等不良导电地坪的干燥房间内，交流电压 380V 及以下的电气装置金属外壳（当维修人员可能同时触及电气设备金属外壳和接地金属物件时除外）。

2）安装在配电柜、控制柜金属框架和配电箱的金属箱体上，且与其可靠电气连接的电气测量仪表、电流互感器、电器的金属外壳。

2. 接地与接地电阻

（1）单台容量超过 100kV·A 或使用同一接地装置并联运行且总容量超过 100kV·A 的电力变压器或发电机的工作接地电阻值不得大于 4Ω。

单台容量不超过 100kV·A 或使用同一接地装置并联运行且总容量不超过 100kVA 的电力变压器或发电机的工作接地电阻值不得大于 10Ω。

在土壤电阻率大于 1000Ω·m 的地区,当达到上述接地电阻值有困难时,工作接地电阻值可提高到 30Ω。

(2)TN 系统中的保护零线除必须在配电室或总配电箱处做重复接地外,还必须在配电系统的中间处和末端处做重复接地。

在 TN 系统中,保护零线每一处重复接地装置的接地电阻值不应大于 10Ω。在工作接地电阻值允许达到 10Ω 的电力系统中,所有重复接地的等效电阻值不应大于 10Ω。

(3)在 TN 系统中,严禁将单独敷设的工作零线再做重复接地。

(4)接地装置的设置应考虑土壤干燥或冻结等季节变化的影响,并应符合表 2-10 的规定,接地电阻值在四季中均应符合要求。但防雷装置的冲击接地电阻值只考虑在雷雨季节中土壤干燥状态的影响。

表 2-10　　　　　　　　接地装置的季节系数 ψ 值

埋　深(m)	水平接地体	长 2~3m 的垂直接地体
0.5	1.4~1.8	1.2~1.4
0.8~1.0	1.25~1.45	1.15~1.3
2.5~3.0	1.0~1.1	1.0~1.1

注:大地比较干燥时,取表中较小值;比较潮湿时,取表中较大值。

(5)PE 线所用材质与相线、工作零线(N 线)相同时,其最小截面应符合表 2-11 的规定。

表 2-11　　　　　　　　PE 线截面与相线截面的关系

相线芯线截面 $S(mm^2)$	$S \leqslant 16$	$16 < S \leqslant 35$	$S > 35$
PE 线最小截面(mm^2)	5	16	$S/2$

(6)每一接地装置的接地线应采用 2 根及以上导体,在不同点与接地体做电气连接。

不得采用铝导体做接地体或地下接地线。垂直接地体宜采用角钢、钢管或光面圆钢,不得采用螺纹钢。

接地可利用自然接地体,但应保证其电气连接和热稳定。

(7)移动式发电机供电的用电设备,其金属外壳或底座应与发电机电源的接地装置有可靠的电气连接。

(8)移动式发电机系统接地应符合电力变压器系统接地的要求。下列情况可不另做保护接零:

1)移动式发电机和用电设备固定在同一金属支架上,且不供给其他设备用电时。

2)不超过 2 台的用电设备由专用的移动式发电机供电,供、用电设备间距不超过 50m,且供、用电设备的金属外壳之间有可靠的电气连接时。

三、配电室

(1)配电室应靠近电源,并应设在灰尘少、潮气少、振动小、无腐蚀介质、无易燃易爆物及道路畅通的地方。

(2)成列的配电柜和控制柜两端应与重复接地线及保护零线做电气连接。

(3)配电室和控制室应能自然通风,并应采取防止雨雪侵入和动物进入的措施。

(4)配电室布置应符合下列要求:

1)配电柜正面的操作通道宽度,单列布置或双列背对背布置不小于 1.5m,双列面对面布置不小于 2m。

2)配电柜后面的维护通道宽度,单列布置或双列面对面布置不小于 0.8m,双列背对背布置不小于 1.5m,个别地点有建筑物结构凸出的地方,则此点通道宽度可减少 0.2m。

3)配电柜侧面的维护通道宽度不小于 1m。

4)配电室的顶棚与地面的距离不低于 3m。

5)配电室内设置值班或检修室时,该室边缘距配电柜的水平距离大于 1m,并采取屏障隔离。

6)配电室内的裸母线与地面垂直距离小于 2.5m 时,采用遮栏隔离,遮栏下面通道的高度不小于 1.9m。

7)配电室围栏上端与其正上方带电部分的净距不小于 0.075m。

8)配电装置的上端距顶棚不小于 0.5m。

9)配电室内的母线涂刷有色油漆,以标志相序;以柜正面方向为基准,其涂色符合表 2-12 规定。

表 2-12　　　　　　　　母线涂色

相　别	颜　色	垂直排列	水平排列	引下排列
L_1(A)	黄	上	后	左
L_2(B)	绿	中	中	中
L_3(C)	红	下	前	右
N	淡蓝	—	—	—

10)配电室的建筑物和构筑物的耐火等级不低于 3 级,室内配置砂箱和可用于扑灭电气火灾的灭火器。

11)配电室的门向外开,并配锁。

12)配电室的照明分别设置正常照明和事故照明。

(5)配电柜应装设电度表,并应装设电流、电压表。电流表与计费电度表不得共用一组电流互感器。

(6)配电柜应装设电源隔离开关及短路、过载、漏电保护电器。电源隔离开关分断时应有明显可见分断点。

(7)配电柜应编号,并应有用途标记。

(8)配电柜或配电线路停电维修时,应挂接地线,并应悬挂"禁止合闸、有人工作"停电标志牌。停送电必须由专人负责。

(9)配电室应保持整洁,不得堆放任何妨碍操作、维修的杂物。

四、配电箱

(1)配电箱、开关箱应装设在干燥、通风及常温场所,不得装设在有严重损伤作用的瓦斯、烟气、潮气及其他有害介质中,亦不得装设在易受外来固体物撞击、强烈振动、液体浸溅及热源烘烤场所。否则,应予清除或做防护处理。

(2)配电箱、开关箱周围应有足够2人同时工作的空间和通道,不得堆放任何妨碍操作、维修的物品,不得有灌木、杂草。

(3)配电箱、开关箱应采用冷轧钢板或阻燃绝缘材料制作,钢板厚度应为1.2~2.0mm,其中开关箱箱体钢板厚度不得小于1.2mm,配电箱箱体钢板厚度不得小于1.5mm,箱体表面应做防腐处理。

(4)配电箱、开关箱应装设端正、牢固。固定式配电箱、开关箱的中心点与地面的垂直距离应为1.4~1.6m。移动式配电箱、开关箱应装设在坚固、稳定的支架上。其中心点与地面的垂直距离宜为0.8~1.6m。

(5)配电箱、开关箱内的电器(含插座)应先安装在金属或非木质阻燃绝缘电器安装板上,然后方可整体紧固在配电箱、开关箱箱体内。

金属电器安装板与金属箱体应做电气连接。

(6)配电箱、开关箱内的电器(含插座)应按其规定位置紧固在电器安装板上,不得歪斜和松动。

(7)配电箱的电器安装板上必须分设N线端子板和PE线端子板。N线端子板必须与金属电器安装板绝缘;PE线端子板必须与金属电器安装板做电气连接。

进出线中的N线必须通过N线端子板连接;PE线必须通过PE线端子板连接。

(8)配电箱、开关箱内的连接线必须采用铜芯绝缘导线。导线绝缘的颜色标志应按要求配置并排列整齐;导线分支接头不得采用螺栓压接,应采用焊接并做绝缘包扎,不得有外露带电部分。

(9)配电箱、开关箱的金属箱体、金属电器安装板以及电器正常不带电的金属底座、外壳等必须通过PE线端子板与PE线做电气连接,金属箱门与金属箱体必须通过采用编织软铜线做电气连接。

(10)配电箱、开关箱的箱体尺寸应与箱内电器的数量和尺寸相适应,箱内电器安装板板面电器安装尺寸可按照表 2-13 确定。

表 2-13　　　　配电箱、开关箱内电器安装尺寸选择值

间距名称	最小净距(mm)
并列电器(含单极熔断器)间	30
电器进、出线瓷管(塑胶管)孔 与电器边沿间	15A,30 20～30A,50 60A 及以上,80
上、下排电器进出线瓷管(塑胶管)孔间	25
电器进、出线瓷管(塑胶管)孔至板边	40
电器至板边	40

(11)配电箱、开关箱中导线的进线口和出线口应设在箱体的下底面。

(12)配电箱、开关箱的进、出线口应配置固定线卡,进出线应加绝缘护套并成束卡固在箱体上,不得与箱体直接接触。移动式配电箱、开关箱的进、出线应采用橡皮护套绝缘电缆,不得有接头。

(13)配电箱、开关箱外形结构应能防雨、防尘。

五、施工用电线路

1. 架空线路的要求

(1)架空线必须采用绝缘导线。

(2)架空线必须架设在专用电杆上,严禁架设在树木、脚手架及其他设施上。

(3)架空线在一个挡距内,每层导线的接头数不得超过该层导线条数的 50%,且一条导线应只有一个接头。

在跨越铁路、公路、河流、电力线路挡距内,架空线不得有接头。

(4)架空线路相序排列应符合下列规定:

1)动力、照明线在同一横担上架设时,导线相序排列是:面向负荷从左侧起依次为 L_1、N、L_2、L_3、PE。

2)动力、照明线在二层横担上分别架设时,导线相序排列是:上层横担面向负荷从左侧起依次为 L_1、L_2、L_3;下层横担面向负荷从左侧起依次为 $L_1(L_2、L_3)$、N、PE。

(5)架空线路的挡距不得大于 35m。

(6)架空线路的线间距不得小于 0.3m,靠近电杆的两导线的间距不得小于 0.5m。

(7)架空线路横担间的最小垂直距离不得小于表 2-14 所列数值;横担宜采用角钢或方木,低压铁横担角钢应按表 2-15 选用,方木横担截面应按 80mm×80mm 选用;横担长度应按表 2-16 选用。

表 2-14　　　　　　　　　横担间的最小垂直距离　　　　　　　（单位：m）

排列方式	直线杆	分支或转角杆
高压与低压	1.2	1.0
低压与低压	0.6	0.3

表 2-15　　　　　　　　　低压铁横担角钢选用

导线截面（mm²）	直线杆	分支或转角杆	
		二线及三线	四线及以上
16 25 35 50	∟50×5	2×∟50×5	2×∟63×5
70 95 120	∟63×5	2×∟63×5	2×∟70×6

表 2-16　　　　　　　　　　　横担长度　　　　　　　　　　（单位：m）

二线	三线，四线	五线
0.7	1.5	1.8

(8)架空线路与邻近线路或固定物的距离应符合表 2-17 的规定。

表 2-17　　　　　　架空线路与邻近线路或固定物的距离

项目	距离类别					
最小净空距离（m）	架空线路的过引线、接下线与邻线	架空线与架空线电杆外缘		架空线与摆动最大时树梢		
	0.13	0.05		0.50		
最小垂直距离（m）	架空线同杆架设下方的通信、广播线路	架空线最大弧垂与地面			架空线最大弧垂与暂设工程顶端	架空线与邻近电力线路交叉
		施工现场	机动车道	铁路轨道		1kV以下 / 1～10kV
	1.0	4.0	6.0	7.5	2.5	1.2　2.5
最小水平距离（m）	架空线电杆与路基边缘	架空线电杆与铁路轨道边缘		架空线边线与建筑物凸出部分		
	1.0	杆高(m)+3.0		1.0		

(9)架空线路宜采用钢筋混凝土杆或木杆。钢筋混凝土杆不得有露筋、宽度大于 0.4mm 的裂纹和扭曲;木杆不得腐朽,其梢径不应小于 140mm。

(10)电杆埋设深度宜为杆长的 1/10 加 0.6m,回填土应分层夯实。在松软土质处宜加大埋入深度或采用卡盘等加固。

(11)直线杆和 15°以下的转角杆,可采用单横担单绝缘子,但跨越机动车道时应采用单横担双绝缘子;15°到 45°的转角杆应采用双横担双绝缘子;45°以上的转角杆,应采用十字横担。

(12)电杆的拉线宜采用不少于 3 根 $D4.0mm$ 的镀锌钢丝。拉线与电杆的夹角应在 30°~45°之间。拉线埋设深度不得小于 1m。电杆拉线如从导线之间穿过,应在高于地面 2.5m 处装设拉线绝缘子。

(13)接户线在挡距内不得有接头,进线处落地高度不得小于 2.5m。接户线最小截面应符合表 2-18 规定。接户线线路间及与邻近线路间的距离应符合表 2-19 的要求。

表 2-18　　　　　　　　接户线的最小截面

接户线架设方式	接户线长度(m)	接户线截面(mm^2)	
		铜　线	铝　线
架空或沿墙敷设	10~25	6.0	10.0
	≤10	4.0	6.0

表 2-19　　　　　接户线线间及与邻近线路间的距离

接户线架设方式	接户线挡距(m)	接户线线间距离(mm)
架空敷设	≤25	150
	>25	200
沿墙敷设	≤6	100
	>6	150
架空接户线与广播电话线交叉时的距离(mm)		接户线在上部,600 接户线在下部,300
架空或沿墙敷设的接户线零线和相线交叉时的距离(mm)		100

(14)架空线路必须有短路保护和过载保护。

采用熔断器做短路保护时,其熔体额定电流不应大于明敷绝缘导线长期连续负荷允许载流量的 1.5 倍。

采用断路器做短路保护时,其瞬动过流脱扣器脱扣电流整定值应小于线路末端单相短路电流。

第二章　公路工程现场安全管理

采用熔断器或断路器做过载保护时,绝缘导线长期连续负荷允许载流量不应小于熔断器熔体额定电流或断路器长延时过流脱扣器脱扣电流整定值的1.25倍。

2. 电缆线路的要求

(1)电缆中必须包含全部工作芯线和用作保护零线或保护线的芯线。需要三相四线制配电的电缆线路必须采用五芯电缆。

五芯电缆必须包含淡蓝、绿/黄二种颜色绝缘芯线。淡蓝色芯线必须用做 N 线;绿/黄双色芯线必须用做 PE 线,严禁混用。

(2)电缆直接埋地敷设的深度不应小于 0.7m,并应在电缆紧邻上、下、左、右侧均匀敷设不小于 50mm 厚的细砂,然后覆盖砖或混凝土板等硬质保护层。

(3)埋地电缆在穿越建筑物、构筑物、道路、易受机械损伤、介质腐蚀场所及引出地面从 2.0m 高到地下 0.2m 处,必须加设防护套管,防护套管内径不应小于电缆外径的 1.5 倍。

(4)埋地电缆与其附近外电电缆和管沟的平行间距不得小于 2m,交叉间距不得小于 1m。

(5)埋地电缆的接头应设在地面上的接线盒内,接线盒应能防水、防尘、防机械损伤,并应远离易燃、易爆、易腐蚀场所。

(6)架空电缆应沿电杆、支架或墙壁敷设,并采用绝缘子固定,绑扎线必须采用绝缘线,固定点间距应保证电缆能承受自重所带来的荷载,敷设高度应符合《施工现场临时用电安全技术规范》(JGJ 46—2005)第 7.1 节架空线路敷设高度的要求,但沿墙壁敷设时最大弧垂距地不得小于 2.0m。

架空电缆严禁沿脚手架、树木或其他设施敷设。

(7)在建工程内的电缆线路必须采用电缆埋地引入,严禁穿越脚手架引入。电缆垂直敷设应充分利用在建工程的竖井、垂直孔洞等,并宜靠近用电负荷中心,固定点每楼层不得少于一处。电缆水平敷设宜沿墙或门口刚性固定,最大弧垂距地不得小于 2.0m。

(8)电缆线路必须有短路保护和过载保护,短路保护和过载保护电器与电缆的选配应符合架空线路的要求。

3. 室内配线要求

(1)室内配线应根据配线类型采用瓷瓶、瓷(塑料)夹、嵌绝缘槽、穿管或钢索敷设。

潮湿场所或埋地非电缆配线必须穿管敷设,管口和管接头应密封;当采用金属管敷设时,金属管必须做等电位连接,且必须与 PE 线相连接。

(2)室内非埋地明敷主干线距地面高度不得小于 2.5m。

(3)架空进户线的室外端应采用绝缘子固定,过墙处应穿管保护,距地面高度不得小于 2.5m,并应采取防雨措施。

(4)室内配线所用导线或电缆的截面应根据用电设备或线路的计算负荷确定,但铜线截面不应小于 $1.5mm^2$,铝线截面不应小于 $2.5mm^2$。

(5)钢索配线的吊架间距不宜大于 12m。采用瓷夹固定导线时,导线间距不应小于 35mm,瓷夹间距不应大于 800mm;采用瓷瓶固定导线时,导线间距不应小于 100mm,瓷瓶间距不应大于 1.5m;采用护套绝缘导线或电缆时,可直接敷设于钢索上。

(6)室内配线必须有短路保护和过载保护,短路保护和过载保护电器与绝缘导线、电缆的选配应符合架空线路的要求。对穿管敷设的绝缘导线线路,其短路保护熔断器的熔体额定电流不应大于穿管绝缘导线长期连续负荷允许载流量的2.5倍。

六、施工照明

(1)现场照明应采用高光效、长寿命的照明光源。对需大面积照明的场所,应采用高压汞灯、高压钠灯或混光用的卤钨灯等。

(2)室外 220V 灯具距地面不得低于 3m,室内 220V 灯具距地面不得低于 2.5m。

普通灯具与易燃物距离不宜小于 300mm;聚光灯、碘钨灯等高热灯具与易燃物距离不宜小于 500mm,且不得直接照射易燃物。达不到规定安全距离时,应采取隔热措施。

(3)路灯的每个灯具应单独装设熔断器保护。灯头线应做防水弯。

(4)荧光灯管应采用管座固定或用吊链悬挂。荧光灯的镇流器不得安装在易燃的结构物上。

(5)碘钨灯及钠、铊、铟等金属卤化物灯具的安装高度宜在 3m 以上,灯线应固定在接线柱上,不得靠近灯具表面。

(6)投光灯的底座应安装牢固,应按需要的光轴方向将枢轴拧紧固定。

(7)螺口灯头及其接线应符合下列要求:

1)灯头的绝缘外壳无损伤、无漏电。

2)相线接在与中心触头相连的一端,零线接在与螺纹口相连的一端。

(8)灯具内的接线必须牢固,灯具外的接线必须做可靠的防水绝缘包扎。

(9)暂设工程的照明灯具宜采用拉线开关控制,开关安装位置宜符合下列要求:

1)拉线开关距地面高度为 2~3m,与出入口的水平距离为 0.15~0.2m,拉线的出口向下。

2)其他开关距地面高度为 1.3m,与出入口的水平距离为 0.15~0.2m。

(10)灯具的相线必须经开关控制,不得将相线直接引入灯具。

(11)对夜间影响飞机或车辆通行的在建工程及机械设备,必须设置醒目的红色信号灯,其电源应设在施工现场总电源开关的前侧,并应设置外电线路停止供

第二章 公路工程现场安全管理

电时的应急自备电源。

七、临时用电安全技术交底

(一)安全用电自我防护技术交底

施工现场用电人员应加强自我保护意识,特别是电动施工机械的操作人员必须掌握安全用电的基本知识,以减少触电事故的发生。对于现场中一些固定机械设备的防护和操作人员应进行如下交底:

(1)开机前,认真检查开关箱内的控制开关设备是否齐全有效,漏电保护器是否可靠,发现问题及时向工长汇报,工长派电工处理。

(2)开机前,仔细检查电气设备的接零保护线端子有无松动,严禁赤手触摸一切带电绝缘导线。

(3)严格执行安全用电规范,凡一切属于电气维修、安装的工作,必须由电工来操作,严禁非电工进行电工作业。

1. 电工安全技术交底

(1)电气操作人员严格执行电工安全操作规程,对电气设备工具要进行定期检查和试验,凡不合格的电气设备、工具要停止使用。

(2)电工人员严禁带电操作,线路上禁止带负荷接线,正确使用电工器具。

(3)电气设备的金属外壳必须做接地或接零保护,在总箱、分开关箱内必须安装漏电保护器实行两级漏电保护。

(4)电气设备所用保险丝,禁止用其他金属丝代替,并且需与设备容量相匹配。

(5)施工现场内严禁使用塑料线,所用绝缘导线型号及截面必须符合临电设计。

(6)电工必须持证上岗,操作时必须穿戴好各种绝缘防护用品,不得违章操作。

(7)当发生电气火灾时应立即切断电源,用干砂灭火,或用干粉灭火机灭火,严禁使用导电的灭火剂灭火。

(8)凡移动式照明,必须采用安全电压。

(9)施工现场临时用电施工,必须执行施工组织设计和安全操作规程。

2. 起重机械安全技术交底

(1)塔式起重机的电气设备应符合现行国家标准《塔式起重机安全规程》(GB 5144—2006)中的要求。

(2)塔式起重机应按《施工现场临时用电安全技术规范》(JGJ 46—2005)第5.4.7条要求做重复接地和防雷接地。轨道式塔式起重机接地装置的设置应符合下列要求:

1)轨道两端各设一组接地装置。

2)轨道的接头处作电气连接,两条轨道端部做环形电气连接。

3)较长轨道每隔不大于 30m 加一组接地装置。

(3)塔式起重机与外电线路的安全距离应符合《施工现场临时用电安全技术规范》(JGJ 46—2005)第 4.1.4 条要求。

(4)轨道式塔式起重机的电缆不得拖地行走。

(5)需要夜间工作的塔式起重机,应设置正对工作面的投光灯。

(6)塔身高于 30m 的塔式起重机,应在塔顶和臂架端部设红色信号灯。

(7)在强电磁波源附近工作的塔式起重机,操作人员应戴绝缘手套和穿绝缘鞋,并应在吊钩与机体间采取绝缘隔离措施,或在吊钩吊装地面物体时,在吊钩上挂接临时接地装置。

(8)外用电梯梯笼内、外均应安装紧急停止开关。

(9)外用电梯和物料提升机的上、下极限位置应设置限位开关。

(10)外用电梯和物料提升机在每日工作前必须对行程开关、限位开关、紧急停止开关、驱动机构和制动器等进行空载检查,正常后方可使用。检查时必须有防坠落措施。

3. 桩工机械安全技术交底

(1)潜水式钻孔机电机的密封性能应符合现行国家标准《外壳防护等级(IP代码)》(GB 4208—2008)中的 IP68 级的规定。

(2)潜水电机的负荷线应采用防水橡皮护套铜芯软电缆,长度不应小于 1.5m,且不得承受外力。

(3)配电箱、开关箱内的电器配置和接线严禁随意改动。

熔断器的熔体更换时,严禁采用不符合原规格的熔体代替。漏电保护器每天使用前应启动漏电试验按钮试跳一次,试跳不正常时严禁继续使用。

4. 夯土机械安全技术交底

(1)夯土机械开关箱中的漏电保护器必须符合对潮湿场所选用漏电保护器的要求。

(2)夯土机械 PE 线的连接点不得少于 2 处。

(3)夯土机械的负荷线应采用耐气候型橡皮护套铜芯软电缆。

(4)使用夯土机械必须按规定穿戴绝缘用品,使用过程应有专人调整电缆,电缆长度不应大于 50m。电缆严禁缠绕、扭结和被夯土机械跨越。

(5)多台夯土机械并列工作时,其间距不得小于 5m;前后工作时,其间距不得小于 10m。

(6)夯土机械的操作扶手必须绝缘。

5. 焊接机械安全技术交底

(1)电焊机械应放置在防雨、干燥和通风良好的地方。焊接现场不得有易燃、易爆物品。

(2)交流弧焊机变压器的一次侧电源线长度不应大于 5m,其电源进线处必须设置防护罩。发电机式直流电焊机的换向器应经常检查和维护,应消除可能产生的异常电火花。

(3)电焊机械开关箱中的漏电保护器必须符合有关要求。交流电焊机械应配装防二次侧触电保护器。

(4)电焊机械的二次线应采用防水橡皮护套铜芯软电缆,电缆长度不应大于30m,不得采用金属构件或结构钢筋代替二次线的地线。

(5)使用电焊机械焊接时必须穿戴防护用品。严禁露天冒雨从事电焊作业。

(二)手持式电动工具安全技术交底

(1)空气湿度小于75%的一般场所可选用Ⅰ类或Ⅱ类手持式电动工具,其金属外壳与PE线的连接点不得少于两处;除塑料外壳Ⅱ类工具外,相关开关箱中漏电保护器的额定漏电动作电流不应大于15mA,额定漏电动作时间不应大于0.1s,其负荷线插头应具备专用的保护触头。所用插座和插头在结构上应保持一致,避免导电触头和保护触头混用。

(2)在潮湿场所或金属构架上操作时,必须选用Ⅱ类或由安全隔离变压器供电的Ⅲ类手持式电动工具。金属外壳Ⅱ类手持式电动工具使用时,必须符合《施工现场临时用电安全技术规范》(JGJ 46—2005)第9.6.1条要求;其开关箱和控制箱应设置在作业场所外面。在潮湿场所或金属构架上严禁使用Ⅰ类手持式电动工具。

(3)狭窄场所必须选用由安全隔离变压器供电的Ⅲ类手持式电动工具,其开关箱和安全隔离变压器均应设置在狭窄场所外面,并连接PE线。漏电保护器的选择应符合《施工现场临时用电安全技术规范》(JGJ 46—2005)第8.2.10条在潮湿或有腐蚀介质场所使用漏电保护器的要求。操作过程中,应有人在外面监护。

(4)手持式电动工具的负荷线应采用耐气候型的橡皮护套铜芯软电缆,并不得有接头。

(5)手持式电动工具的外壳、手柄、插头、开关、负荷线等必须完好无损,使用前必须做绝缘检查和空载检查,在绝缘合格、空载运转正常后方可使用。绝缘电阻不应小于表2-20规定的数值。

表2-20　　　　　　　　手持式电动工具绝缘电阻限值

测量部位	绝缘电阻(MΩ)		
	Ⅰ类	Ⅱ类	Ⅲ类
带电零件与外壳之间	2	7	1

注:绝缘电阻用500V兆欧表测量。

(6)使用手持式电动工具时,必须按规定穿、戴绝缘防护用品。

(三)其他电动建筑机械安全技术交底

(1)混凝土搅拌机、插入式振动器、平板振动器、地面抹光机、水磨石机、钢筋加工机械、木工机械、盾构机械、水泵等设备的漏电保护应符合《施工现场临时用电安全技术规范》(JGJ 46—2005)第 8.2.10 条要求。

(2)混凝土搅拌机、插入式振动器、平板振动器、地面抹光机、水磨石机、钢筋加工机械、木工机械、盾构机械的负荷线必须采用耐气候型橡皮护套铜芯软电缆,并不得有任何破损和接头。

水泵的负荷线必须采用防水橡皮护套铜芯软电缆,严禁有任何破损和接头,并不得承受任何外力。

盾构机械的负荷线必须固定牢固,距地高度不得小于 2.5m。

(3)对混凝土搅拌机、钢筋加工机械、木工机械、盾构机械等设备进行清理、检查、维修时,必须首先将其开关箱分闸断电,呈现可见电源分断点,并关门上锁。

第五节　施工现场防火安全管理

一、重点部位和重点工种防火要求

1. 电焊、气割的防火要求

(1)从事电焊、气割操作人员,必须进行专门培训,掌握焊割的安全技术、操作规程,经过考试合格,取得操作合格证后方准操作。操作时应持证上岗。徒工学习期间,不能单独操作,必须在师傅的监护下进行操作。

(2)严格执行用火审批程序和制度。操作前必须办理用火申请手续,经本单位领导同意和消防保卫或安全技术部门检查批准,领取用火许可证后方可进行操作。

(3)用火审批人员要认真负责,严格把关。审批前要深入用火地点查看,确认无火灾隐患后再行审批。批准用火应采取定时(时间)、定位(层、段、档)、定人(操作人、看火人)、定措施(应采取的具体防火措施),部位变动或仍需继续操作,应事先更换用火证。用火证只限当日本人使用,并要随身携带,以备消防保卫人员检查。

(4)进行电焊、气割前,应由施工员或班组长向操作、看火人员进行消防安全技术措施交底,任何领导不能以任何借口纵容电、气焊工人进行冒险操作。

(5)装过或有易燃、可燃液体、气体及化学危险物品的容器、管道和设备,在未彻底清洗干净前,不得进行焊割。

(6)严禁在有可燃蒸气、气体、粉尘或禁止明火的危险性场所焊割。在这些场所附近进行焊割时,应按有关规定,保持一定的防火距离。

(7)遇有五级以上大风气候时,施工现场的高空和露天焊割作业应停止。

(8)领导及生产技术人员,要合理安排工艺和编排施进度程序,在有可燃材料

第二章　公路工程现场安全管理

保温的部位,不准进行焊割作业。必要时,应在工艺安排和施工方法上采取严格的防火措施。焊割作业不准与油漆、喷漆、脱漆、木工等易燃操作同时间、同部位上下交叉作业。

(9)焊割结束或离开操作现场时,必须切断电源、气源。赤热的焊嘴、焊钳以及焊条头等,禁止放在易燃、易爆物品和可燃物上。

(10)禁止使用不合格的焊割工具和设备。电焊的导线不能与装有气体的气瓶接触,也不能与气焊的软管或气体的导管放在一起。焊把线和气焊的软管不得从生产、使用、储存易燃、易爆物品的场所或部位穿过。

(11)焊割现场必须配备灭火器材,危险性较大的应有专人现场监护。

(12)电焊工的操作要求:

1)电焊工在操作前,要严格检查所用工具(包括电焊机设备、线路敷设、电缆线的接点等),使用的工具均应符合标准,保持完好状态。

2)电焊机应有单独开关,装在防火、防雨的闸箱内,电焊机应设防雨棚(罩)。开关的保险丝容量应为该机的1.5倍。保险丝不准用铜丝或铁丝代替。

3)焊割部位必须与氧气瓶、乙炔瓶、乙炔发生器及各种易燃、可燃材料隔离,二瓶之间不得小于5m,与明火之间不得小于10m。

4)电焊机必须设有专用接地线,直接放在焊件上,接地线不准接在建筑物、机械设备、各种管道、避雷引下线和金属架上借路使用,防止接触火花,造成起火事故。

5)电焊机一、二次线应用线鼻子压接牢固,同时应加装防护罩,防止松动、短路放弧,引燃可燃物。

6)严格执行防火规定和操作规程,操作时采取相应的防火措施,与看火人员密切配合,防止引起火灾。

(13)气焊工的操作要求:

1)乙炔发生器、乙炔瓶、氧气瓶和焊割具的安全设备必须齐全有效。

2)乙炔发生器、乙炔瓶、液化石油气罐和氧气瓶在新建、维修工程内存放,应设置专用房间单独分开存放并有专人管理,要有灭火器材和防火标志。

3)乙炔发生器和乙炔瓶等与氧气瓶应保持距离。在乙炔发生器旁严禁一切火源。夜间添加电石时,应使用防爆手电筒照明,禁止用明火照明。

4)乙炔发生器、乙炔瓶和氧气瓶不准放在高低压架空线路下方或变压器旁。在高空焊割时,也不要放在焊割部位的下方,应保持一定的水平距离。

5)乙炔瓶氧气瓶应直立使用,禁止平放卧倒使用,以防止油类落在氧气瓶上;油脂或沾油的物品,不要接触氧气瓶、导管及其零部件。

6)氧气瓶、乙炔瓶严禁曝晒、撞击,防止受热膨胀。开启阀门时要缓慢开启,防止升压过速产生高温、产生火花引起爆炸和火灾。

7)乙炔发生器、回火阻止器及导管发生冻结时,只能用蒸气、热水等解冻,严禁使用火烤或金属敲打。测定气体导管及其分配装置有无漏气现象时,应用气体探测仪或用肥皂水等简单方法测试,严禁用明火测试。

8)操作乙炔发生器和电石桶时,应使用不产生火花的工具,在乙炔发生器上不能装有纯铜的配件。加入乙炔发生器的水,不能含油脂,以免油脂与氧气接触发生反应,引起燃烧或爆炸。

9)防爆膜失去作用后,要按照规定规格型号进行更换,严禁任意更换防爆膜的规格、型号,禁止使用胶皮等代替防爆膜。浮桶式乙炔发生器上面不准堆压其他物品。

10)电石应存放在电石库内,不准在潮湿场所和露天存放。

11)焊割时要严格执行操作规程和程序。焊割操作时先开乙炔气点燃,然后再开氧气进行调火。操作完毕时按相反程序关闭。瓶内气体不能用尽,必须留有余气。

12)工作完毕,应将乙炔发生器内电石、污水及其残渣清除干净,倒在指定的安全地点,并要排除内腔和其他部分的气体。禁止电石、污水到处乱放乱排。

(14)乙炔站的防火要求:

1)乙炔属于甲类易燃易爆物品,乙炔站的建筑物应采用一、二级耐火等级,一般应为单层建筑,与有明火的操作场所应保持30～50m间距。

2)乙炔站泄压面积与乙炔站容积的比值应采用$0.05 \sim 0.22 m^2/m^3$。房间和乙炔发生器操作平台应有安全出口,应安装百叶窗和出气口,门应向外开启。

3)乙炔房与其他建筑物和临时设施的防火间距,应符合《建筑设计防火规范》的要求。

4)乙炔房宜采用不发生火花的地面,金属平台应铺设橡皮垫层。

5)有乙炔爆炸危险的房间与无爆炸危险的房间(更衣室、值班室),不能直通。

6)乙炔生产的下水道系统应设水封井,以防止乙炔在爆炸燃烧时扩大蔓延。

7)乙炔生产厂房应采用防爆型的电器设备,并在顶部开自然通风窗口。

8)操作人员不应穿着带铁钉的鞋及易产生静电的服装。

(15)电石库的防火要求:

1)电石库属于甲类物品储存仓库。电石库的建筑应采用一、二级耐火等级。

2)电石库应建在长年风向的下风方向,与其他建筑及临时设施的防火间距,应符合《建筑设计防火规范》的要求。

3)电石库不应建在低洼处,库内地面应高于库外地面20cm,同时不能采用易发火花的地面,可用木板或橡胶等铺垫。

4)电石库应保持干燥、通风,不漏雨水。

5)电石库的照明设备应采用防爆型,应使用不发火花型的开启工具。

6)电石渣及粉末应随时进行清扫。

2. 涂漆、喷漆和油漆工的防火要求

(1)喷漆、涂漆的场所应有良好的通风,防止形成爆炸极限浓度,引起火灾或爆炸。

(2)喷漆、涂漆的场所内禁止一切火源,应采用防爆的电器设备。

(3)禁止与焊工同时间、同部位的上下交叉作业。

(4)油漆工不能穿易产生静电的工作服。接触涂料、稀释剂的工具应采用防火花型的。

(5)浸有涂料、稀释剂的破布、纱团、手套和工作服等,应及时清理,不能随意堆放,防止因化学反应而生热,发生自燃。

(6)对使用中能分解、发热自燃的物料,要妥善管理。

(7)油漆料库和调料间的防火要求:

1)油漆料库与调料间应分开设置,油漆料库和调料间应与散发火花的场所保持一定的防火间距。

2)性质相抵触、灭火方法不同的品种,应分库存放。

3)涂料和稀释剂的存放和管理,应符合《仓库防火安全管理规则》的要求。

4)调料间应有良好的通风,并应采用防爆电器设备,室内禁止一切火源,调料间不能兼做更衣室和休息室。

5)调料人员应穿不易产生静电的工作服,不带钉子的鞋。使用开启涂料和稀释剂包装的工具,应采用不易产生火花型的工具。

6)调料人员应严格遵守操作规程,调料间内不应存放超过当日加工所用的原料。

3. 木工操作间及木工的防火要求

(1)操作间建筑应采用阻燃材料搭建。

(2)操作间冬季宜采用暖气(水暖)供暖,如用火炉取暖时,必须在四周采取挡火措施;不应用燃烧劈柴、刨花代煤取暖。每个火炉都要有专人负责,下班时要将余火彻底熄灭。

(3)电气设备的安装要符合要求。抛光、电锯等部位的电气设备应采用密封式或防爆式。刨花、锯末较多部位的电动机,应安装防尘罩。

(4)操作间内严禁吸烟和用明火作业。

(5)操作间只能存放当班的用料,成品及半成品要及时运走。木工应做到活完场地清,刨花、锯末每班都打扫干净,倒在指定地点。

(6)严格遵守操作规程,对旧木料一定要经过检查,起出铁钉等金属后,方可上锯锯料。

(7)配电盘、刀闸下方不能堆放成品、半成品及废料。

(8)工作完毕应拉闸断电,并经检查确无火险后方可离开。

4. 电工的防火要求

(1)电工应经过专门培训,掌握安装与维修的安全技术,并经过考试合格后,方准独立操作。

(2)施工现场暂设线路、电气设备的安装与维修应执行《施工现场临时用电安全技术规范》。

(3)新设、增设的电气设备,必须由主管部门或人员检查合格后,方可通电使用。

(4)各种电气设备或线路,不应超过安全负荷,并要牢靠、绝缘良好和安装合格的保险设备,严禁用铜丝、铁丝等代替保险丝。

(5)放置及使用易燃液体、气体的场所,应采用防爆型电气设备及照明灯具。

(6)定期检查电气设备的绝缘电阻是否符合"不低于 $1k\Omega/V$(如对地 220V 绝缘电阻应不低于 $0.22M\Omega$)"的规定,发现隐患,应及时排除。

(7)不可用纸、布或其他可燃材料做无骨架的灯罩,灯泡距可燃物应保持一定距离。

(8)变(配)电室应保持清洁、干燥。变电室要有良好的通风。配电室内禁止吸烟、生火及保存与配电无关的物品(如食物等)。

(9)施工现场严禁私自使用电炉、电热器具。

(10)当电线穿过墙壁、苇蓆或与其他物体接触时,应当在电线上套有磁管等非燃材料加以隔绝。

(11)电气设备和线路应经常检查,发现可能引起火花、短路、发热和绝缘损坏等情况时,必须立即修理。

(12)各种机械设备的电闸箱内,必须保持清洁,不得存放其他物品,电闸箱应配锁。

(13)电气设备应安装在干燥处,各种电气设备应有妥善的防雨、防潮设施。

(14)每年雨季前要检查避雷装置,避雷针接点要牢固,电阻不应大于 10Ω。

5. 熬炼工的防火要求

(1)熬沥青灶应设在工程的下风方向,不得设在电线垂直下方,距离新建工程、料场、库房和临时工棚等应在 25m 以外。现场窄小的工地有困难时,应采取相应的防火措施或尽量采用冷防水施工工艺。

(2)沥青锅灶必须坚固、无裂缝,靠近火门上部的锅台,应砌筑 18~24cm 的砖沿,防止沥青溢出引燃。火口与锅边应有 70cm 的隔离设施,锅与烟囱的距离应大于 80cm,锅与锅的距离应大于 2m。锅灶高度不宜超过地面 60cm。

(3)熬沥青应由熟悉此项操作的技工进行,操作人员不得擅离岗位。

(4)不准使用薄铁锅或劣质铁锅熬制沥青,锅内的沥青一般不应超过锅容量的 3/4,不准向锅内投入有水分的沥青。配制冷底子油,不得超过锅容量的 1/2,温度不得超过 80℃。熬沥青的温度应控制在 275℃ 以下(沥青在常温下为固态,其闪点为 200~230℃,自燃点为 270~300℃)。

(5)降雨、雪或刮 5 级以上大风时,严禁露天熬制沥青。

(6)使用燃油灶具时,必须先熄灭火后再加油。

(7)沥青锅处要备有铁质锅盖或铁板,并配备相适应的消防器材或设备。

(8)沥青熬制完毕后,要彻底熄灭余火,盖好锅盖后(防止雨雪浸入,熬油时产生溢锅引起着火),方可离开。

(9)沥青锅要随时进行检查,防止漏油。

(10)向熔化的沥青内添加汽油、苯等易燃稀释剂时,要离开锅灶和散发火花地点的下风方向 10m 以外,并应严格遵守操作程序。

(11)熬炼场所应配备温度计或测温仪。

(12)施工人员应穿不易产生静电的工作服及不带钉子的鞋。

(13)施工区域内禁止一切火源,不准与电、气焊同时间、同部位、上下交叉作业。

(14)施工区域内应配备消防器材。

(15)严禁在屋顶用明火熔化柏油。

6. 煅炉工的防火要求

煅炉工是施工现场不可缺少的一个工种,这项工作主要是进行钎子的加工和淬火。工作过程中使用明火和淬火液。如工作完毕后未将余火熄灭或工作时违反规定,也易引起着火,所以存在着一定的火灾危险性。

(1)煅炉宜独立设置,并应选择在距可燃建筑、可燃材料堆场 5m 以外的地点。

(2)煅炉不能设在电源线的下方,其建筑应采用不燃或难燃材料修建。

(3)煅炉建造好后,须经工地消防保卫或安全技术部门检查合格,并领取用火审批合格证后,方准进行操作及使用。

(4)禁止使用可燃液体开火,工作完毕,应将余火彻底熄灭后,方可离开。

(5)鼓风机等电器设备要安装合理,符合防火要求。

(6)加工完的钎子要码放整齐,与可燃材料的防火间距应不小于 1m。

(7)遇有 5 级以上的大风气候,应停止露天煅炉作业。

(8)使用可燃液体或硝石溶液淬火时,要控制好油温,防止因液体加热而自燃。

(9)煅炉间应配备适量的灭火器材。

7. 仓库保管员的防火要求

(1)仓库保管员,要牢记《仓库防火安全管理规则》。

(2)熟悉存放物品的性质、储存中的防火要求及灭火方法,要严格按照其性质、包装、灭火方法、储存防火要求和密封条件等分别存放。性质相抵触的物品不得混存在一起。

(3)严格按照"五距"储存物资。即垛与垛间距不小于1m;垛与墙间距不小于0.5m;垛与梁、柱的间距不小于0.3m;垛与散热器、供暖管道的间距不小于0.3m;照明灯具垂直下方与垛的水平间距不得小于0.5m。

(4)库存物品应分类、分垛储存,主要通道的宽度不小于2m。

(5)露天存放物品应当分类、分堆、分组和分垛,并留出必要的防火间距。甲、乙类桶装液体,不宜露天存放。

(6)物品入库前应当进行检查,确定无火种等隐患后,方准入库。

(7)库房门窗等应当严密,物资不能储存在预留孔洞的下方。

(8)库房内照明灯具不准超过60W,并做到人走断电、锁门。

(9)库房内严禁吸烟和使用明火。

(10)库房管理人员在每日下班前,应对经管的库房巡查一遍,确认无火灾隐患后,关好门窗,切断电源后方准离开。

(11)随时清扫库房内的可燃材料,保持地面清洁。

(12)严禁在仓库内兼设办公室、休息室或更衣室、值班室以及各种加工作业等。

8. 使用喷灯的防火安全措施

(1)操作注意事项。

1)喷灯加油时,要选择好安全地点,并认真检查喷灯是否有漏油或渗油的地方,发现漏油或渗油,应禁止使用。因为汽油的渗透性和流散性极好,一旦加油不慎倒出油或喷灯渗油,点火时极易引起着火。

2)喷灯加油时,应将加油防爆盖旋开,用漏斗灌入汽油。如加油不慎,油洒在灯体上,则应将油擦干净,同时放置在通风良好的地方,使汽油挥发掉再点火使用。加油不能过满,加到灯体容积的3/4即可。

3)喷灯在使用过程中需要添油时,应首先把灯的火焰熄灭,然后慢慢地旋松加油防爆盖放气,待放尽气和灯体冷却以后再添油。严禁带火加油。

4)喷灯点火后先要预热喷嘴。预热喷嘴应利用喷灯上的贮热杯,不能图省事采取喷灯对喷的方法或用炉火烘烤的方法进行预热,防止造成灯内的油类蒸气膨

第二章 公路工程现场安全管理

胀,使灯体爆破伤人或引起火灾。放气点火时,要慢慢地旋开手轮,防止放气太急将油带出起火。

5)喷灯作业时,火焰与加工件应注意保持适当的距离,防止高热反射造成灯体内气体膨胀而发生事故。

6)高空作业使用喷灯时,应在地面上点燃喷灯后,将火焰调至最小,用绳子吊上去,不应携带点燃的喷灯攀高。作业点下面及周围不允许堆放可燃物,防止金属熔渣及火花掉落在可燃物上发生火灾。

7)在地下人井或地沟内使用喷灯时,应先进行通风,排除该场所内的易燃、可燃气体。严禁在地下人井或地沟内进行点火,应在距离人井或地沟 $1.5\sim 2m$ 以外的地面点火,然后用绳子将喷灯吊下去使用。

8)使用喷灯,禁止与喷漆、木工等工序同时间、同部位、上下交叉作业。

9)喷灯连续使用时间不宜过长,发现灯体发烫时,应停止使用,进行冷却,防止气体膨胀,发生爆炸,引起火灾。

(2)作业现场的防火安全管理。实践证明,如选择不好安全用火的作业地点,不认真检查清理作业现场的易燃、可燃物,不采取隔热、降温、熄灭火星、冷却熔珠等安全措施,喷灯作业现场极易造成人员伤亡和火灾事故。因此,对喷灯作业的现场,务必加强防火安全管理,落实防火措施。

1)作业开始前,要将作业现场下方和周围的易燃、可燃物清理干净,清除不了的易燃、可燃物要采取浇湿、隔离等可靠的安全措施。作业结束时,要认真检查现场,在确认无余热引起燃烧危险时,才能离开。

2)在相互连接的金属工件上使用喷灯烘烤时,要防止由于热传导作用,将靠近金属工件上的易燃、可燃物烤着引起火灾。喷灯火焰与带电导线的距离是:10kV 及以下的 1.5m;20~35kV 的 3m;110kV 及以上的 5m,并应用石棉布等绝缘隔热材料将绝缘层、绝缘油等可燃物遮盖,防止烤着。

3)电话电缆,常常需要干燥芯线,干燥芯线时严禁用喷灯直接烘烤,应在蜡中去潮,熔蜡不应在工程车上进行,烘烤蜡锅的喷灯周围应设三面挡风板,控制温度不要过高。熔蜡时,容器内放入的蜡不要超过容积的 3/4,防止熔蜡渗漏,避免蜡液外溢遇火燃烧。

4)在易燃易爆场所或在其他禁火的区域使用喷灯烘烤时,事先必须制定相应的防火、灭火方案,办理动火审批手续,未经批准不得动用喷灯烘烤。

5)作业现场要准备一定数量的灭火器材,一旦起火便能及时扑灭。

(3)其他要求。

1)使用喷灯的操作人员,应经过专门训练,其他人员不应随便使用喷灯。

2)喷灯使用一段时间后应进行检查和保养。手动泵应保持清洁,不应有污物进入泵体内,手动泵内的活塞应经常加少量机油,保持润滑,防止活塞干燥碎裂,加油防爆盖上装有安全防爆器,在压力 600~800Pa 范围内能自动开启关闭,在一般情况下不应拆开,以防失效。

3)煤油和汽油喷灯,应有明显的标志,煤油喷灯严禁使用汽油燃料。

4)使用后的喷灯,应冷却后,将余气放掉,才能存放在安全地点,不应与废棉纱、手套、绳子等可燃物混放在一起。

二、特殊施工场所的防火要求

1. 地下工程施工的防火要求

地下工程施工中除遵守正常施工中的各项防火安全管理制度和要求,还应遵守以下防火安全要求:

(1)施工现场的临时电源线不宜直接敷设在墙壁或土墙上,应用绝缘材料架空安装。配电箱应采取防水措施,潮湿地段或渗水部位照明灯具应采取相应措施或安装防潮灯具。

(2)施工现场应有不少于两个出入口或坡道,施工距离长应适当增加出入口的数量。施工区面积不超过 $50cm^2$,且施工人员不超过 20 人时,可只设一个直通地上的安全出口。

(3)安全出入口、疏散走道和楼梯的宽度应按其通过人数每 100 人不小于 1m 的净宽计算。每个出入口的疏散人数不宜超过 250 人。安全出入口、疏散走道、楼梯的最小净宽不应小于 1m。

(4)疏散走道、楼梯及坡道内,不宜设置突出物或堆放施工材料和机具。

(5)疏散走道、安全出入口、疏散马道(楼梯)、操作区域等部位,应设置火灾事故照明灯。火灾事故照明灯在上述部位的最低光照度应不低于 5lx[勒(克斯)]。

(6)疏散走道及其交叉口、拐弯处、安全出口处应设置疏散指示标志灯。疏散指示标志灯的间距不易过大,距地面高度应为 1~1.2m,标志灯正前方 0.5m 处的地面照度不应低于 1lx。

(7)火灾事故照明灯和疏散指示灯工作电源断电后,应能自动投合。

(8)地下工程施工区域应设置消防给水管道和消火栓,消防给水管道可以与施工用水管道合用。特殊地下工程不能设置消防用水时,应配备足够数量的轻便消防器材。

(9)大面积油漆粉刷和喷漆应在地面施工,局部的粉刷可在地下工程内部进行,但一次粉刷的量不宜过多,同时在粉刷区域内禁止一切火源,加强通风。

(10)禁止中压式乙炔发生器在地下工程内部使用及存放。

(11)制定应急的疏散计划。

2. 设备安装与调试施工中的防火要求

(1)在设备安装与调试施工前,应进行详细的调查,根据设备安装与调试施工中的火灾危险性及特点,制定消防保卫工作方案,规定必要的制度和措施,制定调试运行过程中单项的和整体的调试运行工作计划或方案,做到定人、定岗、定要求。

(2)在有易燃、易爆气体和液体附近进行用火作业前,应先用测量仪器测试可燃气体的爆炸浓度,然后再进行动火作业。动火作业时间长应设专人随时进行测试。

(3)调试过的可燃、易燃液体和气体的管道、塔、容器、设备等,在进行修理时,必须使用惰性气体或蒸汽进行置换和吹扫,用测量仪器测定爆炸浓度后,方可进行修理。

(4)调试过程中,应组织一支专门的应急力量,随时处理一些紧急事故。

(5)在有可燃、易燃液体及气体附近的用电设备,应采用与该场所相匹配防火等级的临时用电设备。

(6)调试过程中,应准备一定数量的填料、堵料及工具、设备,对付滴、漏、跑、冒的发生,减少火灾和险患。

总之,设备安装与调试施工中的防火措施及要求,是以防爆炸为中心的,但每一项设备安装与调试又都有各自的特点及防火要求的重点,这里就不列举。

三、高层建筑工程施工防火

1. 高层建筑施工的特点

随着改革开放的深入和建筑市场的开放,各个大中城市在建设中除本地区施工队伍外,由于劳力不足,还使用了大量的外地民工和施工队。同时随着建设规模的扩大,各地原有的施工管理人员或者老化,或者不足,与现有建筑施工水平不相适应。于是一大批新的、年轻的施工生产领导指挥者、工程技术人员、施工和防火安全管理人员走上岗位。他们对国家和地区制订的消防法规和规定熟悉了解不够,掌握不严,施工防火安全的管理经验不足,这些特点主要是:

(1)施工队伍分散,人员复杂。有些高层建筑高度都在百米以上,建筑面积从数万到数十万平方米,施工过程中各工种交叉作业,人员来自四面八方和不同单位,特别在内装饰阶段,不同的楼层有不同地区的施工队伍在施工。

(2)高层建筑由于造价高,因此有各单位集资,有国内国外合资,有港澳商人投资,有外国人独资,投资的单位多,投资的数额大,在工程施工中运用的材料国外进口多,新型材料、设备多。一旦这些工程施工中发生火灾事故,所造成的社会影响大,经济损失大。

(3)由于各地区进行城市规划,进行老城区的改造,新的高层建筑都建在人口密集的闹市地区,与周围的商业、居民区毗邻,施工场地狭小,参加施工的人员挤在施工现场内,住宿、生活、环境条件差。

(4)高层建筑楼层多,施工零星分散,参加施工的单位多,人员杂,在立体交叉施工中,施工的节奏快,变化大。

(5)高层施工现场所需建筑材料多,而且日有所进,堆放杂乱,特别是化学易燃和可燃材料多,储存保管和管理条件差。

(6)高层施工电气设备多,用电量大,建筑机械和车辆进出频繁。有效机械部件和保养电气场所多,因此存在着不同的薄弱环节。

(7)在高层建筑工程施工中面临外面脚手架,内堆材料、外部临口临边、内部洞孔井道,层层楼面相通垂直上下,动用明火多,电焊气割作业多,而且动火的点多、面广、量大。

2. 高层施工的火灾危险性

高层建筑工程施工现场的火灾危险性主要是两个方面:一是物资、二是人员,人员因素是关键。例如不严格执行动火审批、违章作业,无证操作,在禁烟区域吸烟和在高空乱扔烟头,在生活区使用煤油炉、电炉和乱拉乱接电线等。火灾的危险性是:

(1)在管理方面,由于管理人员缺乏消防业务知识,防火安全管理经验不足,对班组防火安全技术交底不清或不全;对违章人员处理和教育不严;对施工中所使用材料和设备性质不熟悉以及执行防火制度不严格;管理人员马虎草率,动火审批手续不严,防火管理意识差,三级动火监护措施不落实。

(2)在操作者方面,防火意识不强。在动用明火时往往存在侥幸心理,且有一定的盲目性;因急于求成而违章作业;对明火作业,虽周围无明显危险因素,但对火星可以从层层相通的洞孔溅落在某一楼层中存放的易燃物品上,随即就会引起燃烧的情况预料不足;未做好班组的落手清,当天的锯末刨花未当天清理;氧气、乙炔气瓶放置不得当,没有拉开距离或者乙炔气瓶没有安装回火安全装置;对高层施工层次多、作业点多、施工单位多、人员杂、不同层次堆放有不同性质的材料设备等认识不足。

(3)在设备器材方面,由于估计不当对高层建筑施工消防器材设备不配齐配足;对施工材料、工程特点不熟悉,配置器材无针对性;对层次特别多的工程,没有设专用水泵,无消防水源,造成楼层缺水等。

(4)在防火措施方面,高层建筑施工防火安全管理力量不足,或无专配监护人员;对义务消防队没有按职工总数比例组织,或组织后调动频繁而没有进行防火业务知识训练;施工中没有采取有针对性的防火措施等。

3. 高层建筑施工防火管理要求

根据高层建筑施工的特点和火灾危险性,施工中必须从实际出发,始终贯彻"预防为主、防消结合"的消防工作方针,因地制宜,进行科学管理。

(1)领导重视,组织落实,明确目标。

第二章　公路工程现场安全管理

1) 施工单位各级领导要重视施工防火安全,要始终将防火工作放在首要位置。将防火工作列入高层施工生产的全过程,做到同计划、同布置、同检查、同总结、同评比,交施工任务的同时要提防火要求,使防火工作做到经常化、制度化、群众化。

2) 要按照"谁主管,谁负责"的原则,从上到下建立多层次的防火管理网络,实行分工负责制,明确高层建筑工程施工防火的目标和任务,使高层施工现场防火安全得到组织保证。高层施工工地要建立防火领导小组,多单位施工的工程要以甲方为主成立甲方、施工单位、安装单位等参加的联合治安防火办公室,协调工地防火管理。领导小组或联合办公室要坚持每月召开防火会议和每月进行一次防火安全检查制度,认真分析研究施工过程中的薄弱环节,制订落实整改措施。

3) 要成立义务消防队,每个班组都要有一名义务消防员为班组防火员,负责班组施工的防火。同时要根据工程建筑面积、楼层的层数和防火重要程度,配专职防火干部、专职消防员、专职动火监护员,对整个工程进行防火管理,检查督促、配置器材和巡逻监护。

4) 领导小组要加强同上级主管部门、消防监督机关和周围地区的横向联系,加强对参加施工的外地民工和施工队的管理、检查和督促。多层次的防火管理网络建立,一方面使高层建筑工程施工单位掌握防火工作的主动权,使现场防火工作始终处于受控状态;另一方面增强了工地的防火工作应变能力,有利于保障施工的顺利进行。

(2) 建立制度,落实措施,强化管理。

高层建筑工程施工建立严格的防火安全制度,狠抓措施落实,进行强化管理,是防止火灾事故发生的根本保证。

高层施工基础阶段结束以后,大面积施工铺开,施工队伍和机械设备、建筑材料和各种设施就会不断进入现场,随着工程进度进展,越是到后期,防火难度和要求就越高,如果忽视防火,发生火灾事故,损失和影响也就越大。因此必须制订工地的《消防管理制度》、《施工材料和化学危险品仓库管理制度》,建立各工种的安全操作责任制,明确工程各个部位的动火等级,严格动火申请和审批手续、权限,强调电焊工等动火人员防火责任制及电焊、气割"十不烧"规定,对无证人员、仓库保管员进行专业培训,做到持证上岗,进入内装饰阶段,要明确规定吸烟点等等。

对参加高层建筑施工的外包队伍,要同每支队伍领队签订防火安全协议书,详细进行防火安全技术措施的交底。针对木工操作场所,明确人员对木屑刨花做到日做日清,油漆等易燃物品要妥善保管,不准在更衣室等场所乱堆乱放,力求减少火险隐患。

高层建筑工程施工材料,有不少是国外进口的,属高分子合成的易燃物品,防火管理部门应责成有关部门加强对这些原材料的管理,要做到专人、专库、专管,施工前向施工班组做好安全技术交底;并实行限额领料,余料回收制度。施工中要将这些易燃材料的施工区域划为禁火区域,安置醒目的警戒标志并加强专人巡逻监护。施工完毕,负责施工的班组要对易燃的包装材料、装饰材料进行清理,要求做到随时做,随时清,现场不留火险。只有采取这样的强化管理措施,才能杜绝施工中的火灾事故。

(3)严格控制火源和执行动火过程中的安全技术措施。

从各地施工单位发生的火灾分析,多数原因是因电焊气割、吸烟和电气设备等引起的,在施工中就要针对这些原因,进行严格监控。在焊割方面:

1)每项工程都要划分动火级别。一般的高层动火划为二、三级,在外墙、电梯井、洞孔等部位,垂直穿到底及登高焊割,均应划为二级动火,其余所有场所均为三级动火。

2)按照动火级别进行动火申请和审批。二级动火应由施工管理人员在四天前提出申请并附上安全技术措施方案,报工地主管领导审批,批准动火期限一般为3天。复杂危险场所,审批人在审批前应到现场察看确无危险或措施落实才予批准,准许动火的动火证要同时交焊割工、监护人。三级动火由焊割班组长在动火前三天提出申请,报防火管理人员批准,动火期限一般为7天。

3)焊割工要持操作证、动火证进行操作,并接受监护人的监护和配合。

4)监护人要持动火证,在配有灭火器材情况下进行监护,监护时严格履行监护人的职责。

5)复杂的、危险性大的场所焊割,工程技术人员要按照规定制订专项安全技术措施方案,焊割工必须按方案程序进行动火操作。

6)焊割工动火操作中要严格执行焊割操作规程,执行"十不烧"规定,执行瓶与瓶之间保持5m以上间距,瓶与明火保持10m以上间距,瓶的出口和割具进口的四个口要用轧头轧牢等。在吸烟方面的规定要根据施工进度和工程特点,应该禁烟的要严格禁烟,不能流动吸烟的要设定固定吸烟点,总之要有相应的规定和措施。这些都是必要的防火安全技术措施,我们在防火管理方面,不按照规定做好监控,发生火灾事故就是在管理上失控,就要按照事故性质和损失程度追查责任。

(4)按照规定配置消防器材,重点部位器材配置分布要合理,有针对性,各种器材性能要良好、安全,通讯联络工具要有效、齐全。

1)20层(含20层)以上高级宾馆、饭店、办公楼等高层建筑施工,应设置灭火专用的高压水泵,每个楼层应安装消火栓、配置消防水笼带。配置数量应视楼面大小而定。为保证水源,大楼底层应设蓄水池(不小于$20m^3$)。高层建筑层次高而水压不足的,在楼层中间应设接力泵。

2)高压水泵、消防水管只限消防专用,要明确专人管理、使用和维修、保养,以保证水泵完好,正常运转。

3)所有高层建筑设置的消防泵、消火栓和其他消防器材的部位,都要有醒目的防火标志。

4）高层建筑(含8层以上、20层以下)工程施工,应按楼层面积,一般每100m² 设2个灭火器。

施工现场灭火器材的配置,要根据工程开工后工程进度和施工实际及时配好,不能只按固定模式,而应灵活机动,即易燃物品多的场所,动用明火多的部位相应要多配一些。

重点部位分布合理,是指木工操作处不应与机修、电工操作紧邻。灭火器材配置要有针对性,如配电间不应配酸式泡沫灭火机,仪器仪表室要配干粉灭火机等。一切灭火器材性能要安全良好,就是指不能在发生事故后器材失效不能使用,或由于长期没有维修保养,使用时器材本身爆炸造成伤害事故。

通讯联络工具要有效、齐全。如高层施工,水泵房在地下室,事先未规定好联络方法,晚上无对讲工具,楼层上发生事故,地下室水泵管理人员不知情,不能及时启动水泵送水。凡是安装高压水泵的要有值班管理制度,未安装高压水泵的工程,要注意水源问题。

一般的高层建筑施工期间,不得堆放易燃易爆危险物品。如确需存放,应在堆放区域配置专用灭火器材和加强管理措施。

要首先弄清工程四周消火栓的分布情况,不仅要在现场布置图上标明,而且要让施工管理人员、义务消防队员、工地门卫都知道,一旦工程上发生火险,能及时利用这些水源。

(5)现场布置要合理,施工组织设计要正确。

施工组织设计题目很大,另有专文叙述。本文主要从防火安全技术措施上提醒工程技术人员和防火管理人员关心和重视。工程技术的管理人员在制定施工组织设计时,要考虑防火安全技术措施,要及时征求防火管理人员的意见。防火管理人员在审核现场布图时,要根据现场布置图实地察看,了解工程四周状况,现场大的临时设施布置是否安全合理,有权提出修改施工组织设计中的问题。应当说,目前许多施工现场布置图是不理想的,有些具有一定的不安全因素,值得引起技术部门的重视。如现场一长排临时建筑将仓库、木工间夹在中间,一头是办公室,一头是职工宿舍;或者有的将危险品库与可燃、易燃物品场所靠在一起;或者将木工、机修放在相邻处。这些都不符合防火安全规定,若不进行改正,这个工程上就潜在一定的火灾危险性。因此,工程技术与防火管理要互相配合,共同协作,力求把一个施工现场大的临时设施设置和工程施工中防火安全技术措施制定得安全、合理并尽可能完善。

对于一个现场防火管理人员要求则更高,要熟知工程本身施工特点及四周状况,要熟知水源和消火栓的位置,要熟知灭火器材种类、性能、分布,要熟知高压水泵功率,管子口径大小,扬程高度,并在防火档案资料中具体作出反应。

(6)严格而切实的防火安全制度,是强化管理的依据。

一个现场从工程开工以后,防火管理人员就要把抓好制订各种防火安全制度作为首要工作,如八大工种防火安全责任制的制订,防火责任书的签订,防火安全技术交底,防火档案等基础管理等。对木工间、危险品库、油漆间、配电间等重点部位制度上墙,器材配置等都要同时相应跟上。其次日常工作,一定要抓措施落实、抓管理、抓检查督促、抓违章违纪行为的处理。

对现场防火管理,一要抓好重点,二要抓好薄弱环节这两个方面,把着眼点放在容易发生事故的关键部位,严格监控。

对特殊工种,如焊割工、电工、油漆工,仓库管理员,各单位都有一整套完整的责任制和制度规定。在施工现场关键是落实,即是否按照规定执行,要进行严格考评,要有奖惩,要把防火管理贯彻始终。

第六节 高处作业安全管理

一、洞口、临边作业安全防护

1. 临边作业安全防护

(1)尚未安装栏杆或挡脚板的阳台周边、无外架防护的屋面周边、框架结构楼层周边、雨篷与挑檐边、水箱与水塔周边、斜道两侧边、卸料平台外侧边,必须设置1.2m高的两道护身栏杆并设置固定高度不低于18cm的挡脚板或搭设固定的立网防护。

(2)护栏除经设计计算外,横杆长度大于2m时,必须加设栏杆柱,栏杆柱的固定及其与横杆的连接,其整体构造应在任何一处能经受任何方向的1000N的外力。

(3)当临边的外侧面临街道时,除防护栏杆外,敞口立面必须采取满挂小眼安全网或其他可靠措施做全封闭处理。

(4)分层施工的楼梯口、梯段边及休息平台处必须安装临时护栏,顶层楼梯口应随工程结构进度安装正式防护栏杆。回转式楼梯间应支设首层水平安全网,每隔4层设一道水平安全网。

(5)阳台栏板应随工程结构进度及时进行安装。

2. 洞口作业安全防护

(1)楼板、屋面和平台等面上短边尺寸为2.5~25cm的洞口,必须设坚实盖板并能防止挪动移位。

(2)25cm×25cm~50cm×50cm的洞口,必须设置固定盖板,保持四周搁置均衡,并有固定其位置的措施。

(3)50cm×50cm~150cm×150cm的洞口,必须预埋通长钢筋网片,纵横钢筋间距不得大于15cm;或满铺脚手板,脚手板应绑扎固定,任何人未经许可不得随意移动。

(4)150cm×150cm 以上洞口,四周必须搭设围护架,并设双道防护栏杆,洞口中间支挂水平安全网,网的四周要拴挂牢固、严密。

(5)位于车辆行驶道路旁的洞口、深沟、管道、坑、槽等,所加盖板应能承受不小于当地额定卡车后轮有效承载力 2 倍的荷载。

(6)墙面等处的竖向洞口,凡落地的洞口应设置防护门或绑防护栏杆,下设挡脚板。低于 80cm 的竖向洞口,应加设 1.2m 高的临时护栏。

(7)电梯井必须设不低于 1.2m 的金属防护门,井内首层和首层以上每隔 10m 设一道水平安全网,安全网应封闭。未经上级主管技术部门批准,电梯井内不得做垂直运输通道和垃圾通道。

(8)洞口必须按规定设置照明装置和安全标志。

二、高险作业的安全防护

1. 攀登作业安全防护

(1)攀登用具,结构构造上必须牢固可靠,移动式梯子,均应按现行的国家标准验收其质量。

(2)梯脚底部应坚实,不得垫高使用,梯子的上端应有固定措施。

(3)立梯工作角度以 75°±5°为宜,踏板上下间距以 30cm 为宜,并不得有缺档。折梯使用时上部夹角以 35°~45°为宜,铰链必须牢固,并有可靠的拉撑措施。

(4)使用直爬梯进行攀登作业时,攀登高度以 5m 为宜,超出 2m,宜加设护笼,超过 8m,必须设置梯间平台。

(5)作业人员应从规定的通道上下,不得在阳台之间等非规定通道进行攀登,上下梯子时,必须面向梯子,且不得手持器物。

(6)攀登的用具,构造上必须牢固可靠。供人上下的踏板其使用荷载不应大于 $1100N/m^2$。当梯面上有特殊作业,重量超过上述荷载时,应按实际情况加以验算。

2. 悬空作业安全防护

(1)悬空作业处应有牢靠的立足处,并必须视具体情况,配置防护栏网、栏杆或其他安全设施。

(2)悬空作业所用的索具、脚手板、吊篮、吊笼、平台等设备。均需经过技术鉴定或验证后方可使用。

(3)高空吊装预应力钢筋混凝土屋架、桁架等大型构件前,应搭设悬空作业中所需的安全设施。

(4)吊装中的大模板、预制构件以及石棉水泥板等屋面板上,严禁站人和行走。

(5)支模板应按规定的工艺进行,严禁在连接件和支撑件上攀登上下,并严禁在同一垂直面上装、拆模板。支设高度在 3m 以上的柱模板四周应设斜撑,并应设立操作平台。

(6)绑扎钢筋和安装钢筋骨架时,必须搭设脚手架和马凳。绑扎立柱和墙体钢筋时,不得站在钢筋骨架上或攀登骨架上下,绑扎 3m 以上的柱钢筋,必须搭设操作平台。

(7)浇注离地 2m 以上框架、过梁、雨篷和小平台时,应有操作平台,不得直接站在模板或支撑件上操作。

(8)悬空进行门窗作业时,严禁操作人员站在橙子、阳台栏板上操作,操作人员的重心应位于室内,不得在窗台上站立。

(9)特殊情况下如无可靠的安全设施,必须系好安全带并扣好保险钩。

(10)预应力张拉区域应标示明显的安全标志,禁止非操作人员进入。张拉钢筋的两端必须设置挡板。挡板应距所张拉钢筋的端部 1.5~2m,且应高出最上一组张拉钢筋 0.5m,其宽度应距张拉钢筋两外侧各不小于 1m。

3. 高处作业安全防护

(1)无外脚手架或采用单排外脚手架和工具式脚手架时,凡高度在 4m 以上的建筑物首层四周必须支搭 3m 宽的水平安全网,网底距地不小于 3m。高层建筑支搭 6m 宽双层网,网底距地不小于 5m,高层建筑每隔 10m,还应固定一道 3m 宽的水平网,凡无法支搭水平网的,必须逐层设立网全封闭。

(2)建筑物出入口应搭设长 3~6m,且宽于出入通道两侧各 1m 的防护棚,棚顶满铺不小于 5cm 厚的脚手板,非出入口和通道两侧必须封严。

(3)对人或物构成威胁的地方,必须支搭防护棚,保证人、物安全。

(4)高处作业使用的铁凳、木凳应应牢固,不得摇晃,凳间距离不得大于 2m,且凳上脚手板至少铺两块以上,凳上只许一人操作。

(5)高处作业人员必须穿戴好个人防护用品,严禁投掷物料。

4. 操作平台的安全防护

(1)移动式操作平台的面积不应超过 $10m^2$,高度不应超过 5m,并采取措施减少立柱的长细比。

(2)装设轮子的移动式操作平台,轮子与平台的接合处应牢固可靠,立柱底端离地面不得超出 80mm。

(3)操作平台台面满铺脚手架,四周必须设置防护栏杆,并设置上下扶梯。

(4)悬挑式钢平台应按现行规范进行设计及安装,其方案要输入施工组织设计。

(5)操作平台上应标明容许荷载值,严禁超过设计荷载。

三、交叉作业的安全防护

(1)支模、粉刷、砌墙等各工种进行上下立体交叉作业时,不得在同一垂直方向上操作。下层操作必须在上层高度确定的可能坠落半径范围内以外,不能满足时,应设置硬隔离安全防护层。

(2)钢模板、脚手架等拆除时,下方不得有其他人员操作,并应设专人监护。

(3)钢模板拆除后其临时堆放处应离楼层边沿不应小于1m,且堆放高度不得超过1m。楼层边口、通道口、脚手架边缘处,严禁堆放任何拆下物件。

第七节 季节性施工安全管理

一、雨期施工

雨期施工,制定防止触电、防雷、防坍塌、防台风安全技术措施:

(1)雨期进行作业,主要做好防触电、防雷击和防台风的工作。电源线不得使用裸导线和塑料线,也不得沿地面敷设。

(2)配电箱必须防雨、防水,电器布置符合规定,电器元件不应破损,严禁带电明露。机电设备的金属外壳,必须采取可靠的接地或接零保护。使用手持电动工具和机械设备时必须安装合格的漏电保护器,工地临时照明灯、标志灯,其电压不超过36V。特别潮湿的场所以及金属管道和容器内的照明灯不超过12V。电气作业人员应穿绝缘鞋、戴绝缘手套。

(3)高出建筑物的塔吊、井字架、龙门架、脚手架等应安装避雷装置。搞好脚手架、井字架、龙门架的排水工作,防止沉降倾斜。

(4)坑、槽、沟两边要放足边坡,搞好排水工作,一经发现紧急情况,应马上停止土方施工。

二、冬期施工

冬期施工,应制定防风、防火、防滑、防煤气中毒、防亚硝酸钠中毒的安全措施。

(1)凡参加冬期施工作业的工人,都应进行冬期施工安全教育,并进行安全交底。

(2)烧蒸汽锅炉的人员必须要经过专门培训取得司炉证后才能独立作业。烧热水锅炉的人员也要经过培训合格后方能上岗。

(3)安装的取暖炉必须符合要求,验收合格后才能使用。

(4)六级以上大风或大雪、大雨、大雾天气,高处作业和吊装作业应停止施工。沿海地区经常有大风,如施工,必须采取有效的安全技术措施。

(5)搞好防滑措施。通道防滑条损坏的要及时补修。对斜道、通行道、爬梯等作业面上的霜冻、冰块、积雪要及时清除。

(6)用热电法施工,要加强检查和维修,防止触电和火灾。

(7)对亚硝酸钠要加强管理,严格发放制度,要按定量改革小包装并加上水泥、细砂、粉煤灰等,将其改变颜色,以防止误食中毒。

(8)加强用火申请和管理,遵守消防规定,防止火灾发生。

(9)现场脚手架安全网,暂设电气工程、土方、机械设备等安全防护,必须按有关规定执行。

(10)必须正确使用个人防护用品。工程技术人员负责编制的安全技术措施,必须报经上一级技术负责人审查批准后执行。

三、暑期施工

夏季气候炎热,高温时间持续较长,应制定防暑降温安全措施:

(1)合理调整作息时间,避开中午高温时间工作,严格控制工人加班加点,工人的工作时间要适当缩短。保证工人有充足的休息和睡眠时间。

(2)对容器内和高温条件下的作业场所,要采取措施,搞好通风和降温。

(3)对露天作业集中和固定场所,应搭设歇凉棚,防止热辐射,并要经常洒水降温。高温、高处作业的工人,需经常进行健康检查,发现有作业禁忌症者应及时调离高温和高处作业岗位。

(4)要及时供应合乎卫生要求的茶水、清凉含盐饮料、绿豆汤等。

(5)要经常组织医护人员深入工地进行巡回医疗和预防工作。重视年老体弱、患过中暑和血压较高的工人身体情况的变化。

(6)及时给职工发放防暑降温的急救药品和劳动保护用品。

附录 建筑施工高处作业安全技术规范

第一章 总 则

第1.0.1条 为了在建筑施工高处作业中,贯彻安全生产的方针,做到防护要求明确,技术合理和经济适用,制订本规范。

第1.0.2条 本规范适用于工业与民用房屋建筑及一般构筑物施工时,高处作业中临边、洞口、攀登、悬空、操作平台及交叉等项作业。

本规范亦适用于其他高处作业的各类洞、坑、沟、槽等工程的施工。

第1.0.3条 本规范所称的高处作业,应符合国家标准《高处作业分级》(GB 3608—1993)规定的"凡在坠落高度基准面2m以上(含2m),有可能坠落的高处进行的作业"。

第1.0.4条 进行高处作业时,除执行本规范外,尚应符合国家现行的有关高处作业及安全技术标准的规定。

第二章 基本规定

第2.0.1条 高处作业的安全技术措施及其所需料具,必须列入工程的施工组织设计。

第2.0.2条 单位工程施工负责人应对工程的高处作业安全技术负责并建立相应的责任制。

施工前,应逐级进行安全技术教育及交底,落实所有安全技术措施和人身防护用品,未经落实时不得进行施工。

第二章 公路工程现场安全管理

第 2.0.3 条 高处作业中的安全标志、工具、仪表、电气设施和各种设备,必须在施工前加以检查,确认其完好,方能投入使用。

第 2.0.4 条 攀登和悬空高处作业人员以及搭设高处作业安全设施的人员,必须经过专业技术培训及专业考试合格,持证上岗,并必须定期进行体格检查。

第 2.0.5 条 施工中对高处作业的安全技术设施,发现有缺陷和隐患时,必须及时解决;危及人身安全时,必须停止作业。

第 2.0.6 条 施工作业场所有坠落可能的物件,应一律先行撤除或加以固定。

高处作业中所用的物料,均应堆放平稳,不妨碍通行和装卸。工具应随手放入工具袋;作业中的走道、通道板和登高用具,应随时清扫干净;拆卸下的物件及余料和废料均应及时清理运走,不得任意乱置或向下丢弃。传递物件禁止抛掷。

第 2.0.7 条 雨天和雪天进行高处作业时,必须采取可靠的防滑、防寒和防冻措施。凡水、冰、霜、雪均应及时清除。

对进行高处作业的高耸建筑物,应事先设置避雷设施。遇有六级以上强风、浓雾等恶劣气候,不得进行露天攀登与悬空高处作业。暴风雪及台风暴雨后,应对高处作业安全设施逐一加以检查,发现有松动、变形、损坏或脱落等现象,应立即修理完善。

第 2.0.8 条 因作业必须临时拆除或变动安全防护设施时,必须经施工负责人同意,并采取相应的可靠措施,作业后应立即恢复。

第 2.0.9 条 防护棚搭设与拆除时,应设警戒区,并应派专人监护。严禁上下同时拆除。

第 2.0.10 条 高处作业安全设施的主要受力杆件,力学计算按一般结构力学公式;强度及挠度计算按现行有关规范进行,但钢受弯构件的强度计算不考虑塑性影响,构造上应符合现行的相应规范的要求。

第三章 临边与洞口作业的安全防护

第一节 临边作业

第 3.1.1 条 对临边高处作业,必须设置防护措施,并符合下列规定:

一、基坑周边,尚未安装栏杆或栏板的阳台、料台与挑平台周边,雨篷与挑檐边,无外脚手的屋面与楼层周边及水箱与水塔周边等处,都必须设置防护栏杆。

二、头层墙高度超过 3.2m 的二层楼面周边,以及无外脚手的高度超过 3.2m 的楼层周边,必须在外围架设安全平网一道。

三、分层施工的楼梯口和梯段边,必须安装临时护栏。顶层楼梯口应随工程结构进度安装正式防护栏杆。

四、井架与施工用电梯和脚手架等与建筑物通道的两侧边,必须设防护栏杆。

地面通道上部应装设安全防护棚。双笼井架通道中间,应予分隔封闭。

五、各种垂直运输接料平台,除两侧设防护栏杆外,平台口还应设置安全门或活动防护栏杆。

第3.1.2条 临边防护栏杆杆件的规格及连接要求,应符合下列规定:

一、毛竹横杆小头有效直径不应小于70mm,栏杆柱小头直径不应小于80mm,并须用不小于16号的镀锌钢丝绑扎,不应少于3圈,并无泻滑。

二、原木横杆上杆梢径不应小于70mm,下杆梢径不应小于60mm,栏杆柱梢径不应小于75mm。并须用相应长度的圆钉钉紧,或用不小于12号的镀锌钢丝绑扎,要求表面平顺和稳固无动摇。

三、钢筋横杆上杆直径不应小于16mm,下杆直径不应小于14mm,栏杆柱直径不应小于18mm,采用电焊或镀锌钢丝绑扎固定。

四、钢管横杆及栏杆柱均采用 $\phi 48\times(2.75\sim 3.5)$mm 的管材,以扣件或电焊固定。

五、以其他钢材如角钢等作防护栏杆杆件时,应选用强度相当的规格,以电焊固定。

第3.1.3条 搭设临边防护栏杆时,必须符合下列要求:

一、防护栏杆应由上、下两道横杆及栏杆柱组成,上杆离地高度为1.0~1.2m,下杆离地高度为0.5~0.6m。坡度大于1:22的屋面,防护栏杆应高1.5m,并加挂安全立网。除经设计计算外,横杆长度大于2m时,必须加设栏杆柱。

二、栏杆柱的固定应符合下列要求:

1. 当在基坑四周固定时,可采用钢管并打入地面50~70cm深。钢管离边口的距离,不应小于50cm。当基坑周边采用板桩时,钢管可打在板桩外侧。

2. 当在混凝土楼面、屋面或墙面固定时,可用预埋件与钢管或钢筋焊牢。采用竹、木栏杆时,可在预埋件上焊接30cm长的∟50×5角钢,其上下各钻一孔,然后用1mm螺栓与竹、木杆件拴牢。

3. 当在砖或砌块等砌体上固定时,可预先砌入规格相适应的80×6弯转扁钢作预埋铁的混凝土块,然后用上项方法固定。

三、栏杆柱的固定及其与横杆的连接,其整体构造应使防护栏杆在上杆任何处,能经受任何方向的1000N外力。当栏杆所处位置有发生人群拥挤、车辆冲击或物件碰撞等可能时,应加大横杆截面或加密柱距。

四、防护栏杆必须自上而下用安全立网封闭,或在栏杆下边设置严密固定的高度不低于18cm的挡脚板或40cm的挡脚笆。挡脚板与挡脚笆上如有孔眼,不应大于25mm。板与笆下边距离底面的空隙不应大于10mm。

接料平台两侧的栏杆,必须自上而下加挂安全立网或满铺竹笆。

五、当临边的外侧面临街道时,除防护栏杆外,敞口立面必须采取满挂安全网或其他可靠措施作全封闭处理。

第 3.1.4 条 临边防护栏杆的力学计算及构造型式见附录一。

第二节 洞口作业

第 3.2.1 条 进行洞口作业以及在因工程和工序需要而产生的,使人与物有坠落危险或危及人身安全的其他洞口进行高处作业时,必须按下列规定设置防护设施:

一、板与墙的洞口,必须设置牢固的盖板、防护栏杆、安全网或其他防坠落的防护设施。

二、电梯井口必须设防护栏杆或固定栅门;电梯井内应每隔两层并最多隔 10m 设一道安全网。

三、钢管桩、钻孔桩等桩孔上口,杯形、条形基础上口,未填土的坑槽,以及人孔、天窗、地板门等处,均应按洞口防护设置稳固的盖件。

四、施工现场通道附近的各类洞口与坑槽等处,除设置防护设施与安全标志外,夜间还应设红灯示警。

第 3.2.2 条 洞口根据具体情况采取设防护栏杆、加盖件、张挂安全网与装栅门等措施时,必须符合下列要求:

一、楼板、屋面和平台等面上短边尺寸小于 25cm 但大于 2.5cm 的孔口,必须用坚实的盖板盖没。盖板应能防止挪动移位。

二、楼板面等处边长为 25~50cm 的洞口、安装预制构件时的洞口以及缺件临时形成的洞口,可用竹、木等作盖板,盖住洞口。盖板须能保持四周搁置均衡,并有固定其位置的措施。

三、边长为 50~150cm 的洞口,必须设置以扣件扣接钢管而成的网格,并在其上满铺竹笆或脚手板。也可采用贯穿于混凝土板内的钢筋构成防护网,钢筋网格间距不得大于 20cm。

四、边长在 150cm 以上的洞口,四周设防护栏杆,洞口下张设安全平网。

五、垃圾井道和烟道,应随楼层的砌筑或安装而消除洞口,或参照预留洞口作防护。管道井施工时,除按上款办理外,还应加设明显的标志。如有临时性拆移,需经施工负责人核准,工作完毕后必须恢复防护设施。

六、位于车辆行驶道旁的洞口、深沟与管道坑、槽,所加盖板应能承受不小于当地额定卡车后轮有效承载力 2 倍的荷载。

七、墙面等处的竖向洞口,凡落地的洞口应加装开关式、工具式或固定式的防护门,门栅网格的间距不应大于 15cm,也可采用防护栏杆,下设挡脚板(笆)。

八、下边沿至楼板或底面低于 80cm 的窗台等竖向洞口,如侧边落差大于 2m 时,应加设 1.2m 高的临时护栏。

九、对邻近的人与物有坠落危险性的其他竖向的孔、洞口,均应予以盖没或加以防护,并有固定其位置的措施。

第3.2.3条 洞口防护栏杆的杆件及其搭设应符合本规范第3.1.2条、第3.1.3条的规定。防护栏杆的力学计算见附录一之(一),防护设施的构造型式见附录二。

第四章 攀登与悬空作业的安全防护

第一节 攀登作业

第4.1.1条 在施工组织设计中应确定用于现场施工的登高和攀登设施。现场登高应借助建筑结构或脚手架上的登高设施,也可采用载人的垂直运输设备。进行攀登作业时可使用梯子或采用其他攀登设施。

第4.1.2条 柱、梁和行车梁等构件吊装所需的直爬梯及其他登高用拉攀件,应在构件施工图或说明内作出规定。

第4.1.3条 攀登的用具,结构构造上必须牢固可靠。供人上下的踏板其使用荷载不应大于1100N。当梯面上有特殊作业,重量超过上述荷载时,应按实际情况加以验算。

第4.1.4条 移动式梯子,均应按现行的国家标准验收其质量。

第4.1.5条 梯脚底部应坚实,不得垫高使用。梯子的上端应有固定措施。立梯工作角度以75°±5°为宜,踏板上下间距以30cm为宜,不得有缺档。

第4.1.6条 梯子如需接长使用,必须有可靠的连接措施,且接头不得超过1处。连接后梯梁的强度,不应低于单梯梯梁的强度。

第4.1.7条 折梯使用时上部夹角以35°～45°为宜,铰链必须牢固,并应有可靠的拉撑措施。

第4.1.8条 固定式直爬梯应用金属材料制成。梯宽不应大于50cm,支撑应采用不小于∟70×6的角钢,埋设与焊接均必须牢固。梯子顶端的踏棍应与攀登的顶面齐平,并加设1～1.5m高的扶手。

使用直爬梯进行攀登作业时,攀登高度以5m为宜。超过2m时,宜加设护笼,超过8m时,必须设置梯间平台。

第4.1.9条 作业人员应从规定的通道上下,不得在阳台之间等非规定通道进行攀登,也不得任意利用吊车臂架等施工设备进行攀登。

上下梯子时,必须面向梯子,且不得首持器物。

第4.1.10条 钢柱安装登高时,应使用钢挂梯或设置在钢柱上的爬梯。挂梯构造见附录三附图4.1。

钢柱的接柱应使用梯子或操作台。操作台横杆高度,当无电焊防风要求时,其高度不宜小于1m,有电焊防风要求时,其高度不宜小于1.8m,见附录三附图4.2。

第4.1.11条 登高安装钢梁时,应视钢梁高度,在两端设置挂梯或搭设钢管脚手架,构造形式参见附录三附图4.3。

梁面上需行走时,其一侧的临时护栏横杆可采用钢索,当改用扶手绳时,绳的自然下垂度不应大于 $l/20$,并应控制在 10cm 以内,见附录三附图 4.4。l 为绳的长度。

第 4.1.12 条 钢屋架的安装,应遵守下列规定:

一、在屋架上下弦登高操作时,对于三角形屋架应在屋脊处,梯形屋架应在两端,设置攀登时上下的梯架。材料可选用毛竹或原木,踏步间距不应大于 40cm,毛竹梢径不应小于 70mm。

二、屋架吊装以前,应在上弦设置防护栏杆。

三、屋架吊装以前,应预先在下弦挂设安全网;吊装完毕后,即将安全网铺设固定。

第二节 悬空作业

第 4.2.1 条 悬空作业处应有牢靠的立足处,并必须视具体情况,配置防护栏网、栏杆或其他安全设施。

第 4.2.2 条 悬空作业所用的索具、脚手板、吊篮、吊笼、平台等设备,均需经过技术鉴定或检证方可使用。

第 4.2.3 条 构件吊装和管道安装时的悬空作业,必须遵守下列规定:

一、钢结构的吊装,构件应尽可能在地面组装,并应搭设进行临时固定、电焊、高强螺栓连接等工序的高空安全设施,随构件同时上吊就位。拆卸时的安全措施,亦应一并考虑和落实。高空吊装预应力钢筋混凝土屋架、桁架等大型构件前,也应搭设悬空作业中所需的安全设施。

二、悬空安装大模板、吊装第一块预制构件、吊装单独的大中型预制构件时,必须站在操作平台上操作。吊装中的大模板和预制构件以及石棉水泥板等屋面板上,严禁站人和行走。

三、安装管道时必须有已完结构或操作平台为立足点,严禁在安装中的管道上站立和行走。

第 4.2.4 条 模板支撑和拆卸时的悬空作业,必须遵守下列规定:

一、支模应按规定的作业程序进行,模板未固定前不得进行下一道工序。严禁在连接件和支撑件上攀登上下,并严禁在上下同一垂直面上装、拆模板。结构复杂的模板,装、拆应严格按照施工组织设计的措施进行。

二、支设高度在 3m 以上的柱模板,四周应设斜撑,并应设立操作平台。低于 3m 的可使用马凳操作。

三、支设悬挑形式的模板时,应有稳固的立足点。支设临空构筑物模板时,应搭设支架或脚手架。模板上有预留洞时,应在安装后将洞盖没。混凝土板上拆模后形成的临边或洞口,应按本规范有关章节进行防护。

拆模高处作业,应配置登高用具或搭设支架。

第 4.2.5 条 钢筋绑扎时的悬空作业,必须遵守下列规定:

一、绑扎钢筋和安装钢筋骨架时,必须搭设脚手架和马道。

二、绑扎圈梁、挑梁、挑檐、外墙和边柱等钢筋时,应搭设操作台架和张挂安全网。

悬空大梁钢筋的绑扎,必须在满铺脚手板的支架或操作平台上操作。

三、绑扎立柱和墙体钢筋时,不得站在钢筋骨架上或攀登骨架上下。3m 以内的柱钢筋,可在地面或楼面上绑扎,整体竖立。绑扎 3m 以上的柱钢筋,必须搭设操作平台。

第 4.2.6 条 混凝土浇筑时的悬空作业,必须遵守下列规定:

一、浇筑离地 2m 以上框架、过梁、雨篷和小平台时,应设操作平台,不得直接站在模板或支撑件上操作。

二、浇筑拱形结构,应自两边拱脚对称地相向进行。浇筑储仓,下口应先行封闭,并搭设脚手架以防人员坠落。

三、特殊情况下如无可靠的安全设施,必须系好安全带并扣好保险钩,或架设安全网。

第 4.2.7 条 进行预应力张拉的悬空作业时,必须遵守下列规定:

一、进行预应力张拉时,应搭设站立操作人员和设置张拉设备用的牢固可靠的脚手架或操作平台。

雨天张拉时,还应架设防雨篷。

二、预应力张拉区域应标示明显的安全标志,禁止非操作人员进入。张拉钢筋的两端必须设置挡板。挡板应距所张拉钢筋的端部 1.5~2m,且应高出最上一组张拉钢筋 0.5m,其宽度应距张拉钢筋两外侧各不小于 1m。

三、孔道灌浆应按预应力张拉安全设施的有关规定进行。

第 4.2.8 条 悬空进行门窗作业时,必须遵守下列规定:

一、安装门、窗,油漆及安装玻璃时,严禁操作人员站在橙子、阳台栏板上操作。门、窗临时固定,封填材料未达到强度,以及电焊时,严禁手拉门、窗进行攀登。

二、在高处外墙安装门、窗,无外脚手时,应张挂安全网。无安全网时,操作人员应系好安全带,其保险钩应挂在操作人员上方的可靠物件上。

三、进行各项窗口作业时,操作人员的重心应位于室内,不得在窗台上站立,必要时应系好安全带进行操作。

第五章 操作平台与交叉作业的安全防护

第一节 操作平台

第 5.1.1 条 移动式操作平台,必须符合下列规定:

一、操作平台应由专业技术人员按现行的相应规范进行设计,计算书及图纸应编入施工组织设计。

第二章　公路工程现场安全管理

二、操作平台的面积不应超过 $10m^2$，高度不应超过 5m。还应进行稳定验算，并采取措施减少立柱的长细比。

三、装设轮子的移动式操作平台，轮子与平台的接合处应牢固可靠，立柱底端离地面不得超过 80mm。

四、操作平台可采用 $\phi(48\sim51)\times3.5mm$ 钢管以扣件连接，亦可采用门架式或承插式钢管脚手架部件，按产品使用要求进行组装。平台的次梁，间距不应大于 40cm；台面应满铺 3cm 厚的木板或竹笆。

五、操作平台四周必须按临边作业要求设置防护栏杆，并应布置登高扶梯。

第 5.1.2 条　悬挑式钢平台，必须符合下列规定：

一、悬挑式钢平台应按现行的相应规范进行设计，其结构构造应能防止左右晃动，计算书及图纸应编入施工组织设计。

二、悬挑式钢平台的搁支点与上部拉结点，必须位于建筑物上，不得设置在脚手架等施工设备上。

三、斜拉杆或钢丝绳，构造上宜两边各设前后两道，两道中的每一道均应作单道受力计算。

四、应设置 4 个经过验算的吊环。吊运平台时应使用卡环，不得使吊钩直接钩挂吊环。吊环应用甲类 3 号沸腾钢制作。

五、钢平台安装时，钢丝绳应采用专用的挂钩挂牢，采取其他方式时卡头的卡子不得少于 3 个。建筑物锐角利口围系钢丝绳处应加衬软垫物，钢平台外口应略高于内口。

六、钢平台左右两侧必须装置固定的防护栏杆。

七、钢平台吊装，需待横梁支撑点电焊固定，接好钢丝绳，调整完毕，经过检查验收，方可松卸起重吊钩，上下操作。

八、钢平台使用时，应有专人进行检查，发现钢丝绳有锈蚀损坏应及时调换，焊缝脱焊应及时修复。

第 5.1.3 条　操作平台上应显著地标明容许荷载值。操作平台上人员和物料的总重量，严禁超过设计的容许荷载。应配备专人加以监督。

第 5.1.4 条　操作平台的力学计算与构造型式见附录四之(一)、(二)。

第二节　交　叉　作　业

第 5.2.1 条　支模、粉刷、砌墙等各工种进行上下立体交叉作业时，不得在同一垂直方向上操作。下层作业的位置，必须处于依上层高度确定的可能坠落范围半径之外。不符合以上条件时，应设置安全防护层。

第 5.2.2 条　钢模板、脚手架等拆除时，下方不得有其他操作人员。

第 5.2.3 条　钢模板部件拆除后，临时堆放处离楼层边沿不应小于 1m，堆放高度不得超过 1m。楼层边口、通道口、脚手架边缘等处，严禁堆放任何拆下物件。

第5.2.4条 结构施工自二层起,凡人员进出的通道口(包括井架、施工用电梯的进出通道口),均应搭设安全防护棚。高度超过24m的层次上的交叉作业,应设双层防护。

第5.2.5条 由于上方施工可能坠落物件或处于起重机把杆回转范围之内的通道,在其受影响的范围内,必须搭设顶部能防止穿透的双层防护廊。

第5.2.6条 交叉作业通道防护的构造型式见附录五。

附录一 临边作业防护栏杆的计算及构造实例

(一)杆件计算

防护栏杆横杆上杆的计算,应按本规范第3.1.3条第三款的规定,以外力为活荷载(可变荷载),取集中荷载作用于杆件中点,按公式(附1-1)计算弯矩,并按公式(附1-2)计算弯曲强度。需要控制变形时,尚应按公式(附1-3)计算挠度。荷载设计值的取用,应符合现行的《建筑结构荷载规范》(GBJ 50009—2001)的有关规定。强度设计值的取用,应符合相应的结构设计规范的有关规定。

1. 弯矩

$$M = \frac{Fl}{4} \quad \quad (附1-1)$$

式中 M——上杆承受的弯矩最大值(N·m);
  F——上杆承受的集中荷载设计值(N);
  l——上杆长度(m)。

2. 弯曲强度

$$M \leqslant W_n f \quad \quad (附1-2)$$

式中 M——上杆的弯矩(N·m);
  W_n——上杆净截面抵抗矩(cm^3);
  f——上杆抗弯强度设计值(N/mm^2)。

3. 挠度

$$\frac{Fl^3}{48EI} \leqslant 容许挠度 \quad \quad (附1-3)$$

式中 F——上杆承受的集中荷载标准值(N);
  l——上杆长度(m),计算中采用1×10^3mm;
  E——杆件的弹性模量(N/mm^2),钢材可取$206\times10^3 N/mm^2$;
  I——杆件截面惯性矩(mm^4)。

注:①计算中,集中荷载设计值F,应按可变荷载(活荷载)的标准值$Q_k=1000N$乘以可变荷载的分项系数$\gamma_Q=1.4$取用。
  ②抗弯强度设计值,采用钢材时可按$f=215N/mm^2$取用。
  ③挠度及容许挠度均以mm计。

(二)构造实例

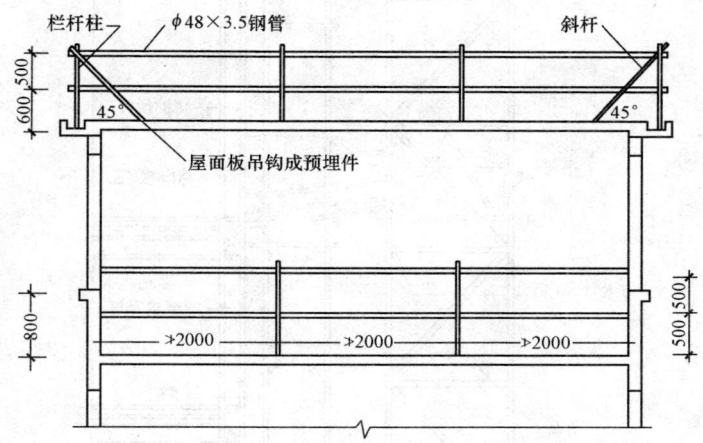

附图1.1 屋面和楼层临边防护栏杆(mm)

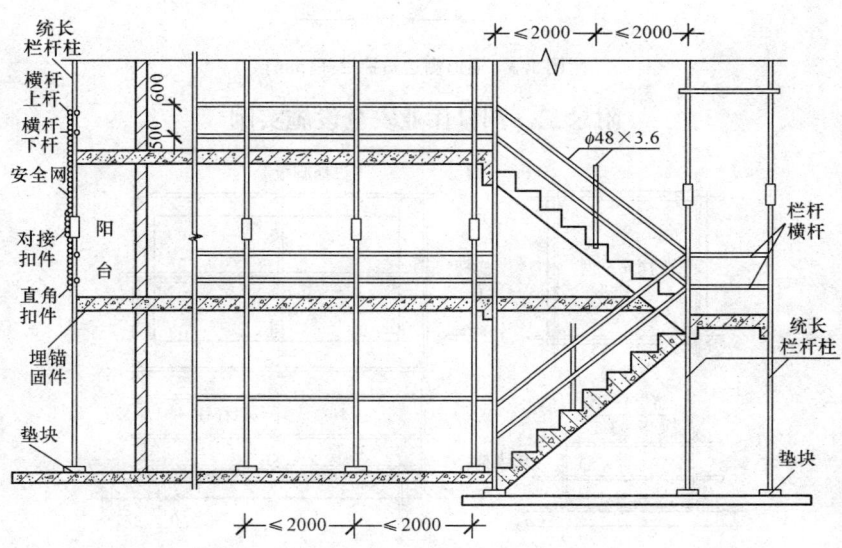

附图1.2 楼梯、楼层和阳台临边防护栏杆(mm)

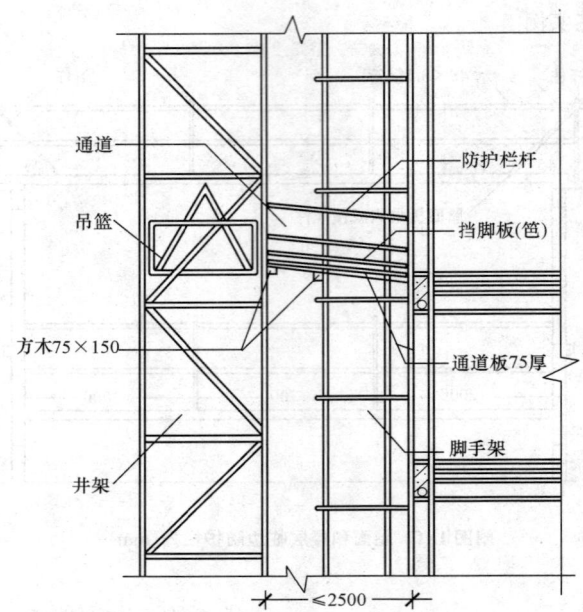

附图1.3 通道侧边防护栏杆(mm)

附录二 洞口作业安全设施实例

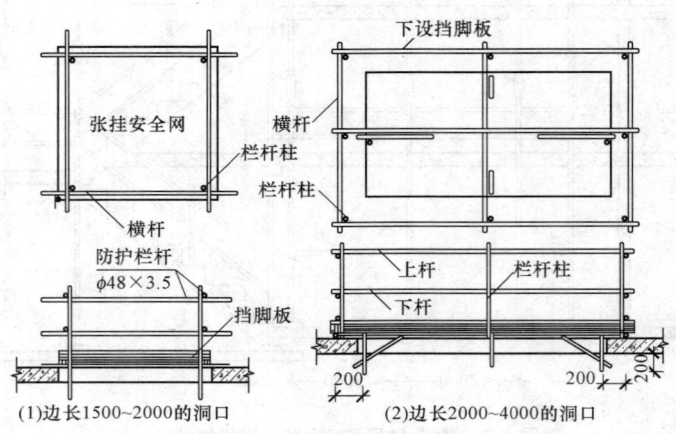

附图2.1 洞口防护栏杆(mm)

第二章 公路工程现场安全管理

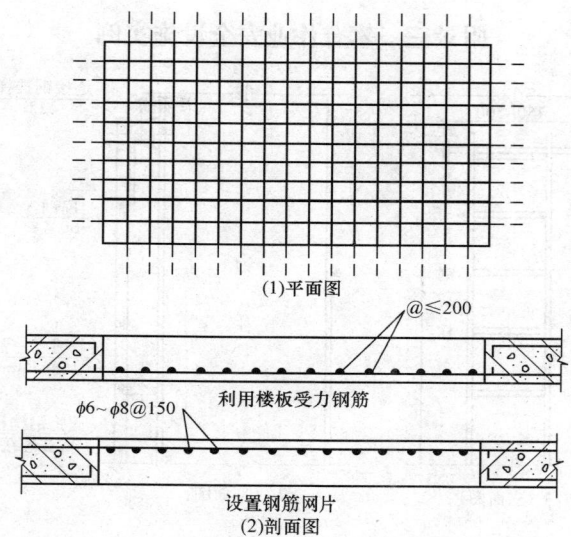

附图 2.2 洞口钢筋防护网(mm)

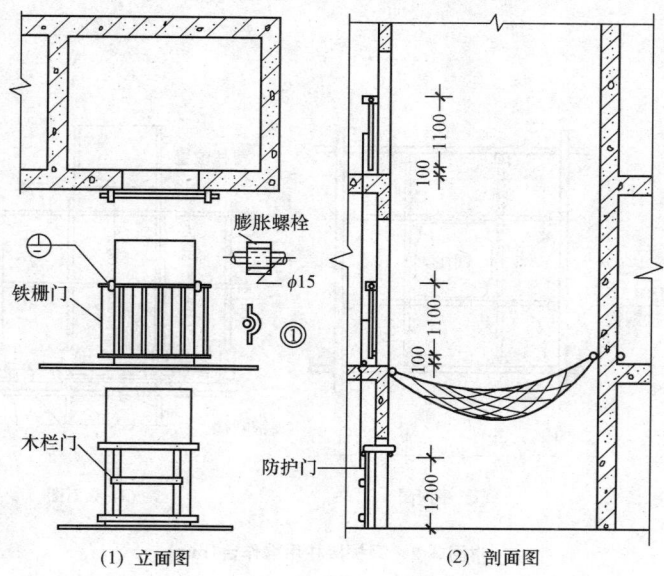

附图 2.3 电梯井口防护门(mm)

附录三 攀登作业安全设施实例

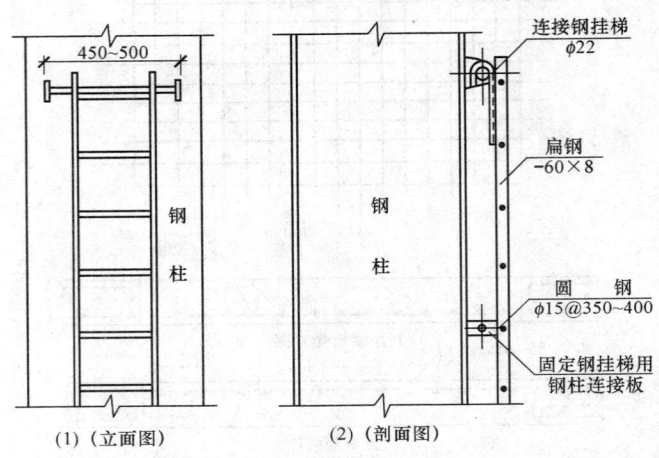

附图 3.1 钢柱登高挂梯（mm）

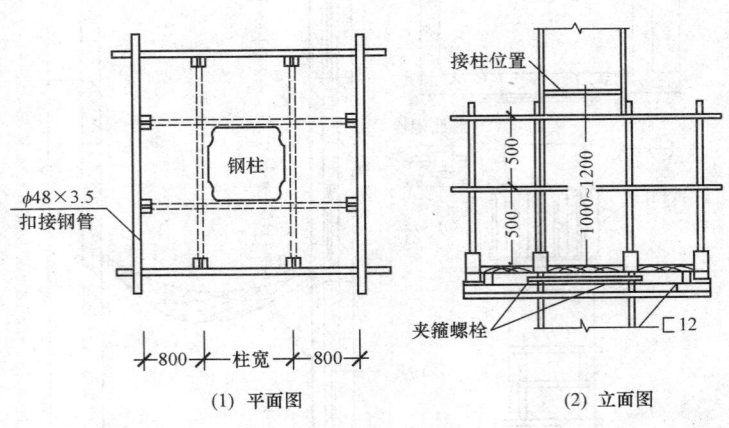

附图 3.2 钢柱接柱用操作台（mm）

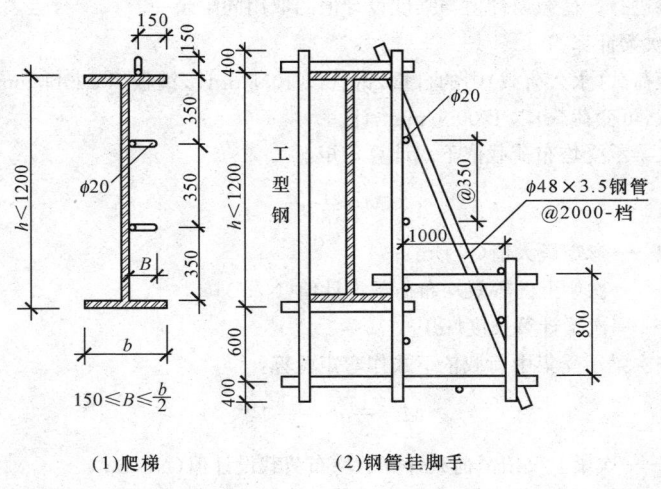

(1) 爬梯　　　　(2) 钢管挂脚手

附图3.3　钢梁登高设施(mm)

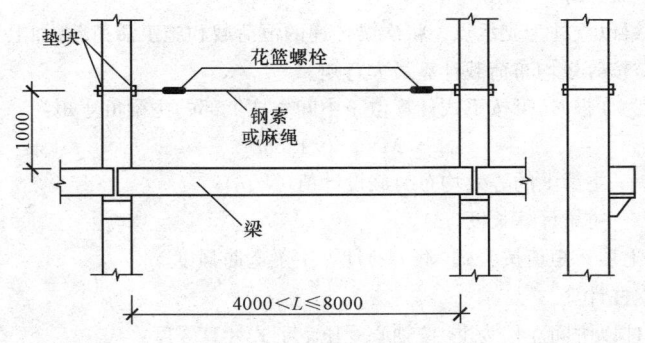

附图3.4　梁面临时护栏(mm)

附录四　操作平台的计算及构造实例

(一)移动式操作平台

1. 杆件计算

操作平台可以 $\phi 48\times 3.5$ mm 镀锌钢管作次梁与主梁,上铺厚度不小于30mm 的木板作铺板。铺板应予固定,并以 $\phi 48\times 3.5$ mm 的钢管作立柱。杆件计算可按下列步骤进行。荷载设计值与强度设计值的取用同附录一。

(1)次梁计算

1)恒荷载(永久荷载)中的自重,钢管以 40N/m 计,铺板以 220N/mm² 计;施工活荷载(可变荷载)以 1500N/mm² 计。

按次梁承受均布荷载依下式计算弯矩:

$$M = \frac{1}{8} q l^2 \qquad (附 4\text{-}1)$$

式中　M——弯矩最大值(N·m);

　　　q——次梁上的等效均布荷载设计值(N/m);

　　　l——次梁计算长度(m)。

2)按次梁承受集中荷载依下式作弯矩验算:

$$M = \frac{1}{8} q l^2 + \frac{1}{4} F l \qquad (附 4\text{-}2)$$

式中　q——次梁上仅依恒荷载计算的均布荷载设计值(N/m);

　　　F——次梁上的集中荷载设计值,可按可变荷载以标准值为 1000N 计。

3)取以上两项弯矩值中的较大值按公式(附 1-2)计算次梁弯曲强度。

(2)主梁计算

1)主梁以立柱为支承点。将次梁传递的恒荷载和施工活荷载,加上主梁自重的恒荷载,按等效均布荷载计算最大弯矩。

立柱为 3 根时,可按下式计算位于中间立柱上部的主梁负弯矩:

$$M = -0.125 q l^2 \qquad (附 4\text{-}3)$$

式中　q——主梁上的等效均布荷载设计值(N/m);

　　　l——主梁计算长度(m)。

2)以上项弯矩值按公式(附 1-2)计算主梁弯曲强度。

(3)立柱计算

1)立柱以中间立柱为准,按轴心受压依下式计算强度:

$$\sigma = \frac{N}{A_n} \leqslant f \qquad (附 4\text{-}4)$$

式中　σ——受压正应力(N/mm²);

　　　N——轴心压力(N);

　　　A_n——立柱净截面面积(mm²);

　　　f——抗压强度设计值(N/mm²)。

2)立柱尚应按下式计算其稳定性:

$$\frac{N}{\varphi A} \leqslant f \qquad (附 4\text{-}5)$$

式中 φ——受压构件的稳定系数,按立柱最大长细比 $\lambda = \dfrac{l}{i}$ 采用;

A——立柱的毛截面面积(mm^2)。

注:①计算中的荷载设计值,恒荷载应按标准值乘以永久荷载分项系数 $\gamma_Q = 1.2$ 取用,活荷载应按标准值乘以可变荷载分项系数 $\gamma_Q = 1.4$ 取用。

②钢管的抗弯、抗压强度设计值可按 $f = 215 N/mm^2$ 取用。

2. 结构构造

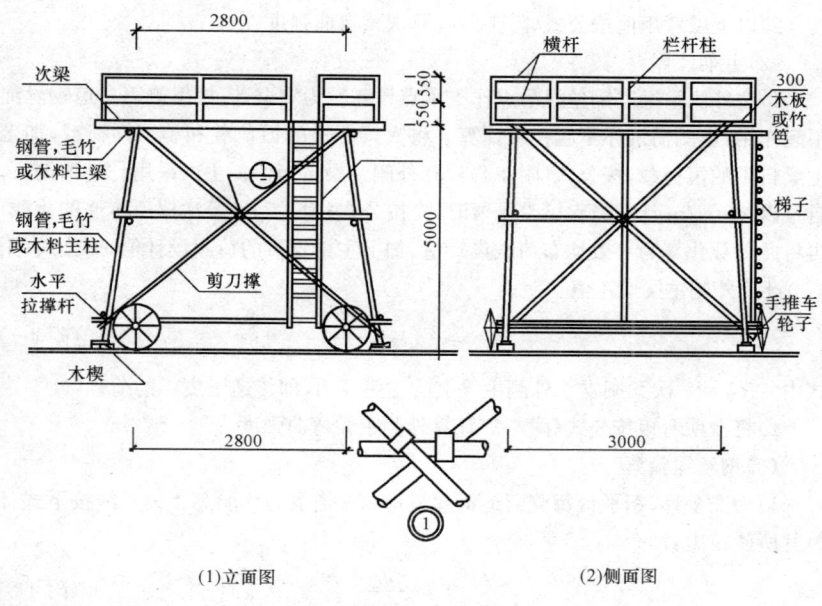

(1)立面图　　　　　　(2)侧面图

附图 4.1　移动式操作平台(mm)

(二)悬挑式钢平台

1. 杆件计算

悬挑式钢平台可以槽钢作次梁与主梁,上铺厚度不小于 50mm 的木板,并以螺栓与槽钢相固定。杆件计算可按下列步骤进行。荷载设计值与强度设计值的取用同本附录(一)。钢丝绳的取用应按现行的《结构安装工程施工操作规程》YSJ 404—89 的规定执行。

(1)次梁计算

1)恒荷载(永久荷载)中的自重,采用[10 槽钢时以 100N/m 计、铺板以

400N/m² 计;施工活荷载(可变荷载)以 1500N/m² 计。按次梁承受均布荷载考虑,依公式(附 4-1)计算弯矩。当次梁带悬臂时,依下式计算弯矩:

$$M = \frac{1}{8}ql^2(1-\lambda^2)^2 \qquad (附\ 4\text{-}6)$$

式中　λ——悬臂比值,$\lambda = \frac{m}{l}$；

m——悬臂长度(m)；

l——次梁两端搁支点间的长度(m)。

2)以上项弯矩值按公式(附 1-2)计算次梁弯曲强度。

(2)主梁计算

1)按外侧主梁以钢丝绳吊点作支承点计算。为安全计,按里侧第二道钢丝绳不起作用,里侧槽钢亦不起作用计算。将次梁传递的恒荷载和施工活荷载,加上主梁自重的恒荷载,按公式(附 4-1)计算外侧主梁弯矩值。主梁采用[20 槽钢时,自重以 260N/m 计。当次梁带悬臂时,先按公式(附 4-7)计算次梁所传递的荷载;再将此荷载化算为等效均布荷载设计值,加上主梁自重的荷载设计值,按公式(附 4-1)计算外侧主梁弯矩值:

$$R_{外} = \frac{1}{2}ql(1+\lambda)^2 \qquad (附\ 4\text{-}7)$$

式中　$R_{外}$——次梁搁支于外侧主梁上的支座反力,即传递于主梁的荷载(N)。

2)将上项弯矩按公式(附 1-2)计算外侧主梁弯曲强度。

(3)钢丝绳验算

1)为安全计,钢平台每侧两道钢丝绳均以一道受力作验算。钢丝绳按下式计算其所受拉力:

$$T = \frac{ql}{2\sin\alpha} \qquad (附\ 4\text{-}8)$$

式中　T——钢丝绳所受拉力(N)；

q——主梁上的均布荷载标准值(N/m)；

l——主梁计算长度(m)；

α——钢丝绳与平台面的夹角;当夹角为 45°时,$\sin\alpha = 0.707$;为 60°时,$\sin\alpha = 0.866$。

2)以钢丝绳拉力按下式验算钢丝绳的安全系数 K:

$$K = \frac{F}{T} \leqslant [K] \qquad (附\ 4\text{-}9)$$

式中　F——钢丝绳的破断拉力,取钢丝绳的破断拉力总和乘以换算系数(N)；

$[K]$——作吊索用钢丝绳的法定安全系数,定为 10。

2. 结构构造

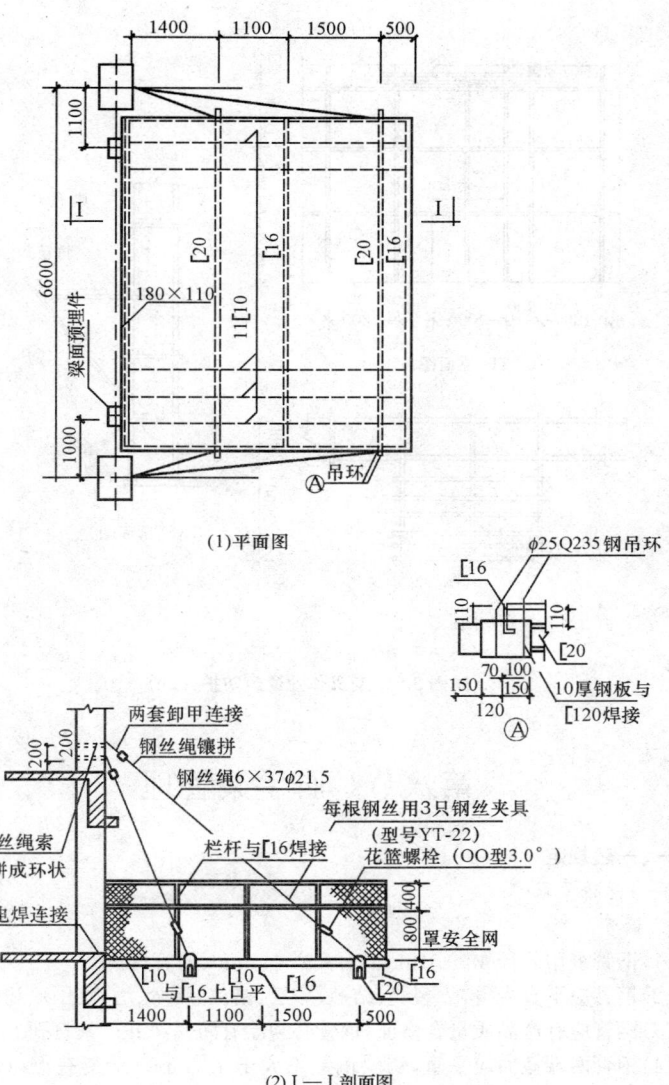

附图 4.2 悬挑式钢平台(mm)

附录五 交叉作业通道防护实例

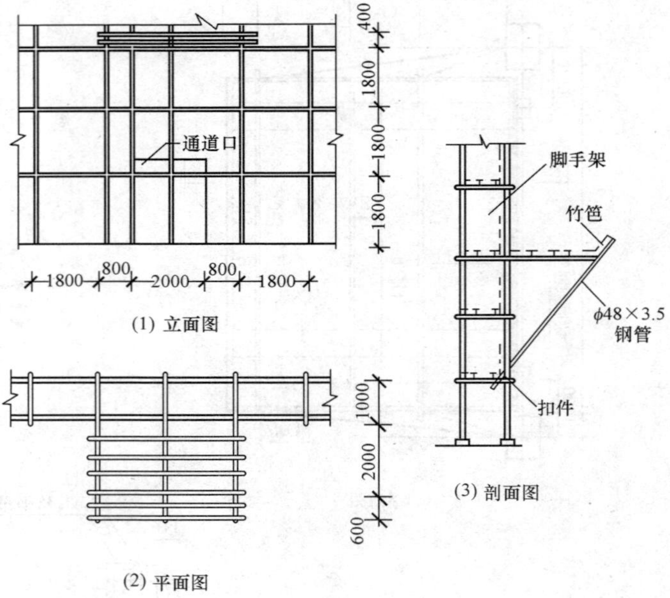

附图 5.1 交叉作业通道防护(mm)

第八节 脚手架管理

一、一般规定
(一)材料要求
1. 钢管

(1)钢管采用外径 48~51mm,壁厚 3~3.5mm 的管材。

(2)钢管应平直光滑,无裂缝、结疤、分层、错位、硬弯、毛刺、压痕和深的划道。

(3)钢管应有产品质量合格证,钢管必须涂有防锈漆并严禁打孔。

(4)钢管两端截面应平直,切斜偏差不大于 1.7mm。严禁有毛口、卷口和斜口等现象。

(5)脚手架钢管的尺寸应采用表 2-21 中的相关数据,每根钢管的最大重量不应大于 25kg。

第二章 公路工程现场安全管理

表 2-21　　　　　　　　　脚手架钢管尺寸　　　　　　　（单位:mm）

截面尺寸		最大长度	
外径 ϕ	壁厚 t	横向水平杆	其他杆
48	3.5	2200	6500
51	3		

2. 扣件

(1)采用可锻造铸铁制作的扣件,其材质应符合现行国家标准《钢管脚手架扣件》(GB 15831—1995)的规定。

(2)扣件必须有产品合格证或租赁单位的质量保证证明。

(3)旧扣件使用前应进行质量检查,有裂缝、变形的严禁使用,出现滑丝的螺栓必须更换。

3. 木杆

(1)搭设木架手架一般采用剥皮杉木、落叶松或其他坚韧的硬杂木,其材质应符合现行国家标准《木结构设计规范》(GB 50005—2003)中有关规定。不得采用杨木、柳木、桦木、椴木、油松等材质松脆的树种。

(2)重复使用时,凡腐朽、折裂、枯节等残次杆件,应认真剔除,不宜采用。

(3)各种杆件具体尺寸要求见表 2-22。

表 2-22　　　　　　　　　杆件尺寸要求

杆件名称	梢径 D	长度 L
立杆	180mm≥D≥70mm	L≥6m
纵向水平杆	杉木:D≥80mm 落叶松:D≥70mm	L≥6m
小横杆	杉木:D≥80mm 硬木:D≥70mm	2.3m>L≥2.1m

4. 竹竿

(1)搭设竹脚手架,应取用 4～6 年生的毛竹,且没有虫蛀、白麻、黑斑和枯脆现象。

(2)横向水平杆(小横杆)、顶杆等没有连通二节以上的纵向裂纹;立杆、纵向水平杆(大横杆)等没有连通四节以上的纵向裂纹。

(3)各种杆件具体尺寸要求见表 2-23。

表 2-23　　　　　　　　　杆件尺寸要求

杆件名称	小头有效直径 D
立杆、大横杆、斜杆	脚手架总高度 H：$H<20\text{m}$，$D=60\text{mm}$ $H\geqslant 20\text{m}$，$D\geqslant 75\text{mm}$
小横杆	脚手架总高度 H：$H<20\text{m}$，$D=75\text{mm}$ $H\geqslant 20\text{m}$，$D\geqslant 90\text{mm}$
防护栏杆	$D\geqslant 50\text{mm}$

5. 绑扎材料

绑扎材料根据脚手架类型选用，具体要求见表 2-24。

表 2-24　　　　　　　　　绑扎材料要求

脚手架类型	材料名称	材料要求
木脚手架	镀锌钢丝、回火钢丝	(1) 立杆连接必须选择 8 号镀锌钢丝或回火钢丝； (2) 纵横向水平杆（大小横杆）接头可以选择 10 号镀锌钢丝或回火钢丝； (3) 严禁绑扎钢丝重复使用，且不得有锈蚀斑痕
木脚手架	机制麻、棕绳	(1) 如使用期 3 个月以内或架体较低、施工荷载较小时，可采用直径不小于 12mm 的机制麻或棕绳； (2) 凡受潮、变质、发霉的绳子不得使用
竹脚手架	镀锌铁丝	(1) 一般选用 18 号以上的规格； (2) 如使用 18 号镀锌铁丝应双根并联进行绑扎，每个节点应缠绕五圈以上
竹脚手架	竹篾	(1) 应选用新鲜竹子劈成的片条，厚度 0.6~0.8mm，宽度 5mm 左右、长度约 2.6m； (2) 要求无断腰、霉点、枯脆和有六节疤或受过腐蚀； (3) 每个节点应使用 2~3 根进行绑扎，使用前应隔天用水浸泡； (4) 使用一个月应对脚手架的绑扎节点进行检查保养

6. 脚手板

脚手板可采用钢、木、竹材料制作，每块重量不宜大于 30kg。具体材料要求见表 2-25。

表 2-25　　　　　　　　　脚手板材料要求

类　型		材料要求
钢脚手板		(1)冲压新钢脚手板,必须有产品质量合格证; (2)板长度为 1.5～3.6m,厚 2～3mm,肋高 5cm,宽 23～25cm; (3)旧板表面锈蚀斑点直径不大于 5mm,并沿横截面方向不得多于 3 处; (4)脚手板一端应压连接卡口,以便铺设时扣住另一块的端部,板面应冲有防滑圆孔; (5)不得使用裂纹和凹陷变形严重的脚手板
木脚手板		(1)应使用厚度不小于 50mm 的杉木或松木板; (2)板宽应为 200～300mm,板长一般为 3～6m,端部还应用 10～14 号钢丝绑扎,以防开裂; (3)不得使用腐朽、虫蛀、扭曲、破裂和有大横透节的木板
竹脚手板	竹笆脚手板	(1)用平放带竹青的竹片纵横纺织而成; (2)板长一般 2～2.5m,宽为 0.8～1.2m; (3)每根竹片宽度不小于 30mm,厚度不小于 8mm,横筋一正一反,边缘处纵横筋相交点用钢丝扎紧
	竹串片脚手板	(1)用螺栓将侧立的竹片并列连接而成; (2)板长一般 2～2.5m,宽为 0.25m,板厚一般不小于 50mm; (3)螺栓直径 8～10mm,间距 500～600mm,首支螺栓离板端 200～250mm; (4)有虫蛀、枯脆、松散现象的竹脚手板不得使用

7. 安全网

(1)必须使用维纶、锦纶、尼龙等材料制成。
(2)安全网宽度不得小于 3m,长度不得大于 6m,网眼不得大于 10cm。
(3)严禁使用损坏或腐朽的安全网和丙纶网。
(4)密目安全网只准作立网使用。
(二)搭设要求
1. 技术要求
(1)不管搭设哪种类型的脚手架,脚手架所用的材料和加工质量必须符合规定要求,绝对禁止使用不合格材料搭设脚手架,以防发生意外事故。
(2)一般脚手架必须按脚手架安全技术操作规程搭设,对于高度超过 15m 的高层脚手架,必须有设计、有计算、有详图、有搭设方案、有上一级技术负责人审批、有书面安全技术交底,然后才能搭设。

(3) 对于危险性大而且特殊的吊、挑、挂、插口、堆料等架子也必须经过设计和审批,编制单独的安全技术措施,才能搭设。

(4) 施工队伍接受任务后,必须组织全体人员,认真领会脚手架专项安全施工组织设计和安全技术措施交底,研讨搭设方法,并派技术好、有经验的技术人员负责搭设技术指导和监护。

(5) 搭设时认真处理好地基,确保地基具有足够的承载力,垫木应铺设平稳,不能有悬空,避免脚手架发生整体或局部沉降。

(6) 确保脚手架整体平稳牢固,并具有足够的承载力,作业人员搭设时必须按要求与结构拉接牢固。

(7) 搭设时,必须按规定的间距搭设立杆、横杆、剪刀撑、栏杆等。

(8) 搭设时,必须按规定设连墙杆、剪刀撑和支撑。脚手架与建筑物间的连接应牢固,脚手架的整体应稳定。

(9) 搭设时,脚手架必须有供操作人员上下的阶梯、斜道。严禁施工人员攀爬脚手架。

(10) 脚手架的操作面必须满铺脚手板,不得有空隙和探头板。木脚手板有腐朽、劈裂、大横透节、有活动节子的均不能使用。使用过程中严格控制荷载,确保有较大的安全储备,避免因荷载过大造成脚手架倒塌。

(11) 金属脚手架应设避雷装置。遇有高压线必须保持大于 5m 或相应的水平距离,搭设隔离防护架。

(12) 六级以上大风、大雪、大雾天气下应暂停脚手架的搭设及在脚手架上作业。斜边板要钉防滑条,如有雨水、冰雪,要采取防滑措施。

(13) 脚手架搭好后,必须进行验收,合格后方可使用。使用中,遇台风、暴雨,以及使用期较长时,应定期检查,及时整改出现的安全隐患。

(14) 因故闲置一段时间或发生大风、大雨等灾害性天气后,重新使用脚手架时必须认真检查加固后方可使用。

2. 防护要求

(1) 搭设过程中必须严格按照脚手架专项安全施工组织设计和安全技术措施交底要求,设置安全网和采取安全防护措施。

(2) 脚手架搭至两步及以上时,必须在脚手架外立杆内侧设置 1.2m 高的防护栏杆。

(3) 架体外侧必须用密目式安全网封闭,网体与操作层不应有大于 10mm 的缝隙;网间不应有 25mm 的缝隙。

(4) 施工操作层及以下连续三步应铺设脚手板和 180mm 高的挡脚板。

(5) 施工操作层以下每隔 10m 应用平网或其他措施封闭隔离。

第二章　公路工程现场安全管理

(6)施工操作层脚手架部分与建筑物之间应用平网或竹笆等实施封闭,当脚手架里立杆与建筑物之间的距离大于200mm时,还应自上而下做到四步一隔离。

(7)操作层的脚手板应设护栏和挡脚板。脚手板必须满铺且固定,护栏高度1m,挡脚板应与立杆固定。

(三)拆除要求

(1)施工人员必须听从指挥,严格按方案和操作规程进行拆除,防止脚手架大面积倒塌和物体坠落砸伤他人。

(2)脚手架拆除时要划分作业区,周围用栏杆围护或竖立警戒标志,地面设有专人指挥,并配备良好的通信设施。警戒区内严禁非专业人员入内。

(3)拆除前检查吊运机械是否安全可靠,吊运机械不允许搭设在脚手架上。

(4)拆除过程中建筑物所有窗户必须关闭锁严,不允许向外开启或向外伸挑物件。

(5)所有高处作业人员,应严格按高处作业安全规定执行,上岗后,先检查、加固松动部分,清除各层留下的材料、物件及垃圾块。清理物品应安全输送至地面,严禁由高处抛掷。

(6)运至地面的材料应按指定地点,随拆随运,分类堆放,当天拆当天清,拆下的扣件或铁丝等要集中回收处理。

(7)脚手架拆除过程中不能碰坏门窗、玻璃、水落管等物品,也不能损坏已做好的地面和墙面等。

(8)在脚手架拆除过程中,不得中途换人,如必须换人时,应将拆除情况交代清楚后方可离开。

(9)拆除时要统一指挥,上下呼应,动作协调,当解开与另一人有关的结扣时,应先通知对方,以防坠落。

(10)在大片架子拆除前应将预留的斜道、上料平台等先行加固,以便拆除后能确保其完整、安全和稳定。

(11)脚手架拆除程序,应由上而下按层按步地拆除,先拆护身栏、脚手板和横向水平杆,再依次拆剪刀撑的上部扣件和接杆。拆除全部剪刀撑、抛撑以前,必须搭设临时加固斜支撑,预防架倾倒。

(12)拆脚手架杆件,必须由2~3人协同操作,拆纵向水平杆时,应由站在中间的人向下传递,严禁向下抛掷。

(13)拆除大片架子应加临时围栏。作业区内电线及其他设备有妨碍时,应事先与有关部门联系拆除、转移或加以防护。

(14)脚手架拆至底部时,应先加临时固定措施后再拆除。

(15)夜间拆除作业,应有良好照明。遇大风、雨、雪等特殊天气,不得进行拆除作业。

二、门式钢管脚手架

(一)搭设要求

1. 门架及配件搭设

(1)门架跨距应符合现行行业标准《建筑施工门式钢管脚手架安全技术规范》(JGJ 128—2000)的规定,并与交叉支撑规格配合。

(2)门架立杆离墙面净距不宜大于150mm,大于150mm时应采取内挑架板或其他离口防护的安全措施。

(3)门架的内外两侧均应设置交叉支撑并应与门架立杆上的锁销锁牢。

(4)上、下榀门架的组装必须设置连接棒及锁臂,连接棒直径应小于立杆内径的1~2mm。

(5)在脚手架的操作层上应连续满铺与门架配套的挂扣式脚手板,并扣紧挡板,防止脚手板脱落和松动。

(6)水平架设置应符合下列规定:

1)在脚手架的顶层门架上部、连墙件设置层、防护棚设置处必须设置。

2)当脚手架搭设度 $H\leqslant 45m$ 时,沿脚手架高度,水平架应至少两步一设;当脚手架搭设高度 $H>45m$ 时,水平架应每步一设;不论脚手架多高,均应在脚手架的转角处、端部及间断处的一个跨距范围内每步一设。

3)水平架在其设置层面内连续设置。

4)当因施工需要,临时局部拆除脚手架内侧交叉支撑时,应在拆除交叉支撑的门架上方及下方设置水平架。

5)水平架可由挂扣式脚手板或门架两侧设置的水平加固杆代替。

(7)底步门架的立杆下端应设置固定底座或可调底座。

(8)不配套的门架与配件不得混合使用于同一脚手架。

(9)门架安装应自一端向另一端延伸,并逐层改变搭设方向,不得相对进行。搭完一步架后,应按要求检查并调整其水平度与垂直度。

(10)交叉支撑、水平架或脚手板应紧随门架的安装及时设置。

(11)连接门架与配件的锁臂、搭钩必须处于锁住状态。

(12)水平架或脚手板应在同一步内连续设置,脚手板应满铺。

(13)底层钢梯的底部应加设钢管并用扣件扣紧在门架的立杆上,钢梯的两侧均应设置扶手,每段梯可跨越两步或三步门架再行转折。

(14)栏板(杆)、挡脚板应设置在脚手架操作层外侧、门架立杆的内侧。

2. 加固件搭设

(1)剪刀撑设置应符合下列规定:

1)脚手架高度超过20m时,应在脚手架外侧连续设置。

2)剪刀撑斜杆与地面的倾角宜为45°~60°,剪刀撑宽度宜为4~8m。

3)剪刀撑应采用扣件与门架立杆扣紧。

4)剪刀撑斜杆若采用搭接接长,搭接长度不宜小于600mm,搭接处应采用两个扣件扣紧。

(2)水平加固杆设置应符合以下规定。

1)当脚手架高度超过20m时,应在脚手架外侧每隔4步设置一道,并宜在有连墙件的水平层设置。

2)设置纵向水平加固杆应连续,并形成水平闭合圈。

3)在脚手架的底步门架下端应加封口杆,门架的内、外两侧应设通长扫地杆。

4)水平加固杆应采用扣件与门架立杆扣牢。

(3)加固杆、剪刀撑必须与脚手架同步搭设。

(4)水平加固杆应设于门架立杆内侧,剪刀撑应设于门架立杆外侧并连牢。

3. 连墙件搭设

(1)脚手架必须采用连墙件与建筑物做到可靠连接。

(2)在脚手架的转角处、不闭合("一"字形、槽形)脚手架的两端应增设连墙件,其竖向间距不应大于4.0m。

(3)在脚手架外侧因设置防护棚或安全网而承受偏心荷载的部位,应增设连墙件,其水平间距不应大于4.0m。

(4)连墙件应能承受拉力与压力,其承载力标准值不应小于10kN;连墙件与门架、建筑物的连接也应具有相应的连接强度。

(5)连墙件的搭设必须随脚手架搭设同步进行,严禁滞后设置或搭设完毕后补做。

(6)当脚手架操作层高出相邻连墙件以上两步时,应采用确保脚手架稳定的临时拉结措施,直到连墙件搭设完毕后方可拆除。

(7)连墙件宜垂直于墙面,不得向上倾斜,连墙件埋入墙身的部分必须锚固可靠。

(8)连墙件应连于上、下两榀门架的接头附近。

4. 通道洞口

(1)通道洞口高不宜大于2个门架,宽不宜大于1个门架跨距。

(2)当洞口宽度为一个跨距时,应在脚手架洞口上方的内外侧设置水平加固杆,在洞口两上角加斜撑杆。

(3)当洞口宽为两个及两个以上跨距时,应在洞口上方设置经专门设计和制作的托架,并加强洞口两侧的门架立杆。

5. 扣件连接

(1)扣件规格应与所连钢管外径相匹配。

(2)扣件螺栓拧紧扭力矩宜为50~60N·m,并不得小于40N·m。

(3)各杆件端头伸出扣件盖板边缘长度不应小于100mm。

脚手架搭设的垂直度与水平度允许偏差应符合表2-26中的要求。

表 2-26　　　　　脚手架搭设水平度与垂直度允许偏差

项　　目		允许偏差(mm)
垂直度	每步架	$\frac{h}{1000}$ 及 ±2.0
	脚手架整体	$\frac{H}{600}$ 及 ±50
水平度	一跨距内水平架两端高差	$±\frac{l}{600}$ 及 ±3.0
	脚手架整体	$±\frac{L}{600}$ 及 ±50

注：h—步距；H—脚手架高度；l—跨距；L—脚手架长度。

(二)拆除要求

(1)脚手架经单位工程负责人检查验证并确认不再需要时，方可拆除。

(2)拆除脚手架前，应清除脚手架上的材料、工具和杂物。

(3)拆除脚手架时，应设置警戒区和警戒标志，并由专职人员负责警戒。

(4)脚手架的拆除应在统一指挥下，按后装先拆、先装后拆的顺序及下列安全作业的要求进行。

1)脚手架的拆除应从一端走向另一端、自上而下逐层地进行。

2)同一层的构配件和加固件应按先上后下、先外后里的顺序进行，最后拆除连墙件。

3)在拆除过程中，脚手架的自由悬臂高度不得超过两步，当必须超过两步时，应加设临时拉结。

4)连墙杆、通长水平杆和剪刀撑等，必须在脚手架拆卸到相关的门架时方可拆除。

5)工人必须站在临时设置的脚手板上进行拆卸作业，并按规定使用安全防护用品。

6)在拆除过程中，严禁使用榔头等硬物击打、撬挖，拆下的连接棒应放入袋内，锁臂应先传递至地面并放到室内堆存。

7)拆卸连接部件时，应先将锁座上的锁板与卡钩上的锁片旋转至开启位置，然后开始拆除，不得硬拉，严禁敲击。

8)拆下的门架、钢管与配件，应成捆用机械吊运或由井架传送至地面，防止碰撞，严禁抛掷。

(5)施工期间不得拆除下列杆件：

1)交叉支撑、水平架。

2)连墙件。

3)加固杆件，如剪刀撑、水平加固杆、扫地杆、封口杆等。

4)栏杆。

(6)作业需要时,临时拆除交叉支撑或连墙件应经主管部门批准,并应符合下列规定:

1)交叉支撑只能在门架一侧局部拆除,临时拆除后,在拆除交叉支撑的门架上、下层面应满铺水平架或脚手板。

2)作业完成后,应立即恢复拆除的交叉支撑;拆除时间较长时,还应加设扶手或安全网。

3)只能拆除个别连墙件,在拆除前后应采取安全措施,并应在作业完成后立即恢复;不得在竖向或水平向同时拆除两个及两个以上连墙件。

(7)对脚手架应设专人负责进行经常检查和保修工作。对高层脚手架应定期作门架立杆基础沉降检查,发现问题立即采取措施。

(8)对拆下的门架及配件应清除杆件及螺纹上的玷污物,并按规定分类检验和维修,按品种、规格分类整理存放,妥善保管。

三、吊篮架子

(1)吊篮的负荷量(包括人体重)不准超过 $1176N/m^2$($120kg/m^2$),人员和材料要对称分布,保证吊篮两端负载平衡。

(2)严禁在吊篮的防护以外和护头棚上作业,任何人不准擅自拆改吊篮。

(3)吊篮里皮距建筑物以 10cm 为宜,两吊篮之间间距不得大于 20cm,不准将两个或几个吊篮边连在一起同时升降。

(4)以手扳葫芦为吊具的吊篮,钢丝绳穿好后,必须将保险扳把拆掉,系牢保险绳,并将吊篮与建筑物拉牢。

(5)吊篮长度一般不得超过 8m,吊篮宽度以 0.8~1m 为宜。单层吊篮高度以 2m,双层吊篮高度以 3.8m 为宜。

(6)用钢管组装的吊篮,立杆间距不准大于 2m,大小面均须打戗。采用焊接边框的吊篮,立杆间距不准超过 2.5m,长度超过 3m 的大面要打戗。

(7)单层吊篮至少设 3 道横杆,双层吊篮至少设 5 道横杆。双层吊篮要设爬梯,留出活动盖板,以便人员上下。

(8)承重受力的预埋吊环,应用直径不小于 16mm 的圆钢。吊环埋入混凝土内的长度应大于 36cm,并与墙体主筋焊接牢固。预埋吊环距支点的距离不得小于 3m。

(9)安装挑梁探出建筑物一端稍高于另一端,挑梁之间用杉篙或钢管连接牢固,挑梁应用不小于 14 号工字钢强度的材料。

(10)挑梁挑出的长度与吊篮的吊点必须保持垂直。阳台部位的挑梁的挑出部分的顶端要加斜撑抱桩,斜撑下要加垫板,并且将受力的阳台板和以下的两层阳台板设立柱加固。

(11)吊篮升降使用的手扳葫芦应用 3t 以上的专用配套的钢丝绳。倒链应用 2t 以上承重的钢丝绳,直径应不小于 12.5mm。

(12)钢丝绳不得接头使用,与挑梁连接处要有防剪措施,至少用 3 个卡子进行卡接。

(13)吊篮长度在 8m 以下、3m 以上的要设 3 个吊点,长度在 3m 以下的可设两个吊点,但篮内人员必须挂好安全带。

(14)吊篮搭设构造必须遵照专项安全施工组织设计(施工方案)规定,组装或拆除时,应 3 人配合操作,严格按搭设程序作业,任何人不允许改变方案。

(15)吊篮的脚手板必须铺平、铺严,并与横向水平杆固定牢,横向水平杆的间距可根据脚手板厚度而定,一般以 0.5~1m 为宜。吊篮作业层外排和两端小面均应设两道护身栏,并挂密目安全网封严,锁死下角,里侧应设护身栏。

(16)不得将两个或几个吊篮连在一起同时升降,两个吊篮接头处应与窗口、阳台作业面错开。

(17)吊篮使用期间,应经常检查吊篮防护、保险、挑梁、手扳葫芦、倒链和吊索等,发现隐患,立即解决。

(18)吊篮的组装、升降、拆除、维修必须由专业架子工进行。

四、扣件式钢管脚手架

(一)一般要求

(1)脚手架应由立杆(冲天)、纵向水平杆(大横杆、顺水杆)、横向水平杆(小横杆)、剪刀撑(十字盖)、抛撑(压栏子)、纵横扫地杆和拉接点等组成,脚手架必须有足够的强度、刚度和稳定性,在允许施工荷载作用下,确保不变形、不倾斜、不摇晃。

(2)脚手架搭设前应清除障碍物、平整场地、夯实基土、做好排水,根据脚手架专项安全施工组织设计(施工方案)和安全技术措施交底的要求,在基础验收合格后,放线定位。

(3)垫板宜采用长度不少于 2 跨,厚度不小于 5cm 的木板,也可采用槽钢,底座应准确放在定位位置上。

(4)扣件安装应符合下列规定:

1)扣件规格必须与钢管外径($\phi 48$ 或 $\phi 51$)相同。

2)螺栓拧紧扭力矩不应小于 40N·m,且不应大于 65N·m。

3)在主节点处固定横向水平杆、纵向水平杆、剪刀撑、横向斜撑等用的直角扣件、旋转扣件的中心点的相互距离不应大于 150mm。

4)对接扣件开口应朝上或朝内。

5)各杆件端头伸出扣件盖板边缘的长度不应小于 100mm。

(5)脚手板的铺设应符合下列规定:

1)脚手板应铺满、铺稳,离开墙面 120~150mm。

2)采用对接或搭接时均应符合《建筑施工扣件式钢管脚手架安全技术规范》规定;脚手板探头应用直径 3.2mm 的镀锌钢丝固定在支承杆件上。

3)在拐角、斜道平台口处的脚手板,应与横向水平杆稳固连接,防止滑动。

4）自顶层作业层的脚手板往下计，宜每隔12m满铺一层脚手板。

（6）脚手架必须配合施工进度搭设，一次搭设高度不应超过相邻连墙件以上两步。

（7）每搭完一步脚手架后，应按表2-27中的规定校正步距、纵距、横距及立杆的垂直度。

表2-27　　　　脚手架搭设的技术要求、允许偏差与检验方法

序号	项目		技术要求	允许偏差 Δ(mm)	示意图			检查方法与工具
1	地基基础	表面	坚实平整		—			观察
		排水	不积水					
		垫板	不晃动					
		底座	不滑动					
			不沉降	—10				
2	立杆垂直度	最后验收垂直度 20～80m	—	±100	H_{max} 示意图			用经纬仪或吊线和卷尺
		下列脚手架允许水平偏差(mm)						
		搭设中检查偏差的高度(m)			总高度			
					50m	40m	20m	
		$H=2$			±7	±7	±7	
		$H=10$			±20	±25	±50	
		$H=20$			±40	±50	±100	
		$H=30$			±60	±75		
		$H=40$			±80	±100		
		$H=50$			±100			
		中间档次用插入法						
3	间距	步距		±20				钢板尺
		纵距		±50				
		横距		±20				

续表

序号	项目		技术要求	允许偏差 Δ(mm)	示意图	检查方法与工具
4	纵向水平杆高差	一根杆的两端	—	±20		水平仪或水平尺
		同跨内两根纵向水平杆高差	—	±10		
5	双排脚手架横向水平杆外伸长度偏差		外伸500mm	−50	—	钢板尺
6	扣件安装	主节点处各扣件中心点相互距离	$a \leqslant 150$mm	—		钢板尺
		同步立杆上两个相隔对接扣件的高差	$a \geqslant 500$mm	—		钢卷尺
		立杆上的对接扣件至主节点的距离	$a \leqslant h/3$	—		
		纵向水平杆上的对接扣件至主节点的距离	$a \leqslant l_a/3$	—		钢卷尺
		扣件螺栓拧紧扭力矩	40～65N·m	—		扭力扳手

续表

序号	项目	技术要求	允许偏差 Δ(mm)	示意图	检查方法与工具
7	剪刀撑斜杆与地面的倾角	45°～60°	—	—	角尺
8	脚手板外伸长度 对接	$a=130\sim 150$mm $l\leqslant 300$mm		$l\leqslant 300$	卷尺
	脚手板外伸长度 搭接	$a\geqslant 100$mm $l\geqslant 200$mm		$l\geqslant 200$	卷尺

注：图中 1—立杆；2—纵向水平杆；3—横向水平杆；4—剪刀撑。

(二)搭设要求

1. 立杆搭设

(1)严禁将外径48mm与51mm的钢管混合使用。

(2)相邻立杆的对接扣件不得在同一高度内。

(3)开始搭设立杆时，应每隔6跨设置一根抛撑，直至连墙件安装稳定后，方可根据情况拆除。

(4)当搭至有连墙件的构造点时，在搭设完该处的立杆、纵向水平杆、横向水平杆后，应立即设置连墙件。

(5)立杆接长除顶层顶步外，其余各层各步接头必须采用对接扣件连接。

(6)立杆顶端宜高出女儿墙上皮1m，高出檐口上皮1.5m。

2. 纵向水平杆搭设

(1)纵向水平杆宜设置在立杆内侧，其长度不宜小于3跨。

(2)纵向水平杆接长宜采用对接扣件连接，也可采用搭接。

(3)纵向水平杆的对接扣件应交错布置，两根相邻纵向水平杆的接头不宜设置在同步或同跨内。

(4)不同步或不同跨两个相邻接头在水平方向错开的距离不应小于500mm。各接头中心至最近主节点的距离不宜大于纵距的1/3。

(5)搭接长度不应小于1m，应等间距设置3个旋转扣件固定，端部扣件盖板边缘至搭接纵向水平杆杆端的距离不应小于100mm。

(6)当使用冲压钢脚手板、木脚手板、竹串片脚手板时，纵向水平杆应作为横向水平杆的支座，用直角扣件固定在立杆上。

(7)当使用竹笆脚手板时,纵向水平杆应采用直角扣件固定在横向水平杆上,并应等间距设置,间距不应大于400mm。

(8)在封闭型脚手架的同一步中,纵向水平杆应四周交圈,用直角扣件与内外角部立杆固定。

3. 横向水平杆搭设

(1)主节点处必须设置一根横向水平杆,用直角扣件扣接且严禁拆除。

(2)作业层上非主节点处的横向水平杆,宜根据支承脚手板的需要等间距设置,最大间距不应大于纵距的1/2。

(3)当使用冲压钢脚手板、木脚手板、竹串片脚手板时,双排脚手架的横向水平杆两端均应采用直角扣件固定在纵向水平杆上;单排脚手架的横向水平杆的一端,应用直角扣件固定在纵向水平杆上,另一端应插入墙内,插入长度不应小于180mm。

(4)使用竹笆脚手板时,双排脚手架的横向水平杆两端,应用直角扣件固定在立杆上;单排脚手架的横向水平杆的一端,应用直角扣件固定在立杆上,另一端应插入墙内,插入长度亦不应小于180mm。

(5)双排脚手架横向水平杆的靠墙一端至墙装饰面的距离不宜大于100mm。

(6)单排脚手架的横向水平杆不应设置在下列部位。

1)设计上不允许留脚手架眼的部位。

2)过梁上与过梁两端成60°角的三角形范围内及过梁净跨度1/2的高度范围内。

3)宽度小于1m的窗间墙。

4)梁或梁垫下及其两侧各500mm的范围内。

5)砖砌体的门窗洞口两侧200mm和转角处450mm的范围内,其他砌体的门窗洞口两侧300mm和转角处600mm的范围内。

6)独立或附墙砖柱。

4. 纵向、横向扫地杆搭设

(1)脚手架必须设置纵、横向扫地杆。

(2)纵向扫地杆应采用直角扣件固定在距底座上皮不大于200mm处的立杆上。

(3)横向扫地杆亦应采用直角扣件固定在紧靠纵向扫地杆下方的立杆上。

(4)当立杆基础不在同一高度上时,必须将高处的纵向扫地杆向低处延长2跨并与立杆固定,高低差不应大于1m。

(5)靠边坡上方的立杆轴线到边坡的距离不应小于500mm。

5. 连墙件搭设

(1)宜靠近主节点设置,偏离主节点的距离不应大于300mm。

(2)应从底层第一步纵向水平杆处开始设置,当该处设置有困难时,应采用其他可靠措施固定。

(3)宜优先采用菱形布置,也可采用方形、矩形布置。

(4)一字形、开口形脚手架的两端必须设置连墙件,连墙件的垂直间距不应大于建筑物的层高,并不应大于4m(两步)。

(5)对高度在24m以下的单、双排脚手架,宜采用刚性连墙件与建筑物可靠连接,亦可采用拉筋和顶撑配合使用的附墙连接方式。严禁使用仅有拉筋的柔性连墙件。

(6)对高度24m以上的双排脚手架,必须采用刚性连墙件与建筑物可靠连接。

(7)连墙件中的连墙杆或拉筋宜呈水平设置,当不能水平设置时,与脚手架连接的一端应下斜连接,不应采用上斜连接。

(8)当脚手架下部暂不能设连墙件时可搭设抛撑。抛撑应采用通长杆件与脚手架可靠连接,与地面的倾角应在45°~60°之间;连接点中心至主节点的距离不应大于300mm。抛撑应在连墙件搭设后方可拆除。

(9)当脚手架施工操作层高出连墙件两步时,应采取临时稳定措施,直到上一层连墙件搭设完后方可根据情况拆除。

6. 门洞搭设

(1)单、双排脚手架门洞宜采用上升斜杆、平行弦杆桁架结构形式,斜杆与地面的倾角 α 应在45°~60°之间。

(2)单排脚手架门洞外,应在平面桁架的每一节间设置一根斜腹杆;双排脚手架门洞处的空间桁架,除下弦平面外,应在其余5个平面内设置一根斜腹杆。

(3)斜腹杆宜采用旋转扣件固定在与之相交的横向水平杆的伸出墙上,旋转扣件中心线至主节点的距离不宜大于150mm。

(4)当斜腹杆在1跨内跨越2个步距时,宜在相交的纵向水平杆处,增设一根横向水平杆,将斜腹杆固定在其伸出端上。

(5)斜腹杆宜采用通长杆件,当必须接长使用时,宜采用对接扣件连接,也可采用搭接。

(6)单排脚手架过窗洞时应增设立杆或增设一根纵向水平杆。

(7)门洞桁架下的两侧立杆应为双管立杆,副立杆高度应高于门洞口1~2步。

(8)门洞桁架中伸出上下弦杆的杆件端头,均应设一个防滑扣件,该扣件宜紧靠主节点处的扣件。

7. 剪刀撑与横向斜撑搭设

(1)双排脚手架应设剪刀撑与横向斜撑,单排脚手架应设剪刀撑。

(2)每道剪刀撑跨越立杆的根数宜按表2-28中的规定确定。

表 2-28　　　　　　　　剪刀撑跨越立杆的最多根数

剪刀撑斜杆与地面的倾角 α	45°	50°	60°
剪刀撑跨越立杆的最多根数 n	7	6	5

(3)每道剪刀撑宽度不应小于 4 跨,且不应小于 6m,斜杆与地面的倾角宜在 45°~60°之间。

(4)高度在 24m 以下的单、双排脚手架,均必须在外侧立面的两端各设置一道剪刀撑,并应由底至顶连续设置。

(5)高度在 24m 以上的双排脚手架应在外侧立面整个长度和高度上连续设置剪刀撑。

(6)剪刀撑斜杆的接长宜采用搭接。

(7)剪刀撑斜杆应用旋转扣件,固定在与之相交的横向水平杆的伸出端或立杆上,旋转扣件中心线至主节点的距离不宜大于 150mm。

(8)横向斜撑的设置应符合下列规定:

1)横向斜撑应在同一节间,由底至顶层呈"之"字形连续布置。

2)一字形、开口型双排脚手架的两端均必须设置横向斜撑。

3)高度在 24m 以下的封闭型双排脚手架可不设横向斜撑,高度在 24m 以上的封闭型脚手架,除拐角应设置横向斜撑外,中间应每隔 6 跨设置一道。

(9)剪刀撑、横向斜撑搭设应随立杆、纵向和横向水平杆等同步搭设。

8. 斜道搭设

(1)人行并兼作材料运输的斜道的形式宜按下列要求确定。

1)高度不大于 6m 的脚手架,宜采用"一"字形斜道。

2)高度大于 6m 的脚手架,宜采用"之"字形斜道。

(2)斜道宜附着外脚手架或建筑物设置。

(3)运料斜道宽度不宜小于 1.5m,坡度宜采用 1:6;人行斜道宽度不宜小于 1m,坡度宜采用 1:3。

(4)拐弯处应设置平台,其宽度不应小于斜道宽度。

(5)斜道两侧及平台外围均应设置栏杆及挡脚板。栏杆高度应为 1.2m,挡脚板高度不应小于 180mm。

(6)运料斜道两侧、平台外围和端部均应按规定设置连墙件;每两步应加设水平斜杆,并按规定设置剪刀撑和横向斜撑。

(7)斜道脚手板构造应符合下列规定:

1)脚手板横铺时,应在横向水平杆下增设纵向支托杆,纵向支托杆间距不应大于 500mm。

2)脚手板顺铺时,接头宜采用搭接;下面的板头应压住上面的板头,板头的凸棱处宜采用三角木填顺。

3)人行斜道和运料斜道的脚手板上应每隔250~300mm设置一根防滑木条,木条厚度宜为20~30mm。

9. 栏杆和挡脚板搭设

栏杆和挡脚板搭设,如图2-6所示。

(1)栏杆和挡脚板均应搭设在外立杆的内侧。

(2)上栏杆上皮高度应为1.2m。

(3)挡脚板高度不应小于180mm。

(4)中栏杆应居中设置。

(三)拆除要求

(1)拆除脚手架前应全面检查脚手架的扣件连接、连墙件、支撑体系等是否符合构造要求。

(2)应根据检查结果补充完善施工组织设计中的拆除顺序和措施,经主管部门批准后方可实施拆除。

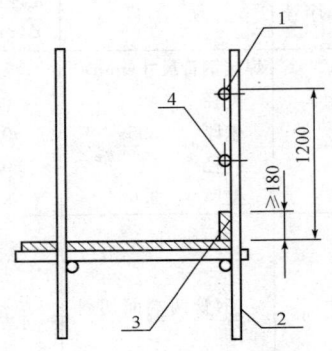

图2-6 栏杆与挡脚板构造
1—上栏杆;2—外立杆;
3—挡脚板;4—中栏杆

(3)拆除脚手架前应由单位工程负责人进行拆除安全技术交底。

(4)拆除脚手架前应清除脚手架上杂物及地面障碍物。

(5)拆除作业必须由上而下逐层进行,严禁上下同时作业。

(6)连墙件必须随脚手架逐层拆除,严禁先将连墙件整层或数层拆除后再拆脚手架;分段拆除高差不应大于两步,如高差大于两步,应增设连墙件加固。

(7)当脚手架拆至下部最后一根长立杆的高度(约6.5m)时,应先在适当位置搭设临时抛撑加固后,再拆除连墙件。

(8)当脚手架采取分段、分立面拆除时,对不拆除的脚手架两端,应先设置连墙件和横向斜撑加固。

(9)拆除的各构配件严禁抛掷至地面。

(10)运至地面的构配件应按规定及时检查、整修与保养,并按品种、规格随时码堆存放。

(四)检查与验收

1. 构配件的检查与验收

构配件的允许偏差应符合表2-29中的规定。

2. 脚手架的检查与验收

(1)脚手架及其地基基础应在下列阶段进行检查与验收。

1)基础完工后及脚手架搭设前。

2)作业层上施加荷载前。

3)每搭设完10~13m高度后。

表 2-29　　　　　　　　　　构配件的允许偏差

序号	项　目	允许偏差 Δ(mm)	示　意　图	检查工具
1	焊接钢管尺寸(mm) 　外径　　48 　壁厚　　3.5 　外径　　51 　壁厚　　3.0	-0.5 -0.5 -0.5 -0.45		游标卡尺
2	钢管两端面切斜偏差	1.70		塞尺、拐角尺
3	钢管外表面锈蚀深度	$\leqslant 0.50$		游标卡尺
4	钢管弯曲 　各种杆件钢管的端部弯曲 　$l \leqslant 1.5$m 立杆钢管弯曲 　$3\text{m} < l \leqslant 4\text{m}$ 　$4\text{m} < l \leqslant 6.5\text{m}$ 水平杆、斜杆的钢管弯曲 　$l \leqslant 6.5$m	$\leqslant 5$ $\leqslant 12$ $\leqslant 20$ $\leqslant 30$		钢板尺
5	冲压钢脚手板 板面挠曲 　$l \leqslant 4$m 　$l > 4$m 板面扭曲(任一角翘起)	$\leqslant 12$ $\leqslant 16$ $\leqslant 5$		钢板尺

第二章 公路工程现场安全管理

4）达到设计高度后。
5）遇有六级大风与大雨后和寒冷地区开冻后。
6）停用超过一个月。
(2) 进行脚手架检查、验收时应根据下列技术文件。
1)《建筑施工扣件式钢管脚手架安全技术规范》(JGJ 130—2001) 相关规定。
2) 施工组织设计及变更文件。
3) 技术交底文件。
(3) 脚手架使用中，应定期检查下列项目。
1) 杆件的设置和连接，连墙件、支撑、门洞桁架等的构造是否符合要求。
2) 地基是否积水，底座是否松动，立杆是否悬空。
3) 扣件螺栓是否松动。
4) 高度在 24m 以上的脚手架，其立杆的沉降与垂直度的偏差是否符合表 2-27 中序号 1、2 的规定。
5) 安全防护措施是否符合要求。
6) 是否超载。
(4) 脚手架搭设的技术要求、允许偏差与检验方法，应符合表 2-30 的规定。

表 2-30　　　　扣件拧紧抽样检查数目及质量判定标准

序号	检查项目	安装扣件数量（个）	抽检数量（个）	允许的不合格数
1	连接立杆与纵（横）向水平杆或剪刀撑的扣件，接长立杆、纵向水平杆或剪刀撑的扣件	51～90	5	0
		91～150	8	1
		151～280	13	1
		281～500	20	2
		501～1200	32	3
		1201～3200	50	5
2	连接横向水平杆与纵向水平杆的扣件（非主节点处）	51～90	5	1
		91～150	8	2
		151～280	13	3
		281～500	20	5
		501～1200	32	7
		1201～3200	50	10

(5)安装后的扣件螺栓拧紧扭力矩应采用扭力扳手检查,抽样方法应按随机分布原则进行。抽样检查数目与质量判定标准,应按表 2-30 的规定确定。不合格的必须重新拧紧,直至合格。

(五)安全管理

(1)脚手架搭设人员必须是经过按现行国家标准《特种作业人员安全技术考核管理规定》(QJ 1423—1988)考核合格的专业架子工。上岗人员应定期体检,合格者方可持证上岗。

(2)搭设脚手架人员必须戴安全帽、系安全带、穿防滑鞋。

(3)脚手架的构、配件质量与搭设质量,应按规定进行检查验收,合格后方准使用。

(4)作业层上的施工荷载应符合设计要求,不得超载。不得将模板支架、缆风绳、泵送混凝土和砂浆的输送管等固定在脚手架上,严禁悬挂起重设备。

(5)当有六级及六级以上大风和雾、雨、雪天气时应停止脚手架搭设与拆除作业。雨、雪后上架作业应有防滑措施,并应扫除积雪。

(6)脚手架的安全检查与维护,应定期进行。安全网应按有关规定搭设或拆除。

(7)在脚手架使用期间,严禁拆除下列杆件。

1)主节点处的纵、横向水平杆,纵、横向扫地杆。

2)连墙件。

3)加固杆件,如剪刀撑。

4)不得在脚手架基础及其邻近处进行挖掘作业,否则应采取安全措施,并报主管部门批准。

5)临街搭设脚手架时,外侧应有防止坠物伤人的防护措施。

6)在脚手架上进行电、气焊作业时,必须有防火措施和专人看守。

7)工地临时用电线路的架设及脚手架接地、避雷措施等,应按现行行业标准《施工现场临时用电安全技术规范》(JGJ 46—2005)的有关规定执行。

8)搭拆脚手架时,地面应设围栏和警戒标志,并派专人看守,严禁非操作人员入内。

五、悬挑式脚手架

(1)悬挑式脚手架的高度不得超过 20m。

(2)脚手架结构应根据搭设高度进行施工设计,经计算确定。

(3)采用斜架做支撑结构时,斜立杆的构造应符合下列规定:

1)斜立杆必须与构筑物连接牢固,其底部必须支承在足够强度的构筑物结构部位上,并有可靠的固定措施。

2)斜立杆与墙面的夹角不得大于30°,挑出墙外宽度不得大于1.2m。

3)斜立杆间距不得大于1.5m,底部应设扫地杆,底部以上应设纵向水平杆和相应的横向水平杆,其间距不得大于1.5m。

(4)采用型钢做支撑结构时,其节点必须采用焊接或螺栓连接,严禁采用扣件或碗扣连接。

(5)支承结构以上的脚手架应符合落地式脚手架的规定。脚手架立杆纵距不得大于1.5m,底部必须与支承结构连接牢固。

六、凳式与支柱式脚手架

(1)脚手架的凳和立柱宜采用钢质材料,其构造重心要低。

(2)现场自制凳和立柱时,应根据施工荷载对其进行设计,并对原材料和加工工序进行质量检查验收,确认合格,并形成文件。

(3)搭设脚手架时,凳和立柱应水平、竖直、稳固。

(4)两排以上架子相邻设置时,应将其连接牢固。

(5)凳式脚手架应符合下列规定:

1)凳宜用直径50mm钢管或直径20mm以上钢筋焊制。

2)凳的间距不宜大于1.5m,高度不宜大于1.5m。

3)高度大于1m时,应在两个凳间设置斜撑。

(6)支柱式脚手架应符合下列规定:

1)立柱宜用直径50mm钢管,并用直径20mm以上钢筋做加劲杆件。

2)升降式架宜用直径45mm钢管做插管,销钉直径不得小于10mm。

3)立柱间距不宜大于1.5m,平台高度不宜大于2.5m。

4)平台高度达2.0m(含)以上时,必须在立管间设斜撑,并加抛撑。

七、满堂红脚手架

(1)承重的满堂红脚手架,立杆的纵、横向间距不得大于1.5m。纵向水平杆(顺水杆)每步间距离不得大于1.4m。檩杆间距不得超过750mm。脚手板应铺平、铺齐,立杆底部必须夯实,垫通板。

(2)装修用的满堂红脚手架,立杆纵、横向间距不得超过2m。靠墙的立杆应距墙面500~600mm,纵向水平杆每步间隔不得大于1.7m,檩杆间距不得大于1m。搭设高度在6m以内的,可花铺脚手板,两块板之间间距应小于200mm,板头必须用12号铁丝绑牢。搭设高度超过6m时,必须满铺脚手板。

(3) 满堂红脚手架四角必须设抱角戗,戗杆与地面夹角应为 45°~60°。中间每 4 排立杆应搭设 1 个剪刀撑,一直到顶。每隔两步,横向相隔 4 根立杆必须设一道拉杆。

(4) 封顶架子立杆,封顶处应设双扣件,不得露出杆头。运料应预留井口,井口四周应设两道护身栏杆,并加固定盖板,下方搭设防护棚,上人孔洞口处应设爬梯。爬梯步距不得大于 300mm。

第三章　公路工程施工安全操作

第一节　一般规定

(1)作业人员必须经过安全技术培训,掌握本工种安全生产知识和技能。

1)工人或转岗工人必须经入场或转岗培训,考核合格后方可上岗,实习期间必须在有经验的工人带领下进行作业;

2)特种作业人员必须经过安全技术培训,取得主管单位颁发的资质证后持证上岗;

3)机动车驾驶员必须取得公安交通管理部门颁发的驾驶证后方可上岗。

(2)高处作业、尘毒环境作业人员应定期参加体检。患有禁忌症者不得从事作业。

(3)作业前必须听取安全技术交底,掌握交底内容。作业中必须按安全技术交底要求执行。没有安全技术交底严禁作业。

(4)非机械操作工和非电工严禁进行需专业人员操作的机械、电气作业。

(5)电动机械应采取防雨、防潮措施。

(6)严禁在高压线下堆土、堆料、支搭临时设施和进行机械吊装作业。

(7)作业时应保持作业道路通畅、作业环境整洁。在雨、雪后和冬期,露天作业时必须先清除水、雪、霜、冰,并采取防滑措施。

(8)作业前必须检查工具、设备、现场环境等,确认安全后方可作业。

(9)下沟槽(坑)作业前必须检查槽(坑)壁的稳定状况和环境,确认安全。上下沟槽(坑)必须走马道或安全梯,通过沟槽必须走便桥。严禁在沟槽(坑)内休息。

(10)雨期或春融季节深槽(坑)作业时,必须经常检查槽(坑)壁的稳定状况,确认安全。

(11)作业时必须按规定使用防护用品。进入施工现场的人员必须戴安全帽,严禁赤脚,严禁穿拖鞋。

(12)严禁擅自拆改、移动安全防护设施。需临时拆除或变动安全防护设施时,必须经施工技术管理人员同意,并采取相应的可靠措施。

(13)作业时必须遵守劳动纪律,集中精神,不得打闹。严禁酒后作业。

(14)脚手架未经验收合格,严禁上架子作业。

(15)临边作业时必须在作业区采取防坠落的措施。施工现场的井、洞、坑、池必须有防护栏或防护笼等防护设施和警示标志。

(16)高处作业时,上下必须走马道(坡道)或安全梯,严禁从高处向下方抛扔或者从低处向高处投掷物料、工具。

(17)夜间作业场所必须配备足够的照明设施。大雨、大雪、大雾及风力六级以上(含六级)等恶劣天气时,应停止露天的起重、打桩、高处等作业。

(18)沟槽边、作业点、道路口必须设明显安全标志,夜间必须设红色警示灯。

(19)施工过程中必须保护现况管线、杆线、人、消防设施和文物。

(20)水中筑围堰时,作业人员必须视水深、流速情况穿皮袄、救生衣,并佩戴安全绳等防护用品。

(21)作业中出现危险征兆时,作业人员应暂停作业,撤至安全区域,并立即向上级报告。未经施工技术管理人员批准,严禁恢复作业。紧急处理时,必须在施工技术管理人员的指挥下进行抢救。

(22)作业中发生事故,必须及时抢救人员,迅速报告上级,保护事故现场,并采取措施控制事故。如抢救工作可能造成事故扩大或人员伤害时,必须在施工技术管理人员的指导下进行抢救。

(23)各工种人员从事壮工的有关作业时,必须执行壮工的安全操作规程。

第二节　一般作业工种安全操作

一、测量工、实验工

(1)进入施工现场必须按规定佩戴安全防护用品。

(2)作业时必须避让机械、躲开坑、槽、井,选择安全的路线和地点。

(3)上下沟槽、基坑应走安全梯或马道。在槽、基坑底作业前必须检查槽帮的稳定性,确认安全后再下槽、基坑作业。

(4)高处作业必须走安全梯或马道,临边作业时必须采取防坠落的措施。

(5)在社会道路上作业时必须遵守交通规则,并据现场情况采取防护、警示措施,避让车辆,必要时设专人监护。

(6)进入井、深基坑(槽)及构筑物内作业时,应在地面进出口处设专人监护。

(7)机械运转时,不得在机械运转范围内作业。

(8)测量作业钉桩前应检查锤头的牢固性,作业时与其他人员协调配合。不得正对人员抡锤。

(9)在河流、湖泊等水中进行测量作业前,必须先征得主管单位的同意,掌握水深、流速等情况,并据现场情况采取防溺水措施。

(10)冬期施工不应在冰上进行作业。严冬期间需在冰上作业时,必须在作业前进行现场探测,充分掌握冰层厚度,确认安全后,方可在冰上作业。

(11)进入混凝土蒸汽养护区域测温作业时应走马道或安全梯,并备有足够的照明。

(12)在沥青混合料施工中,需在沥青混合料运输车上测温时,事先必须与汽车司机协商,征得同意后方可上车测温。

二、壮工

1. 一般规定

(1)新工人必须参加入场安全教育,考试合格后方可上岗。
(2)作业时必须执行安全技术交底,服从带班人员指挥。
(3)配合其他专业工种人员作业时,必须服从该专业工种人员的指挥。
(4)作业时必须根据作业要求,佩戴防护用品。
(5)作业时必须遵守劳动纪律,不得擅自动用各种机电设备。

2. 人工挖土

(1)作业前应按安全技术交底要求了解地下管线、人防及其他构筑物情况,按要求坑探,掌握构筑物的具体位置。地下构筑物外露时,应按交底要求进行加固保护。作业中应避开管线和构筑物。在现况电力、通信电缆2m范围内和现况燃气、热力、给排水等管道1m范围内挖土时,必须在主管单位人员的监护下采取人工开挖。

(2)挖槽(坑)时必须按安全技术交底要求放坡、支撑或护壁。遇边坡不稳、有坍塌危险征兆时,必须立即撤离现场。

(3)槽上堆土应距槽边1m外,堆土高度不得超过1.5m。堆土不得遮压检查井、消防井等设施。

(4)槽深大于2.5m时,应分层挖土,层高不得超过2m,层间应设平台,平台宽度不得小于0.5m。

(5)上、下沟槽必须走马道、安全梯。马道、安全梯间距不宜大于50m。

(6)作业时两人横向间距不得小于2m,纵向间距不得小于3m。严禁掏洞挖土、搜底扩槽和在槽内休息。

(7)在竖井(坑)内作业时,必须服从指挥人员的指挥。垂直运输时,作业人员必须立即撤至边缘安全位置,土斗落稳时方可靠近作业。

(8)隧道内掘土作业时,必须按照安全技术交底要求操作,严禁超挖。发现异常时必须立即处理,确认安全后方可继续作业;出现危险征兆时,必须立即停止作业,撤至安全位置,并向上级报告。

(9)使用钢钎破冻土、坚硬土时,扶钎人应在打锤人侧面用长把夹具扶钎,打锤范围内不得有其他人。锤顶应平整,锤头应安装牢固。钎子应直且不得有飞刺。打锤人不得戴手套。

(10)作业中发现地下管道等构筑物、文物、不明物时,必须立即停止作业,向带班人报告,并按要求处理或保护。

(11)严禁在脚手架底部、构筑物附近进行影响基础稳定性的开挖沟槽(坑)作业。

(12)必须按安全技术交底要求保持与高压线、变压器、建筑物、构筑物等的安全距离。

3. 人工回填土

(1)用小车向槽内卸土时,槽边必须设横木挡掩,待槽下人员撤至安全位置后方可倒土。倒土时应稳倾缓倒,严禁撒把倒土。

(2)取用槽帮土回填时,必须自上而下台阶式取土,严禁掏洞取土。

(3)人工打夯时应集中精神。两人打夯时应相互呼应,动作一致,用力均匀。

(4)使用电夯时,必须由电工接装电源、闸箱,检查线路、接头、零线及绝缘情况,并经试夯确认安全后方可作业。

(5)蛙式夯手把上的开关按钮应灵敏可靠,手把应缠裹绝缘胶布或套胶管。

(6)蛙式夯应由两人操作,一人扶夯,一人牵线。两人必须穿绝缘鞋、戴绝缘手套。牵线人必须在夯后或侧面随机牵线,不得强力拉扯电线。电线绞缠时必须停止操作。严禁夯机砸线,严禁在夯机运行时隔夯扔线。转向或倒线有困难时,应停机。清除夯盘内的土块、杂物时必须停机,严禁在夯机运转中清掏。

(7)人工抬、移蛙式夯时必须切断电源。

(8)作业后必须拉闸断电,盘好电线,把夯放在无水浸危险的地方,并盖好苫布。

(9)回填沟槽(坑)时,应按安全技术交底要求在构造物胸腔两侧分层对称回填,两侧高差应符合规定要求。

4. 人工运材料

(1)作业前应对运输道路进行平整,保持道路坚实、畅通。便桥应支搭牢固,桥面宽度应比小车宽1m,且宽度应不小于1.5m,便桥两侧必须设护栏和挡脚板。

(2)穿行社会道路必须遵守交通法规,听从指挥。

(3)用架子车装运材料时,应有两人以上操作,保持架子车平稳,拐弯示意,车上不得乘人。

(4)使用手推车运输材料时,在平地上前后车间距不得小于2m。下坡时应稳步推行,前后车间距应根据坡度确定,但不得小于10m。

(5)装卸材料应轻搬稳放,不得乱抛乱扔。运砖时应用砖夹子装卸、码放整齐,不得倾倒卸车。从料垛取料时,应自上而下阶梯状分层拿取。

(6)卸材料时,前方、槽下不得有人。槽边卸料时,车轮应挡掩。卸土方和道路材料时,应待车挡板打开后方可卸料。

(7)地上码放砖、砌块、模板的高度不得超过1.5m。架子上码砖、砌块、模板时不超过3层。

(8)不得将材料堆放在管道的检查井、消防井、电信井、燃气抽水缸井等设施上。

(9)不得随意靠墙堆放物料。

第三章　公路工程施工安全操作

(10)运输大石块、盖板等重物时,应事先确定装卸方法,并设专人指挥。装运石块时应插紧,并不得抛掷。人工抬运石料或盖板时,木杠、绳索应坚实,捆绑应牢固,抬运步伐应一致,起落应呼应。

(11)装、运、卸路缘石、大方砖等材料时,应按顺序搬运,码放平稳、整齐,卸车时严禁扬把倒料。

5. 人机配合

(1)配合起重吊装作业时应遵守下列规定:

1)作业时,必须服从信号工指挥。吊装前必须撤到吊臂回转范围以外。

2)给易滚、易滑吊物挡掩时,必须待吊物落稳、信号工指示后方可上前作业。

(2)配合挖土机作业时,严禁进入铲斗回转范围,必须待挖掘机停止作业后方可进入铲斗回转范围内清槽。

(3)配合推土机作业时,必须与驾驶员协调配合。作业人员应站在机械运行前方5m或侧面1.5m以外。机械运行中,严禁上下机械。

(4)配合汽车运输作业时必须服从指挥,装卸物料应轻搬稳放,不得乱扔。物料需捆绑牢固。作业人员完成指定作业后,应站在车辆的侧面。汽车启动后严禁攀登车辆。

(5)指挥推土机、压路机、挖掘机、平地机等施工机械转移时应遵守下列规定:

1)必须先检查道路,排除地面及空中障碍物,并做好井、坑等危险部位的安全防护。

2)行进中必须疏导交通。需通过便桥时,必须经施工技术负责人批准,确认安全后方可通过。穿行社会道路时必须遵守交通法规。

3)作业人员不得倒退行走。

4)转移中需要在道路上垫木板等物时,必须与驾驶员协调配合,待垫物放稳、人员离开后,方可指挥机械通过。

5)清扫压路机前方路面时,应与压路机保持8m以上的安全距离。

6. 支搭临时设施

(1)作业中应设专人指挥,分工明确,协调一致。

(2)必须按安全技术交底要求的程序进行作业。

(3)支搭工棚应遵守下列规定:

1)安装立柱、板墙和屋架(梁)时必须做好临时支撑,连接件应齐全,连接螺栓应牢固。

2)安装屋架(梁)和上、下屋面作业时,必须使用临时支架和马凳。

3)传递构件时必须上下呼应,待对方接稳后方可松手,严禁站在没有连接牢固的构件上作业。

4)在石棉瓦屋面上作业时,应铺设供作业用的木板,木板上应安装防滑条,严禁直接踩踏石棉瓦。

(4)严禁在高压线下搭建临时设施。临时设施应远离危旧建筑物、沟槽(坑)。

(5)支搭围挡作业时,围挡结构的部件必须安装齐全并连接牢固。在有社会车辆通行的地段作业时,必须设专人疏导交通。

(6)暂停作业时,必须检查所支搭的临时设施,确认稳固后方可离开现场。

7. 砍伐树木

(1)作业前应遵守下列规定:

1)必须检查现场环境,观察风向,排除地面和空中的危险物。

2)应根据环境及风向选择树木倾倒方向,不得倒向墙、桥梁、栏杆、房屋等构筑物。

3)应确定作业区域,并设专人警戒和疏导交通。

4)应检查工具和控制缆绳,符合安全要求后方可作业。

(2)作业时应遵守下列规定:

1)必须设专人指挥,作业人员应协调配合。

2)高处伐树枝时必须系安全带。

3)应先砍树枝,后伐树干。

4)必须将控制缆绳拴牢后方可锯、砍树干,树林倾倒区域内不得有人。

5)锯口必须与倾倒方向相反。

(3)必须及时清理作业区域,待道路上的杂物清理完成后,方可解除警戒,开放交通。

8. 拆除构筑物

(1)必须按安全技术交底的要求进行作业。

(2)两人作业时,应相互呼应、协调配合。多人作业时应设专人指挥。

(3)拆除作业区应设围挡,负责警戒的人员应坚守岗位,阻止非作业人员进入作业区。

(4)拆除旧路面和混凝土、圬工砌体等坚固构筑物应遵守下列规定:

1)拆除前必须检查所用的机具,确认安全。

2)用风镐拆除时,送风管的连接应牢固;作业时应佩戴防护用品,站立平稳,握牢风镐。

3)用大锤、钎子拆除时,大锤必须安装牢固,钎子头上不得有飞刺。操作时,扶钎人应使用夹具,打锤人不得戴手套,不得与扶钎人面对面操作;

4)应及时清除拆下的碎块。

(5)拆除房屋应遵守下列规定:

1)拆除屋顶时,材料应溜放,严禁抛扔。

2)拆檩木前必须将屋架支撑牢固。

3)拆除中必须保持尚未拆除部分的稳定。

4)应及时清运拆除的物料,严禁在楼板上堆积大量物料。

(6)高处作业时应站在平台或脚手架上,上、下平台或脚手架必须走马道或安全梯,拆除作业区域下方不得有人。

(7)拆墙时严禁挖掏墙根,严禁用人工晃动的方法推倒墙体。

三、混凝土工

1. 材料运输

(1)搬运袋装水泥时,必须按顺序逐层取运。堆放时,垫板应平移、牢固,按层码垛整齐,高度不得超过10袋。

(2)使用手推车运输时应平稳推行,不得抢跑,空车应让重车。

(3)需在马道上作业时,马道应设防滑条和护栏杆。

(4)用手推车运料,向搅拌机斗内倒砂石料时,应设挡掩,不得撒把倒料。

(5)向搅拌机料斗内倒水泥时,脚不得蹬在料斗上。

(6)应及时清扫落地材料,保持现场环境整洁。

2. 混凝土运输

(1)作业前应检查运输道路和工具,确认安全。

(2)运输混凝土小车通过或上下沟槽时必须走便桥或马道,便桥和马道的宽度应不小于1.5m。应随时清扫落在便桥或马道上的混凝土。途经的构筑物或洞口临边必须设置防护栏杆。

(3)小车装运混凝土量应低于车厢5~10m。

(4)使用汽车、罐车运送混凝土时,现场道路应平整坚实,必须设专人指挥,指挥人员应站在车辆侧面。卸料时,车轮应挡掩。

(5)垂直运输时必须明确联系信号。用提升架运输时,车把不得伸出笼外,车轮应挡掩。中途停车时,必须用滚杠架住吊笼。吊笼运行时,严禁将头或手伸向吊笼的运行区域。用起重机运输时,机臂回转范围内不得有无关人员。

3. 混凝土浇筑与振捣

(1)浇筑作业必须专人指挥,分工明确。

(2)振捣器必须经电工检查,确认无漏电危险后方可使用。

(3)在沟槽、基坑中浇筑混凝土前应检查槽帮,确认安全后方可作业。

(4)沟槽深度大于3m时,应设置混凝土溜槽。溜放时作业人员应协调配合。

(5)泵送混凝土时,宜设2名以上人员牵引布料杆。泵送管接口必须安装牢固。

(6)浇筑人员不得直接在钢筋上踩踏、行走。

(7)浇筑壁、柱、梁、板应站在脚手架或平台上作业。

(8)模板仓内作业时必须穿胶靴,戴安全帽。

(9)向模板内灌注混凝土时,作业人员应协调配合,灌注人员应听从振捣人员的指挥。

(10)浇筑混凝土作业时,模板仓内照明用电必须使用12V低压。

4. 混凝土养护

(1)使用覆盖物养护混凝土时,孔洞必须设安全标志、加盖或设围栏,不得随意挪动安全标志及防护设施。

(2)使用电热毯养护应设警示牌、围栏,无关人员不得进入养护区域。严禁折叠使用电热毯,不得在电热毯上压重物,不得用金属丝捆绑电热毯。

(3)浇水养护时,不得倒行拉移胶管。

(4)覆盖物养护材料使用完毕后,应及时清理并存放到指定地点。

(5)加热用的蒸汽管应架高或使用保温材料包裹。

四、沥青混合料拌合机操作工

1. 一般规定

(1)操作人员必须经安全技术培训,考核合格后方可上岗。

(2)作业人员必须佩戴齐全防护用品,不得擅自离岗。

(3)必须检查安全防护装置和周围环境,确认安全后,方可开机。

(4)检修、养护设备时,必须断电并挂安全警示牌,必要时设专人监护。严禁在运行中检修、保养等工作。

(5)在沥青罐顶作业前,必须检查罐顶的安全防护装置,并设专人监护。

(6)设备内部维修时,必须使用24V以下照明。

(7)严禁在回转体附近及放料口下操作、穿行和停留。

2. 沥青混合料拌合机

(1)操作时应遵守下列规定:

1)开机准备就绪,必须发出开机信号,待发出第二次信号后方可开机。

2)自动点火设备两次点火不成功,应立即停机,严禁继续点火。

3)应随时与本班级及相关班级人员保持联系,发现问题及时采取措施。

4)作业结束后,必须切断电源,关闭燃油总截门。

(2)巡检时应遵守下列规定:

1)听到开机信号后必须迅速离开危险部位。

2)应随时对设备进行巡视检查,发现问题及时和操作工联系并采取相应措施。

3)作业前重点检查成品仓斗车钢丝绳,确认符合要求后,方可启动。

4)干燥筒内有积油时,必须及时与操作工联系,严禁点火操作。

5)人工点火时应按规定程序操作,严禁将身体正面对着点火口。

6)观察燃烧工况时,必须距观察孔50cm外,并不得将身体正面对着火焰观察孔。

7)必须在运行中调整的部位、部件(干燥筒、皮带输送机等),调整作业时必须设专人监护。

8)每周必须检测一次传送带输送机的紧急停止装置。
9)采用装载机供料时,清理料仓必须设专人监护。
10)采用推土机供料时,清理供料口必须将料口坡度降至45°以下,并设置专人监护。
11)改性沥青生产设备。
(3)车间内严禁烟火。
(4)供料作业应遵守下列规定:
1)严禁提升设备载入,并不得超载。
2)严禁在提升设备下停留、穿行。
3)在平台上作业时,不得将身体探出护栏。
(5)操作时应遵守下列规定:
1)车间内作业时,必须启动通风装置。
2)开机前必须对操作盘仪器仪表、沥青上液位开关进行检查,符合要求后方可开机。
3)启动前必须先对电磁阀门手动试验,正常后方可进入自动生产。
4)严禁采取沥青泵反转的方式清理过滤器。
5)维修沥青搅拌罐内沥青放空,待罐内温度降至45℃以下时,方可进罐维修。

3. 乳化沥青生产设备
(1)作业人员不得直接接触乳化剂、加热的乳液、沥青及其管道。
(2)取样作业时,必须缓慢开启取样阀门。

4. 石粉供应
(1)球磨机作业时应遵守下列规定:
1)开机准备就绪,必须发出开机信号,待发出第二次信号后方可开机。
2)作业人员听到第一次开机信号后,必须迅速离开危险部位。
3)作业人员应随时与本班组及相关班组人员保持联系,发现问题及时采取措施。
4)巡检人员应随时对设备进行巡检人员应随时对设备进行巡视检查,发现问题及时和设备操作人员联系,并采取相应措施。
5)作业人员必须在安全线以外进行监控操作。
6)旋转部位发生故障,必须停机。
7)作业结束后,必须切断电源。
(2)石粉输送作业时应遵守下列规定:
1)气力输送石粉装置的气压不得超过设备使用说明书的规定值。
2)螺旋送装置的螺旋输送机、提升机在运行中严禁清理杂物。
3)石粉罐中存有石粉时,严禁进罐检查。

五、混凝土机械操作工

1. 一般规定

(1)操作人员必须经过安全技术培训,考核合格后方可上岗。

(2)操作人员必须身体健康。患有有碍安全操作的疾病和精神不正常者不得操作机械设备。酒后或服用镇静药物者不得操作机械设备。

(3)作业中应观察或巡视机械、周围人员及环境状况,不得擅自离开岗位。

(4)操作人员必须按规定佩戴安全防护用品,女工应戴工作帽,作业时长发不得外露。

(5)不得随意拆除机械设备的照明、信号、仪表、报警和防护装置。应按规定的周期检查、调校安全防护装置。

(6)机械设备外露的传动机构、转动部件和高温、带电部分应装设防护罩等安全防护设施和设有明显的安全警示标志。

(7)机械运转时严禁接触运动部件、进行修理及保养作业。

2. 混凝土搅拌站

(1)作业前应进行检查,确认安全。

1)搅拌站台结构部分连接必须紧固可靠。限位装置及制动器灵敏可靠。

2)电气、气动称量装置的控制系统安全有效,保险装置可靠。

3)站台保护接零、避雷装置完好。

4)输料装置的提升斗、拉铲钢丝绳和输送带无损伤。

5)进出料闸门开关灵活、到位。

6)空气压缩机和供气系统运行正常,无异响和漏气现象,压力应保持在规定范围内。

7)操作区、储料区和作业区必须设明显标志。

(2)启动搅拌系统后,应先进行空运转,检查机械运转情况。确认搅拌系统正常后,方可自动循环生产。严禁带负荷停机或启动。

(3)作业时应集中精神,注意观察各个仪表、指示器、传输带、配料器的供料系统,发现有大块石料和异物时应及时清除;发现异常情况应立即停止生产;遇紧急情况应立即切断电源,并向有关人员报告。

(4)操作人员必须按规定的程序操作,微机出现故障时,必须由专业人员维修。

(5)作业时严禁非作业人员进入生产区域。

(6)作业中严禁打开安全罩和搅拌盖检查、润滑,严禁将工具、棍棒伸入搅拌桶内扒料或清理。料斗提升时,严禁在其下方作业或穿行。

(7)在高空维护保养时,必须有两人以上作业,并系安全带,采取必要的安全保护。遇大风、下雨、下雪等天气,不得在高空进行维护保养作业。

(8)在操作台下作业的人员必须戴安全帽。

(9)维护、修理搅拌机顶层转料桶、清理搅拌机内衬及绞刀时,必须切断电源,并在电闸箱处设明显"严禁合闸"标志,设专人监护。在搅拌机内清理作业时,机门必须打开,并在门外设专人监护。

(10)清除上料斗底部的物料时,必须把料斗提升到适当位置,将安全销插入轨道中;清除上料斗内部的残料时,必须切断电源且设专人监护。

(11)交接班时,必须交清当班情况,并作记录。

(12)作业后应切断电源,锁上操作室,将钥匙交专人保管。

3. 混凝土搅拌机

(1)混凝土搅拌机应安装在平整坚实的地方,并支垫平稳。操作台应垫塑胶板或干燥木板。

(2)启动前应检查机械、安全防护装置和滚筒,确认设备安全、滚筒内无工具、杂物。

(3)进料过程中,严禁将头或手伸入料斗或与机架之间察看或探摸。

(4)料斗升起时严禁在其下方作业。清理料坑前必须采取措施将料斗固定牢靠。

(5)运转过程中不得将手或工具伸入搅拌机内。

(6)作业时操作人员应集中精神,不得随意离岗。混凝土搅拌机发生故障时,应立即切断电源。

(7)操作人员进入搅拌滚筒维修和清洗前,必须切断电源,卸下熔断器锁好电源箱,并设专人监护。

(8)作业后应将料斗落至料坑。料斗升起时必须将料斗固定。

4. 牵引式混凝土输送泵

(1)混凝土输送泵应安放在坚实平整的地面,放下支腿,将机身安放平稳。

(2)作业前应进行检查,确认电气设备和仪表正常,各部位开关按钮、手柄都在正确位置,机械部分各紧固点牢固、可靠,链条和传输带松紧度符合要求,传动部位运转正常。

(3)混凝土输送泵管接头应密封严紧,管卡应连接牢固。垂直前应装不少于10m带逆止阀的水平管,严禁将垂直管直接接在混凝土输送泵的输出口。

(4)疏通堵塞管道时,应疏散周围人员。拆卸管道清洗前应采取反抽方法,消除输送管道的压力。拆卸时严禁管口对人。

(5)作业时不得取下料斗格栅网和其他安全装置。不得把手伸入阀体内工作,严禁在泵送时拆卸管道。

(6)清洗管道时,操作人员应离开管道出口和弯管接头处。如用压缩空气清洗管道时,管道出口处10m内不得有人员和设备。

(7)作业后,将液压系统卸压,将全部控制开关回到原始位置。

5. 混凝土喷射机

(1) 作业前进行检查，输送管道不得有泄漏和折弯，管道连接处应紧固密封，敷设的管理应用保护措施。

(2) 作业时，应先送压缩空气，确认电机旋转方向正确后，方可向喷射机内加料。

(3) 作业过程中，混凝土喷射机喷嘴前及左右 5m 范围内不得有人，作业间歇时，喷嘴不得对人。

(4) 输料管发生堵塞时，排队故障前必须停机。

六、钢筋工

1. 一般规定

(1) 作业前必须检查机械设备、工作环境、照明设施等，符合安全要求后方可作业。

(2) 钢材、半成品必须按规格码放整齐。

(3) 不得在脚手架上集中码放钢筋，应随用随运送。

(4) 电动机械运行中停电时，应立即切断电源。收工前应按顺序停机，离开现场前必须切断电源，锁好闸箱，清理作业场所。

(5) 切断合金钢和直径 10mm 以上圆钢时应采用机械。

(6) 机械操作人员应经过培训，了解机械设备的构造、性能和用途，掌握有关使用、维修、保养的安全技术知识。电路故障必须由专业电工排除。

(7) 机械作业时必须扎紧袖口、理好衣角、扣好衣扣，不得戴手套。作业人员长发不得外露，女工应戴工作帽。

(8) 机械的链条、齿轮和传输带等传动部分，必须安装防护罩或防护板。

(9) 机械作业前应空车运转，调试正常后方可作业。

2. 冷拉钢筋

(1) 每班作业前，必须检查卷扬机钢丝绳、滑轮组、地锚、钢筋夹具、电气设备等，确认安全后方可作业。

(2) 冷拉钢筋应按安全技术交底要求控制应力和伸长值。

(3) 卷扬机前和冷拉钢筋两端必须装设防护挡板。

(4) 卷扬机运转时，严禁人员靠近冷拉钢筋和牵引钢筋的钢丝绳。

(5) 冷拉时，应设专人值守。钢筋两侧 3m 以内及冷拉线两端严禁有人。严禁跨越钢筋或钢丝绳。

(6) 冷拉时必须将钢筋卡牢，待人员离开后方可起动机械。发现滑丝等情况时，必须停机并放松钢筋后，方可进行处理。

(7) 导向滑轮不得使用开口滑轮，且滑轮与卷扬机的距离不得小于 5m。

3. 手工加工与绑扎

(1) 抬运钢筋人员应协调配合，互相呼应。

(2)切断长料时,应设专人扶稳钢筋,操作时动作应一致。钢筋短头应使用钢管套夹具夹住。钢筋短于 30cm 时,应使用钢管套夹具,严禁手扶。

(3)手工切断钢筋时,夹具必须牢固。掌握桩子的人与打锤人必须站成斜角,严禁面对面操作。抡锤作业区域内不得有其他人员。打锤人不得戴手套。

(4)展开盘条钢筋时,应卡牢端头。切断前应压稳。

(5)人工弯曲钢筋时,应放平扳手,用力不得过猛。

(6)绑扎钢筋的绑丝头,应弯回至骨架内侧。

(7)绑扎基础钢筋时,应按规定安放钢筋支架、马凳,铺设走道板。作业人员应在走道板上行走,不得直接踩踏钢筋。

(8)在高处、深坑(槽)绑扎立柱、墙体钢筋必须搭设脚手架和马道。作业时不得站在钢筋骨架上,不得攀登钢筋骨架上下。高于 4m 的钢筋骨架应撑稳或拉牢。

(9)吊装钢筋骨架时,下方不得有人。钢筋骨架距就位处 1m 以内时,作业人员方可靠近辅助就位,就位后必须先支撑稳固后再摘钩。

(10)下沟槽(坑)作业前必须检查沟槽(坑)壁的稳定性,槽边不应有易坠物,确认安全后方可作业。

(11)吊装较长的钢筋骨架时,应设控制缆绳。持绳者不得站在骨架下方。

(12)抬运、吊装钢筋骨架时,必须服从统一指挥。

(13)雪后露天加工钢筋,应先除雪防滑,清除泥泞后作业。

(14)暂停绑扎时,应检查所绑扎的钢筋或骨架,确认连接牢固后方可离开现场。

4. 机械加工钢筋

(1)切断机作业。

1)启动前,必须检查机械,确定安装正确,刀片无裂纹,刀架螺栓紧固,防护罩牢靠。然后用手转动带轮,检查齿轮啮合间隙,调整切刀间隙。

2)启动后,应先空运转,检查各传动部分及轴承运转正常后,方可作业。

3)机械未达到正常转速时不得切料。钢筋切断应在调直后进行,切料时必须使用切刀的中、下部位,紧握钢筋对准刃口迅速送入。

4)不得剪切直径及强度超过机械铭牌规定的钢筋和烧红的钢筋。一次切断多根钢筋时,总截面面积应在规定范围内。

5)剪切低合金钢时,应换高硬度切刀,剪切直径应符合机械铭牌规定。

6)切断短料时,手和切刀之间的距离应保持 150mm 以上,如手握端小于 400mm 时,应用套管或夹具将钢筋短头压住或夹牢。

7)机械运转中,严禁用手直接清除切刀附近的断头和杂物。钢筋摆动周围和切刀附近,非操作人员不得停留。

8)发现机械运转不正常,有异响或切刀歪斜等情况,应立即停机检修。

9)作业后,应切断电源,用钢刷清除切刀间的杂物,进行整机清洁保养。
(2)除锈机作业。
1)操作时,应戴防尘口罩、护目镜和手套。
2)除锈应在钢筋调直后进行,带钩钢筋不得上除锈机。
3)操作时应放平握紧钢筋,操作者应站在钢丝刷或喷沙器侧面。
(3)调直机作业。
1)调直机安装必须平稳,料架、料槽应安装平直,并应对准导向筒、调直筒和下切刀孔的中心线。电机必须设可靠接零保护。
2)用手转动飞轮,检查传动机构和工作装置,调整间隙,紧固螺栓,确认正常后,启动空运转,并应检查轴承无异响,齿轮啮合良好,待运转正常后,方可作业。
3)按调直钢筋的直径,选用适当的调直块及传动速度。调直短于2m或直径大于9m的钢筋应低速进行。经调试合格,方可送料。
4)在调直块未固定、防护罩未盖好前不得送料。作业中严禁打开各部防护罩和调整间隙。
5)当钢筋送入后,手与曳轮必须保持一定距离,不得接近。
6)送料前应将不直的料头切去。导向筒前应装一根1m长的钢管,钢筋必须先穿过钢管再送入调直前端的导孔内。当钢筋穿入后,手与压辊必须保持一定距离。
7)作业后,应松开调直筒的调直块并回到原来位置,同时预压弹簧必须回位。
8)机械上不准搁置工具、物件,避免振动落入机体。
9)圆盘钢筋放入放圈架上要平稳,乱丝或钢筋脱架时,必须停机处理。
10)已调直的钢筋,必须按规格、根数分成小捆,散乱钢筋应随时清理堆放整齐。
(4)弯曲机作业。
1)检查芯轴、挡铁轴、转盘应无损坏和裂纹,防护罩紧固可靠,经空运转确认正常后,方可作业。
2)操作时要熟悉倒顺开关控制工作盘旋转的方向,钢筋放置要和挡架、工作盘旋转方向相配合,不得放反。
3)作业时,将钢筋需要弯曲的一头插在转盘固定销的间隙内,另一端紧靠机身固定销,并用手压紧;检查机身固定销子确实安放在挡住钢筋的一侧,方可开动。
4)作业中,严禁更换轴芯、成型轴、销子和变换角度以及调速等作业,严禁在运转时加油和清扫。
5)弯曲钢筋时,严禁超过本机规定的钢筋直径、根数及机械转速。
6)弯曲高强度或低合金钢筋时,应按机械铭牌规定换算最大允许直径并调换

第三章 公路工程施工安全操作

相应的芯轴。

7)严禁在弯曲钢筋的作业半径内和机身不设固定销的一侧站人。弯曲好的半成品应堆放整齐,弯钩不得朝上。

(5)钢筋冷拉机作业。

1)用配重控制的设备必须与滑轮匹配,并有指示起落的记号,没有指示记号时应有专人指挥。配重框提起时高度应限制在离地面300mm以内,配重架四周应有栏杆及警告标志。

2)作业前,应检查冷拉夹具,夹齿必须完好,滑轮、拖拉小车应润滑灵活,拉钩、地锚及防护装置均应齐全牢固。确认良好后,方可作业。

3)卷扬机操作人员必须看到指挥人员发出信号,并等待所有人员离开危险区后方可作业;冷拉应缓慢、均匀地进行,随时注意停车信号或见到有人进入危险区时,应立即停拉,并稍稍放松卷扬钢丝绳。

4)用延伸率控制的装置,必须装设明显的限位标志,并应有专人负责指挥。

5)夜间工作照明设施,应装设在张拉危险区外;如需要装设在场地上空时,其高度应超过5m。灯泡应加防护罩,导线不得用裸线。

6)每班冷拉完毕,必须将钢筋整理平直,不得相互乱压和单头挑出,未拉盘筋的引头应盘住,机具拉力部分均应放松。

7)导向滑轮不得使用开口滑轮。维修或停车,必须切断电源,锁好箱门。

8)作业后,应放松卷扬钢丝绳,落下配重,切断电源,锁好开关箱。

(6)预应力钢筋拉伸设备作业:

1)采用钢模配套张拉,两端要有地锚,还必须配有卡具、锚具,钢筋两端须镦头,场地两端外侧应有防护栏杆和警告标志。

2)检查卡具、锚具及被拉钢筋两端镦头,如有裂纹或破损,应及时修复或更换。

3)卡具刻槽应较所拉钢筋的直径大0.7~1mm,并保证有足够强度使锚具不致变形。

4)空载运转,校正千斤顶和压力表的指示吨位,定出表上的数字,对比张拉钢筋吨位及延伸长度。检查油路应无泄漏,确认正常后,方可作业。

5)作业中,操作要平稳、均匀,张拉时两端不得站人。拉伸机在有压力情况下严禁拆卸液压系统上的任何零件。

6)在测量钢筋的伸长和拧紧螺母时,应先停止拉伸,操作人员必须站在侧面操作。

7)用电热张拉法带电操作时,应穿绝缘胶鞋和戴绝缘手套。

8)张拉时,不准用手摸或脚踩钢筋或钢丝。

9)作业后,切断电源,锁好开关箱。千斤顶全部卸载并将拉伸设备放在指定地点进行保养。

七、预应力钢筋张拉工

1. 一般规定

(1)必须经过专业培训,掌握预应力张拉的安全技术知识并经考核合格后方可上岗。

(2)必须按照检测机构检验、编号的配套组使用张拉机具。

(3)张拉作业区域应设明显警示牌,非作业人员不得进入作业区。

(4)张拉时必须服从统一指挥,严格按照安全技术交底要求读表。油压不得超过安全技术交底规定值。发现油压异常等情况时,必须立即停机。

(5)高压油泵操作人员应戴护目镜。

(6)作业前应检查高压油泵与千斤顶之间的连接件,连接件必须完好、紧固,确认安全后方可作业。

(7)施加荷载时,严禁敲击、调整施力装置。

2. 先张法

(1)张拉台座两端必须设置防护墙沿台座外侧纵向每隔 2~3m 设一个防护架。张拉时,台座两端严禁有人,任何人不得进入张拉区域。

(2)油泵必须放在台座的侧面,操作人员必须站在油泵的侧面。

(3)打紧夹具时,作业人员应站在横梁的上面或侧面,击打夹具中心。

3. 后张法

(1)作业前必须在张拉端设置 5cm 厚的防护木板。

(2)操作千斤顶和测量伸长值的人员应站在千斤顶侧面操作。千斤顶顶力作用线方向不得有人。

(3)张拉时千斤顶行程不得超过安全技术交底的规定值。

(4)两端或分段张拉时,作业人员应明确联络信号,协调配合。

(5)高处张拉时,作业人员应在牢固、有防护栏的平台上作业,上下平台必须走安全梯或马道。

(6)张拉完成后应及时灌浆、封锚。

(7)孔道灌浆作业,喷嘴插入孔道后,喷嘴后面的胶皮垫圈必须紧压在孔口上,胶皮管与灰浆泵必须连接牢固。

(8)堵灌浆孔时应站在孔的侧面。

八、筑路工

1. 搬运材料

(1)使用汽车、机动翻斗车搬运材料时,必须设专人指挥。指挥人员应与驾驶员密切配合。装卸作业人员必须服从指挥,作业中必须避开车辆,站位安全。当车辆启动后,作业人员严禁攀登车辆。完成指定作业后,必须站在规定的安全位置。

(2)使用起重机搬运材料时,作业人员必须服从信号工的指挥。机械运转时,作业人员严禁攀登机械。完成指定作业后,人员必须站在起重机臂回转范围以外。

2. 路基与基层

(1)必须按照安全技术交底的要求,保护地下管线、杆线和其他构筑物。

(2)清理路堑边坡突出的块石和修整边坡土方时,应自上而下进行,边坡下方不得有人。

(3)汽车在路基上装、卸料应设专人指挥,开关车辆槽帮应彼此响应。

(4)使用推土机或平地机摊铺材料时,作业范围内不得有非作业的车辆、人员。

(5)人工摊铺材料时,应设专人指挥。运料的手推车、小翻斗车应按规定路线行走,车辆与人员之间必须保持一定的距离。

(6)检查井、闸井、雨水口必须设置安全防护设施及安全标志。

(7)指挥压路机作业的人员应与驾驶员协调配合,并指挥周围人员避让。指挥人员严禁在压路机前倒行。

(8)在有社会交通的现场施工时,必须遵守交通法规,并设专人疏导交通。

(9)碾压填土方时,碾轮外侧距填土外缘不得小于50cm。

3. 沥青洒布机喷洒沥青

(1)洒布机作业时应设专人指挥,作业人员不得在沥青洒布机下方。

(2)试喷时,油嘴正前方3m内不得有人。

(3)喷洒前,必须做好检查井、闸井、雨水口的安全防护。

(4)应设专人看管路口,指挥车辆和行人,严禁非作业人员进入洒布机作业范围。

(5)风力六级以上(含六级)时,不得作业。

4. 热拌沥青混合料面层

(1)沥青混合料运输车辆、沥青混凝土摊铺机、压路机等作业时,必须设专人指挥。

(2)清除粘在车槽上的沥青混合料,必须使用长柄工具在车下进行,严禁在车槽升起时上车清除。

(3)摊铺前必须检查路面上方架空线路,沥青混合料车槽升起后与上方架空线必须保持规定的安全距离。

(4)铁锹铲运沥青混合料时,作业人员必须按顺序行走,并注意铁锹避开人员。使用手推车运沥青混合料时,不得远扔装车。

(5)跟碾人员应与驾驶员协调配合,碾前行时跟后轮,碾倒行时跟前轮,并注意碾子转向。

(6)作业人员应服从沥青混凝土摊铺机、沥青混合料运输车、压路机等机械指挥人员的指挥。沥青混凝土摊铺机、压路机运行时,不得攀登机械。沥青混合料运输车向沥青混凝土摊铺机卸料倒车时,车辆和机械之间严禁站人。

(7)加热沥青时,加热熔化沥青材料的地点与建筑物的距离不得小于 10m,并远离易燃易爆物。严禁使用敞口锅熬制沥青。加热设备应有烟尘处理装置,沥青锅盖应用钢质材料。

5. 水泥混凝土面层

(1)装卸模板时应轻抬轻放,严禁抛掷。拆模板时,应将模板等材料码放整齐。

(2)摊铺水泥混凝土时,必须设专人指挥运输车辆。

(3)作业人员必须按安全用电要求使用振捣器、电抹子等电动工具。

(4)使用平板或行夯振捣器时应理顺电线,不得压折、扭结电线或将电线挂绕在导电物体上。移动振捣器时不得硬拉电线。工作暂停或收工时,必须切断电源。

(5)使用水泥混凝土摊铺机时,必须设专人指挥,作业人员与驾驶员密切配合。

(6)真空吸水作业时,必须由电工安装电气设备,作业人员必须按照使用说明书及安全用电要求操作。

(7)抹平机作业时,连接螺栓应安装牢固。作业中应有专人收放电缆,电缆不得打结、不得被砸压,发现异常时应立即停机。

(8)切缝机切缝时,刀片夹板的螺母应紧固,各连接部位和防护罩应完好,切缝前应开启冷却水,冷却水中断时应停止切缝。切缝时刀片应缓慢切入,并注意割切深度指示器,当遇有较大切割阻力时,应立即升起刀片检查。停止切缝时应将刀片提离板面后再停止运转。

(9)覆盖养护时,混凝土预留孔洞、井口等部位必须设明显安全标志。火源应远离覆盖养护物。

(10)蒸汽养护前,蒸汽管道必须连接牢固,覆盖严密后方可通蒸汽。养护区域应设置明显标志,严禁无关人员进入。

(11)薄膜养护时,必须按照材料使用说明书的要求贮运、调配材料。喷洒时,操作人员必须穿戴安全防护用品,站在上风向,喷嘴不得对人。操作现场严禁明火。

(12)浇水养护时,不得倒行拉胶管。

(13)用气泵等设备清除混凝土缝内杂物时,作业人员必须戴防护目镜和口罩。作业时严禁喷气管口对人。

(14)加热熔化沥青材料的地点与建筑物的距离不得小于 10m,并远离易燃易爆物。严禁使用敞口锅熬制沥青,加热设备应有烟尘处理装置,沥青锅盖应用钢质材料。

(15)冷底子油宜用"冷配法"配制。

(16)使用可燃材料配制填缝材料时,应远离易燃易爆物品。

(17)材料运输、混凝土搅拌、混凝土运输应分别遵守有关搅拌合运输的安全规定。

九、盾构机操作工

1. 一般规定

(1)操作人员必须经过安全技术培训,考核合格后方可上岗。

(2)进入施工现场必须按规定佩戴劳保用品。

(3)施工现场严禁吸烟。

(4)严禁擅自拆改安全装置。

(5)进出隧道必须走人行道,避让过往车辆,严禁搭乘运输车辆。当隧道断面较小,设置专用人行道有困难时,作业人员必须在车辆停驶后方可进出隧道。

2. 控制台

(1)作业前必须检查控制仪器、仪表及其他装置,确认处于安全状态。

(2)启动前必须与拼装手、注浆人员、电瓶车司机等有关人员联系,确认安全后方可操作。

(3)按规定程序开机,按安全技术交底要求设定和控制速度、注浆压力等技术参数。

(4)发现故障和异常情况,按规定要求处理、汇报。

(5)严格执行交接班制度。

(6)注浆作业前,必须与注浆操作人员、制浆人员取得联系,确认无误后方可启动注浆泵。

3. 注浆

(1)作业前应检查管路,确认管路连接正确、牢固。

(2)必须服从控制台操作人员指挥,及时正确开关阀门。

(3)拆卸注浆混合器时,各注浆管路和冲洗管路阀门必须全部关闭后方可进行作业。

(4)冲洗管路作业必须由两人操作,在没有接到注浆操作手发出的可以冲洗管路的指令前,不得启动冲洗泵。

(5)发现管路堵塞时不得擅自处理,应及时通知专业人员修理。

4. 拼装

(1)启动拼装机之前,拼装机操作人员应对旋转范围内空间进行观察,在确认没有人员及障碍物时方可操作。

(2)拼装机作业前应先进行试运转,确认安全后方可作业。

(3)拼装管片过程中必须检查销子、螺栓,确认连接牢固。

(4)拼装机旋转移动管片前,必须确认管片拼装人员已进入安全区域。拼装机旋转移动管片时,管片拼装人员严禁进入旋转区域。

(5)在用液压油缸固定管片时,不得站在液压油缸的顶脚和柱塞上。

5. 运输

(1)电瓶车司机交接班时,必须仔细检查蓄电池、砂箱制动装置、车灯、喇叭等,确认完好后方可试运行。

(2)行驶中严禁用反向操作代替制动。

(3)电瓶车脱轨时,必须立即断电停车进行处理。

(4)严禁电瓶车搭乘人员。发现有人蹬车、扒车时,必须停车制止。

(5)行驶前应鸣笛,并注意机车前方行人和障碍物。

(6)驾驶员开车时必须坐在司机座位上,严禁探身车外。

(7)行驶中遇行人必须鸣喇叭,并做好制动准备,发生故障必须立即停车处理。电瓶车驶近较大坡度隧道、弯道、道岔、行人较多地段应鸣笛、减速,并做好刹车准备。

(8)电瓶车控制手柄必须停放在电瓶车串、并联的最后位置。严禁将控制手柄停入在两速度位置中间。加速时应依次推动手把,不得推动过快。

6. 进入前仓

(1)必须按安全技术交底要求的程序进行作业。

(2)必须断开刀盘控制开关,切断电源。

(3)打开人孔之间,必须从隔壁板上的球阀对前仓进行观察,确认前方无水。

(4)前仓作业人员必须听从统一指挥,并保持与后方人员的联系。

十、管道工(金属管道工)

1. 一般规定

(1)应掌握电焊、吊运、起重等工种的安全技术基本知识。

(2)手持电动砂轮、切管机等电动工具操作人员必须经过培训,考核合格后方可上岗。

(3)钢管内有人时,不得敲打管道。

2. 非标管件的现场加工与安装

(1)现场测量应遵守下列规定:

1)高处临边测量应站在有护栏的平台上。

2)在沟槽内测量,当管道直径大于1.2m时,上、下管道应走安全梯。

(2)辅助电焊工的作业人员必须戴防护镜、防护手套等防护用品。

(3)安装作业场地应平坦坚实,远离沟槽和临边,需要在沟槽边或临边作业时,必须有防坠落的措施。

(4)安装作业前必须检查吊装设备、装置的安全状况,确认安全后方可作业。

(5)安装作业时必须设专人指挥,先把主管安稳定牢,再吊支管安装。管件(管节)焊接时,两端未焊牢前,严禁拆除管件(管节)的支撑,管子周围不得有非作业人员。

(6)使用起重机安装作业时,应有信号工指挥。起重机作业时,起重臂下方严禁有人,高压线下严禁吊装作业。在高压线附近作业时,必须保持规定的安全距离。风力六级以上(含六级)时严禁作业。

(7)使用三角架倒链安装时,不得站在管上操作。使用多个倒链下一根管子,应设专人指挥,倒链升降应同步,管下方严禁有人。

3. 管材的运输、码放

(1)人工推运混凝土管应设专人指挥,运输道路应平整坚实,推行速度不得超过人的行走速度。上坡道应指定专人备掩木,下坡道应用大绳控制速度,两管之间应保持5m以上的安全距离。管子转向时,作业人员不得站在管子的前方或贴靠两侧。自墙边向外推管时,必须在管子靠墙一侧进行牢固挡掩,推管人不得站在管子与墙之间。

(2)人工从管垛向下放管时,必须先检查底层挡掩情况,确认牢固后方可作业。作业时应设专人指挥,作业人员动作应协调一致,缓慢下放,管子滚动前方不得有人。

(3)码放管子的场地应平整坚实,管子与槽边应保持2m以上的距离,码放高度不宜大于2m,同时应挡掩牢固。

(4)放套环、短管等材料,必须采取防倾倒的措施。

(5)用车辆运输管件时,必须绑扎、挡掩牢固,并设专人指挥。卸车前必须进行检查,确认管子无滚塌危险时方可卸管。

(6)起重机装卸管子时应有信号工指挥。起重机作业时,起重臂下方严禁有人,高压线下严禁吊装作业。在高压线附近作业时,必须保持规定的安全距离。风力六级以上(含六级)时严禁作业。

4. 钢管的除锈、防腐

(1)除锈作业。

1)除锈作业人员必须经安全技术培训,考核合格后方可上岗。

2)作业人员必须穿防护衣,戴防尘口罩、护目镜等。

3)喷砂除锈作业时,严禁将喷嘴对人及设备。

4)喷砂除锈作业时,必须采取防尘措施。

(2)防腐作业。

1)室内防腐作业必须通风良好。

2)热沥青防腐作业必须采取防烫伤的措施。

3)作业中使用玻璃布时,必须戴口罩、手套、护目镜。

4)接触环氧煤沥青、固化剂、樟丹油等有毒物质时,必须戴胶皮手套,作业区域空气必须流通。

5)钢管内喷浆防腐作业时,电气设备必须由电工安装,经检查确认机械运转正常、管路接口牢固后,方可作业。管内应通风良好。作业中严禁将喷嘴对人。

管路发生故障,必须立即卸压、停机。作业后,管内人员必须撤出。

6)泵送水泥砂浆时,管内、外应保证联络通畅。

7)轨道车输送水泥砂浆时,距轨道端头 0.5m 处应设牢固的车挡,运输车的制动装置应灵敏有效。

5. 排管、下管

(1)排管作业。

1)在沟槽一侧排管,管子应与槽边保持 1m 以上的距离,并挡掩牢固。金属管子在沟槽上架空排管所用横担木的断面尺寸、间距应符合安全技术交底要求,不得使用糟朽、开裂、有结疤的木材,严禁使用桦木用作横担木。横担木两端在槽上与地面支承长度均不得小于 80cm。

2)沟槽内纵向移管时,管子两侧必须采取防止横向滚动的措施。

(2)下管作业。

1)压绳法下管作业应遵守下列规定:

①马道坡度不宜过大于 1:1,坡道宽度至少大于管长 1m。下管时,管端距坡道边缘应不小于 50cm。

②下管前应检查绳索是否完好。绳索的破断力必须大于管重的 6 倍。

③下管作业时,必须设专人指挥,统一信号,分工明确。管前、槽内不得有人。作业人员应服从指挥,系放时两端用力应均匀,速度一致。

2)使用起重机下管作业应遵守下列规定:

①起重机应停置在坚实平整的地方。起重机的支腿或履带与槽边的距离应符合安全技术交底的要求。严禁在高压线下使用起重机下管。在高压线一侧作业时,必须保持规定的安全距离。

②作业中必须听从信号工的指挥,待管子放至离槽底 0.5m 时,方可在管子两侧稳管,管子下至槽底落稳后方可摘钩。

③吊臂的回转范围内、管子下方严禁有人。

3)使用三角架倒链下管时,不得站在管上操作。使用多个倒链下一根管子,应设专人指挥,倒链升降应同步,管下方严禁有人。

6. 接口

(1)油麻接口、水泥封口作业应遵守下列规定:

1)蘸油麻时必须戴防护手套,使用夹具轻拿轻放。

2)作业前应检查锤子、錾子,锤头应连接牢固,锤柄无糟朽、裂痕,錾子无裂纹、毛刺。

(2)石棉水泥接口作业应遵守下列规定:

1)拌合石棉水泥灰、填打石棉水泥时,必须佩戴手套、眼镜、口罩。

2)锤打工具应符合:锤头应连接牢固,锤柄无糟朽、裂痕,錾子无裂纹、毛刺。

(3)铅接口作业应遵守下列规定:

1)作业时应设专人指挥,分工明确,互相呼应,协调配合。
2)熔铅作业时,严禁将带水或潮湿的铅块放入已熔化的铅液内。
3)抬运铅液的道路应平坦,从槽上到灌铅管顶应搭设平稳、牢固的平台、马道,马道宽度应大于 1.0m;容器灌装铅液量不得超过容器高度的 2/3,不得肩抬运铅液。
4)安装卡箍前,必须将管口内的水分吹干,灌铅口必须留在管子的正上方;卡箍应安牢,四周必须用泥封严。
5)灌铅作业人员应戴防护面具,全身防护,站在管顶,将灌铅口朝外,从一侧徐徐灌入,随灌随排出气泡;一旦发生爆声,必须立即停止作业。
(4)胶圈接口作业应遵守下列规定:
1)操作前应检查倒链、钢丝绳、索具等工具,确认安全。
2)撞口作业时,手应离开管口位置。
(5)钢管焊接接口作业应遵守下列规定:
1)使用电动工具打磨坡口的作业人员必须了解电动工具的性能,掌握安全操作知识。
2)稳管对口点焊固定时,管道工必须戴护目镜,应背向施焊部位,并与焊工保持一定距离。
(6)法兰接口:窜动管子对口时,手不得放在法兰接口处,动作应协调。
7. 试压、吹扫、消毒、冲洗
(1)试压作业应遵守下列规定:
1)作业前必须根据安全技术交底的要求检查后背的安全性,后背土体应稳定;材料应合格;后背与管堵应平行;后背、管堵与支撑柱应垂直;支撑柱应有托木。
2)打泵试压时,应明确联络信号,统一指挥。
3)打泵升压时,管堵正前方严禁有人。
4)试压中,不得带压补焊或进行焊接作业。
5)试验压力超过 0.4MPa 时不得再紧固法兰螺栓。
6)试压时,发现管堵、后背异常,必须卸压后再进行修整。
7)高压管道试压时,应设专人警戒,严禁无关人员进入试压区;升压或降压应缓慢进行。
(2)吹扫作业应遵守下列规定:
1)应设专人指挥,分工明确。
2)吹扫前,必须对吹扫设备进行检查,确认安全。
3)吹扫出口的防护区域内严禁有人,并设专人值守。
(3)消毒作业应遵守下列规定:
1)操作人员必须佩戴口罩、手套等防护用品。

2)使用泵输送消毒液前,应检查泵,确认安全。
(4)冲洗作业应遵守下列规定:
1)必须按安全技术交底的要求作业,并设专人指挥,专人巡线,由专人开启、关闭阀门。
2)放水口处应设明显标志、围栏,设专人值守,夜间设警示灯及照明灯具。
3)放水前应检查泄水线路,线路不得影响交通、杆线、管道、建筑物及构筑物的安全。
4)配备通信设备、规定联络方式,随时掌握冲洗情况。

十一、钻孔机操作工

(1)钻机基础应平整坚实,必要时应铺垫枕木或钢板。轮胎式钻机应用长度不小于 4m 的垫木垫至轮胎离开地面。
(2)作业时必须服从指挥,分工明确,协调配合。
(3)钻机作业前应进行下列检查,确认安全。
1)各部件完整、联结牢固、正确。
2)动力系统安全防护装置齐全。
3)电气系统接线可靠,仪表正常。
4)卷扬提升机构运转正常,制动可靠,钢丝绳符合规定。
5)钻架钢结构无裂纹损坏、严重锈蚀、开焊、变形。
(4)钻机作业时,钻机旋转部件周围、吊索具下方不得有人。
(5)大雨、风力六级以上(含六级)天气不得架设钻机及进行高处作业。
(6)钻孔机械移动的道路应平整坚实。

十二、木工(模板)

1. 一般规定

(1)支拆模板作业高度在 2m 以上(含 2m)时,必须搭设脚架。
(2)高处作业时,材料必须码放平稳、整齐。手用工具应放入工具袋内,扳手应用小绳系在身上。
(3)上下沟槽或构筑物应走马道或安全梯,严禁搭乘吊具,攀登脚手架上下。
(4)安全梯不得缺档,不得垫高。安全梯上端应绑牢,下端应有防滑措施,人字梯底脚必须拉牢。严禁两名以上作业人员在同一梯上作业。
(5)支搭和拆除大模板必须设专人指挥,模板工与起重机驾驶员应协调配合,做到稳起、稳落、稳就位。在起重机机臂回转范围内不得有无关人员。
(6)在进行拆木模板、起模板钉子、码垛作业时,不得穿胶底鞋。
(7)作业中应随时清扫木屑、刨花等杂物,并送到指定地点堆放。
(8)木工场和木质材料堆放场地严禁烟火,并按消防部门的要求配备消防器材。

第三章 公路工程施工安全操作

2. 木料(模板)运输与码放

(1)人工运输材料与模板时应遵守"壮工"中关于"人工运材料"的有关安全规定。

(2)使用起重机作业时必须服从信号工的指挥,与驾驶员协调配合,机臂回转范围内不得有无关人员。

(3)运输木料、模板时,必须绑扎牢固,保持平衡,码垛高度不应超过 1.5m。

(4)拼装、存放模板的场地必须平整坚实,不得积水。存放时,底部应垫方木,堆放应稳定,立放应支撑牢固。

3. 木模板制作

(1)作业场地应平整坚实,不得积水。

(2)不得使用腐朽、劈裂、扭裂、弯曲等有缺陷的木材制作模板或支撑材料。

(3)使用旧木料前,必须清除钉子、水泥粘结块等。

(4)作业前应检查所用工具、设备,确认安全后方可作业。

(5)使用锛子砍料必须稳、准,不得用力过猛,对面 2m 内不得有人。

4. 支模

(1)必须按模板设计和安全技术交底的要求支模。

(2)槽内支模前,必须检查槽帮、支撑,确认无塌方危险后方可进行。向槽内运料时,应使用绳索缓放,操作人员应互相呼应。支模作业时应随支随固定。

(3)使用支架支撑模板时,应平整压实地面,底部应垫 5cm 厚的木板。必须按安全技术交底要求将各结点拉杆、撑杆连接牢固。

(4)上、下架子必须走马道或安全梯。严禁从高处向下方抛物料。搬运模板时应稳拿轻放。

(5)支架支搭竖直偏差必须符合安全技术交底的要求,支搭完成后必须经验收合格后方可进行支模作业。

(6)配合吊装机械作业时,必须服从信号工的统一指挥,与起重机驾驶员协调配合,机臂回转范围内不得有无关人员。支架、钢模板等构件就位后必须立即采取撑、拉等措施,固定牢靠后方可摘钩。

(7)必须按安全技术交底要求在支架与模板间安置木楔等卸荷装置。木楔必须对称安装,打紧钉牢。

(8)暂停作业时,必须进行检查,确认所支模板、撑杆及连接件稳固后方可离开现场。

(9)在浇筑混凝土过程中必须对模板进行监护,仔细观察模板的位移、变形情况,发现异常时必须及时采取稳固措施。当模板变位较大,可能倒塌时,必须立即通知现场作业人员离开危险区域,并及时报告上级。

5. 拆模

(1)必须按拆除方案和安全技术交底要求作业,统一指挥,分工明确。

(2)必须按程序作业,确保未拆部分处于稳定、牢固状态。
(3)拆模板时,必须按安全技术交底要求先拆除卸荷装置。
(4)严禁使用大面积拉、推的方法拆模。
(5)必须按规定程序拆除撑杆、模板和支架。严禁在模板下方用撬棍撞、撬模板。
(6)应随时清理拆下的物料,并按规格码放整齐。拆木模时,应随拆随起钉子。
(7)使用吊装机械拆模时,必须服从信号工统一指挥,必须待吊具挂牢后方可拆支撑。模板、支架落地放稳后方可摘钩。
(8)暂停拆模时,必须将活动件支稳后方可离开现场。

6. 木工机械

(1)一般规定:

1)操作人员应经过培训,了解机械设备的构造、性能和用途,掌握有关使用、维修、保养的安全技术知识。电路故障必须由专业电工排除。

2)作业前应试机,各部件运转正常后方可作业。

3)作业时必须扎紧袖口、理好衣角、扣好衣扣,不得戴手套。作业人员长发不得外露,女工应戴工作帽。

4)机械运转过程中出现故障时,必须立即停机、切断电源。

5)链条、齿轮和皮带等传动部分,必须安装防护罩或防护板。

6)必须使用单向开关,严禁使用倒顺开关。

7)工作场所严禁烟火,必须按规定配备消防器材。

8)应及时清理机器台面上的刨花、木屑。严禁直接用手清理。刨花、木屑应存放到指定地点。

9)作业后必须切断电源。

(2)平刨机作业:

1)必须设置可靠的安全防护装置。

2)刨料时应保持身体平衡,双手操作。刨大面时,手应按在木料上面;刨小面时,手指应不低于料高的一半,并不得小于3cm。

3)每次刨削量不得超过1.5mm。进料速度应均匀。严禁在刨刃上方回料。

4)被刨木料的厚度小于3cm,长度小于40cm时,应用压板或压棍推进。厚度小于1.5cm,长度小于25cm的木料不得在平刨上加工。

5)刨旧料时必须先将铁钉、泥砂等清除干净。遇节疤、戗茬时应减慢送料速度,严禁手按节疤送料。

6)换刀片前必须拉闸断电。

7)同一台刨机的刀片质量、厚度必须一致,刀架与刀必须匹配,严禁使用不合格的刀具。紧固刀片的螺钉应嵌入槽内,且距离刀背不得小于10mm。

(3)压刨机作业。

1)压刨床必须用单向开关,不得安装倒顺开关,三、四面刨应按顺序开动。

2)作业时,严禁一次刨削两块不同材质、规格的木料,被刨木料的厚度不得超过 50mm。操作者应站在机床的一侧,接、送料时不戴手套,送料时必须先进大头。

3)刨刀与刨床台面的水平间隙应在 10~30mm 之间,刨刀螺钉必须质量相等,紧固时用力应均匀一致,不得过紧或过松,严禁使用带开口槽的刨刀。

4)每次进刀量应为 2~5mm,如遇硬木或节疤,应减小进刀量,降低送料速度。

5)进料必须平直,发现木料走偏或卡住,应停机降低台面,调正木料。送料时手指必须与滚筒保持 20cm 以上距离。接料时,必须待料出台面后方可上手。

6)刨料长度小于前后滚中心距的木料,禁止在压刨机上加工。

7)木料厚度差 2mm 的不得同时进料。刨削吃刀量不得超过 3mm。

8)刨料长度不得短于前后压滚的中心距离,厚度小于 10mm 的薄板,必须垫托板。

9)压刨必须装有回弹灵敏的逆止爪装置,进料齿辊及托料光辊应调整水平和上下距离一致,齿辊应低于工件表面 1~2mm,光辊应高出台面 0.3~0.8mm,工作台面不得歪斜和高低不平。

10)清理台面杂物时必须停机(停稳)、断电,用木棒进行清理。

(4)裁口机作业。

1)应根据材料规格调整盖板。作业时应一手按压、一手推进。刨或锯到头时,应将手移到刨刀或锯片的前面。

2)送料速度应缓慢、均匀,不得猛拉猛推,遇硬节应慢推。必须待出料超过刨口 15cm 方可接料。

3)裁硬木口时,每次深度不得超过 1.5cm,高度不得超过 5cm;裁松木口,每次深度不得超过 2cm,高度不得超过 6cm。严禁在中间插刀。

4)裁刨圆木料必须用圆形靠山,用手压牢,慢速送料。

5)机器运转时,严禁在防护罩和台面上放置任何物品。

(5)开榫机作业。

1)必须侧身操作,严禁面对刀具。进料速度应均匀。

2)短料开榫必须使用垫板夹牢,严禁用手握料。长度大于 1.5m 的木料开榫必须由两人操作。

3)刨渣或木片堵塞时,应用木棍清除,严禁手掏。

(6)打眼机作业。

1)必须使用夹料具,不得直接用扶料。大于 1.5m 的长料打眼时必须使用托架。

2)凿芯被木渣挤塞时,应立即抬起手把。深度超过凿渣出口,应勤拔钻头。

3)应用刷子或吹风器清理木渣,严禁手掏。
(7)圆盘锯(包括吊截锯)作业。
1)作业前应检查锯片不得有裂口,螺栓必须拧紧。
2)操作人员必须戴防护眼镜。作业时应站在锯片一侧,手臂不得跨越锯片。
3)必须紧贴靠山送料,不得用力过猛,遇硬节疤应慢推。必须待出料超过锯片15cm方可上手接料,不得用手硬拉。
4)短窄料应用推棍,接料使用刨钩。严禁锯小于50cm长的短料。
5)木料走偏时,应立即切断电源,停车调正后再锯,不得猛力推进或拉出。
6)锯片运转时间过长应用水冷却,直径60cm以上的锯片工作时应喷水冷却。
7)必须随时清除锯台面上的遗料,保持锯台整洁。清除遗料时,严禁直接用手清除。清除锯末及调整部件,必须先切断电源、待机械停止运转后方可进行。
8)严禁使用木棒或木块制动锯片的方法停车。
(8)刮边机作业。
1)材料应按压在推车上,后端必须顶牢。应慢速送料,且每次进刀量不得超过4mm。不得用手送料至刨口。
2)刀部必须设置坚固严密的防护罩。
3)严禁使用开口螺钉的刨刃,装刀时必须拧紧螺钉。

十三、下水道工

1. 一般规定
(1)作业前应检查工具、机械、电气设备及沟槽边坡、支撑等,确认安全。
(2)作业中应经常检查沟壁是否存在裂缝、脱落、冻融等情况,支撑有无松动、变形等现象,发现异常时必须立即停止作业,并报告上级。
(3)作业中严禁掏洞挖土。
(4)应按照安全技术交底要求,做好沟槽的隔水、降水和排水工作。雨、雪后应及时排水,清除泥、雪,整修坡道,并采取防滑措施。
(5)上下沟槽应走马道或安全梯。马道、安全梯间距不宜大于50cm。严禁攀登撑木或乘吊运机械上、下沟槽。通过沟槽必须走便桥。作业中不得碰撞沟槽支撑,严禁在槽内、管内休息。
(6)不得从槽上向下或者从槽下向上抛扔工具、物料,不得直接向槽内倾倒材料。沟槽1m内不得堆土、堆料、停放机具。
(7)施工现场必须设明显的安全警示标志。有人员、车辆通行地段的沟槽必须设不低于1.2m的防护栏,防护栏的横杆不少于两道。
(8)金属管施工作业时,应遵守有关"金属管道工"的安全规定。
2. 混凝土管的运输、码放
(1)作业前应检查机具、绳索,确认安全,作业时应设专人指挥。
(2)装运管子时,绳必须系牢,并挡掩牢固。卸车前,必须确认管子无滚塌危险后方可松绳卸管。

(3)槽边码放管子时,管子不得平行于沟槽,管端与槽边的距离不应小于2m,码放高度不宜超过2m,并挡掩牢固。

(4)槽边放置管子的场地应坚实平整,不得在有坍塌危险的槽边放置管子。

(5)人工推运混凝土管应设专人指挥,运输道路应平整坚实,推行速度不得超过人的行走速度。上坡道应指定专人备掩木,下坡道应用大绳控制速度,两管之间应保持5m以上的安全距离。管子转向时,作业人员不得站在管子的前方或贴靠两侧。

(6)自墙边向外推管时,必须在管子靠墙一侧进行牢固挡掩,推管人不得站在管子与墙之间。

(7)人工自管垛向下放管时,必须先检查底层管的挡掩情况,确认安全后方可作业。作业时应设专人指挥,作业人员应协调一致。放管时前方不得有人,放管速度应缓慢。直径大于600mm的管子不宜采用人工放管。

3. 混凝土基础及管座

遵守"混凝土工"的有关安全规定。

4. 下管、稳管

(1)使用起重机下管、稳管应遵守下列规定:

1)严禁在高压线下方作业。在高压线一侧作业时,必须遵守相关规定。

2)应根据现场及槽帮的稳定情况将起重机停放在平整坚实的地方,起重机的支腿或履带与槽边的距离应遵守安全技术交底的要求。

3)听从信号工统一指挥,起重臂回转半径内严禁有无关人员。

4)管子起吊速度应均匀,回转平稳,下落应慢速轻放,不得忽快忽慢或突然制动。管子下到沟槽底落稳后方可摘钩。

5)使用起重机稳管时,应待管子下到离槽底0.5m时,作业人员方可站在管子两侧稳管,管子两侧应设掩木。管子就位后,应在两侧挡掩牢固后方可摘钩。

(2)人工下管应遵守下列规定:

1)必须设专人指挥、统一信号、分工明确。

2)直径500mm以下(含500mm)的管子可采用溜绳法下管。

3)直径600mm以上(含600mm)的管子可采用压绳法下管。当管径大于900mm(含900mm)时,应设马道。

4)压绳法下管作业时必须听从指挥,两根大绳用力应一致,保持管体平稳。

5)应使用质地坚固、不断股、不糟朽、无夹心的大绳。

6)下管坡道的坡度不宜大于1:1,坡面宽度应大于管长1m。下管时,管端距坡道边缘应大于50cm。

7)用三角架倒链下管时,必须搭设牢固平台,平台上应设防护栏。作业人员不得站在管上作业,管下严禁有人。

(3)人工推管作业时,管前及两侧均不得有非作业人员,预定位置应先放好挡木。推管、转管(包括套环)时必须设专人指挥,作业人员应协调配合,相互呼应,慢推慢转。

(4)在垫块上稳管时,垫块应放平稳,垫块两侧应立保险杠。使用撬棍撬管时,支垫物应坚实,作业人员应相互呼应。对口时,两侧人员应协调配合,管子稳定后,必须将管子挡掩牢固。

(5)在混凝土平基上稳管时,应立保险杠。使用撬棍窜管对口时,应相互呼应,管端两侧均应进行挡掩,管子就位后应挡掩牢固。

(6)稳管作业过程中,当管子两侧作业人员不通视时,应设专人高指挥。

(7)管节入位时,严禁将手指放在管节接缝之间,连接端严禁用手抬。

5. 接口、养护

(1)管口凿毛时打锤应稳,用力不得过猛。

(2)管径大于 2m 时,作业人员应使用安全梯上下管子。严禁从槽上或从槽帮上的安全梯跳到管顶。

(3)养护用的覆盖物用完后,应随时清理,集中到安全地点存放。

(4)柔性接口作业时,操作前应检查倒链、钢丝绳、索具等工具,确认安全。接口作业时,手应离开管口位置。

6. 管道勾头

(1)必须按安全技术交底作业,未经交底严禁作业。

(2)作业前必须做好通风及井口的防护工作。

(3)作业前必须进行有毒、有害气体检测,确认安全。

(4)应设专人指挥,分工明确,并设专人进行安全监护。井下严禁明火。

(5)作业中发现异常情况,应立即停止作业,撤离现场,并及时报告上级。

十四、顶管工

1. 一般规定

(1)上下工作坑必须走安全梯。安全梯应固定在支撑上,并设置扶手或护圈。严禁运输料斗乘人。

(2)顶管作业必须执行交接班制度。

(3)因故停顶后恢复顶进前,必须对支撑、平台、支架、电气设备、吊索具进行检查,并对氧气和有毒有害气体含量进行检测,确认安全后方可作业。

(4)非机电人员不得从事机械、电气作业。

(5)作业中必须明确联络信号及报警方法。

(6)作业中传递工具、材料必须轻拿轻放,稳妥传递,严禁从坑上向下或者从坑下向上抛扔。

(7)在顶管作业过程中,必须按安全技术交底要求保护地下管线和构筑物,作业人员不得踩踏被保护的地下管线和构筑物。

(8)作业面遇不明构筑物(管道)时应立即停止作业,报告施工技术管理人员,经处理确认安全后方可继续作业。

2. 工作坑

(1)严禁在高压线下方设工作坑。在高压线附近设工作坑时,必须按规定保持安全距离。

(2)开挖工作坑土方前应按安全技术交底要求了解地下管线、人防等构筑物的情况,按要求坑探,掌握管线、构筑物的具体位置。作业中应避开管线和构筑物。在现况电力、通信电缆2m,范围内和现况燃气、热力、给排水等管道2m范围内开挖工作坑时,必须在主管单位人员的监护下采取人工开挖。

(3)开挖工作坑土方作业前必须检查工作坑周围场地,场地应符合排管、运管、吊运、出土、排水、防汛的安全要求。

(4)工作坑应分层开挖并及时分层支撑。支撑前必须检查坑壁土体的稳定性,确认安全。

(5)工作坑必须按安全技术交底要求安装支撑。安装工作坑支撑时必须设专人指挥。工作坑四壁支撑框架必须牢固,支撑结构必须符合安全技术交底的要求。前方管口可拆卸支撑板必须使用整板。

(6)在挖土、支撑等作业中,不得碰撞已安装好的支撑件。发现有松动、变形情况,必须及时加固处理。

(7)撤除工作坑时必须按安全技术交底的要求进行。拆除工作坑支撑时必须设专人指挥,自下而上逐层进行,并按安全技术交底要求及时回填。在下层完成填土前严禁拆除上一层支撑,必要时应设临时支撑。拆撑确有困难或拆撑后可能影响附近建筑物(构筑物)安全时,应停止拆撑并报告施工技术管理人员。

(8)拆除工作坑支撑作业中,非作业人员不得在坑内。

3. 平台、立架、工作棚

(1)安装平台作业时应按照安全技术的要求选用材料。主梁不得直接放置在坑壁土体上,支承结构应符合安全技术交底要求。平台方木应满铺,梁、方木必须固定,平台防护栏不得低于1m,作业人员出入口应设不低于1.2m的护身栏。

(2)立架安装完成后,必须经验收合格后方可使用。

(3)利用四脚架吊运的工作坑必须设活动平台,活动平台必须设定位锁固装置。活动平台就位后必须立即锁固。

(4)支架的底脚必须固定在梁上,支架的横拉杆不得少于4道。

(5)顶管坑应设工作棚,工作棚应覆盖至工作坑防汛埝以外。

(6)拆除作业应按安全技术交底要求进行。拆除时必须设专人指挥,自上而下进行,工作坑内不得有人。平台上不得有非作业人员。

4. 运管、下管

(1)管材堆场与运输道路应坚实平整。

(2)下管作业必须统一指挥。下管前必须检查起重设备、卡环、钢丝绳、吊钩、支架、平台等,确认安全后方可下管。

(3)吊运管子时,吊管的索具不得直接捆绑在管子上,应用可塑性材料衬垫。

(4)下管前应先在平台上试吊,确认安全后方可下管。

(5)下管时严禁管子下方有人。从活动平台下管时,应将管子吊起,稳定后开启活动平台检视坑底,确认安全后方可缓慢吊下。管至坑底30~50cm时,作业人员方可靠近管子进行稳管作业。作业过程中,严禁手扶钢丝绳。

(6)管子就位支稳后方可摘钩。作业人员避开吊索具后方可提升吊具,关闭活动平台后,坑下人员方可作业。

5. 掏挖、运输土方

(1)挖土人员应在管内进行掏挖作业,每次掏挖量:砂质土20cm,黏性土50cm。严禁超挖。

(2)穿越铁路、河流、公路、构筑物等地段,管前掏挖量必须符合安全技术交底的要求。列车通过顶进段铁路时严禁掏挖作业。

(3)管径大于2000mm时,人工掏挖应采取台阶法作业。

(4)作业时发现土体稳定性较差、有坍塌先兆时,必须立即采取措施。

(5)作业时作业人员遇呼吸异常,有异味或发生流砂、渗水、塌方等,必须立即停止作业,撤出管外,立即报告上级。

(6)顶进长度超过60m时应采取强制通风措施。

(7)管内照明线路及其他设备必须紧靠管壁装设。

(8)用卷扬机水平牵引运输土车时,卷扬机操作人员必须服从挖土人员的指挥。

(9)垂直运输时,作业人员应检查土车的4个吊点,并将吊钩挂好。吊钩必须有防脱钩装置。坑底人员撤至安全地带后方可起吊土车,并用长绳控制,土车在平台落稳后方可摘钩。

(10)必须经常检查吊索具、地锚、制动装置,确认安全。

(11)坑内、管内的照明电压不得高于24V,潮湿时应用12V。

(12)卷扬机牵引小车运行时,管内严禁人员进出,严禁人员乘小车进出或上下。

6. 顶进

(1)顶进前应检查液压系统、顶铁、后背、导轨、支撑等,确认安全后方可顶进。

(2)按照安全技术交底的要求安装顶铁。顶铁必须保持中心受压,受力均匀。顶铁之间、顶铁与后背之间必须垫实。

(3)顶进作业中,顶镐操作人员必须听从挖土人员的指挥。

(4)顶进前挖土人员必须在管内,并在顶进中观察管前情况,发现异常立即通知顶镐作业人员暂停处理。

(5)顶进中,顶铁上及顶铁两侧不得有人。

(6)顶进中发现塌方、后背变形、顶铁扭翘、顶力突变等情况,必须立即停顶,采取措施,确认安全后方可继续作业。

(7)穿越铁路地段时,必须与铁路管理人员密切配合,遵守铁路管理单位对顶进的规定,列车通过时严禁顶进作业。

7. 中继顶压站

(1)安装中继顶压站设备时必须设专人指挥,作业人员分工明确,协调配合。

(2)顶进作业时,必须设专人协调指挥主顶压站与中继顶压站的顶进作业,并统一联系信号。

(3)每班启动机械设备前,应检查电气、液压系统和管路,确认连接正确、无漏电、无渗漏油后,方可进行顶进作业。

(4)中继顶压站开始顶进时,千斤顶应与前后管道连接牢固,工作坑主顶压站与管道应处于紧密顶紧状态。

(5)顶进中作业人员不得在中继顶压站内操作和停留,且不得在安装油路的一侧操作。

(6)中继顶压站每一循环顶进完成后,在工作坑主顶压站开始下一个循环顶进前,中继顶压站千斤顶必须卸压,使其处于自由回程状态。工作坑主顶压站每一循环顶进的长度不得大于紧前中继顶压站千斤顶的行程。

(7)多级中继顶压站作业时,前中继顶压站的一个行程完全顶完后,千斤顶必须卸压处于自由回程状态,后中继顶压站方可开始顶进。

(8)顶进作业时,中继顶压站及紧前中继顶压站必须安排专人监视千斤顶顶出和回缩的终端位置,其量不得超过安全技术交底要求的控制值。

(9)严禁带电、带压进行设备检修作业。

(10)拆除作业应遵守下列规定:

1)拆除设备前必须卸除油压,切断电源。

2)管径大于1800mm时,应支搭操作平台。

3)应有专人指挥,自上而下拆除。传接、搬运拆除的设备、部件时,作业人员应精神集中,协调配合。

4)空挡设计为推拢结构时,设备拆除及空挡推拢应在2小时内完成。

5)拆除导向钢套的钢筒时,必须按安全技术交底的规定程序进行。

(11)作业中应及时清理遗洒的油料和杂物,并运至指定地点。

8. 注浆

(1)制浆和注浆前,应检查空气压缩机、压浆罐、注浆泵的压力表、安全阀及管路等状况,确认正常后方可作业。

(2)注浆前应封堵掌子面与管道间空隙,加固顶进入口处的工作坑壁,并安装注浆管嘴。

(3)作业时,必须设专人指挥,明确联络信号及人员分工,作业人员协调配合。

(4)作业时,必须按安全技术交底要求的程序操作并控制压力,补浆必须由工作坑向顶进方向依次推进。

(5)检修作业前,必须停机、卸压、切断电源。

(6)作业中应及时清理遗洒的浆液,并运至指定地点妥善处理。

十五、锚喷工

(1)作业前必须检查道路、现场环境、管路、接头、压力表及安全阀,确认安全。

(2)在隧道内作业时必须设通风换气装置,保持空气流通,并采取降尘措施。

(3)隧道内作业时必须采取24V以下低压照明。

(4)喷射人员必须佩戴防尘口罩、护目镜、防护面罩等防护用品。作业时身体不得裸露。

(5)作业中应设专人指挥,设专人操作喷射设备。作业人员应协调配合,不得相互干扰。

(6)锚喷高度超过1.5m时应在平台或脚手架上作业。

(7)作业时,应随时检查环境及围岩情况,清除松散及危裂的土石块。

(8)喷嘴在使用与放置时均不得对着人。喷射时下风向不得有人。

(9)人工手持喷射器作业时,应配备辅助支架,理顺管路。严禁碾压、踩踏管路。

(10)处理堵塞管路时,应理顺输料管,喷头应有专人看护,喷嘴前方及喷射区不得有人。

(11)喷射作业时必须按安全技术交底的要求控制压力。如压力表指示超压,而安全阀不开启时,必须立即停泵检查,排除故障后再启动。

十六、中小型机械操作工

1. 一般规定

(1)操作人员必须经过安全技术培训,考核合格后方可上岗。

(2)操作人员必须身体健康。患有碍安全操作的疾病和精神不正常者不得操作机械设备。酒后或服用镇静药物者不得操作机械设备。

(3)作业中应观察或巡视机械、周围人员及环境状况,不得擅自离开岗位。

(4)操作人员必须按规定佩戴安全防护用品,女工应戴工作帽,作业时长发不得外露。

(5)不得随意拆除机械设备的照明、信号、仪表、报警和防护装置。应按规定的周期检查、调校安全防护装置。

(6)机械设备外露的传动机构、转动部件和高温、带电部分应装设防护罩等安全防护设施和设有明显的安全警示标志。

(7)机械运转时严禁接触运动部件、进行修理及保养作业。

(8)按规定佩戴安全防护用品。

第三章　公路工程施工安全操作

(9) 不得随意拆除设备的安全防护装置。

2. 水泵

(1) 作业前应进行检查,泵座应稳固。水泵应按规定装设电气保护装置。

(2) 运转中出现故障时应立即切断电源,排除故障后方可再次合闸开机。检修必须由专职电工进行。

(3) 夜间作业时,工作区应有充分照明。

(4) 水泵运转中严禁从泵上跨越。升降吸水管时,操作人员必须站在有护栏的平台上。

(5) 提升或下降潜水泵时必须切断电源,使用绝缘材料。严禁提拉电缆。

(6) 潜水泵必须做好保护接零并装设漏电保护装置。潜水泵工作水域 30m 内不得有人畜进入。

(7) 作业后,应将电源关闭,将水泵安放妥善。

3. 灰浆搅拌机

(1) 作业前应检查安全防护装置,确认安全。

(2) 作业中,严禁将手或木棒等物伸入灰浆搅拌机内。

(3) 倒出灰浆时,必须使用手柄摇动搅拌筒,不得用手扳动搅拌筒。

4. 灰浆泵

(1) 作业前应检查传动部分和料斗格栅网,确认安全。

(2) 作业中应注意观察压力表,超压时应立即停机。

(3) 故障停机时,应打开泄浆阀卸压。压力未降到零时,严禁拆卸空气室、压力安全阀和管道。

5. 平板振动夯

(1) 作业前,应检查各连接部的紧固情况,确认牢固可靠后空车试运转 3~5 分钟,运转正常后方可作业。

(2) 操作人员应在平板振动夯前进方向的后面和侧面进行操作。

(3) 保养发动机或添加油料作业,必须在内燃机熄火后进行。加油时严禁烟火。

(4) 运转中出现异常声响和发生故障时,应立即停机检修。

6. 蛙式夯

(1) 作业前必须对机械各部位进行检查,联接件必须牢固,导线、电动机的绝缘和接地必须良好,蛙式夯手柄必须采取绝缘措施,确认安全后方可作业。

(2) 蛙式夯必须配有专用的开关箱,使用单向控制开关。导线长度不得大于 50m。

(3) 蛙式夯作业必须由两人操作,一人扶夯,一人持电缆。操作人员和持线人员均应戴绝缘手套、穿绝缘鞋。持线人员应跟在夯后或两侧,不得强拉电缆。作业时严禁夯机砸压导线。导线破损时必须及时更换。

(4)蛙式夯前面不得有人,多台夯土机同时作业时,蛙式夯之间的横向距离不得小于5m,纵向间距不得小于10m。

(5)蛙式夯直线夯土时,应顺势轻扶掌握方向,转弯或夯打边坡时应紧握手柄。

(6)搬运蛙式夯时,必须切断电源,盘好导线。向槽内运送夯机时,应用绳索具缓缓放下,严禁推扔。

(7)作业后应切断电源,盘好导线,将夯机放在平整、安全的地方。

7. 电动砂轮锯及砂轮机

(1)作业前,必须检查绝缘情况,保护接零应良好。

(2)必须根据切割的材质选择适用的砂轮片。

(3)作业时必须佩戴防护目镜等防护用品,站在砂轮片的侧面。

(4)作业时,不得在深度方向及前进方向同时比例中给进,给进力不得过猛,冷却水流量应适宜。

(5)操作时,发现漏电、温度过高、转速突然下降、有异响等情况时,必须立即切断电源。检修工作由电工进行。

(6)作业后关停机械,切断电源,锁好闸箱。

8. 混凝土切缝机

(1)作业前应进行检查。刀片必须符合安全要求,刀片与刀架连接必须牢固可靠,安全防护罩应齐全有效。

(2)进行切缝作业时,必须前进单向切缝。使用中发现异常状况时,应立即停机。

(3)发动机和刀片在停止转动前,严禁检查和搬动混凝土切缝机。

(4)操作人员应站在刀片侧面操作。

(5)发动机运转时严禁添加燃料。

(6)严禁无冷却水时进行切缝作业。

(7)作业后或操作人员离开切缝机时,应将发动机关闭。

(8)电动混凝土切缝机操作人员必须戴绝缘手套,穿绝缘鞋。切割机及电缆必须绝缘良好。作业后必须切断电源,盘好导线。

第三节 特种作业工种安全操作

一、特种作业范围

特种作业是指容易发生人员伤亡事故,对操作者本人、他人及周围设施的安全有重大危害的作业:

(1)电工作业。

(2)金属焊接切割作业。

(3)起重机械(含电梯)作业。
(4)企业内机动车辆驾驶。
(5)登高架设作业。
(6)锅炉作业(含水质化验)。
(7)压力容器操作。
(8)爆破作业。
(9)矿山通风作业(含瓦斯检验)。
(10)矿山排水作业(含尾矿坝作业)。
(11)由省、自治区、直辖市安全生产综合管理部门或国务院行业主管部门提出,并经国家经济贸易委员会批准的其他作业。

二、基本条件与岗位要求

(一)特种作业人员的基本条件
(1)年龄满18周岁。
(2)身体健康,无妨碍从事相应工种作业的疾病和生理缺陷。
(3)初中以上文化程度,具备相应工种的安全技术知识,参加国家规定的安全技术理论和实际操作考核并成绩合格。
(4)符合相应工种作业特点需要的其他条件。

(二)特种作业人员岗位要求
1. 培训
(1)特种作业人员在独立上岗作业前,必须进行与本工种相适应的、专门的安全技术理论学习和实际操作训练。
(2)负责特种作业人员培训的单位应当具备相应的培训资格,并经省、自治区、直辖市安全生产综合管理部门或其委托的地、市级安全生产综合管理部门审查认可。
(3)取得培训资格的单位,每5年由原审查、批准机构进行1次复审。经复审合格的,方可继续从事特种作业人员的培训。
(4)特种作业人员的安全技术培训考核标准和基本培训教材,由国家经济贸易委员会制定和组织编写。
(5)培训单位应将培训计划、教员资格等资料报送考核、发证单位备案。

2. 考核和发证
(1)特种作业人员的考核和发证工作,必须坚持公正、公平、公开的原则,不得弄虚作假。
(2)特种作业人员安全技术考核分为安全技术理论考核和实际操作考核。具体考核内容按照国家经济贸易委员会制定的《特种作业人员安全技术培训考核标准》执行。
(3)负责特种作业人员考核的单位应当具备相应的资格,并经省、自治区、直辖市安全生产综合管理部门审可认可。

(4)参加特种作业安全操作资格考核的人员,应当填写考核申请表,由申请人或申请人的用人单位向当地负责特种作业人员考核的单位提出申请。

考核单位收到考核申请后,应在60日内组织考核。经考核合格的,发给相应的特种作业操作证;经考核不合格的,允许补考1次。

(5)特种作业操作证由国家经济贸易委员会制作,并由省、自治区、直辖市安全生产综合管理部门或其委托的地、市级安全生产综合管理部门负责签发。

特种作业操作证在全国通用。

(6)特种作业操作证每2年复审1次。连续从事本工种10年以上的,经用人单位进行知识更新教育后,复审时间可延长至每4年1次。

(7)特种作业操作证复审由特种作业人员本人或用人单位在有效期内提出申请,由当地的考核、发证单位负责审验。

复审内容包括:

1)健康检查。

2)违单作业记录检查。

3)安全生产新知识和事故安全教育。

4)本工种安全知识考试。

(8)复审合格的,由复审单位签单、登记、予以确认。复审不合格的,可在接到通知之日起30日内向原复审单位申请再次复审。复审单位可根据申请,再复审1次。再复审仍不合格或未按期复审的,特种作业证失效。

(9)跨地区从业或跨地区流动施工单位的特种作业人员,可向从业或施工所在地的考核、发证单位申请复审。

3. 监督管理

(1)特种作业人员必须持证上岗。无证上岗的,按国家有关规定对用人单位和作业人员进行处罚。

(2)用人单位应当加强对特种作业人员的管理,做好申报、培训、考核、复审的组织工作和日常的检查工作。

(3)发证单位及用人单位应当建立特种作业人员档案。

(4)各省、自治区、直辖市安全生产综合管理部门应当在每年初向国家经济贸易委员会报送上一年度本地区有关特种作业人员培训、考核、发证和复审的统计资料。

(5)跨地区从业或跨地区流动施工单位的特种作业人员必须接受当地安全生产综合管理部门的监督管理。

(6)离开特种作业岗位6个月以上的特种作业人员,应当重新进行实际操作考核,经确认合格后方可上岗作业。

(7)特种作业操作证不得伪造、涂改、转借或转让。

第三章 公路工程施工安全操作

(8)从事特种作业人员考核、发证和复审工作的有关人员滥用职权、玩忽职守、徇私舞弊的,应给予行政处分;构成犯罪的,依法追究其刑事责任。

三、架子工

(1)架子工必须经过安全技术培训考核,持证上岗。高处作业人员,不得患有高血压、心脏病、贫血、癫痫病、恐高症、眩晕等禁忌症。

(2)支搭脚手架作业前应检查杆件及其配件是否存在焊口开裂、严重锈蚀、扭曲变形情况,配件是否齐全,符合要求后方使用。

(3)作业中严格按施工方案和安全技术交底要求执行,分工明确,听从指挥,协调配合。

(4)严禁赤脚、穿拖鞋和硬底鞋作业。严禁在架子上打闹、休息。严禁酒后作业。高处作业必须系安全带。

(5)架子组装、拆除作业必须由3人以上配合操作,必须按照程序支搭、组装和拆除脚手架。严禁擅自拆卸任何固定扣件、杆件及连墙件。

(6)作业环境条件应符合下列规定:

1)作业场地应平整、坚实,无杂物。

2)夜间作业时,作业场所必须有足够的照明。

3)风力六级以上(含六级)、高温、大雨、大雪、大雾等恶劣天气,应停止露天高处作业。

4)大风、大雨、大雪后应对架子进行全面检查,发现倾斜、下沉、脱扣、崩扣等现象必须进行处理,经验收合格后方可使用。

5)在带电设备附近搭、拆脚手架时,宜停电作业。在外电架空线路附近作业时,脚手架外侧边缘与外电架空线路的边线之间的距离应符合规定的数值。未经供电部门批准,严禁在高压线下作业。上、下脚手架的马道严禁搭设在有外电线路的一侧。

6)应经常检查脚手架底部及近旁有无开挖沟槽等作业,如有影响脚手架基础稳定的情况,应及时向施工负责人汇报。

7)当脚手架下有车辆、行人通行时,必须设安全防护设施。在河道中的施工支架,应充分考虑洪水和漂浮物的影响。

(7)架子结构应符合下列规定:

1)非标准、新型和特殊承重架子,必须经过设计、试验、验收合格,并经企业总工程师批准后方可支搭、使用。

2)脚手架必须与稳定结构牢固拉结,拉结点之间的水平距离不得大于6m,垂直距离不得大于4m。

3)严禁利用结构架、装修架、防护架吊运重物。不得将模板支架、缆风绳、泵送混凝土和砂浆的输送管等固定在脚手架上。

4)起重吊装作业时,严禁碰撞或扯动脚手架。

5)严禁使用立杆沉陷或悬空、连接松动、歪斜、杆件变形、有探头板、马道无防滑条及存在其他不安全因素的架子。

四、司炉工

(1)司炉工必须经安全技术培训、考核,持证上岗。

(2)作业时必须佩戴防护用品。严禁擅离工作岗位,接班人员未到位前不得离岗。

(3)安全阀应符合下列规定:

1)必须将安全阀送具备检测资格的单位检验,检验合格后方可使用。

2)锅炉运行期间必须按规程要求调试定压。

3)锅炉运行期间必须每月进行一次升压试验,安全阀必须灵敏有效。

4)必须每周进行一次手动试验。

(4)压力表应符合下列规定:

1)必须每年将锅炉本体的压力表送至具备检测资格的单位检验,检验合格后方可使用。

2)必须每年将锅炉本体以外的其他部位的压力表送至具备检测资格的单位检验,检验合格后方可使用。

3)锅炉运行前,将锅炉工作压力值用红线标注在压力表的盘面上,严禁标注在玻璃表面;锅炉运行中应随时观察压力表,压力表的指针不得超过盘面上的红线;如安全阀的排汽而压力表尚未达到工作压力时应立即查明原因,进行处理。

4)锅炉运行时,每班必须冲洗一次压力表连通管,保证连通管畅通,并做回零试验,确保压力表灵敏有效。

5)锅炉运行中发现锅炉本体两阀压力表批示指示值相差 0.5MPa 时,应立即查明原因,采取措施。

(5)水位计应符合下列规定:

1)锅炉运行前,必须标明最高和最低水位线。

2)锅炉运行时,必须严密观察水位计的水平,应经常保持在正常水位线之间并有轻微变动;如水位计的水面呆滞不动时应立即查明原因,采取措施。

3)锅炉运行时,水位计不得有泄露现象,每班必须冲洗水位计连通管,保持连通管畅通。

(6)锅炉自动报警装置在运行中发出报警信号时,应立即进行处理。

(7)锅炉运行中启闭阀门时,严禁身体正对着阀门操作。

(8)锅炉如使用提升式上煤装置,在作业前应检查钢丝绳及连接,确认完好牢固。在料斗下方清扫作业前,必须将料斗固定。

(9)排污作业应在锅炉低负荷、高水位时进行。

(10)停炉后进入炉膛清除积渣瘤时,应先清除上部积渣瘤。

(11)运行中如发现锅筒变形,必须立即停炉处理。

(12)燃油、燃气锅炉作业应遵守下列规定：
1)必须按设备使用说明书规定的程序操作。
2)运行中程序系统发生故障,应立即切断燃料源,并及时处理。
3)运行中发生自锁,必须查明原因,排除故障,严禁用手动开关强行启动。
4)锅炉房内严禁烟火。
(13)运行中严禁敲击锅炉受压元件。
(14)严禁常压锅炉带压运行。

五、焊工

(一)一般规定

(1)焊工必须经安全技术培训、考核,持证上岗。
(2)作业时应穿戴工作服、绝缘鞋、电焊手套、防护面罩、护目镜等防护用品,高处作业时应系安全带。
(3)焊接作业现场周围 10m 范围内不得堆放易燃易爆物品。
(4)雨、雪、风力六级以上(含六级)天气不得进行露天作业。雨、雪后应清除积水、积雪后方可作业。

(二)电焊工

(1)作业前应检查焊机、线路、焊机外壳保护接零等,确认安全后方可作业。
(2)严禁在易燃易爆气体或液体扩散区域内、运行中的压力管道和装有易燃易爆物品的容器内以及受力构件上焊接和切割。
(3)焊接曾贮存易燃、易爆物品的容器时,应根据介质性质进行多次置换及清洗,并打开所有孔口,经检测确认安全后方可作业。
(4)在密封容器内施焊时,应采取通风措施。间歇作业时焊工应到外面休息。容器内照明电压不得超过 12V。焊工身体应用绝缘材料与焊件隔离。焊接时必须设专人监护,监护人应熟知焊接操作规程和抢救方法。
(5)焊接铜、铝、铅、锌等合金金属时,必须佩戴防护用品,在通风良好的地方作业。在有害介质场所进行焊接时,应采取防毒措施,必要时进行强制通风。
(6)若施焊地点潮湿,焊工应在干燥的绝缘板或胶垫上作业,配合人员应穿绝缘鞋或站在绝缘板上。应定期检查绝缘鞋的绝缘情况。
(7)焊接时,临时接地线头严禁浮搭,必须固定、压紧,用胶布包严。
(8)工作中遇下列情况应切断电源：
1)改变电焊机接头。
2)移动二次线。
3)转移工作地点。
4)检修电焊机。
5)暂停焊接作业。
(9)高处作业时,必须遵守下列规定：

1)与电线的距离不得小于 2.5m(高压电线应按有关标准保持安全距离)。
2)必须使用标准的防火安全带,并系在可靠的构架上。
3)必须在作业点正下方 5m 外设置护栏,并设专人值守。必须清除作业点下方区域的易燃、易爆物品。
4)必须使用盔式面罩。焊接电缆应绑紧在固定处,严禁绕在身上或搭在背上作业。
5)必须在稳固的平台上作业。焊机必须放置平稳、牢固,设良好的接地保护装置。
(10)焊接时二次线必须双线到位,严禁用其他金属物作二次线回路。
(11)焊接电缆通过道路时,必须架高或采取其他保护措施。
(12)焊把线不得放在电弧附近或炽热的焊缝旁。不得碾轧焊把线。应采取防止焊把线被尖利物器损伤的措施。
(13)清除焊渣时应佩戴防护眼镜或面罩。焊条头应集中堆放。
(14)下班后必须拉闸断电,必须将地线和把线分开。

(三)气焊工
(1)点燃焊(割)炬时,应先开乙炔阀点火,然后开氧气阀调整火焰。关闭时应先关闭乙炔阀,再关闭氧气阀。
(2)点火时,焊炬口不得对着人,不得将正在燃烧的焊炬放在工件或地面上。焊炬带有乙炔气和氧气时,不得放在金属容器内。
(3)作业中发现气路或气阀漏气时,必须立即停止作业。
(4)作业中若氧气管着火应立即关闭氧气阀门,不得折弯胶管断气;若乙炔管着火,应先关熄炬火,可用弯折前面一段软管的办法止火。
(5)高处作业时,氧气瓶、乙炔瓶、液化气瓶不得放在作业区域正下方,并应与作业点正下方保持在 10m 以上的距离。必须清除作业区域下方的易燃物。
(6)不得将橡胶软管背在背上操作。
(7)作业后应卸下减压器;拧上气瓶安全帽;将软管盘起捆好,挂在室内干燥处;检查操作场地,确认无着火危险后方可离开。
(8)冬天露天作业时,如减压阀软管和流量计冻结,应使用热水(热水袋)、蒸汽或暖气设备化冻,严禁用火烘烤。

(四)电焊设备
1. 一般规定
(1)电焊设备的安装、修理和检查必须由电工进行。焊机和线路发生故障时,应立即切断电源,并通知电工修理。
(2)使用电焊机前,必须检查绝缘及接线情况,接线部分不得腐蚀、受潮及松动。
(3)电焊机必须安放在通风良好、干燥、无腐蚀介质、远离高温和多粉尘的地

第三章　公路工程施工安全操作

方。露天使用的焊机应设防雨棚,焊机应用绝缘物垫起,垫起高度不得小于20cm,按要求配备消防器材。

(4)电焊机的配电系统开关、漏电保护装置等必须灵敏有效,导线绝缘必须良好。

(5)电焊机必须设单独的电源开关、自动断电装置。电源开关、自动断电装置必须放在防雨的闸箱内,装在便于操作之处,并留有安全通道。

(6)电焊机的外壳必须设可靠的保护接零,必须定期检查电焊机的保护接零线。

(7)电焊机电源线必须绝缘良好,长度不得大于 5m。

(8)电焊机焊接电缆线必须使用多股细铜线电缆,其截面应根据电焊机使用要求选用。电缆外皮必须完好、柔软,其绝缘电阻应不小于 $1m\Omega$。焊接电缆线长度不得大于 30m。

(9)电焊机内部应保持清洁,定期吹净尘土。清扫时必须切断电源。

(10)电焊机启动后,必须空载运行一段时间。调节焊接电流及极性开关应在空载下进行。直流焊机空载电压不得超过 90V,交流焊机空载电压不得超过 80V。

(11)严禁用拖拉电缆的方法移动焊机。移动电焊机时,必须切断电源。焊接中途突然停电,必须立即切断电源。

2. 交流电焊机作业

(1)台焊机接线时三相负载应平衡,初级线上必须有开关及熔断保护器。

(2)焊机应绝缘良好。焊接变压器的一次线圈绕组与二次线圈绕组之间、绕组与外壳之间的绝缘电阻不得小于 $1m\Omega$。

(3)电焊机必须安装一、二次线接线保护罩。

(4)电焊机的工作负荷应依照设计规定,不应超载运行。作业中应经常检查电焊机的温升,超过 A 级 60℃、B 级 80℃时必须停止运转。

3. 硅整流电焊机作业

(1)用硅整流电焊机时,必须开启风扇,运转中应无异响,电压表指示值应正常。

(2)经常清洁硅整流器及各部件,清洁工作必须在关机断电后进行。

4. 氩弧焊机作业

(1)工作前必须检查管路,气管、水管不得受压、泄漏。

(2)氩气减压阀、管接头不得沾有油脂。安装后应试验,管路应无障碍、不漏气。

(3)水冷型焊机冷却水应保持清洁,焊接中水流量应正常,严禁断水施焊。

(4)高频引弧焊机,必须保证高频防护装置良好,不得发生短路。

(5)更换钨极时,必须切断电源。磨削钨极必须戴手套和口罩。磨削下来的粉尘应及时清除。钍、铈钨极必须放置在密闭的铅盒内保存,不得随身携带。

(6)氩气瓶内氩气不得用完,应保留96~226Pa压力。氩气瓶应直立、固定放置,不得倒放。

(7)作业后切断电源,关闭水源和气源。焊接人员必须及时脱去工作服,清洗手脸和外露的皮肤。

5. 二氧化碳气体保护焊机作业

(1)作业前预热15min,开气时,操作人员必须站在瓶嘴的侧面。

(2)二氧化碳气体预热器端的电压不得高于36V。

(3)二氧化碳气瓶应放在阴凉处,不得靠近热源,最高温度不得超过30℃,并应放置牢靠。

(4)作业前应进行检查,焊丝的进给机构、电源的连接部分、二氧化碳的气体供应系统以及冷却水循环系统均应合乎要求。

6. 埋弧自动、半自动焊机作业

(1)作业前应进行检查,送丝滚轮的沟槽及齿纹应完好,滚轮、导电嘴(块)必须接触良好,减速箱油槽孔应充量合格。

(2)软管式送丝机构的软管槽孔应保持清洁,定期吹洗。

7. 对焊机作业

(1)对焊机应有可靠的接零保护。多台对焊机并列安装时,间距不得小于3m,并应接在不同的相线上,有各自的控制开关。

(2)作业前应进行检查,焊机的压力机构应灵活,夹具必须牢固,气、液压系统应无泄漏,正常后方可施焊。

(3)焊接前应根据所焊钢筋截面,调整二次电压,不得焊接超过对焊机规定直径的钢筋。

(4)应定期磨光断路器上的接触点、电极,定期紧固二次电路全部连接螺栓。冷却水温度不得超过40℃。

(5)焊接较长钢筋时应设置托架,焊接时必须防止火花烫伤其他人员。

8. 点焊机作业

(1)作业前,必须清除上、下两电极的油污。通电后,检查机体外壳应无漏电。

(2)启动前,应首先接通控制线路的转向开关调整极数,然后接通水源、气源,最后接通电源。电极触头应保持光洁,漏电应立即更换。

(3)作业时气路、水冷系统应畅通。气体必须保持干燥。排水温度不得超过40℃。

(4)严禁加大引燃电路中的熔断器。当负载过小使引燃管内不能发生电弧时,不得闭合控制箱的引燃电路。

(5)控制箱如长期停用,每月应通电加热30min,如更换闸流管亦要预热30min,正常工作的控制箱的预热时间不得少于5min。

9. 焊钳和焊接电缆

(1)焊钳应保证任何斜度都能夹紧焊条,且便于更换焊条。

(2)焊钳必须具有良好的绝缘、隔热能力。手柄绝热性能应良好。

(3)焊钳与电缆的连接应简便可靠,导体不得外露。

(4)焊钳弹簧失效,应立即更换。钳口处应经常保持清洁。

(5)焊接电缆应具有良好的导电能力和绝缘外层。

(6)焊接电缆的选择应根据焊接电流的大小和电缆的长度,按规定选用较大的截面积。

(7)焊接电缆接头应采用铜导体,且接触良好,安装牢固可靠。

(五)气焊设备

1. 氧气瓶

(1)氧气瓶应与其他易燃气瓶、油脂和易燃、易爆物品分别存放。

(2)存储高压气瓶时应旋紧瓶帽、放置整齐、留有通道,加以固定。

(3)气瓶库房应与高温、明火地点保持10m以上的距离。库房内必须按规定配备消防器材。

(4)氧气瓶在运输时应平放,并加以固定,其高度不得超过车厢槽帮。

(5)严禁用自行车、叉车或起重设备吊运高压钢瓶。

(6)氧气瓶应设有防振圈和安全帽,搬运和使用时严禁撞击。

(7)氧气瓶阀不得沾有油脂、灰尘。不得用带油脂的工具、手套或工作服接触氧气瓶阀。

(8)氧气瓶不得在强烈日光下曝晒,夏季露天工作时,应搭设防晒罩、棚。

(9)氧气瓶与焊炬、割炬、炉子和其他明火的距离应不小于10m,与乙炔瓶的距离不得小于5m。

(10)开启氧气瓶阀门时,操作人员不得面对减压器,应使用专用工具。开启动作要缓慢,压力表指针应灵敏、正常。氧气瓶中的氧气不得全部用尽,必须保持不小于49kPa的压强。

(11)严禁使用无减压器的氧气瓶作业。

(12)安装减压器时,应首先检查氧气瓶阀门,接头不得有油脂,并略开阀门清除污垢,然后安装减压器。作业人员不得正对氧气瓶阀门出气口。关闭氧气阀门时,必须先松开减压器的活门螺钉。

(13)作业中,如发现氧气瓶阀门失灵或损坏不能关闭时,应待瓶内的氧气自动逸尽后,再行拆卸修理。

(14)检查瓶口是否漏气时,应使用肥皂水涂在瓶口上观察,不得用明火试。冬季阀门被冻结时,可用温水或蒸汽加热,严禁用火烤。

2. 乙炔瓶

(1)现场乙炔瓶储存量不得超过5瓶,5瓶以上时应放在储存间。储存间与明火的距离不得小于15m,并应通风良好,设有降温设施、消防设施和通道,避免阳光直射。

(2)储存乙炔瓶时,乙炔瓶应直立,并必须采取防止倾斜的措施。严禁与氯气瓶、氧气瓶及其他易燃、易爆物同间储存。

(3)储存间必须设专人管理,应在醒目的地方设安全标志。

(4)应使用专用小车运送乙炔瓶。装卸乙炔瓶的动作应轻,不得抛、滑、滚、碰。严禁剧烈震动和撞击。

(5)汽车运输乙炔时,乙炔瓶应妥善固定。气瓶宜横向放置,头向一方。直立放置时,车厢高度不得低于瓶高的2/3。

(6)乙炔瓶在使用时必须直立放置。

(7)乙炔瓶与热源的距离不得小于10m。乙炔瓶表面温度不得超过40℃。

(8)乙炔瓶在使用时必须装设专用减压器,减压器与瓶阀的连接应可靠,不得漏气。

(9)乙炔瓶内气体不得用尽,必须保留不小于98kPa的压强。

(10)严禁铜、银、汞等及其制品与乙炔接触。

3. 液化气瓶

(1)液化石油气瓶必须放置在室内通风良好处,室内严禁烟火,并按规定配备消防器材。

(2)气瓶冬季加温时,可使用40℃以下温水,严禁火烤或用沸水加热。

(3)气瓶在运输、存储时必须直立放置,并加以固定,搬运时不得碰撞。

(4)气瓶不得倒置,严禁倒出残液。

(5)瓶阀管子不得漏气,丝堵、角阀螺纹不得锈蚀。

(6)气瓶不得充满液体,应留出10%~15%的气化空间。

(7)胶管和衬垫材料应采用耐油材料。

(8)使用时应先点火,后开气,使用后关闭全部阀门。

4. 减压器

(1)不同气体的减压器严禁混用。

(2)减压器出口接头与胶管应扎紧。

(3)减压器冻结时应采用热水或蒸汽加热解冻,严禁用火烤。

(4)安装减压器前,应略开氧气阀门,吹除污物。

(5)安装减压器前应进行检查,减压器不得沾有油脂。

(6)打开氧气阀门时,必须慢慢开启,不得用力过猛。

(7)减压器发生自流现象或漏气时,必须迅速关闭氧气瓶气阀,卸下减压器进行修理。

5. 焊炬和割炬

(1)使用焊炬和割炬前必须检查射吸情况,射吸不正常时,必须修理,正常后方可使用。

(2)焊炬和割炬点火前,应检查连接处和各气阀的严密性,连接处和气阀不得漏气;焊嘴、割嘴不得漏气、堵塞。使用过程中,如发现焊炬、割炬气体通路和气阀有漏气现象,应立即停止作业,修好后再使用。

(3)严禁在氧气阀门和乙炔阀门同时开启时用手或其他物体堵住焊嘴或割嘴。

(4)焊嘴或割嘴不得过分受热,温度过高,应放入水中冷却。

(5)焊炬、割炬的气体通路均不得沾有油脂。

6. 橡胶软管

(1)橡胶软管必须能承受气体压力;各种气体的软管不得混用。

(2)胶管的长度不得小于5m,以 10~15m 为宜,氧气软管接头必须扎紧。

(3)使用中,氧气软管和乙炔软管不得沾有油脂,不得触及灼热金属或尖刃物体。

六、起重运输机械操作工

1. 一般规定

(1)起重运输机械操作工必须取得资格证后持证上岗,并应遵守下列规定:

1)操作人员必须身体健康,患有碍安全操作的疾病和精神不正常者不得操作机械设备,酒后或服用镇静药物者不得操作机械设备。

2)作业中应观察或巡视机械、周围人员及环境状况,不得擅自离开岗位。

3)操作人员必须按规定佩戴安全防护用品,女工应戴工作帽,作业时长发不得外露。

4)不得随意拆除机械设备照明、信号、仪表、报警和防护装置,应按规定的周期检查、调校安全防护装置。

5)机械设备外露的传动机构、转动部件和高温、带电部分应装设防护罩等安全防护设施和设有明显的安全警示标志。

6)机械运转时严禁接触运动部件、进行修理及保养作业。

(2)作业时应遵守下列规定:

1)机械在社会道路上行驶时必须遵守交通管理部门的有关规定。

2)机械通过桥梁前,应了解桥梁的承载能力,确认安全后方可低速通过;严禁在桥面上急转向和紧急刹车;通过桥洞前必须注意限高,确认安全后方可通过。

3)作业前,必须进行检查,制动、转向、信号及安全装置应齐全有效。

4)坡道停机时,不得横向停放;纵向停放时,必须挡掩,并将工作装置落地辅助制动,确认制动可靠后,操作人员方可离开;雨季应将机械停放在地势较高的坚实地面。

5)在发电站、变电站、配电室等附近作业时,不得进入危险区域;在高压线附近工作时,机体及工作装置运动轨迹距高压线的距离应符合规定。

(3)作业前必须检查变幅指示器、力矩限制器、行程限位开关、防脱钩装置及吊索具,确认安全。

(4)作业前必须了解现场的道路、构筑物、架空电线及吊物的情况起重机械臂杆起落及回转半径内应无障碍物及无关人员。

(5)作业时必须听从现场指挥人员、信号工的统一指挥,遵守相关规定。

(6)不得随意拆改安全装置,严禁用限位装置代替制动。

(7)严禁无性繁殖机械超载作业,严禁斜拉、斜吊和吊装埋入地下的物体。起吊现场浇筑的混凝土构件或模板前,必须确认混凝土构件或模板已全部松动。

(8)吊装零散物时,必须用吊笼。

(9)起吊时,先将吊物吊离地面 10~30cm,经确认安全以后方可再行提升。对可能晃动、转动的重物,必须拴控制绳。

(10)吊装作业时,严禁人员在吊物下穿行或停留。

(11)起升和降落的速度应均匀,严禁忽快忽慢或突然制动。回转动作应平稳,回转未停稳前,不得作反向操作。

(12)卷筒上的钢丝绳应连接牢固、排列整齐。放绳时,卷筒上的钢丝绳应保留 3 圈以上。钢丝绳必须符合国家标准规定。

(13)运输车辆必须按要求配备消防器材。

2. 载重汽车

(1)载重汽车在道路上行驶时必须遵守交通管理部门的有关规定。

(2)载重汽车的安全防护装置必须齐全、灵敏有效。

(3)运载易燃、易爆、有毒、强腐蚀性等危险品时,应符合国家的有关规定。

(4)在施工现场行驶时应遵守现场的限速规定。无限速规定时,应根据现场道路及周围人员情况确定车速,但最大时速不得大于 15km。

(5)在施工现场倒车应先鸣笛,确认安全以后方可倒车。

(6)使用起重机、装载机、挖掘机装卸车时,汽车驾驶员不得停留在驾驶室内。

3. 自卸汽车

(1)自卸汽车驾驶员应遵守"2. 载重汽车"的各项规定。

(2)车厢内严禁载人。

(3)自卸汽车在沟槽边卸料时,应有专人指挥,卸料时汽车后轮距槽边不得小于 1.5m,并设牢固挡掩。

(4)举升车厢检修、保养车辆时,必须将车厢支撑牢固。

4. 油罐车

(1)油罐车驾驶员应遵守"2. 载重汽车"(1)~(2)的规定。

(2)油罐车的各种专用装置必须完好,油泵、油管、油罐接头、阀门、加油口应密封良好无泄漏,通气孔应畅通,接地链条应符合规定。

(3)油罐汽车的化油器不得有回火现象。油罐汽车附近严禁明火操作或吸烟

第三章　公路工程施工安全操作

行为。油罐汽车停放时应远离火源；炎热季节应选择荫凉处停放；雷雨天气不得将车停放在大树或高压线下。

(4)检修人员检修车辆时，不得携带火种，不得穿带钉子的鞋。

5. 拖车车组

(1)拖车车组驾驶员应遵守"2. 载重汽车"第(1)～(5)的规定。

(2)在装卸货物或机械设备时，应将拖车车组停放在平坦、坚实的地面，将车辆制动，用三角木楔紧轮胎，并设专人统一指挥。

(3)装运带长臂杆的设备时，臂杆应朝向拖车的后方，超长的臂杆应拆解装运。拖运货物或设备的长、宽、高，应符合交通管理部门的有关规定。

(4)装运货物或设备时，应把货物或设备绑扎牢固，将设备制动，楔紧轮胎或履带，锁牢保险装置。

(5)装卸设备用的跳板必须搭设牢固、可靠。装卸挖掘机、起重机、压路机、沥青混凝土摊铺机时，跳板与地面之间的角度不得大于15°；装卸推土机、履带式拖拉机时，跳板与地面之间的角度不得大于28°。

(6)拖运超长、超高的物品或设备时，应到交通管理部门办理行驶手续，按规定的时间和路线行驶。拖运前应勘察线路。拖运时，白天应挂红旗，夜间应挂示廓示宽的标志灯。随车应有电工保护路经的供电、通信线路。

(7)在坡道上行驶前，应换好适宜的低速挡，避免中途换挡或紧急制动。下坡时严禁空挡滑行。

6. 洒水车

洒水车驾驶员应遵守"2. 载重汽车"第(1)～(5)的规定。

7. 沥青罐车

(1)沥青罐车驾驶员应遵守"2. 载重汽车"第(1)～(5)的规定。

(2)随车应按要求配备消防器材。沥青罐装贮量应符合规定。装、卸沥青及加热沥青应符合原车辆技术说明书的要求。

8. 机动翻斗车

(1)机动翻斗车在施工现场行驶时，车斗的锁紧机构必须锁紧，时速不得超过5km。

(2)严禁驾驶室以外任何部位载人。

(3)下雪、结冰等情况下路面条件较差时，应低速行驶，不得紧急制动。

(4)上下坡时应换低速挡行驶。下坡时严禁空挡滑行。重车下坡应倒车行驶。

(5)使用装载机等机械装车时，驾驶员不得停留在驾驶室内。

(6)在坑、沟槽边沿卸料时，轮胎应与坑、沟槽沿保持1.5m以上的距离，并设置牢固挡掩。严禁直接向坑、沟槽内卸料。

(7)车斗装载物料的高度，不得影响驾驶员视线，宽度不得超出斗宽。

(8)车辆停放时,应停放在平坦的地面上。在斜坡上停放时,应用木楔打掩。驾驶员离开车辆时,必须将发动机熄火,并挂挡、拉紧手制动器。

9. 叉车

(1)内燃式叉车在室内作业时,应有良好的通风。严禁在存放易燃、易爆物品的仓库内作业。

(2)叉装作业时,物件应尽量靠近叉装架,其重心应在叉装架中心。物件提升离地后,应将叉装架后倾,货物离地尽可能低。在载物行驶时,起步应平稳。变换前进后退方向时,必须待机械停稳后方可进行,不得急转弯。行驶时不得紧急制动。

(3)当叉装架后倾至极限位置或升至最大高度时,必须将操纵手柄置于中间位置。不得同时操纵两个手柄。

(4)在搬运大体积货物过程中,驾驶员视线被挡住时,必须倒车低速行驶。

(5)叉装作业严禁超载。严禁用叉齿拨埋地下的物体。

(6)严禁叉车载人。装卸及运输过程中,严禁任何人在货叉下穿行或停留。

10. 汽车式、轮胎式起重机

(1)机械停放的地面应平整坚实。应按安全技术交底的要求与沟渠、基坑保持安全距离。

(2)作业前应伸出全部支腿,撑脚板下必须垫方木。调整机体水平度,无荷载时水准泡居中。支腿的定位销必须插上。底盘为弹性悬架的起重机,放支腿前应先收紧稳定器。

(3)调整支腿作业必须在无载荷时进行,将已伸出的臂杆缩回并转至正前方或正后方。作业中严禁扳动支腿操纵阀。

(4)作业中变幅应平稳,严禁猛起、猛落臂杆。

(5)伸缩臂式起重机在伸缩臂杆时,应按规定顺序进行。在伸臂的同时,应相应下放吊钩。当限位器发出警报时应立即停止伸臂。臂杆缩回时,仰角不宜过小。

(6)作业时,臂杆仰角必须符合说明书的规定。伸缩式臂杆伸出后,出现前节臂杆的长度大于后节伸出长度时,必须经过调整,消除不正常情况后方可作业。

(7)作业中出现支腿沉陷、起重机倾斜等情况时,必须立即放下吊物,经调整、消除不安全因素后方可继续作业。

(8)在进行装卸作业时,运输车驾驶室内不得有人,吊物不得从运输车驾驶室上方通过。

(9)两台起重机抬吊作业时,两机性能应相近,单机载荷不得大于额定起重量的80%。

(10)轮胎式起重机需短距离负载行走时,途经的道路必须平坦坚实,载荷必须符合使用说明书规定,吊物离地高度不得超过50cm,并必须缓慢行驶。严禁负

第三章 公路工程施工安全操作

载长距离行驶。

(11)行驶前,必须收回臂杆、吊钩及支腿。行驶时保持中速,避免紧急制动。通过铁路道口或不平道路时,必须减速慢行。

(12)行驶时,在底盘走台上严禁有人或堆放物件。

(13)起重机通过临时性桥梁(管沟)等构筑物前,必须听取施工技术人员交底,确认安全后方可通过。通过地面电缆时应铺设木板保护,通过时不得在上面转弯。

(14)作业后,伸缩臂式起重机的臂杆应全部缩回、放妥,并挂好吊钩。桁架式臂杆起重机应将臂杆转至起重机的前方,并降至40°~60°之间。各机构的制动器必须制动牢固,操作室和机棚应关门上锁。

11. 履带式起重机

(1)起重机作业场地应平整坚实。如地面松软,应夯实后用枕木横向垫于履带下方。起重机工作、行驶与停放时,应按安全技术交底的要求与沟渠、基坑保持安全距离,不得停放在斜坡上。

(2)作业时变幅应缓慢平稳。严禁在起重臂未停稳前变换挡位,满载荷或接近满载荷时严禁下落臂杆。

(3)双机抬吊重物时,应使用性能相近的起重机。抬吊时应统一指挥,动作应协调一致。载荷应分配合理,单机载荷不得超过额定重量的80%。

(4)作业时,臂杆的最大仰角不得超过说明书的规定。无资料可查时,不得超过78°。

(5)需负载行走时,载荷不得超过额定重量的70%。行走时,吊物应在起重机行走正前方向,离地高度不得超过50cm,行驶速度应缓慢。严禁负载长距离行驶。

(6)转弯时,如转弯半径过小,应分次转弯。下坡时严禁空挡滑行。

(7)起重机转移工地应用长板拖车运送。近距离自行转移时,必须卸去配重,拆短臂杆、制动回转机构、臂杆、吊钩等。行走时主动轮在后面。

(8)起重机通过桥梁、管道(沟)前,必须听从施工人员的安全技术交底,确认安全后方可通过。通过铁路、地面电缆等设施时应铺设木板保护,通过时不得在上面转弯。

(9)作业后臂杆应转至顺风方向,并降至40°~60°之间,吊钩应提升到接近顶端的位置。各部制动器都应加保险固定,操作室和机棚应关门上锁。

12. 塔式起重机

(1)施工期内每周或雨后应对轨道基础检查一次,发现险情应及时报告,排除险情后方可使用。

(2)作业前必须检查机械部件、安全装置、轨道、电气设备、吊索具等,确认安全后方可作业。

(3)如风力达到四级以上时不得进行顶升、安装、拆卸作业。作业时突然遇到风力加大,必须停止作业,将塔身固定。

(4)操纵控制器应从零位开始,严禁越档操作,回零位后方可反向操作,严禁急开急停。

(5)严禁用吊钩直接钩挂重物。工作中平移吊物时,吊物应高于所跨越障碍物 1m 以上。起重机应与轨道端头保持 2~3m 的安全距离。

(6)塔吊在停歇或中途停电时,应将吊物放至地面,不得将吊装的重物悬在空中。

(7)多机同时作业时,两机任何接近部位(包括吊物)之间的安全距离不得小于 5m。

(8)作业后,应将所有控制器拨至零位,塔吊应停放在轨道中间,关闭门窗,切断电源,打开高空指示灯,锁紧夹轨器。

(9)自升塔式起重机,除遵守上述规定以外,还应遵守下列规定:

1)顶升前必须检查液压顶升系统各部件的连接情况,并调整好爬升架滚轮与塔身的间隙,然后放松电缆,其长度略大于顶升高度,并紧好电缆卷筒。

2)在顶升时,必须设专人指挥,非作业人员不得登上顶升装置套架的操作台,操作室内只准一人操作,严格听从信号工的指挥。

3)顶升时应把小车和平衡重心移至规定位置,保持塔吊被顶升部分处于平衡状态,并将回转部分制动住;顶升中发生故障,必须立即停止顶升进行检查,待排除故障后方可继续顶升。

4)顶升作业结束后,必须有专人检查连接螺栓,确认连接牢固。

(10)塔式起重机电梯每次限乘 2 人。

13. 门式、桥式起重机

(1)严禁擅自拆卸起重机的限位器等安全防护装置。

(2)当吊装的重物接近限位器,大、小临近终端,大车邻近其他起重机时,应减速慢行。严禁用反向操作代替制动、用限拉开关代替停车操作,严禁用紧急开关代替普通开关。

(3)操作人员应在规定的安全通道、专用站台或扶梯上行走或上下,大车轨道两侧除检修外不得行走。严禁在小车轨道上行走,严禁从一台起重机跨越到另一台起重机上。

(4)桥式起重机的步道及机构上不得堆放物品和工具。门式起重机上不得存放物品。

(5)门式起重机作业前,应确认轨道地基无沉陷,轨道上无障碍物。行走时,应确认两侧驱动同步,发现偏移,必须停车检查、调整。空车行驶时,吊钩应离场面 2.5m 以上。

(6)开始起吊前、运行线路的地面有人或落放吊装物时,应鸣铃示警。严禁吊物从人员上方越过。吊车行驶时,吊物离周围障碍物的距离必须大于50cm。停歇作业时,必须将吊物放至地面,不得将吊物悬在空中。

(7)两台起重机吊运同一重物时,必须统一指挥,每台起重的起重量不得超过其额定重量的80%。两台桥式起重机在同一轨道上作业时,两机之间距离应大于3m。严禁用一台起重机顶推另一台起重机。

(8)运行时,不同层高轨道上的起重机错车时,上层起重机应主动避让。

(9)起重机吊装的重物重量接近额定载荷时,应先吊离地面进行试吊,确认吊挂平衡、制动良好、机构正常后,再缓慢提升、运行。严禁同时操作3个控制手柄。

(10)起重机运行时,严禁人员上下和检修设备。

(11)起重机运行中突然停电时,必须将开关手柄放置到"0"位。吊物未放至地面或索具未脱钩前,操作人员不得离开操作室。

(12)门式起重机吊运高大物件时,若妨碍操作人员的视线,应设专人监护和指挥。

(13)停止作业后,必须切断电源,锁紧夹轨器,锁好门窗。

14. 卷扬机

(1)作业前应检查地锚的牢固性,并进行空载试验,确认安全后方可作业。

(2)升降作业时,起重钢丝绳、导向滑轮及吊物运动情况都应在操作人员的视线范围内。

(3)严禁超载。双卷筒卷扬机的两个卷筒同时工作时,每个卷筒的起重重量不得超过其额定重量的50%。

(4)载物升降作业时,如无特殊情况不宜紧急制动。如遇停电等特殊情况时,应将重物放至地面,关闭电源。

(5)卷扬机放绳时,卷筒上的钢丝绳必须保留3圈以上。排绳混乱时应停机处理。钢丝绳跨路部分应作保护。

(6)严禁用卷扬机牵引吊笼载人升降。作业中严禁跨越钢丝绳。

(7)作业结束以后,垂直运输吊笼必须降至地面,切断电源,锁好电闸箱。

15. 电动葫芦

(1)作业前应进行空载试验,运转正常以后方可作业。

(2)作业时吊点应与重物的重心垂线重合,必须垂直起吊。吊物行走时,吊物的高度必须超过地面物体0.5m以上,严禁从人员上方通过。吊物不得长时间悬空停留。

(3)作业结束以后,应将电葫芦停放在安全的位置,升起吊钩,切断电源。

16. 混凝土搅拌运输车

(1)作业前必须进行检查,确认转向、制动、灯光、信号系统灵敏有效,搅拌运输车滚筒和溜槽无裂纹和严重损伤,搅拌叶片磨损在正常范围内,底盘和副车架之间的U形螺栓连接良好。

(2)了解施工要求和现场情况,选择行车路线和停车地点。
(3)在社会道路上行驶必须遵守交通规则。转弯半径应符合使用说明书的要求,时速不大于15km,进站时速不大于5km。
(4)作业时,严禁用手触摸旋转的滚筒和滚轮。
(5)倒车卸料时,必须服从指挥,注意周围人员,发现异常立即停车。
(6)严禁在高压线下进行清洗作业。
17. 混凝土输送泵车
(1)混凝土输送泵车应停放在平整坚实的地方,支腿底部应用垫木支架平稳,臂架转动范围内不得有障碍物。严禁在高压输电线路下作业。
(2)作业前应进行检查,确认安全。
1)搅拌机构工作正常,传动机构应动作准确。
2)输送管无裂纹、损坏、变形、输送管道磨损应在规定范围内。
3)管道连接处应密封良好。
4)料斗筛网完好。
5)液压系统应工作正常。
6)仪表、信号指示灯齐全完好,各种手动阀动作灵活、定位可靠。
(3)作业中严禁接长输送管和软管。软管不得在地面拖行。
(4)作业中应严格按顺序打开臂架。风力大于六级(含六级)时严禁作业。
(5)严禁用臂架作为起重工具。
(6)泵送作业中,操作者应注意观察施工作业区域和设备的工作状态。臂架工作范围内不得有人员停留。
(7)作业中严禁扳动液压支腿控制阀。如发现车体倾斜或其他不正常现象时,应立即停止作业,收回臂架检查,待排除故障后再继续作业。
(8)泵送作业时,严禁跨越搅拌料斗。
(9)排除管道堵塞时,应疏散周围的人员。拆卸管道清洗前应采取反抽方法,消除输送管道内的压力。拆卸时严禁管口对人。
(10)作业时不得取下料斗格栅网和其他安全装置。不得攀登和骑压输送管道,不得把手伸入阀体内。泵送时严禁拆卸管道。
(11)清洗管道时,操作人员应离开管道出口和弯管接头处。如用压缩空气清洗管道时,管道出口处10m内不得有人员和设备。

七、动力机械操作工

1. 一般规定
(1)操作人员必须经过安全技术培训,考核合格后方可上岗。
(2)操作人员必须身体健康。患有碍安全操作的疾病和精神不正常者不得操作机械设备。酒后或服用镇静药物者不得操作机械设备。
(3)作业中应观察或巡视机械、周围人员及环境状况,不得擅自离开岗位。

第三章 公路工程施工安全操作

(4)操作人员必须按规定佩戴安全防护用品,女工应戴工作帽,作业时长发不得外露。

(5)不得随意拆除机械设备的照明、信号、仪表、报警和防护装置。应按规定的周期检查、调校安全防护装置。

(6)机械设备外露的传动机构、转动部件和高温、带电部分应装设防护罩等安全防护设施和设有明显的安全警示标志。

(7)机械运转时严禁接触运动部件、进行修理及保养作业。

2. 内燃机

(1)安装在室内的内燃机排气管必须引出室外,且不得与可燃物接触。机房内不得存放易燃、易爆物品。室内应有良好的通风条件。

(2)添加燃油或润滑油时严禁烟火。

(3)严禁用明火加热汽油机。使用明火加热柴油机时,必须由专人看管。

(4)使用手摇柄起动内燃机时,应由下向上提动摇柄。使用手拉绳起动内燃机时,严禁将绳端缠在手上。

(5)操作人员发现机械设备有异响、异味等不正常情况时,应立即停机检查。

(6)当发动机过热时,不得立即打开水箱盖,应待温度降至正常后再打开。打开水箱盖时,必须戴手套操作,不得面对水箱加水口。

(7)严禁用汽油或煤油清洗内燃机空气滤清器和芯。

3. 空气压缩机

(1)固定式空气压缩机必须安装稳固。移动式空气压缩机机组应置于平整坚实的地面,并挡掩牢固。

(2)电动空气压缩机及启动器的外壳的保护接零必须完好。

(3)机械运转时,操作人员应注意观察压力表,其压力不得超过规定值。如发生异常情况必须立即停机检查。

(4)贮气罐安全阀每半个月应作一次手动试验,安全阀必须灵敏有效。

(5)使用压缩空气吹洗零件时,严禁风口对人。

4. 发电机组

(1)固定式机组必须安装在混凝土基础上。发电机组房(棚)的地面必须保持干燥,房(棚)内不得存放易燃、易爆物品。

(2)移动式机组运转前必须支垫平稳。运转时严禁移动。雨季使用时,应有防雨设施。

(3)发电机组必须设保护接地装置。长期停用的发电机组在重新使用前,必须检查各部件,并测量绝缘电阻值,确认安全后方可使用。

(4)发电机组运转时,操作人员应经常检查仪表,如发现异常声响、过热等情况时,应立即停机检查。

(5)严禁在一相熔丝断路时送电,严禁用断合电闸的方法传递信号。

八、起重工(挂钩工、信号工)

1. 一般规定

(1)起重工应健康,两眼视力均不得低于1.0,无色盲、听力障碍、高气压、心脏病、癫痫、眩晕、突发性昏厥及其他影响起重吊装作业的疾病与生理缺陷。

(2)必须经过安全技术培训,持证上岗。严禁酒后作业。

(3)作业前必须检查作业环境、吊索具、防护用品。吊装区域无闲散人员,障碍已排除。吊索具无缺陷,捆绑正确牢固,被吊物与其他物件无连接。确认安全后方可作业。

(4)轮式或履带式起重机作业时必须确定吊装区域,并设警戒标志,必要时派人监护。

(5)大雨、大雪、大雾及风力六级以上(含六级)等恶劣天气,必须停止露天起重吊装作业。严禁在带电的高压线下作业。

(6)在高压线一侧作业时,必须保持最小安全距离。

(7)在下列情况下严禁进行吊装作业:

1)被吊物质量超过机构性能允许范围。

2)信号不清。

3)吊装物下方站人。

4)吊装物上站人。

5)立式构件、大模板不用卡环。

6)斜拉斜牵物。

7)散物捆扎不牢。

8)零碎物无容器。

9)吊装物质量不明。

10)吊索具不符合规定。

11)作业现场光线阴暗。

(8)作业时必须执行安全交底,听从统一指挥。

(9)使用起重机作业时,必须正确选择吊点位置,合理穿挂索具,试吊。除指挥及挂钩人员外,严禁其他人员进入吊装作业区。

(10)使用两台吊车抬吊大型构件时,吊车性能应一致,单机荷载应合理分配,且不得超过额定荷载的80%。作业时必须统一指挥,动作一致。

(11)需自制吊运物料的容器(土斗、混凝土斗、砂浆斗等)时,必须遵守下列规定:

1)荷载(包括自重)不得超过5000kg。

2)必须由专业技术人员设计,报项目经理部总工程师批准。

3)焊制时,需选派技术水平高的焊工施焊,由质量管理人员跟踪检查,确保制作质量。

4)制作完成后,需经项目经理部总工程师组织验收,并试吊,确认合格。

5)验收时必须将设计图纸和计算书交项目经理部主管部门存档,并由主管部门纳入管理范畴,定期检查、维护,遇有损坏及时修理,保持完好。

6)使用前必须由作业人员进行检查,确认焊缝不开裂、吊环不歪斜、开裂,容器完好。

2. 基本操作

(1)穿绳:确定吊物重心,选好挂绳位置。穿绳应用铁钩,不得将手臂伸到吊物下面。吊运棱角坚硬或易滑的吊物,必须加衬垫、用套索。

(2)挂绳:应按顺序挂绳,吊绳不得相互挤压、交叉、扭压、绞拧。一般吊物可用兜挂法,必须保持吊物平衡。对于易滚、易滑或超长货物,宜采用索绳方法,使用卡环锁紧吊绳。

(3)试吊:吊绳套挂牢固,起重机缓慢起升,将吊绳绷紧稍停,起升不得过高。试吊中,信号工、挂钩工、驾驶员必须协调配合。如发现吊物重心偏移或与其他物件粘连等情况时,必须立即停止起吊,采取措施并确认安全后方可起吊。

(4)摘绳:落绳、停稳、支稳后方可放松吊绳。对易滚、易滑、易用散的吊物,摘绳要用安全钩。挂钩工不得站在吊物上面。如遇不易人工摘绳时,应选用其他机具辅助,严禁攀登吊物及绳索。

(5)抽绳:吊钩应与吊物重心保持垂直,缓慢起绳,不得斜拉、强拉,不得旋转吊臂抽绳。吊运易损、易滚、易倒的吊物不得使用起重机抽绳。

(6)吊挂作业应遵守下列规定:

1)兜绳吊挂应保持吊点位置准确、兜绳不偏移、吊物平衡。

2)锁绳吊挂应便于摘绳操作。

3)卡具吊挂时应避免卡具在吊装中被碰撞。

4)扁担吊挂时,吊点应对称于吊物重心。

(7)捆绑作业应遵守下列规定:

1)捆绑必须牢固。

2)吊运集装箱式吊物装车时,应使用捆绑工具将箱体与车连接牢固,并加垫防滑。

3)管材、构件等必须用紧线器紧固。

(8)新起重工具、吊具应按说明书检验,试吊后方可正式使用。

(9)长期不用的起重、吊挂机具,必须进行检测、试吊,确认安全后方可使用。

(10)钢丝绳、套索等的安全系数不得小于8~10。

3. 三角架吊装

(1)作业前边必须按安全技术交底要求选用机具、吊具、绳索及配套材料。

(2)作业前应将作业场地整平、压实。三角架底部应支垫牢固。

(3)三角架顶端绑扎绳以上伸出长度不得小于60cm,捆绑点以下三杆长度应相等并用钢丝绳连接牢固,底部三角距离相等,且为架高的1/3~2/3。相邻两杆用排木连接,排木间距不得大于1.5m。

(4)吊装作业时必须设专人指挥。试吊时应检查各部件,确认安全后方可正式操作。

(5)移动三角架时必须设专人指挥,由3人以上检查。

4. 构件及设备的吊装

(1)作业前应检查被吊物、场地、作业空间等,确认安全后方可作业。

(2)作业时应缓起、缓转、缓移,并用控制绳保持吊物平稳。

(3)移动构件、设备时,构件、设备必须各排子连接牢固,保持稳定。道路应坚实平整,作业人员必须听从统一指挥,协调一致。使用卷扬机移动构件或设备时,必须用慢速卷扬机。

(4)码放构件的场地应坚实平整。码放后应支撑牢固、稳定。

(5)吊装大型构件使用千斤顶高速就位时,严禁两端千斤顶同时起落;一端使用两个千斤顶时,起落速度应一致。

(6)超长型构件运输时,悬出部分不得大于总长的1/4,并应采取防倾覆措施。

(7)暂停作业时,必须把构件、设备支撑稳定,连接牢固后方可离开现场。

5. 吊索具

(1)作业是必须根据吊物的重量等选用合适的吊索具。

(2)严禁在吊钩上补焊、打孔。吊钩表面必须保持光滑,不得有裂纹。严禁使用危险断面磨损程度达到原尺寸的10%、钩口开口度尺寸比原尺寸增大15%、扭转变形超过10%、危险断面或颈部产生塑性变形的吊钩。板钩衬套磨损达原尺寸的50%时,应报废衬套。板钩心轴磨损达原尺寸的5%时,应报废心轴。

(3)编插钢丝绳索具宜用$\phi 6\times 37$的钢丝绳。编插段的长度不得小于钢丝绳直径的20倍,且不得小于300mm。编插钢丝绳的强度应按原钢丝绳强度的70%计算。

(4)吊索的水平夹角应大于45°。

(5)使用卡环时,严禁卡环侧向受力,起吊前必须检查封闭销是否拧紧。不得使用有裂纹、变形的卡环。严禁用焊补方法修复卡环。

(6)凡有下列情况之一的钢丝绳不得继续使用:

1)断股或使用时断丝速度增大。

2)在一个节距内的断丝数量超过总丝数的10%。

3)出现拧扭死结、死弯、压扁、股松明显、波浪形、钢丝外飞、绳芯挤出以及断股等现象。

4)钢丝绳直径减小7%~10%。

5)钢丝绳表面钢丝磨损或腐蚀程度,达到表面钢丝直径的40%以上,或钢丝绳被腐蚀后,表面麻痕清晰可见,整根钢丝绳明显变硬。

(7)使用新购置的吊索具前应检查其合格证,并进行试吊,确认安全。

九、电工

1. 一般规定

(1)经医师鉴定无高血压、心脏病、神经病、癫痫病、聋哑、严重口吃、色盲症等妨碍电气作业的病症和缺陷。

(2)必须掌握必要的电气知识,并经考试合格,持证上岗,在准许的工作范围内作业。

(3)必须严格执行施工现场临时用电安全技术规范等现行规范、标准、规程中的规定。

(4)持学习证人员不得独立作业,应在持操作证人员的监护下作业。

(5)按规定佩戴个人防护用品,使用和保管专用工具。

(6)在发生雨、雪及风力六级以上(含六级)等恶劣天气后应对供电线路、用电设施进行检查,确认安全后方可使用。

(7)熟练掌握触电紧急救护方法。发生事故后应采取措施,抢救伤员,并及时报告。

2. 临时架空电缆线路及变台

(1)开挖电杆基坑作业前,应与有关单位取得联系,探明地下物状况并采取防护措施。在现况电力、通信电缆 2m 范围内和现况燃气、热力、给水、排水等管道 1m 范围内必须在主管单位人员的监护下人工开挖。

(2)搬运电杆时,必须统一指挥,协调一致,互相呼应。使用车辆搬运电杆时,必须将电杆绑扎牢固,并保持平衡。

(3)立、撤电杆作业必须设专人指挥,明确联系信号和人员分工,必要时设专人监护和疏导交通。

(4)使用汽车起重机立、撤电杆时,应与信号工密切配合,吊点应在电杆重心的上方,距杆根的距离应大于杆长的 0.4 倍加 0.5m。

(5)人工立杆应使用两副架腿,杆轴向与架腿顶部支点应保持同一直线,并位于架腿两支腿的中心,架腿受力应均衡。基坑填平夯实后方可拆除支腿。立水泥杆时,应采取防滑措施。

(6)立、撤电杆时,应设置半径为 1.2 倍杆长的作业区域,无关人员不得进入作业区域。立杆作业时,坑内严禁有人。

(7)蹬杆前应检查电杆埋设的牢固性,确认安全后方可蹬杆。

(8)杆上作业时,上下传递工具和材料应用小绳,严禁抛掷。小绳不得系在安全带上。

(9)杆上作业人员使用的工具和材料,应放在工具袋内,较大的工具应用绳子拴在牢固的构件上。

(10)邻近其他带电线路作业时,作业人员与带电线路的安全距离应不得小于表 3-1 中规定的数据。

表 3-1　　　　　　　作业人员与带电线路的安全距离

电压等级(kV)	10	35	110	220
安全距离(m)	1	2.5	3	4

(11)邻近带电路线或带电设备放、紧线作业时,应将导线接地,并用小绳拴好,指定专人拽住。

(12)紧、撤线前应先检查拉线、拉桩、确认安全后方可作业。在无拉线、拉桩的电杆上紧线,必须设置临时拉线。紧大截面导线时应设专人监视拉线、拉桩,发现异常时必须立即停止作业。

(13)撤线作业必须按规定程序操作。放线时应先用绳索将导线拴牢,剪断后徐徐下放。

(14)风力六级以上(含六级)、暴雨、雷电、大雾等恶劣天气,不得进行立杆和蹬杆作业。

(15)敷设电缆时应设专人指挥。在拐弯处敷设电缆时,作业人员应站在弯角外侧。

(16)巡视架空线路时,应沿线路上风侧行走。发现导线断落地面或悬挂空中,应采取防护措施,并及时处理。

(17)用绝缘拉杆拉合高压隔离开关及跌开式熔断器,或经传动机构拉合高压隔离开关及高压负荷开关时,室内操作应戴绝缘手套,室外操作还应穿绝缘靴。

(18)严禁带负荷拉合隔离开关及跌开式熔断器。

(19)雨天不得进行室外高压作业。

(20)变压器停电时,应先停负荷侧,后停电源侧。送电时,应先送电源侧,后送负荷侧。操作单极隔离开关及跌开式熔断器,停电时,应先拉中间相,后拉两边相;送电时,应先合两边相,后合中间相。

(21)在变台上进行检修作业时,必须采取下列安全技术措施:停电、验电、挂临时接地线、挂标示牌和装设临时遮栏。

3. 施工现场电气设备运行与维修

(1)施工现场的电气线路必须保持良好的绝缘状况,并有防止人踩、车轧、水泡、土埋及物砸的措施。

(2)不用的线路应及时切断电源或拆除。

(3)严禁在本单位不能控制的电气设备上挂接临时接地线作业。

(4)严禁在供电部门电度计量电流互感器二次回路上进行作业。

(5)停、送电前必须与各用电单位联系,严禁约时停、送电。

(6)应避免带电作业。需低压带电作业时,必须设监护人,严禁独立作业。接线时必须先按中性线,后接相线,拆线时,先拆相线,后拆中性线。

(7)当发生严重威胁人身及设备安全的紧急情况时,可以越级拉开负荷开关,但在任何情况下,不得带负荷拉开隔离开关。

(8)停电检修设备时,在可能来电的各方向必须有明显的断开点,并在开关操作手柄上悬挂"严禁合闸,有人作业"的标示牌。

(9)在装置式空气断路器或漏电保护开关下手接、拆用电设备时,必须逐相验电,确认安全后方可进行操作。

(10)在多台电焊机集中使用的场所,当拆除其中一台电焊机时,断电后应在其一次线侧先行验电,确认无压后方可进行拆除。

(11)运行中的电气设备发生开关跳闸或熔断器熔断,未查清故障原因前不得合闸。

(12)采用自备发电机作为备用电源时,备用电源断路设备与主电源断路设备之间必须装设连锁设备。

(13)配电箱及开关箱内的闸器具必须完好无损,配电盘面上不得出现裸露带电体。

(14)雨淋、水泡、受潮的电气设备应进行干燥处理,并摇测绝缘电阻,合格后方可使用。

4. 常用工具

(1)使用移动式和手持式电动工具应遵守以下规定:

1)作业时所有电动工具,必须装设漏电保护装置,金属外壳必须接保护零线。

2)电动工具使用前应进行检查,确认开关安装牢固,动作灵活可靠;电源开关应采用双极或三极式。

3)电动工具的电源线必须采用铜芯绝缘护套软线。

4)长期停用或在潮湿环境下使用的电动工具,在使用前应摇测绝缘电阻,其绝缘电阻值应符合现行国家标准的规定。

5)电动工具更换刃具时,必须持旋转停止并切断电源后进行,操作时不得戴线手套,不得用手指直接清除渣物。

(2)使用工作梯时应遵守下列规定:

1)工作梯使用前,应检查其牢固性,确认钢梯无开焊,铝合金梯子无变形或伤痕,竹、木梯无劈裂,竹、木梯为榫连接。

2)作业时工作梯与地面的夹角以 60° 为宜,在光滑及冰冻地面上应有防滑措施。

3)梯上作业人员必须将腿别在梯凳中间,不得探身或站在最上一凳上作业。

4)梯子应有专人扶持,梯上有人作业时不得移动梯子,梯下方不得有人。

5)利用梯子上杆作业时,梯子上部与杆应捆绑牢固。

6)不得将梯子置于箱、桶、平板车等不稳定的物体上。

7)双梯下端应设有限制开度的拉链,高度超过 4m 时,下部应有人扶持。

(3)使用喷灯应遵守下列规定:

1)在有带电体的场所使用喷灯时,喷灯火焰与带电部分的距离应符合下列要求:10kV 及以下电压不得小于 1.5m;10kV 以上电压不得小于 3m。

2)喷灯内油面不得高于容器高度的 3/4,加油孔的螺栓应拧紧;喷灯不得有漏油现象。

3)严禁在有易燃、易爆物质的场所使用喷灯。

4)喷灯加油、放油及拆卸喷嘴和其他零件作业,必须熄灭火焰并待冷却后进行;喷灯用完后应卸压。

5)使用煤油或酒精的喷灯内严禁注入汽油。

(4)使用脚扣、安全带应遵守下列规定:

1)脚扣的规格应与电杆的直径相适应。

2)使用脚扣前应检查有无裂纹、开焊、变形、皮带损伤情况,木杆脚扣齿部有无过度磨损、胶皮脚扣的胶皮有无脱落、离骨及过度磨损情况,小爪是否灵活可靠,确认安全后方可使用。

3)使用安全带前,应检查有无腐朽、脆裂、老化、断股等情况,所有钩环是否牢固,确认安全;可开口钩环必须有防止自动脱钩的保险装置。

4)安全带必须系在稳固处,严禁拴在横担、戗板、杆梢以及将要拆除的部件上。

5)系安全带时,必须先将钩环扣好,再将保险装置锁好后方可探身或后仰作业。

第四章 公路施工机械安全操作

第一节 土石方机械

一、单斗挖掘机

(1)单斗挖掘机的作业和行走场地应平整、坚实,对松软地面应垫以枕木或垫板,沼泽地区应先做路基处理,或更换湿地专用履带板。

(2)轮胎式挖掘机使用前应支好支腿并保持水平位置,支腿应置于作业面的方向,转向驱动桥应置于作业面的后方。采用液压悬挂装置的挖掘机,应锁住两个悬挂液压缸。履带式挖掘机的驱动轮应置于作业面的后方。

(3)平整作业场地时,不得用铲斗进行横扫或用铲斗对地面进行夯实。

(4)挖掘岩石时,应先进行爆破。挖掘冻土时,应采用破冰锤或爆破法使冻土层破碎。

(5)挖掘机正铲作业时,除松散土壤外,其最大开挖高度和深度,不应超过机械本身性能规定。在拉铲或反铲作业时,履带距工作面边缘距离应大于1.0m,轮胎距工作面边缘距离应大于1.5m。

(6)作业前重点检查项目应符合下列要求:

1)照明、信号及报警装置等齐全、有效。

2)燃油、润滑油、液压油符合规定。

3)各铰接部分连接可靠。

4)液压系统无泄漏现象。

5)轮胎气压符合规定。

(7)启动前,应将主离合器分离,各操纵杆放在空挡位置,并应按照《建筑机械使用安全技术规程》(JGJ 33—2001)第3.2节的规定启动内燃机。

(8)启动后,接合动力输出,应先使液压系统从低速到高速空载循环10~20min,无吸空等不正常噪声,工作有效,并检查各仪表指示值,待运转正常再接合主离合器,进行空载运转,顺序操纵各工作机构并测试各制动器,确认正常后,方可作业。

(9)作业时,挖掘机应保持水平位置,将行走机构制动住,并将履带或轮胎揳紧。

(10)遇较大的坚硬石块或障碍物时,应清除后方可开挖,不得用铲斗破碎石块、冻土,或用单斗齿硬啃。

(11)挖掘悬崖时,应采取防护措施。作业面不得留有伞沿及松动的大块石,当发现有塌方危险时,应立即处理或将挖掘机撤至安全地带。

(12)作业时,应待机身停稳后再挖土,当铲斗未离开工作面时,不得作回转、行走等动作。回转制动时,应使用回转制动器,不得用转向离合器反向制动。

(13)作业时,各操纵过程应平稳,不宜紧急制动。铲斗升降不得过猛,下降时,不得撞碰车架或履带。

(14)斗臂在抬高及回转时,不得碰到洞壁、沟槽侧面或其他物体。

(15)向运土车辆装车时,宜降低挖铲斗,减小卸落高度,不得偏装或砸坏车厢。在汽车未停稳或铲斗需越过驾驶室而司机未离开前不得装车。

(16)作业中,当液压缸伸缩将达到极限位时,应动作平稳,不得冲撞极限块。

(17)作业中,当需制动时,应将变速阀置于低速位置。

(18)作业中,当发现挖掘力突然变化,应停机检查,严禁在未查明原因前擅自调整分配阀压力。

(19)作业中不得打开压力表开关,且不得将工况选择阀的操纵手柄放在高速挡位置。

(20)反铲作业时,斗臂应停稳后再挖土。挖土时,斗柄伸出不宜过长,提斗不得过猛。

(21)作业中,履带式挖掘机作短距离行走时,主动轮应在后面,斗臂应在正前方与履带平行,制动住回转机构、铲斗应离地面1m。上、下坡道不得超过机械本身允许最大坡度,下坡应慢速行驶。不得在坡道上变速和空挡滑行。

(22)轮胎式挖掘机行驶前,应收回支腿并固定好,监控仪表和报警信号灯应处于正常显示状态、气压表压力应符合规定,工作装置应处于行驶方向的正前方,铲斗应离地面1m。长距离行驶时,应采用固定销将回转平台锁定,并将回转制动板踩下后锁定。

(23)当在坡道上行走且内燃机熄火时,应立即制动并揳住履带或轮胎,待重新发动后,方可继续行走。

(24)作业后,挖掘机不得停放在高边坡附近和填方区,应停放在坚实、平坦、安全的地带,将铲斗收回平放在地面上,所有操纵杆置于中位,关闭操纵室和机棚。

(25)履带式挖掘机转移工地应采用平板拖车装运。短距离自行转移时,应低速缓行,每行走500～1000m应对行走机构进行检查和润滑。

(26)保养或检修挖掘机时,除检查内燃机运行状态外,必须将内燃机熄火,并将液压系统卸荷,铲斗落地。

(27)利用铲斗将底盘顶起进行检修时,应使用垫木将抬起的轮胎垫稳,并用木楔将落地轮胎揳牢,然后将液压系统卸荷,否则严禁进入底盘下工作。

二、挖掘装载机

(1)挖掘作业前应先将装载斗翻转,使斗口朝地,并使前轮稍离开地面,踏下

第四章　公路施工机械安全操作

并锁住制动踏板,然后伸出支腿,使后轮离地并保持水平位置。

(2)作业时,操纵手柄应平稳,不得急剧移动;动臂下降时不得中途制动。挖掘时不得使用高速挡。

(3)回转应平稳,不得撞击并用于砸实沟槽的侧面。

(4)动臂后端的缓冲块应保持完好;如有损坏时,应修复后方可使用。

(5)移位时,应将挖掘装置处于中间运输状态,收起支腿,提起提升臂后方可进行。

(6)装载作业前,应将挖掘装置的回转机构置于中间位置,并用拉板固定。

(7)在装载过程中,应使用低速挡。

(8)铲斗提升臂在举升时,不应使用阀的浮动位置。

(9)在前四阀工作时,后四阀不得同时进行工作。

(10)在行驶或作业中,除驾驶室外,挖掘装载机任何地方均严禁乘坐或站立人员。

(11)行驶中,不应高速和急转弯。下坡时不得空挡滑行。

(12)行驶时,支腿应完全收回,挖掘装置应固定牢靠,装载装置宜放低,铲斗和斗柄液压活塞杆应保持完全伸张位置。

(13)当停放时间超过 1h 时,应支起支腿,使后轮离地;停放时间超过 1 天时,应使后轮离地,并应在后悬架下面用垫块支撑。

三、推土机

(1)推土机在坚硬土壤或多石土壤地带作业时,应先进行爆破或用松土器翻松。在沼泽地带作业时,应更换湿地专用履带板。

(2)推土机行驶通过或在其上作业的桥、涵、堤、坝等,应具备相应的承载能力。

(3)不得用推土机推石灰、烟灰等粉尘物料和用作碾碎石块的作业。

(4)牵引其他机械设备时,应有专人负责指挥。钢丝绳的连接应牢固、可靠。在坡道或长距离牵引时,应采用牵引杆连接。

(5)作业前重点检查项目应符合下列要求:

1)各部件无松动、连接良好。

2)燃油、润滑油、液压油等符合规定。

3)各系统管路无裂纹或泄漏。

4)各操纵杆和制动踏板的行程、履带的松紧度或轮胎气压均符合要求。

(6)启动前,应将主离合器分离,各操纵杆放在空挡位置,严禁拖、顶启动。

(7)启动后应检查各仪表指示值,液压系统应工作有效;当运转正常、水温达到 55℃、机油温度达到 45℃时,方可全载荷作业。

(8)推土机行驶前,严禁有人站在履带或刀片的支架上,机械四周应无障碍物,确认安全后,方可开动。

(9)采用主离合器传动的推土机接合应平稳,起步不得过猛,不得使离合器处于半接合状态下运转;液力传动的推土机,应先解除变速杆的锁紧状态,踏下减速器踏板,变速杆应在一定档位,然后缓慢释放减速踏板。

(10)在块石路面行驶时,应将履带张紧。当需要原地旋转或急转弯时,应采用低速挡进行。当行走机构夹入块石时,应采用正、反向往复行驶使块石排除。

(11)在浅水地带行驶或作业时,应查明水深,冷却风扇叶不得接触水面。下水前和出水后,均应对行走装置加注润滑脂。

(12)推土机上、下坡或越过障碍物时应采用低速挡。上坡不得换挡,下坡不得空挡滑行。横向行驶的坡度不得超过10°。当需要在陡坡上推土时,应先进行填挖,使机身保持平衡,方可作业。

(13)在上坡途中,当内燃机突然熄灭,应立即放下铲刀,并锁住制动踏板。在分离主离合器后,方可重新启动内燃机。

(14)下坡时,当推土机下行速度大于内燃机传动速度时,转向动作的操纵应与平地行走时操纵的方向相反,此时不得使用制动器。

(15)填沟作业驶近边坡时,铲刀不得越出边缘。后退时,应先换挡,方可提升铲刀进行倒车。

(16)在深沟、基坑或陡坡地区作业时,应有专人指挥,其垂直边坡高度不应大于2m。

(17)在堆土或松土作业中不得超载,不得做有损于铲刀、推土架、松土器等装置的动作,各项操作应缓慢平稳。无液力变矩器装置的推土机,在作业中有超载趋势时,应稍微提升刀片或变换低速挡。

(18)推树时,树干不得倒向推土机及高空架设物。推屋墙或围墙时,其高度不宜超过2.5m。严禁推带有钢筋或与地基基础连接的混凝土桩等建筑物。

(19)两台以上推土机在同一地区作业时,前后距离应大于8.0m;左右距离应大于1.5m。在狭窄道路上行驶时,未得前机同意,后机不得超越。

(20)推土机顶推铲运机作助铲时,应符合下列要求:

1)进入助铲位置进行顶推中,应与铲运机保持同一直线行驶。

2)铲刀的提升高度应适当,不得触及铲斗的轮胎。

3)助铲时应均匀用力,不得猛推猛撞,应防止将铲斗后轮胎顶离地面或使铲斗吃土过深。

4)铲斗满载提升时,应减少推力,待铲斗提离地面后即减速脱离接触。

5)后退时,应先看清后方情况,当需绕过正后方驶来的铲运机倒向助铲位置时,宜从来车的左侧绕行。

(21)推土机转移行驶时,铲刀距地面宜为400mm,不得用高速挡行驶和进行急转弯。不得长距离倒退行驶。

(22)作业完毕后,应将推土机开到平坦、安全的地方,落下铲刀,有松土器的,

第四章 公路施工机械安全操作

应将松土器爪落下。在坡道上停机时,应将变速杆挂低速挡,接合主离合器,锁住制动踏板,并将履带或轮胎揳住。

(23)停机时,应先降低内燃机转速,变速杆放在空挡,锁紧液力传动的变速杆,分开主离合器,踏下制动踏板并锁紧,待水温降到75℃以下,油温降到90℃以下时,方可熄火。

(24)推土机长途转移工地时,应采用平板拖车装运。短途行走转移时,距离不宜超过10km,并在行走过程中应经常检查和润滑行走装置。

(25)在推土机下面检修时,内燃机必须熄火,铲刀应放下或垫稳。

四、铲运机

1. 拖式铲运机

(1)铲运机行驶道路应平整结实,路面比机身应宽出2m。

(2)作业前,应检查钢丝绳、轮胎气压、铲土斗及卸土板回缩弹簧、拖把方向接头、撑架以及各部滑轮等;液压式铲运机铲斗与拖拉机连接的叉座与牵引连接块应锁定,各液压管路连接应可靠,确认正常后,方可启动。

(3)开动前,应使铲斗离开地面,机械周围应无障碍物,确认安全后,方可开动。

(4)作业中,严禁任何人上下机械,传递物件,以及在铲斗内、拖把或机架上坐立。

(5)多台铲运机联合作业时,各机之间前后距离不得小于10m(铲土时不得小于5m),左右距离不得小于2m。行驶中,应遵守下坡让上坡、空载让重载、支线让干线的原则。

(6)在狭窄地段运行时,未经前机同意,后机不得超越。两机交会或超越平行时应减速,两机间距不得小于0.5m。

(7)铲运机上、下坡道时,应低速行驶,不得中途换挡,下坡时不得空挡滑行,行驶的横向坡度不得超过6°,坡宽应大于机身2m以上。

(8)在新填筑的土堤上作业时,离堤坡边缘不得小于1m。需要在斜坡横向作业时,应先将斜坡挖填,使机身保持平衡。

(9)在坡道上不得进行检修作业。在陡坡上严禁转弯、倒车或停车。在坡上熄火时,应将铲斗落地、制动牢靠后再行启动。下陡坡时,应将铲斗触地行驶,帮助制动。

(10)铲土时,铲土与机身应保持直线行驶。助铲时应有助铲装置,应正确掌握斗门开启的大小,不得切土过深。两机动作应协调配合,做到平稳接触,等速助铲。

(11)在下陡坡铲土时,铲斗装满后,在铲斗后轮未到达缓坡地段前,不得将铲斗提离地面,应防铲斗快速下滑冲击主机。

(12)在凹凸不平地段行驶转弯时,应放低铲斗,不得将铲斗提升到最高位置。

(13)拖拉陷车时,应有专人指挥,前后操作人员应协调,确认安全后,方可起步。

(14)作业后,应将铲运机停放在平坦地面,并应将铲斗落在地面上。液压操纵的铲运机应将液压缸缩回,将操纵杆放在中间位置,进行清洁、润滑后,锁好门窗。

(15)非作业行驶时,铲斗必须用锁紧链条挂牢在运输行驶位置上,机上任何部位均不得载人或装载易燃、易爆物品。

(16)修理斗门或在铲斗下检修作业时,必须将铲斗提起后用销子或锁紧链条固定,再用垫木将斗身顶住,并用木楔揳住轮胎。

2. 自行式铲运机

(1)自行式铲运机的行驶道路应平整坚实,单行道宽度不应小于 5.5m。

(2)多台铲运机联合作业时,前后距离不得小于 20m(铲土时不得小于 10m),左右距离不得小于 2m。

(3)作业前,应检查铲运机的转向和制动系统,并确认灵敏可靠。

(4)铲土时,或在利用推土机助铲时,应随时微调转向盘,铲运机应始终保持直线前进。不得在转弯情况下铲土。

(5)下坡时,不得空挡滑行,应踩下制动踏板辅以内燃机制动,必要时可放下铲斗,以降低下滑速度。

(6)转弯时,应采用较大回转半径低速转向,操纵转向盘不得过猛;当重载行驶或在弯道上、下坡时,应缓慢转向。

(7)不得在大于 15°的横坡上行驶,也不得在横坡上铲土。

(8)沿沟边或填方边坡作业时,轮胎离路肩不得小于 0.7m,并应放低铲斗,降速缓行。

(9)在坡道上不得进行检修作业。遇在坡道上熄火时,应立即制动,下降铲斗,把变速杆放在空挡位置,然后方可启动内燃机。

(10)穿越泥泞或软地面时,铲运机应直线行驶,当一侧轮胎打滑时,可踏下差速器锁止踏板。当离开不良地面时,应停止使用差速器锁止踏板。不得在差速器锁止时转弯。

(11)夜间作业时,前后照明应齐全完好,前大灯应能照至 30m;当对方来车时,应在 100m 以外将大灯光改为小灯光,并低速靠边行驶。

第二节　混凝土机械

一、混凝土搅拌机

(1)固定式搅拌机应安装在牢固的台座上。当长期固定时,应埋置地脚螺栓;在短期使用时,应在机座上铺设木枕并找平放稳。

(2)固定式搅拌机的操纵台,应使操作人员能看到各部工作情况。电动搅拌机的操纵台,应垫上橡胶板或干燥木板。

(3)移动式搅拌机的停放位置应选择平整坚实的场地,周围应有良好的排水沟渠。就位后,应放下支腿将机架顶起达到水平位置,使轮胎离地。当使用期较长时,应将轮胎卸下妥善保管,轮轴端部用油布包扎好,并用枕木将机架垫起支牢。

(4)对需设置上料斗地坑的搅拌机,其坑口周围应垫高夯实,应防止地面水流入坑内。上料轨道架的底端支承面应夯实或铺砖,轨道架的后面应采用木料加以支承,应防止作业时轨道变形。

(5)料斗放到最低位置时,在料斗与地面之间,应加一层缓冲垫木。

(6)作业前重点检查项目应符合下列要求。

1)电源电压升降幅度不超过额定值的5%。

2)电动机和电器元件的接线牢固,保护接零或接地电阻符合规定。

3)各传动机构、工作装置、制动器等均紧固可靠,开式齿轮、皮带轮等均有防护罩。

4)齿轮箱的油质、油量符合规定。

(7)作业前,应先启动搅拌机空载运转。应确认搅拌筒或叶片旋转方向与筒体上箭头所示方向一致。对反转出料的搅拌机,应使搅拌筒正、反转运转数分钟,并应无冲击抖动现象和异常噪声。

(8)作业前,应进行料斗提升试验,应观察并确认离合器、制动器灵活可靠。

(9)应检查并校正供水系统的指示水量与实际水量的一致性,当误差超过2%时,应检查管路的漏水点,或应校正节流阀。

(10)应检查骨料规格并应与搅拌机性能相符,超出许可范围的不得使用。

(11)搅拌机启动后,应使搅拌筒达到正常转速后再进行上料。上料时应及时加水。每次加入的拌合料不得超过搅拌机的额定容量并应减少物料粘罐现象,加料的次序应为石子→水泥→砂子或砂子→水泥→石子。

(12)进料时,严禁将头或手伸入料斗与机架之间。运转中,严禁将手或工具伸入搅拌筒内扒料、出料。

(13)搅拌机作业中,当料斗升起时,严禁任何人在料斗下停留或通过;当需要在料斗下检修或清理料坑时,应将料斗提升后用铁链或插入销锁住。

(14)向搅拌筒内加料应在运转中进行,添加新料应先将搅拌筒内原有的混凝土全部卸出后方可进行。

(15)作业中,应观察机械运转情况,当有异常或轴承温度过高等现象时,应停机检查;当需检修时,应将搅拌筒内的混凝土清除干净,然后再进行检修。

(16)加入强制式搅拌机的骨料最大粒径不得超过允许值,并应防止卡料。每次搅拌时,加入搅拌筒的物料不应超过规定的进料容量。

(17)强制式搅拌机的搅拌叶片与搅拌筒底及侧壁的间隙,应经常检查并确认符合规定,当间隙超过标准时,应及时调整。当搅拌叶片磨损超过标准时,应及时修补或更换。

(18)作业后,应对搅拌机进行全面清理;当操作人员需进入筒内时,必须切断电源或卸下熔断器,锁好开关箱,挂上"禁止合闸"标牌,并应有专人在外监护。

(19)作业后,应将料斗降落到坑底,当需升起时,应用链条或插销扣牢。

(20)冬季作业后,应将水泵、放水开关、量水器中的积水排尽。

(21)搅拌机在场内移动或远距离运输时,应将进料斗提升到上止点,用保险铁链或插销锁住。

二、混凝土搅拌站

(1)混凝土搅拌站的安装,应由专业人员按出厂说明书规定进行,并应在技术人员主持下,组织调试,在各项技术性能指标全部符合规定并经验收合格后,方可投产使用。

(2)作业前检查项目应符合下列要求。

1)搅拌筒内和各配套机构的传动、运动部位及仓门、斗门、轨道等均无异物卡住。

2)各润滑油箱的油面高度符合规定。

3)打开阀门排放气路系统中气水分离器的过多积水,打开贮气筒排污螺塞放出油水混合物。

4)提升斗或拉铲的钢丝绳安装、卷筒缠绕均正确,钢丝绳及滑轮符合规定,提升料斗及拉铲的制动器灵敏有效。

5)各部螺栓已紧固,各进、排料阀门无超限磨损,各输送带的张紧度适当,不跑偏。

6)称量装置的所有控制和显示部分工作正常,其精度符合规定。

7)各电气装置能有效控制机械动作,各接触点和动、静触头无明显损伤。

(3)应按搅拌站的技术性能准备合格的砂、石骨料,粒径超出许可范围的不得使用。

(4)机组各部分应逐步启动。启动后,各部件运转情况和各仪表指示情况应正常,油、气、水的压力应符合要求,方可开始作业。

(5)作业过程中,在贮料区内和提升斗下,严禁人员进入。

(6)搅拌筒启动前应盖好仓盖。机械运转中,严禁将手、脚伸入料斗或搅拌筒探摸。

(7)当拉铲被障碍物卡死时,不得强行起拉,不得用拉铲起吊重物,在拉料过程中,不得进行回转操作。

(8)搅拌机满载搅拌时不得停机,当发生故障或停电时,应立即切断电源,锁好开关箱,将搅拌筒内的混凝土清除干净,然后排除故障或等待电源恢复。

(9)搅拌站各机械不得超载作业,应检查电动机的运转情况,当发现运转声音异常或温升过高时,应立即停机检查。电压过低时不得强制运行。

(10)搅拌机停机前,应先卸载,然后按顺序关闭各部开关和管路。应将螺旋管内的水泥全部输送出来,管内不得残留任何物料。

(11)作业后,应清理搅拌筒、出料门及出料斗,并用水冲洗,同时冲洗附加剂及其供给系统。称量系统的刀座、刀口应清洗干净,并应确保称量精度。

(12)冰冻季节,应放尽水泵、附加剂泵、水箱及附加剂箱内的存水,并应启动水泵和附加剂泵运转1~2min。

(13)当搅拌站转移或停用时,应将水箱、附加剂箱、水泥、砂、石贮存料斗及称量斗内的物料排净,并清洗干净。转移中,应将杆杠秤表头平衡砣秤杆固定,传感器应卸载。

三、混凝土搅拌输送车

(1)混凝土搅拌输送车的燃油、润滑油、液压油、制动液、冷却水等应添加充足,质量应符合要求。

(2)搅拌筒和滑槽的外观应无裂痕或损伤,滑槽止动器应无松弛和损坏,搅拌筒机架缓冲件应无裂痕或损伤,搅拌叶片磨损应正常。

(3)应检查动力输出装置并确认无螺栓松动及轴承漏油等现象。

(4)启动内燃机应进行预热运转,各仪表指示值正常,制动气压达到规定值,并应低速旋转搅拌筒3~5min。确认一切正常后,方可装料。

(5)搅拌运输时,混凝土的装载量不得超过额定容量。

(6)搅拌输送车装料前,应先将搅拌筒反转,使筒内的积水和杂物排尽。

(7)装料时,应将操纵杆放在"装料"位置,并调节搅拌筒转速,使进料顺利。

(8)运输前,排料槽应锁止在"行驶"位置,不得自由摆动。

(9)运输中,搅拌筒应低速旋转,但不得停转。运送混凝土的时间不得超过规定的时间。

(10)搅拌筒由正转变为反转时,应先将操纵手柄放在中间位置,待搅拌筒停转后,再将操纵杆手柄放至反转位置。

(11)行驶在不平路面或转弯处应降低车速至15km/h或以下,并暂停搅拌筒旋转。通过桥、洞、门等设施时,不得超过其限制高度及宽度。

(12)搅拌装置连续运转时间不宜超过8h。

(13)水箱的水位应保持正常。冬季停车时,应将水箱和供水系统的积水放净。

(14)用于搅拌混凝土时,应在搅拌筒内先加入总需水量2/3的水,然后再加入骨料和水泥,按出厂说明书规定的转速和时间进行搅拌。

(15)作业后,应先将内燃机熄火,然后对料槽、搅拌筒入口和托轮等处进行冲洗并清除混凝土结块。当需进入搅拌筒清除结块时,必须先取下内燃机电门钥匙,在筒外应设监护人员。

四、混凝土泵

(1)混凝土泵应安放在平整、坚实的地面上,周围不得有障碍物,在放下支腿并调整后应使机身保持水平和稳定,轮胎应揳紧。

(2)泵送管道的敷设应符合下列要求。

1)水平泵送管道宜直线敷设。

2)垂直泵送管道不得直接装接在泵的输出口上,应在垂直管前端加装长度不小于 20m 的水平管,并在水平管近泵处加装逆止阀。

3)敷设向下倾斜的管道时,应在输出口上加装一段水平管,其长度不应小于倾斜管高低差的 5 倍。当倾斜度较大时,应在坡度上端装设排气活阀。

4)泵送管道应有支承固定,在管道和固定物之间应设置木垫作缓冲,不得直接与钢筋或模板相连,管道与管道间应连接牢靠;管道接头和卡箍应扣牢密封,不得漏浆;不得将已磨损管道装在后端高压区。

5)泵送管道敷设后,应进行耐压试验。

(3)砂石粒径、水泥标号及配合比应按出厂规定,满足泵机可泵性的要求。

(4)作业前应检查并确认泵机各部螺栓紧固,防护装置齐全可靠,各部位操纵开关、调整手柄、手轮、控制杆、旋塞等均在正确位置,液压系统正常无泄漏,液压油符合规定,搅拌斗内无杂物,上方的保护格网完好无损并盖严。

(5)输送管道的管壁厚度应与泵送压力匹配,近泵处应选用优质管子。管道接头、密封圈及弯头等应完好无损。高温烈日下应采用湿麻袋或湿草袋遮盖管路,并应及时浇水降温,寒冷季节应采取保温措施。

(6)应配备清洗管、清洗用品、接球器及有关装置。开泵前,无关人员应离开管道周围。

(7)启动后,应空载运转,观察各仪表的指示值,检查泵和搅拌装置的运转情况,确认一切正常后,方可作业。泵送前应向料斗加入 10L 清水和 $0.3m^3$ 的水泥砂浆润滑泵及管道。

(8)泵送作业中,料斗中的混凝土平面应保持在搅拌轴轴线以上。料斗格网上不得堆满混凝土,应控制供料流量,及时清除超粒径的骨料及异物,不得随意移动格网。

(9)当进入料斗的混凝土有离析现象时应停泵,待搅拌均匀后再泵送。当骨料分离严重,料斗内灰浆明显不足时,应剔除部分骨料,另加砂浆重新搅拌。

(10)泵送混凝土应连续作业。当因供料中断被迫暂停时,停机时间不得超过30min。暂停时间内应每隔 5~10min(冬季 3~5min)做 2~3 个冲程反泵——正泵运动,再次投料泵送前应先将料搅拌。当停泵时间超限时,应排空管道。

(11)垂直向上泵送中断后再次泵送时,应先进行反向推送,使分配阀内混凝土吸回料斗,经搅拌后再正向泵送。

(12)泵机运转时,严禁将手或铁锹伸入料斗或用手抓握分配阀。当需在料斗或分配阀上工作时,应先关闭电动机和消除蓄能器压力。

(13)不得随意调整液压系统压力。当油温超过 70℃时,应停止泵送,但仍应使搅拌叶片和风机运转,待降温后再继续运行。

(14)水箱内应贮满清水,当水质浑浊并有较多砂粒时,应及时检查处理。

(15)泵送时,不得开启任何输送管道和液压管道,不得调整、修理正在运转的部件。

(16)作业中,应对泵送设备和管路进行观察,发现隐患应及时处理。对磨损超过规定的管子、卡箍、密封圈等应及时更换。

(17)应防止管道堵塞。泵送混凝土应搅拌均匀,控制好坍落度;在泵送过程中,不得中途停泵。

(18)当出现输送管堵塞时,应进行反泵运转,使混凝土返回料斗;当反泵几次仍不能消除堵塞,应在泵机卸载情况下,拆管排除堵塞。

(19)作业后,应将料斗内和管道内的混凝土全部输出,然后对泵机、料斗、管道等进行冲洗。当用压缩空气冲洗管道时,进气阀不应立即开大,只有当混凝土顺利排出时,方可将进气阀开至最大。在管道出口端前方 10m 内严禁站人,并应用金属网篮等收集冲出的清洗球和砂石粒。对凝固的混凝土应用刮刀清除。

(20)作业后,应将两侧活塞转到清洗室位置,并涂上润滑油。各部位操纵开关、调整手柄、手轮、控制杆、旋塞等均应复位。液压系统应卸咸。

五、混凝土振动器

1. 插入式振动器

(1)插入式振动器的电动机电源上,应安装漏电保护装置,接地或接零应安全可靠。

(2)操作人员应经过用电教育,作业时应穿戴绝缘胶鞋和绝缘手套。

(3)电缆线应满足操作所需的长度。电缆线上不得堆压物品或让车辆挤压,严禁用电缆线拖拉或吊挂振动器。

(4)使用前,应检查各部并确认连接牢固,旋转方向正确。

(5)振动器不得在初凝的混凝土、地板、脚手架和干硬的地面上进行试振。在检修或作业间断时,应断开电源。

(6)作业时,振动棒软管的弯曲半径不得小于 500mm,并不得多于两个弯,操作时应将振动棒垂直地沉入混凝土,不得用力硬插、斜推或让钢筋夹住棒头,也不得全部插入混凝土中,插入深度不应超过棒长的 3/4,不宜触及钢筋、芯管及预埋件。

(7)振动棒软管不得出现断裂,当软管使用过久使长度增长时,应及时修复或更换。

(8)作业停止需移动振动器时,应先关闭电动机,再切断电源。不得用软管拖拉电动机。

(9)作业完毕,应将电动机、软管、振动棒清理干净,并应按规定要求进行保养作业。振动器存放时,不得堆压软管,应平直放好,并应对电动机采取防潮措施。

2. 附着式、平板式振动器

(1)附着式、平板式振动器轴承不应承受轴向力,在使用时,电动机轴应保持水平状态。

(2)在一个模板上同时使用多台附着式振动器时,各振动器的频率应保持一致,相对面的振动器应错开安装。

(3)作业前,应对附着式振动器进行检查和试振。试振不得在干硬土或硬质物体上进行。安装在搅拌站料仓上的振动器,应安置橡胶垫。

(4)安装时,振动器底板安装螺孔的位置应正确,应防止底脚螺栓安装扭斜而使机壳受损。底脚螺栓应紧固,各螺栓的紧固程度应一致。

(5)使用时,引出电缆线不得拉得过紧,更不得断裂。作业时,应随时观察电气设备的漏电保护器和接地或接零装置并确认合格。

(6)附着式振动器安装在混凝土模板上时,每次振动时间不应超过1min,当混凝土在模内泛浆流动或呈水平状即可停振,不得在混凝土初凝状态时再振。

(7)装置振动器的构件模板应坚固牢靠,其面积应与振动器额定振动面积相适应。

(8)平板式振动器作业时,应使平板与混凝土保持接触,使振波有效地振实混凝土,待表面出浆,不再下沉后,即可缓慢向前移动,移动速度应能保证混凝土振实出浆。在振的振动器,不得搁置在已凝或初凝的混凝土上。

六、液压滑升设备

(1)应根据施工要求和滑模总载荷,合理选用千斤顶型号和配备台数,并应按千斤顶型号选用相应的爬杆和滑升机件。

(2)千斤顶应经12MPa以上的耐压试验。同一批组装的千斤顶在相同载荷作用下,其行程应一致,用行程调整帽调整后,行程允许误差为2mm。

(3)自动控制台应置于不受雨淋、曝晒和强烈振动的地方,应根据当地的气温,调节作业时的油温。

(4)千斤顶与操作平台固定时,应使油管接头与软管连接成直线。液压软管不得扭曲,应有较大的弧度。

(5)作业前,应检查并确认各油管接头连接牢固、无渗漏,油箱油位适当,电器部分不漏电,接地或接零可靠。

(6)所有千斤顶安装完毕未插入爬杆前,应逐个进行抗压试验和行程调整及排气等工作。

(7)应按出厂规定的操作程序操纵控制台,对自动控制器的时间继电器应进行延时调整。用手动控制器操作时,应与作业人员密切配合,听从统一指挥。

(8)在滑升过程中,应保证操作平台与模板的水平上升,不得倾斜,操作平台的载荷应均匀分布,并应及时调整各千斤顶的升高值,使之保持一致。

(9)在寒冷季节使用时,液压油温度不得低于10℃;在炎热季节使用时,液压油温度不得超过60℃。

(10)应经常保持千斤顶的清洁;混凝土沿爬杆流入千斤顶内时,应及时清理。

(11)作业后,应切断总电源,清除千斤顶上的附着物。

第三节 起重设备

一、塔式起重机

1. 一般要求

(1)起重机的轨道基础应符合下列要求。

1)路基承载能力:轻型(起重量30kN以下)应为60~100kPa,中型(起重量31~150kN)应为101~200kPa,重型(起重量150kN以上)应为200kPa以上。

2)每间隔6m应设轨距拉杆一个,轨距允许偏差为公称值的1/1000,且不超过±3mm。

3)在纵横方向上,钢轨顶面的倾斜度不得大于1/1000。

4)钢轨接头间隙不得大于4mm,并应与另一侧轨道接头错开,错开距离不得小于1.5m,接头处应架在轨枕上,两轨顶高度差不得大于2mm。

5)距轨道终端1m处必须设置缓冲止挡器,其高度不应小于行走轮的半径。在距轨道终端2m处必须设置限位开关碰块。

6)鱼尾板连接螺栓应紧固,垫板应固定牢靠。

(2)起重机的混凝土基础应符合下列要求。

1)混凝土强度等级不低于C35。

2)基础表面平整度允许偏差1/1000。

3)埋设件的位置、标高和垂直度以及施工工艺符合出厂说明书要求。

(3)起重机的附着锚固应符合下列要求。

1)起重机附着的建筑物,其锚固点的受力强度应满足起重机的设计要求。附着杆系的布置方式、相互间距和附着距离等,应按出厂使用说明书规定执行。有变动时,应另行设计。

2)装设附着框架和附着杆件,应采用经纬仪测量塔身垂直度,并应采用附着杆进行调整,在最高锚固点以下垂直度允许偏差为2/1000。

3)在附着框架和附着支座布设时,附着杆倾斜角不得超过10°。

4)附着框架直接设置在塔身标准节连接处,箍紧塔身。塔架对角处在无斜撑时应加固。

5)塔身顶升接高到规定锚固间距时,应及时增设与建筑物的锚固装置。塔身高出锚固装置的自由端高度,应符合出厂规定。

6)起重机作业过程中,应经常检查锚固装置,发现松动或异常情况时,应立即停止作业,故障未排除,不得继续作业。

7)拆卸起重机时,应随着降落塔身的进程拆卸相应的锚固装置。严禁在落塔之前先拆锚固装置。

8)遇有六级及以上大风时,严禁安装或拆卸锚固装置。

9)锚固装置的安装、拆卸、检查和调整,均应有专人负责,工作时应系安全带和戴安全帽,并应遵守高处作业有关安全操作的规定。

10)轨道式起重机做附着式使用时,应提高轨道基础的承载能力并切断行走机构的电源,同时应设置阻挡行走轮移动的支座。

(4)起重机内爬升时应符合下列要求。

1)内爬升作业应在白天进行,风力在五级及以上时,应停止作业。

2)内爬升时,应加强机上与机下之间的联系以及上部楼层与下部楼层之间的联系,遇有故障及异常情况,应立即停机检查,故障未排除,不得继续爬升。

3)内爬升过程中,严禁进行起重机的起升、回转、变幅等各项动作。

4)起重机爬升到指定楼层后,应立即拔出塔身底座的支承梁或支腿,通过内爬升框架固定在楼板上,并应顶紧导向装置或用楔块塞紧。

5)内爬升塔式起重机的固定间隔不宜小于3个楼层。

6)对固定内爬升框架的楼层楼板,在楼板下面应增设支柱做临时加固。搁置起重机底座支承梁的楼层下方两层楼板,也应设置支柱做临时加固。

7)每次内爬升完毕后,楼板上遗留下来的开孔,应立即采用钢筋混凝土封闭。

8)起重机完成内爬升作业后,应检查内爬升框架的固定、底座支承梁的紧固以及楼板临时支撑的稳固等,确认可靠后,方可进行吊装作业。

(5)起重机塔身升降时,应符合下列要求。

1)升降作业过程,必须有专人指挥,专人照看电源,专人操作液压系统,专人拆装螺栓。非作业人员不得登上顶升套架的操作平台。操纵室内应只准一人操作,必须听从指挥信号。

2)升降应在白天进行,特殊情况需在夜间作业时,应有充足的照明。

3)风力在四级及以上时,不得进行升降作业。在作业中风力突然增大达到四级时,必须立即停止,并应紧固上、下塔身各连接螺栓。

4)顶升前应预先放松电缆,其长度宜大于顶升总高度,并应紧固好电缆卷筒。下降时应适时收紧电缆。

5)升降时,必须调整好顶升套架滚轮与塔身标准节的间隙,并应按规定使起重臂和平衡臂处于平衡状态,并将回转机构制动住。当回转台与塔身标准节之间的最后一处连接螺栓(销子)拆卸困难时,应将其对角方向的螺栓重新插入,再采取其他措施。不得以旋转起重臂动作来松动螺栓(销子)。

第四章　公路施工机械安全操作

6)升降时,顶升撑脚(爬爪)就位后,应插上安全销,方可继续下一动作。

7)升降完毕后,各连接螺栓应按规定扭力紧固,液压操纵杆回到中间位置,并切断液压升降机构电源。

(6)拆装作业前检查项目应符合下列要求。

1)对所拆装起重机的各机构、各部位、结构焊缝、重要部位螺栓、销轴、卷扬机构和钢丝绳、吊钩、吊具以及电气设备、线路等进行检查,使隐患排除于拆装作业之前。

2)对自升塔式起重机顶升液压系统的液压缸和油管、顶升套架结构、导向轮、顶升撑脚(爬爪)等进行检查,及时处理存在的问题。

3)对采用旋转塔身法所用的主副地锚架、起落塔身卷扬钢丝绳以及起升机构制动系统等进行检查,确认无误后方可使用。

4)对拆装人员所使用的工具、安全带、安全帽等进行检查,不合格者立即更换。

5)检查拆装作业中配备的起重机、运输汽车等辅助机械,应状况良好,技术性能应保证拆装作业的需要。

6)拆装现场电源电压、运输道路、作业场地等应具备拆装作业条件。

2.安全使用要点

(1)起重机的轨道基础或混凝土基础应验收合格后,方可使用。

(2)起重机的轨道基础两旁、混凝土基础周围应修筑边坡和排水设施,并应与基坑保持一定安全距离。

(3)起重机的金属结构、轨道及所有电气设备的金属外壳,应有可靠的接地装置,接地电阻不应大于4Ω。

(4)采用高强度螺栓连接的结构,应使用原厂制造的连接螺栓,自制螺栓应有质量合格的试验证明,否则不得使用。连接螺栓时,应采用扭矩扳手或专用扳手,并应按装配技术要求拧紧。

(5)安装起重机时,必须将大车行走缓冲止挡器和限位开关碰块安装牢固可靠,并应将各部位的栏杆、平台、扶杆、护圈等安全防护装置装齐。

(6)起重机安装过程中,必须分阶段进行技术检验。整机安装完毕后,应进行整机技术检验和调整,各机构动作应正确、平稳、无异响,制动可靠,各安全装置应灵敏有效;在无载荷情况下,塔身和基础平面的垂直度允许偏差为4/1000,经分阶段及整机检验合格后,应填写检验记录,经技术负责人审查签证后,方可交付使用。

(7)每月或连续大雨后,应及时对轨道基础进行全面检查,检查内容包括:轨距偏差、钢轨顶面的倾斜度、轨道基础的弹性沉陷、钢轨的不直度及轨道的通过性能等。对混凝土基础,应检查其是否有不均匀的沉降。

(8)应保持起重机上所有安全装置灵敏有效,如发现失灵的安全装置,应及时修复或更换。所有安全装置调整后,应加封(火漆或铅封)固定,严禁擅自调整。

(9)配电箱应设置在轨道中部,电源电路中应装设错相及断相保护装置及紧急断电开关,电缆宽筒应灵活有效,不得拖缆。

(10)起重机在无线电台、电视台或其他强电磁波发射天线附近施工时,与吊钩接触的作业人员,应戴绝缘手套和穿绝缘鞋,并应在吊钩上挂接临时放电装置。

(11)当同一施工地点有两台以上起重机时,应保持两机间任何接近部位(包括吊重物)距离不得小于 2m。

(12)起重机作业前,应检查轨道基础平直无沉陷,鱼尾板连接螺栓及道钉无松动,并应清除轨道上的障碍物,松开夹轨器并向上固定好。

(13)启动前,重点检查项目应符合下列要求。

1)金属结构和工作机构的外观情况正常。
2)各安全装置和各指示仪表齐全完好。
3)各齿轮箱、液压油箱的油位符合规定。
4)主要部位连接螺栓无松动。
5)钢丝绳磨损情况及各滑轮穿绕符合规定。
6)供电电缆无破损。

(14)送电前,各控制器手柄应在零位。当接通电源时,应采用试电笔检查金属结构部分,确认无漏电后,方可上机。

(15)作业前,应进行空载运转,试验各工作机构是否运转正常,有无噪声异响,各机构的制动器及安全防护装置是否有效,确认正常后,方可作业。

(16)起吊重物时,重物和吊具的总重量不得超过起重机相应幅度下规定的起重量。

(17)动臂式起重机的起升、回转、行走可同时进行,变幅应单独进行。每次变幅后应对变幅部位进行检查。允许带载变幅的,当载荷达到额定起重量的 90%及以上时,严禁变幅。

(18)提升重物,严禁自由下降。重物就位时,可采用慢就位机构或利用制动器使之缓慢下降。

(19)提升重物做水平移动时,应高出其跨越的障碍物 0.5m 以上。

(20)对于无中央集电环及起升机构不安装在回转部分的起重机,在作业时,不得按一个方向连续回转。

(21)装有上、下两套操纵系统的起重机,不得上、下同时使用。

(22)作业中,当停电或电压下降时,应立即将控制器扳到零位,并切断电源。如吊钩上挂有重物,应稍松稍紧反复使用制动器,使重物缓慢地下降到安全地带。

(23)作业中如遇六级及六级以上大风或阵风,应立即停止作业,锁紧夹轨器,将回转机构的制动器完全松开,起重臂应能随风转动。对轻型俯仰变幅起重机,应将起重臂落下并与塔身结构锁紧在一起。

(24)作业中,操作人员临时离开操纵室时,必须切断电源,锁紧夹轨器。

(25)起重机载人专用电梯严禁超员,其断绳保护装置必须可靠。当起重机作业时,严禁开动电梯。电梯停用时,应降至塔身底部位置,不得长时间悬在空中。

(26)作业完毕后,起重机应停放在轨道中间位置,起重臂应转到顺风方向,并松开回转制动器,小车及平衡臂应置于非工作状态,吊钩宜升到离起重臂顶端2～3m处。

(27)停机时,应将每个控制器拨回零位,依次断开各开关,关闭操纵室门窗,下机后,应锁紧夹轨器,使起重机与轨道固定,断开电源总开关,打开高空指示灯。

(28)检修人员上塔身、起重臂、平衡臂等高空部位检查或修理时,必须系好安全带。

(29)在寒冷季节,对停用起重机的电动机、电器柜、变速器箱、制动器等,应严密遮盖。

(30)动臂式和尚未附着的自升式塔式起重机,塔身上不得悬挂标语牌。

(31)起重机拆装前,应按照出厂有关规定,编制拆装作业方法、质量要求和安全技术措施,经企业技术负责人审批后,作为拆装作业技术方案,并向全体作业人员交底。

(32)起重机的拆装作业应在白天进行,并应有技术和安全人员在场监护。当遇大风、浓雾和雨雪等恶劣天气时,应停止作业。

(33)指挥人员应熟悉拆装作业方案,遵守拆装工艺和操作规程,使用明确的指挥信号进行指挥。所有参与拆装作业的人员,都应听从指挥,如发现指挥信号不清或有错误时,应停止作业,待联系清楚后再进行。

(34)拆装人员在进入工作现场时,应穿戴安全保护用品,高处作业时应系好安全带,熟悉并认真执行拆装工艺和操作规程,当发现异常情况或疑难问题时,应及时向技术负责人反映,不得自行其是,应防止处理不当而造成事故。

(35)在拆装作业过程中,当遇天气剧变、突然停电、机械故障等意外情况,短时间不能继续作业时,必须使已拆装的部位达到稳定状态并固定牢靠,经检查确认无隐患后,方可停止作业。

二、履带式起重机

(1)起重机应在平坦坚实的地面上作业、行走和停放。在正常作业时,坡度不得大于3°,并应与沟渠、基坑保持安全距离。

(2)起重机启动前重点检查项目应符合下列要求。
1)各安全防护装置及各指示仪表齐全完好。
2)钢丝绳及连接部位符合规定。
3)燃油、润滑油、液压油、冷却水等添加充足。
4)各连接件无松动。

(3)起重机启动前应将主离合器分离,各操纵杆放在空挡位置。

(4)内燃机启动后,应检查各仪表指示值,待运转正常再接合主离合器,进行空载运转,顺序检查各工作机构及其制动器,确认正常后,方可作业。

(5)作业时,起重臂的最大仰角不得超过出厂规定。当无资料可查时,不得超过78°。

(6)起重机变幅应缓慢平稳,严禁在起重臂未停稳前变换挡位;起重机载荷达到额定起重量的90%及以上时,严禁下降起重臂。

(7)在起吊载荷达到额定起重量的90%及以上时,升降动作应慢速进行,并严禁同时进行两种及以上动作。

(8)起吊重物时应先稍离地面试吊,当确认重物已挂牢,起重机的稳定性和制动器的可靠性均良好,再继续起吊。在重物升起过程中,操作人员应把脚放在制动踏板上,密切注意起升重物,防止吊钩冒顶。当起重机停止运转而重物仍悬在空中时,即使制动踏板被固定,仍应脚踩在制动踏板上。

(9)采用双机抬吊作业时,应选用起重性能相似的起重机进行。抬吊时应统一指挥,动作应配合协调,载荷应分配合理,单机的起吊载荷不得超过允许载荷的80%。在吊装过程中,两台起重机的吊钩滑轮组应保持垂直状态。

(10)当起重机需带载行走时,载荷不得超过允许起重量的70%,行走道路应坚实平整,重物应在起重机正前方向,重物离地面不得大于500mm,并应拴好拉绳,缓慢行驶。严禁长距离带载行驶。

(11)起重机行走时,转弯不应过急;当转弯半径过小时,应分次转弯;当路面凹凸不平时,不得转弯。

(12)起重机上下坡道时应无载行走,上坡时将起重臂仰角适当放小,下坡时应将起重臂仰角适当放大。严禁下坡空挡滑行。

(13)作业后,起重臂应转至顺风方向,并降至40°~60°之间,吊钩应提升到接近顶端的位置,应关停内燃机,将各操纵杆放在空挡位置,各制动器加保险固定,操纵室和机棚应关门加锁。

(14)起重机转移工地,应采用平板拖车运送。特殊情况需自行转移时,应卸去配重,拆去起重臂,主动轮应在后面,机身、起重臂、吊钩等必须处于制动位置,并应加保险固定。每行驶500~1000m时,应对行走机构进行检查和润滑。

(15)起重机通过桥梁、水坝、排水沟等构筑物时,必须先查明允许载荷后再通过。必要时应对构筑物采取加固措施。通过铁路、地下水管、电缆等设施时,应铺设木板保护,并不得在上面转弯。

(16)用火车或平板拖车运输起重机时,所用跳板的坡度不得大于15°;起重机装上车后,应将回转、行走、变幅等机构制动,并采用三角木揳紧履带两端,再牢固绑扎;后部配重用枕木垫实;不得使吊钩悬空摆动。

三、门式、桥式起重机与电动葫芦

(1)起重机路基和轨道的铺设应符合出厂规定,轨道接地电阻不应大于4Ω。

(2)使用电缆的门式起重机,应设有电缆卷筒,配电箱应设置在轨道中部。

(3)用滑线供电的起重机,应在滑线两端标有鲜明的颜色,沿线应设置防护栏杆。

(4)轨道应平直,鱼尾板连接螺栓应无松动,轨道和起重机运行范围内应无障碍物。门式起重机应松开夹轨器。

(5)门式、桥式起重机作业前的重点检查项目应符合下列要求。

1)机械结构外观正常,各连接件无松动。

2)钢丝绳外表情况良好,绳卡牢固。

3)各安全限位装置齐全完好。

(6)操作室内应垫木板或绝缘板,接通电源后应采用试电笔测试金属结构部分,确认无漏电方可上机;上、下操纵室应使用专用扶梯。

(7)作业前,应进行空载运转,在确认各机构运转正常,制动可靠,各限位开关灵敏有效后,方可作业。

(8)开动前,应先发出音响信号示意,重物提升和下降操作应平稳匀速,在提升大件时不得用快速,并应拴拉绳防止摆动。

(9)吊运易燃、易爆、有害等危险品时,应经安全主管部门批准,并应有相应的安全措施。

(10)重物的吊运路线严禁从人上方通过,亦不得从设备上面通过。空车行走时,吊钩应离地面2m以上。

(11)吊起重物后应慢速行驶,行驶中不得突然变速或倒退。两台起重机同时作业时,应保持3~5m距离。严禁用一台起重机顶推另一台起重机。

(12)起重机行走时,两侧驱动轮应同步,发现偏移应停止作业,调整好后,方可继续使用。

(13)作业中,严禁任何人从一台桥式起重机跨越到另一台桥式起重机上。

(14)操作人员由操纵室进入桥架或进行保养检修时,应有自动断电连锁装置或事先切断电源。

(15)露天作业的门式、桥式起重机,当遇六级及六级以上大风时,应停止作业,并锁紧夹轨器。

(16)门式、桥式起重机的主梁挠度超过规定值时,必须修复后,方可使用。

(17)作业后,门式起重机应停放在停机线上,用夹轨器锁紧,并将吊钩升到上部位置;桥式起重机应将小车停放在两条轨道中间,吊钩提升到上部位置。吊钩上不得悬挂重物。

(18)作业后,应将控制器拨到零位,切断电源,关闭并锁好操纵室门窗。

(19)电动葫芦使用前应检查设备的机械部分和电气部分,钢丝绳、吊钩、限位器等应完好,电气部分应无漏电,接地装置应良好。

(20)电动葫芦应设缓冲器,轨道两端应设挡板。

(21)作业开始第一次吊重物时,应在吊离地面 100mm 时停止,检查电动葫芦制动情况,确认完好后方可正式作业。露天作业时,应设防雨棚。

(22)电动葫芦严禁超载起吊。起吊时,手不得握在绳索与物体之间,吊物上升时应严防冲撞。

(23)起吊物件应捆扎牢固。电动葫芦吊重物行走时,重物离地面宜超过 1.5m 高。工作间歇不得将重物悬挂在空中。

(24)电动葫芦作业中发生异味、高温等异常情况,应立即停机检查,排除故障后方可继续使用。

(25)使用悬挂电缆电气控制开关时,绝缘应良好,滑动应自如,人的站立位置后方应有 2m 空地并应正确操作电钮。

(26)在起吊中,由于故障造成重物失控下滑时,必须采取紧急措施,向无人处下放重物。

(27)在起吊中不得急速升降。

(28)电动葫芦在额定载荷制动时,下滑位移量不应大于 80mm。否则应清除油污或更换制动环。

(29)作业完毕后,应存放在指定位置,吊钩升起,并切断电源,锁好开关箱。

四、汽车、轮胎式起重机

(1)起重机行驶和工作的场地应保持平坦坚实,并应与沟渠、基坑保持安全距离。

(2)起重机启动前重点检查项目应符合下列要求。

1)各安全保护装置和指示仪表齐全完好。

2)钢丝绳及连接部位符合规定。

3)燃油、润滑油、液压油及冷却水添加充足。

4)各连接件无松动。

5)轮胎气压符合规定。

(3)起重机启动前,应将各操纵杆放在空挡位置,手制动器应锁死,并应按照《建筑机械使用安全技术规程》(JGJ 33—2001)第 3.2 节的有关规定启动内燃机。启动后,应怠速运转,检查各仪表指示值,运转正常后接合液压泵,待压力达到规定值,油温超过 30℃时,方可开始作业。

(4)作业前,应伸出全部支腿,并在撑脚板下垫方木,调整机体使回转支承面的倾斜度在无载荷时不大于 1/1000(水准泡居中)。支腿有定位销的必须插上。底盘为弹性悬挂的起重机,放支腿前应先收紧稳定器。

(5)作业中严禁扳动支腿操纵阀。调整支腿必须在无载荷时进行,并将起重臂转至正前或正后,方可再行调整。

(6)应根据所吊重物的重量和提升高度,调整起重臂长度和仰角,并应估计吊索和重物本身的高度,留出适当空间。

(7)起重臂伸缩时,应按规定程序进行,在伸臂的同时应相应下降吊钩。当限制器发出警报时,应立即停止伸臂。起重臂缩回时,仰角不宜太小。

(8)起重臂伸出后,出现前节臂杆的长度大于后节伸出长度时,必须进行调整,消除不正常情况后,方可作业。

(9)起重臂伸出后,或主副臂全部伸出后,变幅时不得小于各长度所规定的仰角。

(10)汽车式起重机起吊作业时,汽车驾驶室内不得有人,重物不得超越驾驶室上方,且不得在车的前方起吊。

(11)采用自由(重力)下降时,载荷不得超过该工况下额定起重量的20%,并应使重物有控制地下降,下降停止前应逐渐减速,不得使用紧急制动。

(12)起吊重物达到额定起重量的50%及以上时,应使用低速挡。

(13)作业中发现起重机倾斜、支腿不稳等异常现象时,应立即使重物下降落在安全的地方,下降中严禁制动。

(14)重物在空中需要较长时间停留时,应将起升卷筒制动锁住,操作人员不得离开操纵室。

(15)起吊重物达到额定起重量的90%以上时,严禁同时进行两种及以上的操作动作。

(16)起重机带载回转时,操作应平稳,避免急剧回转或停止,换向应在停稳后进行。

(17)当轮胎式起重机带载行走时,道路必须平坦坚实,载荷必须符合规定,重物离地面不得超过500mm,并应拴好拉绳,缓慢行驶。

(18)作业后,应将起重臂全部缩回放在支架上,再收回支腿。吊钩应用专用钢丝绳挂牢;应将车架尾部两撑杆分别撑在尾部下方的支座内,并用螺母固定;应将阻止机身旋转的销式制动器插入销孔,并将取力器操纵手柄放在脱开位置,最后应锁住起重操纵室门。

(19)行驶前,应检查并确认各支腿的收存无松动,轮胎气压应符合规定。行驶时水温应在80℃~90℃范围内,水温未达到80℃时,不得高速行驶。

(20)行驶时应保持中速,不得紧急制动,过铁道口或起伏路面时应减速,下坡时严禁空挡滑行,倒车时应有人监护。

(21)行驶时,严禁人员在底盘走台上站立或蹲坐,并不得堆放物件。

五、卷扬机

(1)安装时,基座应平稳牢固、周围排水畅通、地锚设置可靠,并应搭设工作棚。操作人员的位置应能看清指挥人员和拖动或起吊的物件。

(2)作业前,应检查卷扬机与地面是否固定,弹性联轴器不得松动。并应检查安全装置、防护设施、电气线路、接零或接地线、制动装置和钢丝绳等,全部合格后方可使用。

(3)使用皮带或开式齿轮传动的部分,均应设防护罩,导向滑轮不得用开口拉板式滑轮。

(4)以动力正反转的卷扬机,卷筒旋转方向应与操纵开关上指示的方向一致。

(5)从卷筒中心线到第一个导向滑轮的距离,带槽卷筒应大于卷筒宽度的15倍;无槽卷筒应大于卷筒宽度的20倍。当钢丝绳在卷筒中间位置时,滑轮的位置应与卷筒轴线垂直,其垂直度允许偏差为6°。

(6)钢丝绳应与卷筒及吊笼连接牢固,不得与机架或地面摩擦,通过道路时,应设过路保护装置。

(7)在卷扬机制动操作杆的行程范围内,不得有障碍物或阻卡现象。

(8)卷筒上的钢丝绳应排列整齐,当重叠或斜绕时,应停机重新排列,严禁在转动中用手拉脚踩钢丝绳。

(9)作业中,任何人不得跨越正在作业的卷扬钢丝绳。物件提升后,操作人员不得离开卷扬机,物件或吊笼下面严禁人员停留或通过。休息时应将物件或吊笼降至地面。

(10)作业中如发现异响、制动不灵、制动带或轴承等温度剧烈上升等异常情况时,应立即停机检查,排除故障后方可使用。

(11)作业中停电时,应切断电源,将提升物件或吊笼降至地面。

(12)作业完毕,应将提升吊笼或物件降至地面,并应切断电源,锁好开关箱。

六、施工升降机

(1)施工升降机应为人货两用电梯。机械必须由具有资质的专业队安装和拆卸。操作和维修工必须由经过专业培训,持证上岗。

(2)地基应浇制混凝土基础,其承载能力应大于150kPa,地基上表面平整度允许偏差为10mm,并应有排水设施。

(3)安装、拆卸和维修必须按本机说明书规定进行。

(4)升降机的专用开关箱应设在底架附近便于操作的位置。箱内必须设短路、过载、相序、断相和零位保护等装置。

(5)升降机梯笼周围2.5m范围内应设置稳固的防护栏杆,出入口应设防护栏杆和防护门。全行程四周不得有危害安全运行的障碍物。

(6)升降机安装后,应对基础、附壁支架和升降机的安装质量、精度等进行全面检查,并应按规定程序进行技术试验(包括坠落试验),经确认合格,并形成文件后,方可投入运行。

(7)升降机的防坠安全器,在使用中不得任意拆检调整,需要拆检调整时或每用满1年后,均应由生产企业或指定的认可单位进行调整、检修或鉴定。

(8)升降机在投入使用前和使用中每隔3个月,必须按说明书规定程序进行坠落试验。

(9)作业前应检查并确认,结构无变形,连接螺栓无松动;齿条和齿轮、导向轮

(10)启动前,应检查并确认电缆、接地线完整无损,控制开关在零位。电源接通后应测试绝缘情况,确认无漏电现象,并应试验、确认各限位装置、梯笼、围护门等处的电器连锁装置良好可靠,电器仪表灵敏有效。启动后,应进行空载升降试验,测定各传动机构制动器的效能,确认正常后,方可开始作业。

(11)升降机在每班首次载重运行时,当梯笼升离地面 1~2m 时,应停机试验制动器的可靠性;当发现制动效果不良时,必须调整或修复后方可运行。

(12)梯笼内乘人或载物时,应使载荷均匀分布,不得偏重。严禁超载运行。

(13)操作人员应根据指挥信号操作。作业前应鸣声示意。在升降机未切断总电源开关前,操作人员不得离开操作岗位。

(14)当升降机运行中发现有异常情况时,必须立即停机并采取有效措施将梯笼降到底层,排除故障后方可继续运行。在运行中发现电气失控时,必须立即按下急停按钮;在未排除故障前,严禁打开急停按钮。

(15)升降机在大雨、大雾、风力六级(含)以上和导轨架、电缆等结冰时,必须停止运行,并将梯笼降到底层,切断电源。风雨后,应对升降机各有关安全装置进行一次检查,确认正常后,方可运行。

(16)升降机运行到最上层或最下层时,严禁用行程限位开关作为停止运行的控制开关。

(17)当升降机在运行中由于断电或其他原因而中途停止时,可进行手动下降,并由专业人员操作。

(18)作业后,应将梯笼降到底层,各控制开关拨到零位,切断电源,锁好开关箱,闭锁梯笼门和防护门。

七、龙门架及井架物料提升机

(一)安全防护装置及要求

(1)安全停靠装置或断绳保护装置。

1)安全停靠装置。吊篮运行到位时,停靠装置将吊篮定位。该装置应能可靠地承担吊篮自重、额定荷载及运料人员和装卸物料时的工作荷载。

2)断绳保护装置。当吊篮悬挂或运行中发生断绳时,应能可靠地将其停住并固定在架体上。其滑落行程,在吊篮满载时,不得超过 1m。

(2)吊篮安全门。吊篮的上料口处应装设安全门。安全门宜采用连锁开启装置,升降运行时安全门封闭吊篮的上料口,防止物料从吊篮中滚落。

(3)上料口防护棚。防护棚应设在提升机架体地面进料口上方。其宽度应大于提升机的最外部尺寸;长度:低架提升机应大于 3m,高架提升机应大于 5m。其材料强度应能承受 10kPa 的均布静荷载。也可采用 50mm 厚木板架设或采用两层竹笆,上下竹笆层间距不小于 600mm。

(4)上极限限位器。该装置应安装在吊篮允许提升的最高工作位置。吊篮的越程(指从吊篮的最高位置与天梁最低处的距离)应不小于3m。当吊篮上升达到限定高度时,限位器即行动作,切断电源(指可逆式卷扬机)或自动报警(指摩擦式卷扬机)。

(5)紧急断电开关。紧急断电开关应设在便于司机操作的位置,在紧急情况下,应能及时切断提升机的总控制电源。

(6)信号装置。该装置是由司机控制的一种音响装置,其音量应能使各楼层使用提升机装卸物料人员清晰听到。

(7)下极限限位器。该限位器安装位置,应满足在吊篮碰到缓冲器之前限位器能够动作。当吊篮下降达到最低限定位置时,限位器自动切断电源,使吊篮停止下降。

(8)缓冲器。在架体的底坑里应设置缓冲器,当吊篮以额定荷载和规定的速度作用到缓冲器上时,应能承受相应的冲击力。缓冲器的形式可采用弹簧或弹性实体。

(9)超载限制器。当荷载达到额定荷载的90%时,应能发出报警信号。荷载超过额定荷载时,切断起升电源。

(10)通讯装置。当司机不能清楚地看到操作者和信号指挥人员时,必须加装通讯装置。通讯装置必须是一个闭路的双向电气通讯系统,司机应能听到每一站的连系,并能向每一站讲话。

(二)电气

(1)选用的电气设备及电器元件,必须符合提升机工作性能、工作环境等条件的要求,并有合格证书。

(2)提升机的总电源应设短路保护及漏电保护装置;电动机的主回路上,应同时装设短路、失压、过电流保护装置。

(3)电气设备的绝缘电阻值(包括对地电阻值)必须大于$0.5m\Omega$;运行中必须大于$1000\Omega/V$。

(4)提升机的金属结构及所有电气设备的金属外壳应接地,其接地电阻不应大于10Ω。

(5)携带式控制装置应密封、绝缘,控制回路电压不应大于36V,其引线长度不得超过5m。

(6)工作照明的开关,应与主电源开关相互独立。当提升机主电源被切断时,工作照明不应断电。各自的开关应有明显标志。

(7)禁止使用倒顺开关作为卷扬机的控制开关。

(8)电动机应符合现行国家标准的规定,并有出厂合格证书。

(三)基础、附墙架、缆风绳及地锚

1. 基础

(1)高架提升机的基础应进行设计,基础应能可靠的承受作用在其上的全部荷载。基础的埋深及做法,应符合设计和提升机出厂使用规定。

(2)低架提升机的基础,当无设计要求时,应符合下列要求。

1)土层压实后的承载力,应不小于 80kPa。

2)浇注 C20 混凝土,厚度 300mm。

3)基础表面应平整,水平度偏差不大于 10mm。

(3)基础应有排水措施。距基础边缘 5m 范围内,开挖沟槽或有较大振动的施工时,必须有保证架体稳定的措施。

2. 附墙架

(1)提升机附墙架的设置应符合设计要求,其间隔一般不宜大于 9m,且在建筑物的顶层必须设置 1 组。

(2)附墙架与架体及建筑之间,均应采用刚性件连接,并形成稳定结构,不得连接在脚手架上。严禁使用铅丝绑扎。

(3)附墙架的材质应与架体的材质相同,不得使用木杆、竹杆等做附墙架与金属架体连接。

(4)附墙架与建筑结构的连接应进行设计。

3. 缆风绳

(1)当提升机受到条件限制无法设置附墙架时,应采用缆风绳稳固架体。高架提升机在任何情况下均不得采用缆风绳。

(2)提升机的缆风绳应经计算确定(缆风绳的安全系数 n 取 3.5)。缆风绳应选用圆股钢丝绳,直径不得小于 9.3mm。提升机高度在 20m 以下(含 20m)时,缆风绳不少于 1 组(4~8 根);提升机高度在 21~30m 时,不少于 2 组。

(3)缆风绳应在架体四角有横向缀件的同一水平面上对称设置,使其在结构上引起的水平分力,处于平衡状态。缆风绳与架体的连接处应采取措施,防止架体钢材对缆风绳的剪切破坏。对连接处的架体焊缝及附件必须进行设计计算。

(4)龙门架的缆风绳应设在顶部。若中间设置临时缆风绳时,应在此位置将架体两立柱做横向连接,不得分别牵拉立柱的单肢。

(5)缆风绳与地面的夹角不应大于 60°,其下端应与地锚连接,不得拴在树木、电杆或堆放构件等物体上。

(6)缆风绳与地锚之间,应采用与钢丝绳拉力相适应的花篮螺栓拉紧。缆风绳垂度不大于 0.01l(l 为长度),调节时应对角进行,不得在相邻两角同时拉紧。

(7)当缆风绳需改变位置时,必须先做好预定位置的地锚,并加临时缆风绳确保提升机架体的稳定,方可移动原缆风绳的位置;待与地锚拴牢后,再拆除临时缆风绳。

(8)在安装、拆除以及使用提升机的过程中设置的临时缆风绳,其材料也必须使用钢丝绳,严禁使用铅丝、钢筋、麻绳等代替。

4. 地锚

(1)缆风绳的地锚,根据土质情况及受力大小设置,应经计算确定。

(2)缆风绳的地锚,一般宜采用水平式地锚。当土质坚实、地锚受力小于15kN时,也可选用桩式地锚。

(3)当地锚无设计规定时,其规格和形式可按以下情况选用。

1)水平地锚。水平地锚可按表 4-1 选用。

表 4-1　　　　　　　　　水平地锚参数表

作用荷载(N)	24000	21700	38600	29000	42000	31400	51800	33000
缆风绳水平夹角(°)	45	60	45	60	45	60	45	60
横置木(ϕ240)根数×长度(mm)	1×2500		3×2500		3×3200		3×3300	
埋设深度(m)	1.70		1.70		1.80		2.20	
压板(密排ϕ100圆木)长(mm)×宽(mm)	—		—		800×3200		800×3200	

注:本表系按下列条件确定,木材容许应力取 11MPa,填土密度为 1600kg/m^3,土壤内摩擦角为 45°。

2)桩式地锚。

①采用木单桩时,圆木直径不小于 200mm,埋深不小于 1.7m,并在桩的前上方和后下方设两根横挡木。

②采用脚手钢管(ϕ48)或角钢(∟75×6)时,不少于 2 根,并排设置,间距不小于 0.5m;打入深度不小于 1.7m;桩顶部应有缆风绳防滑措施。

(4)地锚的位置应满足对缆风绳的设置要求。

(四)安装与拆除

1. 一般规定

(1)安装与拆除作业前,应根据现场工作条件及设备情况编制作业方案。对作业人员进行分工交底,确定指挥人员,划定安全警戒区域并设监护人员,排除作业障碍。

(2)提升架体实际安装的高度不得超出设计所允许的最大高度。

(3)安装作业前检查的内容一般包括以下几项。

1)金属结构的成套性和完好性。

2)提升机构是否完整良好。

3)电气设备是否齐全可靠。

4)基础位置和做法是否符合要求。

5)地锚的位置、附墙架连接埋件的位置是否正确和埋设牢靠。

第四章 公路施工机械安全操作

6)提升机的架体和缆风绳的位置是否靠近或跨越架空输电线路。必须靠近时,应保证最小安全距离,并应采取安全防护措施。其最小安全距离见表 4-2。

表 4-2　　　　　　与架空输电线路的最小安全距离　　　　　(单位:m)

外电线路电压(kV)	1以下	1~10	35~110	154~220	330~500
最小安全距离	4	6	8	10	15

(4)安装精度应符合以下规定。
1)新制作的提升机,架体安装的垂直偏差,最大不应超过架体高度的 1.5‰;多次使用过的提升机,在重新安装时,其偏差不应超过 3‰,并不得超过 200mm。
2)井架截面内,两对角线长度公差不得超过最大边长的名义尺寸的 3‰。
3)导轨接点截面错位不大于 1.5mm。
4)吊篮导靴与导轨的安装间隙,应控制在 5~10mm 以内。
(5)拆除作业前检查的内容一般包括以下几项。
1)查看提升机与建筑物及脚手架的连接情况。
2)查看提升机架体有无其他牵拉物。
3)临时附墙架、缆风绳及地锚的设置情况。
4)地梁和基础的连接情况。

2. 架体的安装与拆除

(1)安装架体时,应先将地梁与基础连接牢固。每安装 2 个标准节(一般不大于 8m),应采取临时支撑或临时缆风绳固定,并进行初校正,在确认稳定时,方可继续作业。
(2)安装龙门架时,两边立柱应交替进行,每安装 2 节,除将单肢柱进行临时固定外,尚应将两立柱横向连接成一体。
(3)利用建筑物内井道做架体时,各楼层进料口处的停靠门,必须与司机操作处装设的层站标志灯进行连锁。阴暗处应装照明。
(4)架体各节点的螺栓必须紧固,螺栓应符合孔径要求,严禁扩孔和开孔,更不得漏装或以铅丝代替。
(5)装设摇臂把杆时,应符合以下要求。
1)把杆不得装在架体的自由端处。
2)把杆底座要高出工作面,其顶部不得高出架体。
3)把杆应安装保险钢丝绳,起重吊钩应装设限位装置。
4)把杆与水平面夹角应在 45°~70°之间,转向时不得碰到缆风绳。
5)随工作面升高把杆需要重新安装时,其下方的其他作业应暂时停止。
(6)在拆除缆风绳或附墙架前,应先设置临时缆风绳或支撑,确保架体的自由高度不得大于 2 个标准节(一般不大于 8m)。

(7)拆除龙门架的天梁前,应先分别对两立柱采取稳固措施,保证单柱的稳定。

(8)拆除作业中,严禁从高处向下抛掷物件。

(9)拆除作业宜在白天进行。夜间作业应有良好的照明。因故中断作业时,应采取临时稳固措施。

3. 卷扬机稳装

(1)卷扬机应安装在平整坚实的位置上,宜远离危险作业区,视线应良好。

(2)固定卷扬机的锚桩应牢固可靠,不得以树木、电杆代替锚桩。

(3)当钢丝绳在卷筒中间位置时,架体底部的导向滑轮应与卷筒轴心垂直,否则应设置辅助导向滑轮,并用地锚、钢丝绳拴牢。

(4)提升钢丝绳运行中应架起,使之不拖地面和被水浸泡。必须穿越主要干道时,应挖沟槽并加保护措施。严禁在钢丝绳穿行的区域内堆放物料。

4. 低架龙门架的整体安装与拆除

(1)架体的拼装应在平整的场地上进行,各节点螺栓应紧固,拼装精度应满足安装精度要求。

(2)拼装后架体应进行临时加固,除沿立柱纵向绑扎梢径不小于800mm的木杆外,两立柱之间尚应以横杆和剪力撑进行横向加固。

(3)整体吊之前,应在架体顶部四角系牢缆风绳。

(4)架体的吊点应采取设计制造吊点。用把杆起吊时,应在起吊(或放倒)架体的相反方向用辅助缆风绳加以保护。起吊(或放倒)要平稳,不得斜吊。

(5)架体吊立就位时,应在拴牢缆风绳和固定架体底脚后,方可摘除吊钩。

(6)拆除作业时应先挂好吊具,拉紧起吊绳,使架体呈起吊状态,再解除缆风绳和底脚螺栓。

(7)龙门架整体安装和拆除工作属起重作业,必须由持证的起重工和有经验的指挥人员配合进行。

(五)安装后使用

提升机安装后,应由主管部门组织按照本规范和设计规定进行检查验收,确认合格发给使用证后,方可交付使用。使用前和使用中的检查应包括下列内容。

1. 使用前的检查

(1)金属结构有无开焊和明显变形。

(2)架体各节点连接螺栓是否紧固。

(3)附墙架、缆风绳、地锚位置和安装情况。

(4)架体的安装精度是否符合要求。

(5)安全防护装置是否灵敏可靠。

(6)卷扬机的位置是否合理。

(7)电气设备及操作系统的可靠性。

(8)信号及通讯装置的使用效果是否良好清晰。
(9)钢丝绳、滑轮组的固接情况。
(10)提升机与输电线路的安全距离及防护情况。

2. 定期检查

定期检查每月进行1次,由有关部门和人员参加,检查内容包括以下几项。
(1)金属结构有无开焊、锈蚀、永久变形。
(2)扣件、螺栓连接的紧固情况。
(3)提升机构磨损情况及钢丝绳的完好性。
(4)安全防护装置有无缺少、失灵和损坏。
(5)缆风绳、地锚、附墙架等有无松动。
(6)电气设备的接地(或接零)情况。
(7)断绳保护装置的灵敏度试验。

3. 日常检查

日常检查由作业司机在班前进行,在确认提升机正常时,方可投入作业。检查内容包括以下几项。
(1)地锚与缆风绳的连接有无松动。
(2)空载提升吊篮做1次上下运行,验证是否正常,并同时碰撞限位器和观察安全门是否灵敏完好。
(3)在额定荷载下,将吊篮提升至离地面1~2m高度停机,检查制动器的可靠性和架体的稳定性。
(4)安全停靠装置和断绳保护装置的可靠性。
(5)吊篮运行通道内有无障碍物。
(6)作业司机的视线或通讯装置的使用效果是否清晰良好。

(六)提升机使用

(1)物料在吊篮内应均匀分布,不得超出吊篮。当长料在吊篮中立放时,应采取防滚落措施;散料应装箱或装笼。严禁超载使用。
(2)严禁人员攀登、穿越提升机架体和乘吊篮上下。
(3)高架提升机作业时,应使用通讯装置联系。低架提升机在多工种、多楼层同时使用时,应专设指挥人员,信号不清不得开机。作业中不论任何人发出紧急停车信号,应立即执行。
(4)闭合主电源前或作业中突然断电时,应将所有开关扳回零位。在重新恢复作业前,应在确认提升机动作正常后方可继续使用。
(5)发现安全装置、通讯装置失灵时,应立即停机修复。作业中不得随意使用极限限位装置。
(6)使用中要经常检查钢丝绳、滑轮工作情况。如发现磨损严重,必须按照有关规定及时更换。

(7)采用摩擦式卷扬机为动力的提升机,吊篮下降时,应在吊篮行至离地面1~2m处时控制其缓缓落地,不允许吊篮自由落下直接降至地面。

(8)装设摇臂把杆的提升机,作业时,吊篮与摇臂把杆不得同时使用。

(9)作业后,将吊篮降至地面,各控制开关扳至零位,切断主电源,锁好闸箱。

八、电葫芦

(1)轨道梁材质、型号和安装与电葫芦安装应遵守生产企业说明书的要求。

(2)电葫芦应设缓冲器,轨道两端应设挡板。露天作业时应设遮盖。

(3)作业中开始起吊重物时,应吊离地面10cm停止,待检查电葫芦制动装置,确认灵敏可靠后,方可正式作业。

(4)电葫芦严禁超载起吊。严禁吊物从人和设备上方通过。

(5)起吊重物时,钢丝绳必须保持垂直,严禁斜吊。

(6)起吊重物应捆扎牢固,重物离地不宜超过1.5m。空载时吊钩应离地面2m以上。吊物不得长时间悬空停留。

(7)起吊重物不得急速升降,运行应平稳。

(8)操作台应设在操作人员能够直视吊运物的位置上;不能直视吊运物时,应设信号工,操作工必须听从信号工指挥。

(9)作业时,操作人员应集中精力,手不离控制器,眼不离吊运物。

(10)电葫芦作业中发生异味、高温等异常情况,应立即停机检查,排除故障后方可继续使用。

(11)起吊中由于故障造成重物失控下滑时,必须采取紧急措施,向无人处下放重物。

(12)作业中遇停电时,应切断电源,并用手动方法将重物降下。

(13)电葫芦在额定荷载下制动时,下滑量不得大于8cm,超过时应清除油污或更换制动环。

(14)作业后,必须将吊钩升至安全位置并切断电源。

(15)严禁非作业人员进入吊运作业区,配合吊运作业的人员应站在安全处,不得在吊物下穿行。

第四节　钢筋加工机械

一、钢筋除锈机

(1)检查钢丝刷的固定螺栓有无松动,传动部分润滑和封闭式防护罩及排尘设备等完好情况。

(2)操作人员必须束紧袖口,戴防尘口罩、手套和防护眼镜。

(3)严禁将弯钩成型的钢筋上机除锈。弯度过大的钢筋宜在基本调直后除锈。

第四章 公路施工机械安全操作

(4)操作时应将钢筋放平,手握紧,侧身送料,严禁在除锈机正面站人。整根长钢筋除锈应由两人配合操作,互相呼应。

二、钢筋调直机

(1)调直机安装必须平稳,料架、料槽应安装平直,并应对准导向筒、调直筒和下切刀孔的中心线。电机必须设可靠接零保护。

(2)用手转动飞轮,检查传动机构和工作装置,调整间隙,紧固螺栓,确认正常后,启动空运转,并应检查轴承无异响,齿轮啮合良好,待运转正常后,方可作业。

(3)按调直钢筋的直径,选用适当的调直块及传动速度。调直短于2m或直径大于9m的钢筋应低速进行。经调试合格,方可送料。

(4)在调直块未固定、防护罩未盖好前不得送料。作业中严禁打开各部防护罩及调整间隙。

(5)当钢筋送入后,手与曳轮必须保持一定距离,不得接近。

(6)送料前应将不直的料头切去。导向筒前应装一根1m长的钢管,钢筋必须先穿过钢管再送入调直前端的导孔内。当钢筋穿入后,手与压辊必须保持一定距离。

(7)作业后,应松开调直筒的调直块并回到原来位置,同时预压弹簧必须回位。

(8)机械上不准搁置工具、物件,避免振动落入机体。

(9)圆盘钢筋放入放圈架上要平稳,乱丝或钢筋脱架时,必须停机处理。

(10)已调直的钢筋,必须按规格、根数分成小捆,散乱钢筋应随时清理堆放整齐。

三、钢筋切断机

(1)接送料的工作台面应和切刀下部保持水平,工作台的长度可根据加工材料长度确定。

(2)启动前,必须检查工断机加,确定安装正确,刀片无裂纹,刀架螺栓紧固,防护罩牢靠。然后用手转动皮带轮,检查齿轮啮合间隙,调整切刀间隙。

(3)启动后,应先空运转,检查各传动部及轴承运转正常后,方可作业。

(4)机械未达到正常转速时不得切料。钢筋切断应在调直后进行,切料时必须使用切刀的中、下部位,紧握钢筋对准刃口迅速送入。

(5)不得剪切直径及强度超过机械铭牌规定的钢筋和烧红的钢筋。一次切断多根钢筋时,总截面面积应在规定范围内。

(6)剪切低合金钢时,应换高硬度切刀,剪切直径应符合机械铭牌规定。

(7)切断短料时,手和切刀之间的距离应保持150mm以上,如手握端小于400mm时,应用套管或夹具将钢筋短头压住或夹牢。

(8)机械运转中,严禁用手直接清除切刀附近的断头和杂物。钢筋摆动周围和切刀附近,非操作人员不得停留。

(9) 发现机械运转不正常,有异响或切刀歪斜等情况,应立即停机检修。

(10) 作业后,应切断电源,用钢刷清除切刀间的杂物,进行整机清洁保养。

四、钢筋弯曲机

(1) 工作台和弯曲机台面要保持水平,并在作业前准备好各种芯轴及工具。

(2) 按加工钢筋的直径和弯曲半径的要求装好芯轴、成型轴、挡铁轴或可变挡架,芯轴直径应为钢筋直径的 2.5 倍。

(3) 检查芯轴、挡铁轴、转盘应无损坏和裂纹,防护罩紧固可靠,经空运转确认正常后,方可作业。

(4) 操作时要熟悉倒顺开关控制工作盘旋转的方向,钢筋放置要和挡架、工作盘旋转方向相配合,不得放反。

(5) 作业时,将钢筋需弯的一头插在转盘固定销的间隙内,另一端紧靠机身固定销,并用手压紧;检查机身固定销子确实安放在挡住钢筋的一侧,方可开动。

(6) 作业中,严禁更换轴芯、成型轴、销子和变换角度以及调速等作业,严禁在运转时加油和清扫。

(7) 弯曲钢筋时,严禁超过本机规定的钢筋直径、根数及机械转速。

(8) 弯曲高强度或低合金钢筋时,应按机械铭牌规定换算最大允许直径并调换相应的芯轴。

(9) 严禁在弯曲钢筋的作业半径内和机身不设固定销的一侧站人。弯曲好的半成品应堆放整齐,弯钩不得朝上。

(10) 改变工作盘旋转方向时必须在停机后进行,即从正转→停→反转,不得直接从正转→反转或从反转→正转。

五、钢筋冷拉机

(1) 根据冷拉钢筋的直径,合理选用卷扬机,卷扬钢丝绳应经封闭式导向滑轮并和被拉钢筋水平方向成直角。卷扬机的位置必须使操作人员能见到全部冷拉场地,卷扬机距离冷拉中线不少于 5m。

(2) 冷拉场地在两端地锚外侧设置警戒区,装设防护栏杆及警告标志。严禁无关人员在此停留。操作人员在作业时必须离开钢筋至少 2m 以外。

(3) 用配重控制的设备必须与滑轮匹配,并有指示起落的记号,没有指示记号时应有专人指挥。配重框提起时高度应限制在离地面 300mm 以内,配重架四周应有栏杆及警告标志。

(4) 作业前,应检查冷拉夹具,夹齿必须完好,滑轮、拖拉小车应润滑灵活,拉钩、地锚及防护装置均应齐全牢固。确认良好后,方可作业。

(5) 卷扬机操作人员必须看到指挥人员发出信号,并待所有人员离开危险区后方可作业;冷拉应缓慢、均匀地进行,随时注意停车信号或见到有人进入危险区时,应立即停拉,并稍稍放松卷扬钢丝绳。

(6) 用延伸率控制的装置,必须装设明显的限位标志,并应有专人负责指挥。

（7）夜间工作照明设施，应装设在张拉危险区外；如需要装设在场地上空时，其高度应超过 5m。灯泡应加防护罩，导线不得用裸线。

（8）每班冷拉完毕，必须将钢筋整理平直，不得相互乱压和单头挑出，未拉盘筋的引头应盘住，机具拉力部分均应放松。

（9）导向滑轮不得使用开口滑轮。维修或停机，必须切断电源，锁好箱门。

（10）作业后，应放松卷扬钢丝绳，落下配重，切断电源，锁好开关箱。

六、预应力钢筋拉伸设备

（1）采用钢模配套张拉，两端要有地锚，还必须配有卡具、锚具、钢筋两端须镦头，场地两端外侧应有防护栏杆和警告标志。

（2）检查卡具、锚具及被拉钢筋两端镦头，如有裂纹或破损，应及时修复或更换。

（3）卡具刻槽应较所拉钢筋的直径大 0.7～1mm，并保证有足够强度使锚具不致变形。

（4）空载运转，校正千斤顶和压力表的指示吨位，定出表上的数字，对比张拉钢筋吨位及延伸长度。检查油路应无泄漏，确认正常后，方可作业。

（5）作业中，操作要平稳、均匀，张拉时两端不得站人。拉伸机在有压力情况下严禁拆卸液压系统上的任何零件。

（6）在测量钢筋的伸长和拧紧螺帽时，应先停止拉伸，操作人员必须站在侧面操作。

（7）用电热张拉法带电操作时，应穿绝缘胶鞋和戴绝缘手套。

（8）张拉时，不准用手摸或脚踩钢筋或钢丝。

（9）作业后，切断电源，锁好开关箱。千斤顶全部卸载并将拉伸设备放在指定地点进行保养。

第五节 焊接机械

一、电弧焊

（1）焊接设备上的电机、电器、空压机等应按有关规定执行，并有完整的防护外壳，二次接线柱处应有保护罩。

（2）现场使用的电焊机应设有可防雨、防潮、防晒的机棚，并备有消防用品。

（3）焊接时，焊接和配合人员必须采取防止触电、高空坠落、瓦斯中毒和火灾等事故的安全措施。

（4）严禁在运行中的压力管道，装有易燃、易爆物品的容器和受力构件上进行焊接和切割。

（5）焊接铜、铝、锌、锡、铅等有色金属时，必须在通风良好的地方进行，焊接人员应戴防毒面具或呼吸滤清器。

(6)在容器内施焊时,必须采取以下措施:容器上必须有进、出风口并设置通风设备;容器内的照明电压不得超过12V;焊接时必须有人在场监护,严禁在已喷涂过油漆或塑料的容器内焊接。

(7)焊接预热焊件时,应设挡板隔离焊件发生的辐射热。

(8)高空焊接或切割时,必须挂好安全带,焊件周围和下方应采取防火措施并有专人监护。

(9)电焊线通过道路时,必须架高或穿入防护管内埋设在地下,如通过轨道时,必须从轨道下面穿过。

(10)接地线及手把线都不得搭在易燃、易爆和带有热源的物品上,接地线不得接在管道、机床设备和建筑物金属构架或轨道上,接地电阻不大于4Ω。

(11)雨天不得露天电焊。在潮湿地带作业时,操作人员应站在铺有绝缘物品的地方,穿好绝缘鞋。

(12)长期停用的电焊机,使用时,须检查其绝缘电阻不得低于0.5Ω,接线部分不得有腐蚀和受潮现象。

(13)焊钳应与手把线连接牢固,不得用胳膊夹持焊钳。清除焊渣时,面部应避开焊缝。

(14)在载荷运行中,焊接人员应经常检查电焊机的温升,如超过A级60℃、B级80℃时,必须停止运转并降温。

(15)施焊现场的10m范围内,不得堆放氧气瓶、乙炔发生器、木材等易燃物。

(16)作业后,清理场地、灭绝火种、切断电源、锁好电闸箱、消除焊料余热后再离开。

二、交流电焊机

(1)应注意初、次级线,不可接错,输入电压必须符合电焊机的铭牌规定。严禁接触初级线路的带电部分。

(2)次级抽头连接铜板必须压紧,其他部件应无松动或损坏。

(3)移动电焊机时,应切断电源。

(4)多台焊机接线时三相负载应平衡,初级线上必须有开关及熔断保护器。

(5)电焊机应绝缘良好。焊接变压器的一次线圈绕组与二次线圈绕组之间、绕组与外壳之间的绝缘电阻不得小于1MΩ。

(6)电焊机的工作负荷应依照设计规定,不得超载运行。

三、直流电焊机

1. 旋转式电焊机

(1)接线柱应有垫圈。合闸前详细检查接线螺帽,不得用拖拉电缆的方法移动焊机。

(2)新机使用前,应将换向器上的污物擦干净,使换向器与电刷接触良好。

(3)启动时,检查转子的旋转方向应符合焊机标志的箭头方向。

(4)启动后,应检查电刷和换向器,如有大量火花时,应停机查原因,经排除后方可使用。

(5)数台焊机在同一场地作业时,应逐台启动,并使三相载荷平衡。

2. 硅整流电焊机

(1)电焊机应在原厂使用说明书要求的条件下工作。

(2)检查减速箱油槽中的润滑油,不足时应添加。

(3)软管式送丝机构的软管槽孔应保持清洁,定期吹洗。

(4)使用硅整流电焊机时,必须开启风扇,运转中应无异响,电压表指示值应正常。

(5)应经常清洁硅整流器及各部件,清洁工作必须在停机断电后进行。

四、对焊机

(1)对焊机应安置在室内,并有可靠的接地(接零)。如多台对焊机并列安装时间距不得少于 3m,并应分别接在不同相位的电网上,分别有各自的刀形开关。

(2)作业前,检查对焊机的压力机构应灵活,夹具应牢固,气、液压系统无泄漏,确认可靠后,方可施焊。

(3)焊接前,应根据所焊钢筋截面,调整二次电压,不得焊接超过对焊机规定直径的钢筋。

(4)断路器的接触点、电极应定期光磨、二次电路全部连接螺栓应定期紧固。冷却水温度不得超过 40℃;排水量应根据温度调节。

(5)焊接较长钢筋时,应设置托架。在现场焊接竖向钢筋时,焊接后应确保焊接牢固后再松开卡具,进行下道工序。

(6)闪光区应设挡板,焊接时无关人员不得入内。配合搬运钢筋的操作人员,在焊接时要注意防止火花烫伤。

五、点焊机

(1)作业前,必须清除两电极的油污。通电后,机体外壳应无漏电。

(2)启动前,首先应接通控制线路的转向开关和调整好极数,接通水源、气源,再接电源。

(3)电极触头应保持光洁,如有漏电时,应立即更换。

(4)作业时,气路、水冷却系统应畅通。气体必须保持干燥。排水温度不得超过 40℃,排水量可根据气温调节。

(5)严禁在引燃电路中加大熔断器。当负载过小使引燃管内电弧不能发生时,不得闭合控制箱的引燃电路。

(6)控制箱如长期停用,每月应通电加热 30min。如更换闸流管亦应预热 30min;工作时控制箱的预热时间不得少于 5min。

六、乙炔气焊

(1)乙炔瓶、氧气瓶及软管、阀、表均应齐全有效,紧固牢靠,不得松动、破损和漏气。氧气瓶及其附件、胶管、工具上均不得沾染油污。软管接头不得用铜质材料制作。

(2)乙炔瓶、氧气瓶和焊炬间的距离不得小于10m,否则应采取隔离措施。同一地点有两个以上乙炔瓶时,其间距不得小于10m。

(3)新橡胶软管必须经压力试验。未经压力试验的或代用品及变质、老化、脆裂、漏气及沾上油脂的胶管均不得使用。

(4)不得将橡胶软管放在高温管道和电线上,或将重物或热的物件压在软管上,更不得将软管与电焊用的导线敷设在一起。软管经过车行道时应加护套或盖板。

(5)氧气瓶应与其他易燃气瓶、油脂和其他易燃、易爆物品分别存放,也不得同车运输。氧气瓶应有防震圈和安全帽,应平放不得倒置,不得在强烈日光下曝晒,严禁用行车或吊车吊运氧气瓶。

(6)开启氧气瓶阀门时,应用专用工具,动作要缓慢,不得面对减压器,但应观察压力表指针是否灵敏正常。氧气瓶中的氧气不得全部用尽,至少应留49kPa的剩余压力。

(7)严禁使用未安装减压器的氧气瓶进行作业。

(8)安装减压器时,应先检查氧气瓶阀门接头不得有油脂,并略开氧气瓶阀门吹除污垢,然后安装减压器。人身或面部不得正对氧气瓶阀门出气口,关闭氧气瓶阀门时,须先松开减压器的活门螺丝(不可紧闭)。

(9)点燃焊(割)炬时,应先开乙炔阀点火,然后开氧气阀调整火焰。关闭时应先关闭乙炔阀,再关闭氧气阀。

(10)在作业中,如发现氧气瓶阀门失灵或损坏不能关闭时,应让瓶内氧气自动放尽后,再行拆卸修理。

(11)乙炔软管、氧气软管不得错装。使用中,当氧气软管着火时,不得折弯软管断气,要迅速关闭氧气阀门,停止供氧。乙炔软管着火时,应先关熄炬火,可用弯折前面一段软管的办法来将火熄灭。

(12)冬期在露天施工,如软管和回火防止器冻结时,可用热水、蒸汽或在暖气设备下化冻。严禁用火焰烘烤。

(13)不得将橡胶软管背在背上操作。焊枪内若带有乙炔、氧气时不得放在金属管、槽、缸、箱内。氢氧并用时,应先开乙炔气,再开氢气,最后开氧气,再点燃。熄灭时,应先关氧气,再关氢气,最后关乙炔气。

(14)作业后,应卸下减压器,拧上气瓶安全帽,将软管卷起捆好,挂在室内干燥处,并将乙炔发生器卸压,放水后取出电石篮。剩余电石和电石渣,应分别放在指定的地方。

第六节 桩工及水工机械

一、基本要求

(1)打桩机类型应根据桩的类型、桩长、桩径、地质条件、施工工艺等综合考虑选择。打桩作业前,应由施工技术人员向机组人员进行安全技术交底。

(2)打桩机作业区内应无高压线路。作业区应有明显标志或围栏,非工作人员不得进入。桩锤在施打过程中,操作人员必须在距离桩锤中心5m以外监视。

(3)机组人员作登高检查或维修时,必须系安全带;工具和其他物件应放在工具包内,高空人员不得向下随意抛物。

(4)严禁吊桩、吊锤、回转或行走等动作同时进行。打桩机在吊有桩和锤的情况下,操作人员不得离开岗位。

(5)作业中,当停机时间较长时,应将桩锤落下垫好。检修时不得悬吊桩锤。

(6)遇有雷雨、大雾和六级及以上大风等恶劣气候时,应停止一切作业。当风力超过七级或有风暴警报时,应将打桩机顺风向停置,并应增加缆风绳,或将桩立柱放倒地面上。立柱长度在27m及以上时,应提前放倒。

(7)作业后,应将打桩机停放在坚实平整的地面上,将桩锤落下垫实,并切断动力电源。

二、柴油打桩锤

(1)柴油打桩锤应使用规定配合比的燃油、作业前,应将燃油箱注满,并将出油阀门打开。

(2)作业前,应打开放气螺塞,排出油路中的空气,并应检查和试验燃油泵,从清扫孔中观察喷油情况;发现不正常时,应予调整。

(3)作业前,应使用起落架将上活塞提起稍高于上汽缸,打开贮油室油塞,按规定加满润滑油。对自动润滑的桩锤,应采用专用油泵向润滑油管路加入润滑油,并应排除管路中的空气。

(4)对新启用的桩锤,应预先沿上活塞一周浇入0.5L润滑油,并应用油枪对下活塞加注一定量的润滑油。

(5)应检查所有紧固螺栓,并应重点检查导向板的固定螺栓,不得在松动及缺件情况下作业。

(6)应检查并确认起落架各工作机构安全可靠,启动钩与上活塞接触线在5~10mm之间。

(7)提起桩锤脱出砧座后,其下滑长度不宜超过200mm。超过时应调整桩帽绳扣。

(8)检查导向板磨损间隙,当间隙超过7mm时,应予更换。检查缓冲胶垫,当砧座和橡胶垫的接触面小于原面积2/3时,或下汽缸法兰与砧座间隙小于7mm

时,均应更换橡胶垫。

(9)打桩过程中,应有专人负责拉好曲臂上的控制绳;在意外情况下,可使用控制绳紧急停锤。

(10)作业中,应重点观察上活塞的润滑油是否从油孔中泄出。当下汽缸为自动加油泵润滑时,应经常打开油管头,检查有无油喷出;当无自动加油泵时,应每隔15min向下活塞润滑点注入润滑油。当一根桩打进时间超过15min时,则应在打完后立即加注润滑油。

(11)作业中,当桩锤冲击能量达到最大能量时,其最后10锤的贯入值不得小于5mm。

(12)作业中,当水套的水由于蒸发而低于下汽缸吸排气口时,应及时补充,严禁无水作业。

(13)停机后,应将桩锤放到最低位置,盖上汽缸盖和吸排气孔塞子,关闭燃料阀,将操作杆置于停机位置,起落架升至高于桩锤1m处,锁住安全限位装置。

(14)长期停用的桩锤,应从桩机上卸下,放掉冷却水、燃油及润滑油,将燃烧室及上、下活塞击面清洗干净,并应做好防腐措施,盖上保护套,入库保存。

三、振动桩锤

(1)作业场地至电源变压器或供电主干线的距离应在200m以内。

(2)液压箱、电气箱应置于安全平坦的地方。电气箱和电动机必须安装保护接地设施。

(3)长期停放重新使用前,应测定电动机的绝缘值,且不得小于$0.5M\Omega$,并应对电缆芯线进行导通试验。电缆外包橡胶层应完好无损。

(4)应检查并确认电气箱内各部件完好,接触无松动,接触器触点无烧毛现象。

(5)作业前,应检查振动桩锤减震器与连接螺栓的紧固性,不得在螺栓松动或缺件的状态下启动。

(6)悬挂振动桩锤的起重机,其吊钩上必须有防松脱的保护装置。振动桩锤悬挂钢架的耳环上应加装保险钢丝绳。

(7)启动振动桩锤应监视启动电流和电压,一次启动时间不应超过10s。当启动困难时,应查明原因,排除故障后,方可继续启动。启动后,应待电流降到正常值时,方可转到运转位置。

(8)振动桩锤启动运转后,应待振幅达到规定值时,方可作业。当振幅正常后仍不能拔桩时,应改用功率较大的振动桩锤。

(9)拔钢板桩时,应按沉入顺序的相反方向起拔,夹持器在夹持板桩时,应靠近相邻一根,对工字桩应夹紧腹板的中央。如钢板桩和工字桩的头部有钻孔时,应将钻孔焊平或将钻孔以上割掉,亦可在钻孔处焊加强板,应严防拔断钢板桩。

(10)夹桩时,不得在夹持器和桩的头部之间留有空隙,并应待压力表显示压力达到额定值后,方可指挥起重机起拔。

(11)拔桩时,当桩身埋入部分被拔起 1.0～1.5m 时,应停止振动,拴好吊桩用钢丝绳,再起振拔桩。当桩尖在地下只有 1～2m 时,应停止振动,由起重机直接拔桩。待桩完全拔出后,在吊桩钢丝绳未吊紧前,不得松开夹持器。

(12)沉桩前,应以桩的前端定位,调整导轨与桩的垂直度,不应使倾斜度超过 2°。

(13)沉桩时,吊桩的钢丝绳应紧跟桩下沉速度而放松。在桩入土 3m 之前,可利用桩机回转或导杆前后移动,校正桩的垂直度;在桩入土超过 3m 时,不得再进行校正。

(14)沉桩过程中,当电流表指数急剧上升时,应降低沉桩速度,使电动机不超载;但当桩沉入太慢时,可在振动桩锤上加一定量的配重。

(15)作业中,当遇液压软管破损、液压操纵箱失灵或停电(包括熔丝烧断)时,应立即停机,将换向开关放在"中间"位置,并应采取安全措施,不得让桩从夹持器中脱落。

(16)作业中,应保持振动桩锤减振装置各摩擦部位具有良好的润滑。

(17)作业后,应将振动桩锤沿导杆放至低处,并采用木块垫实,带桩管的振动桩锤可将桩管插入地下一半。并切断操纵箱上的总开关外,尚应切断配电盘上的开关,并应采用防雨布将操纵箱遮盖好。

四、履带式打桩机(三支点式)

(1)打桩机的安装场地应平坦坚实,当地基承载力达不到规定的压应力时,应在履带下铺设路基箱或 30mm 厚的钢板,其间距不得大于 300mm。

(2)打桩机的安装、拆卸应按照出厂说明书规定程序进行。用伸缩式履带的打桩机,应将履带扩张后方可安装。履带扩张应在无配重情况下进行,上部回转平台应转到与履带成 90°的位置。

(3)立柱竖立前,应向顶梁各润滑点加注润滑油,再进行卷扬筒制动试验。试验时,应先将立柱拉起 300～400mm 后制动住,然后放下,同时应检查并确认前后液压缸千斤顶牢固可靠。

(4)立柱的前端应垫高,不得在水平以下位置扳起立柱。

当立柱扳起时,应同步放松缆风绳。当立柱接近垂直位置时,应减慢竖立速度。扳到 75°～83°时,应停止卷扬,并收紧缆风绳,再装上后支撑,用后支撑液压缸使立柱竖直。

(5)安装后支撑时,应有专人将液压缸向主机外侧拉住,不得撞击机身。

(6)立柱底座安装完毕后,应对水平微调液压缸进行试验,确认无问题时,应再将活塞杆缩尽,并准备安装立柱。

(7)立柱安装时,履带驱动轮应置于后部,履带前倾覆点应采用铁楔块填实,并应制动住行走机构和回转机构,用销轴将水平伸缩臂定位。在安装垂直液压缸时,应在下面铺木垫板将液压缸顶实,并使主机保持平衡。

(8)安装立柱时,应按规定扭矩将连接螺栓拧紧,立柱支座下方应垫千斤顶并顶实。安装后的立柱,其下方搁置点不应少于3个。立柱的前端和两侧应系揽风绳。

(9)安装桩锤时,桩锤底部冲击块与桩帽之间应有下述厚度的缓冲垫木。对金属桩,垫木厚度应为100~150mm;对混凝土桩,垫木厚度应为200~250mm。作业中应观察垫木的损坏情况,损坏严重时应予更换。

(10)拆卸应按与安装时相反程序进行。放倒立柱时,应使用制动器使立柱缓缓放下,并用缆风绳控制,不得不加控制地快速下降。

(11)正前方吊桩时,对混凝土预制桩,立柱中心与桩的水平距离不得大于4m;对钢管桩,水平距离不得大于7m。严禁偏心吊桩或强行拉桩等。

(12)使用双向立柱时,应待立柱转向到位,并用锁销将立柱与基杆锁住后,方可起吊。

(13)施打斜桩时,应先将桩锤提升到预定位置,并将桩吊起,套入桩帽,桩尖插入桩位后再后仰立柱,并用后支撑杆顶紧,立柱后仰时打桩机不得回转及行走。

(14)打桩机带锤行走时,应将桩锤放至最低位。行走时,驱动轮应在尾部位置,并应有专人指挥。

(15)在斜坡上行走时,应将打桩机重心置于斜坡的上方,斜坡的坡度不得大于5°。在斜坡上不得回转。

(16)作业后,应将桩锤放在已打入地下的桩头或地面垫板上,将操纵杆置于停机位置,起落架升至比桩锤高1m的位置,锁住安全限位装置,并应使全部制动生效。

五、静力压桩机

(1)安装时,应控制好两个纵向行走机构的安装间距,使底盘平台能正确对位。

(2)安装配重前,应对各紧固件进行检查,在紧固件未拧紧前不得进行配重安装。

(3)安装完毕后,应对整机进行试运转,对吊桩用的起重机,应进行满载试吊。

(4)作业前应检查并确认各传动机构、齿轮箱、防护罩等良好,各部件连接牢固;确认起重机起升、变幅机构正常,吊具、钢丝绳、制动器等良好;确认电缆表面无损伤,保护接地电阻符合规定,电压正常,旋转方向正确。

(5)压桩作业时,应有统一指挥,压桩人员和吊桩人员应密切联系,相互配合。

(6)当压桩机的电动机尚未正常运行前,不得进行压桩。

(7)起重机吊桩进入夹持机构进行接桩或插桩作业中,应确认在压桩开始前吊钩已安全脱离桩体。

(8)接桩时,上一节应提升350~400mm,此时,不得松开夹持板。

(9)压桩时,应按桩机技术性能表作业,不得超载运行。操作时动作不应过猛,避免冲击。

(10)压桩时,非工作人员应离机 10m 以外。起重机的起重臂下,严禁站人。

(11)压桩过程中,应保持桩的垂直度,如遇地下障碍物使桩产生倾斜时,不得采用压桩机行走的方法强行纠正,应先将桩拔起,待地下障碍物清除后,重新插桩。

(12)压桩机行走时,长、短船与水平坡度不得超过 5°。纵向行走时,不得单向操作一个手柄,应两个手柄一起动作。

(13)压桩机在顶升过程中,船形轨道不应压在已入土的单一桩顶上。

(14)作业完毕,应将短船运行至中间位置,停放在平整地面上,其余液压缸应全部回程缩进,起重机吊钩应升至最上部,并应使各部制动生效,最后应将外露活塞杆擦干净。

(15)作业后,应将控制器放在"零位",并依次切断各部电源,锁闭门窗,冬季应放尽各部积水。

六、离心水泵

(1)水泵放置地点应坚实,安装应牢固、平稳,并应有防雨设施。多级水泵的高压软管接头应牢固可靠,放置宜平直,转弯处应固定牢靠。数台水泵并列安装时,其扬程宜相同,每台之间应有 0.8~1.0m 的距离;串联安装时,应有相同的流量。

(2)冬季运转时,应做好管路、泵房的防冻、保温工作。

(3)启动前检查项目应符合下列要求。

1)电动机与水泵的连接同心,联轴节的螺栓紧固,联轴节的转动部分有防护装置,泵的周围无障碍物。

2)管路支架牢固,密封可靠,泵体、泵轴、填料和压盖严密,吸水管底阀无堵塞或漏水。

3)排气阀畅通,进、出水管接头严密不漏,泵轴与泵体之间不漏水。

(4)启动时应加足引水,并将出水阀关闭;当水泵达到额定转速时,旋开真空表和压力表的阀门,待指针位置正常后,方可逐步打开出水阀。

(5)运转中发现下列情况,应立即停机检修。

1)漏水、漏气、填料部分发热。

2)底阀滤网堵塞,运转声音异常。

3)电动机温升过高,电流突然增大。

4)机械零件松动或其他故障。

(6)升降吸水管时,应在有护栏的平台上操作。

(7)运转时,严禁人员从机上跨越。

(8)水泵停止作业时,应先关闭压力表,再关闭出水阀,然后切断电源。冬季使用时,应将各部放水阀打开,放净水泵和水管中积水。

七、潜水泵

(1)潜水泵宜先装在坚固的篮筐里再放入水中,亦可在水中将泵的四周设立坚固的防护围网。泵应直立于水中,水深不得小于 0.5m,不得在含泥砂的水中使用。

(2)潜水泵放入水中或提出水面时,应先切断电源。严禁拉拽电缆或出水管。

(3)潜水泵应装设保护接零或漏电保护装置,工作时泵周围 30m 以内水面,不得有人、畜进入。

(4)接通电源后,应先试运转,并应检查及确认旋转方向正确,在水外运转时间不得超过 5min。

(5)应经常观察水位变化,叶轮中心至水平距离应在 0.5~3.0m 之间,泵体不得陷入污泥或露出水面。电缆不得与井壁、池壁相擦。

(6)新泵或新换密封圈,在使用 50h 后,应旋开放水封口塞,检查水、油的泄漏量。当泄漏量超过 5mL 时,应进行 0.2MPa 的气压试验,查出原因,予以排除,以后应每月检查一次;当泄漏量不超过 25mL 时,可继续使用。检查后应换上规定的润滑油。

(7)当气温降到 0℃ 以下时,在停止运转后,应从水中提出潜水泵擦干后存放室内。

八、深井泵

(1)深井泵应使用在含砂量低于 0.01% 的清水源,泵房内设预润水箱,容量应满足一次启动所需的预润水量。

(2)新装或经过大修的深井泵,应调整泵壳与叶轮的间隙,叶轮在运转中不得与壳体摩擦。

(3)深井泵在运转前应将清水通入轴与轴承的壳体内进行预润。

(4)深井泵不得在无水情况下空转。水泵的一、二级叶轮应浸入水位 1m 以下。运转中应经常观察井中水位的变化情况。

(5)运转中,当发现基础周围有较大振动时,应检查水泵的轴承或电动机填料处磨损情况;当磨损过多而漏水时,应更换新件。

(6)已吸、排过含有泥砂的深井泵,在停泵前,应用清水冲洗干净。

(7)停泵前,应先关闭出水阀,切断电源,锁好开关箱。冬季停用时,应放净泵中积水。

九、泥浆泵

(1)泥浆泵应安装在稳固的基础架或地基上,不得松动。

(2)启动前,吸水管、底阀及泵体内应注满引水,压力表缓冲器上端应注满油。

(3)启动前应使活塞往复两次,无阻梗时方可空载启动。启动后,应待运转正常,再逐步增加载荷。

(4)运转中,应经常测试泥浆含砂量。泥浆含砂量不得超过10%。

(5)有多挡速度的泥浆泵,在每班运转中应将几挡速度分别运转,运转时间均不得少于30min。

(6)运转中不得变速;当需要变速时,应停泵进行换挡。

(7)运转中,当出现异响或水量、压力不正常,或有明显高温时,应停泵检查。

(8)在正常情况下,应在空载时停泵。停泵时间较长时,应全部打开放水孔,并松开缸盖,提起底阀放水杆,放尽泵体及管道中的全部泥砂。

(9)长期停用时,应清洗各部泥砂、油垢,将曲轴箱内润滑油放尽,并应采取防锈、防腐措施。

第七节 路面机械

一、摊铺机

1. 驾驶员要求

(1)摊铺机驾驶员必须经过专门培训上岗,熟悉机械性能和操作规程,懂得例行保养项目,能熟练使用各操纵机构,经考核合格后,方准予驾驶操作。

(2)摊铺机驾驶员必须认真学习和严格执行交通规则,服从交通民警和纠察人员的指挥。不准违章驾驶,不准将机车交给无证人员驾驶,驾驶台上不准超员坐人。

(3)摊铺机驾驶员必须认真执行"六不"出车的规定,在行驶和作业中做到集中思想,注意机车周围情况,防止事故发生。严禁酒后驾驶和作业。

2. 摊铺作业要求

(1)摊铺机每班必须进行认真保养,对机械部件进行认真检查,确保机件的紧固、完好。保养摊铺机时,必须使发动机停止运转,禁止用汽油清洗机械,并注意排气管道及电路接头勿靠近油类、易燃物品。

(2)进行摊铺作业前应检查各操作部分是否灵活可靠。与沥青砂接触部分涂擦柴油。

(3)棒式输送带必须在倒料前提前启动,并注意门开启大小程度,冬天作业时应预先加热熨平板。

(4)摊铺作业,必须严格按照设计允许速度进行,不得擅自提高速度。向熨平装置送料时要密切注意后面螺旋输送器中的料量,不得超量输送。

(5)摊铺机如需较长距离的移动,必须由平板车托运,并绑扎固定。

(6)进行摊铺作业时,必须在发动机运转正常后方可挂上传动箱带动油泵转动。

(7)摊铺机移动时,熨平板必须用钢丝绳吊挂。在行驶过程中,禁止人员上下或攀登。

(8)摊铺机停用后,应切断电源,随带钥匙。冬季放掉发动机和水箱内的冷却水,以防冻裂。

(9)摊铺机应停放在安全地带,不要停在路中妨碍交通和坡面上。夜间停放路边应在机旁挂设红灯,醒目警示。

二、振动压路机

(1)作业时,压路机应先起步后才能起振,内燃机应先置于中速,然后再调至高速。

(2)变速与换向时应先停机,变速时应降低内燃机转速。

(3)严禁压路机在坚实的地面上进行振动。

(4)碾压松软路基时,应先在不振动情况下碾压1~2遍,然后再振动碾压。

(5)碾压时,振动频率应保持一致。对可调振频的振动压路机,应先调好振动频率后再作业,不得在没有起振情况下调整振动频率。

(6)换向离合器、起振离合器和制动器的调整,应在主离合器脱开后进行。

(7)上、下坡时,不得使用快速挡。在急转弯时,包括铰接式振动压路机在小转弯绕圈碾压时,严禁使用快速挡。

(8)压路机在高速行驶时不得接合振动。

(9)停机时应先停振,然后将换向机构置于中间位置,变速器置于空挡,最后拉起手制动操纵杆,内燃机怠速运转数分钟后熄火。

三、蛙式夯实机

(1)蛙式夯实机应适用于夯实灰土和素土的地基、地坪及场地平整,不得夯实坚硬或软硬不一的地面、冻土及混有砖石碎块的杂土。

(2)作业前重点检查项目应符合下列要求。

1)除接零或接地外,应设置漏电保护器,电缆线接头绝缘良好。

2)传动皮带松紧度合适,皮带轮与偏心块安装牢固。

3)转动部分有防护装置,并进行试运转,确认正常后,方可作业。

(3)作业时夯实机扶手上的按钮开关和电动机的接线均应绝缘良好。当发现有漏电现象时,应立即切断电源,进行检修。

(4)夯实机作业时,应一人扶夯,一人传递电缆线,且必须戴绝缘手套和穿绝缘鞋。递线人员应跟随夯机后或两侧调顺电缆线,电缆线不得扭结或缠绕,且不得张拉过紧,应保持有3~4m的余量。

(5)作业时,应防止电缆线被夯击。移动时,应将电缆线移至夯机后方,不得隔机抢扔电缆线,当转向倒线困难时,应停机调整。

(6)作业时,手握扶手应保持机身平衡,不得用力向后压,并应随时调整行进方向。转弯时不得用力过猛,不得急转弯。

(7)夯实填高土方时,应在边缘以内100~150mm夯实2~3遍后,再夯实边缘。

(8)在较大基坑作业时,不得在斜坡上夯行,应避免造成夯头后折。

(9)夯实房心土时,夯板应避开房心内地下构筑物、钢筋混凝土基桩、机座及地下管道等。

(10)在建筑物内部作业时,夯板或偏心块不得打在墙壁上。

(11)多机作业时,其平列间距不得小于5m,前后间距不得小于10m。

(12)夯机前进方向和夯机四周1m范围内不得站立非操作人员。

(13)夯机连续作业时间不应过长,当电动机超过额定温度时,应停机降温。

(14)夯机发生故障时,应先切断电源,然后排除故障。

(15)作业后,应切断电源,卷好电缆线,清除夯机上的泥土,并妥善保管。

第八节 筑 路 机 械

一、一般规定

(1)操作人员必须经过安全技术培训,考试合格后方可上岗。

(2)操作人员必须身体健康。患有碍安全操作的疾病和精神不正常者不得操作机械设备。酒后或服用镇静药物者不得操作机械设备。

(3)作业中应观察或巡视机械、周围人员及环境状况,不得擅自离开岗位。

(4)操作人员必须按规定佩戴安全防护用品。作业时长发不得外露,女工应戴工作帽。

(5)不得随意拆除机械设备照明、信号、仪表、报警和防护装置。应按规定的周期检查、调校安全防护装置。

(6)机械设备外露的传动机构、转动部件和高温、带电部分应装设防护罩等安全防护设施和设有明显的安全警示标志。

(7)机械运转时严禁接触运行部件、进行修理及保养作业。

(8)作业前应依照安全技术交底检查施工现场,查明地上、地下管线和构筑物的状况。不得在距现有电力、通讯电缆2m内使用机械作业。

(9)机械设备在沟槽附近行驶时应低速。作业中必须避开管线和构筑物,并与沟槽边保持不小于1.5m的安全距离。

(10)机械操作人员应与配合人员协调一致。

(11)作业中遇到下列情况应立即停工。

1)填挖区土体不稳定,有坍塌可能。

2)发生暴雨、雷雨、水位暴涨及山洪暴发。

3)施工标记及防护设施被损坏。

4)出现其他不能保证作业和运行安全的情况。

(12)机械在社会道路上行驶时必须遵守交通管理部门的有关规定。

(13)机械通过桥梁前,应了解桥梁的承载能力,确认安全后方可低速通过。严禁在桥面上急转向和紧急刹车。通过桥洞前必须注意限高,确认安全后方可通过。

(14)自行式机械作业前,必须进行检查,制动、转向、信号及安全装置应齐全有效。

(15)坡道停机时,不得横向停放。纵向停放时,必须挡掩,并将工作装置落地辅助制动,确认制动可靠后,操作人员方可离开。雨季应将机械停放在地势较高的坚实地面。

(16)机械设备在发电站、变电站、配电室等附近作业时,不得进入危险区域。

二、稳定土拌合机

(1)作业前应检查拌合转子防护装置和作业环境,确认安全后方可作业。

(2)作业前操作人员应鸣笛示警,确认人员离开作业区后方可作业。

(3)作业中严禁人员上下机械。

(4)作业后,拌合机应停放在平整坚实的地方,并将转子置于地面。

(5)保养、维修转子或更换刀齿时,应将拌合转子用方木垫稳。

三、稳定土、石灰粉、煤灰类混合料拌合站

(1)设备运转前应进行检查,各部装置应完好,螺栓无松动,漏电保护装置应灵敏有效,电气设备接地应完好,输送皮带上、搅拌机内无凝固物料。

(2)作业时控制室操作人员不得擅自离岗,无关人员不得进入控制室。

(3)运转过程中应设人员巡检,发现故障时应立即通知控制室操作人员。

(4)电气设备必须装设防雨、防潮设施。电气设备的维修保养应由专业电工进行。

(5)维修设备或清理搅拌机内、料斗、输送皮带上的物料时,应停机,并切断电源,设专人监护。

(6)作业后应切断电源,关闭、锁好操作室门窗。

四、沥青混合料拌合站

(一)一般规定

(1)操作人员必须经安全技术培训,考核合格后方可上岗。

(2)作业人员必须佩戴齐全防护用品,不得擅自离岗。

(3)必须检查安全防护装置和周围环境,确认安全后,方可开机。

(4)检修、保养设备时,必须断电并挂安全警示牌,必要时设专人监护。严禁在运行中检修、保养等工作。

(5)在沥青罐顶作业前,必须检查罐顶的安全防护装置,并设专人监护。

(6)设备内部维修时,必须使用24V以下照明。

(7)严禁在回转体附近、放料口下操作、穿行和停留。

(二)沥青混合料拌合机

1. 操作时

(1)开机准备就绪,必须发出开机信号,待发出第二次信号后方可开机。

(2)自动点火设备两次点火不成功,应立即停机,严禁继续点火。
(3)应随时与本班组及相关班组人员保持联系,发现问题及时采取措施。
(4)作业结束后,必须切断电源,关闭燃油总截门。
2. 巡检时
(1)听到开机信号后必须迅速离开危险部位。
(2)应随时对设备进行巡视检查,发现问题及时和操作工联系并采取相应措施。
(3)作业前重点检查成品仓斗车钢丝绳,确认符合要求后,方可启动。
(4)干燥筒内有积油时,必须及时与操作工联系,严禁点火操作。
(5)人工点火时应按规定程序操作,严禁将身体正面对着点火口。
(6)观察燃烧工况时,必须距观察孔 50cm 外,并不得将身体正面对着火焰观察孔。
(7)必须在运行中调整的部位、部件(干燥筒、皮带输送机等),调整作业时必须设专人监护。
(8)每周必须检测一次皮带输送机的紧急停止装置。
(9)采用装载机供料时,清理料仓必须设专人监护。
(10)采用推土机供料时,清理供料口必须将料口坡度降至 45°以下,并设置专人监护。
(三)改性沥青生产设备
1. 供料作业
(1)严禁提升设备载人,并不得超载。
(2)严禁在提升设备下停留、穿行。
(3)在平台上作业时,不得将身体探出护栏。
2. 操作要求
(1)车间内作业时,必须启动通风装置。
(2)开机前必须对操作盘仪器仪表、沥青上液位开关进行检查,符合要求后方可开机。
(3)启动前必须先对电磁阀门手动试验,正常后方可进入自动生产。
(4)严禁采取沥青泵反转的方式清理过滤器。
(5)维修沥青搅拌罐前,必须将罐内沥青放空,待罐内温度降至 45℃以下时,方可进罐维修。
(四)乳化沥青生产设备
(1)作业人员不得直接接触乳化剂、加热的乳液、沥青及其管道。
(2)取样作业时,必须缓慢开启取样截门。

(五)石粉供应

1. 球磨机作业

(1)开机准备就绪,必须发出开机信号,待发出第二次信号后方可开机。

(2)作业人员听到第一次开机信号后,必须迅速离开危险部位。

(3)作业人员应随时与本班组及相关班组人员保持联系,发现问题及时采取措施。

(4)巡检人员应随时对设备进行巡视检查,发现问题及时和设备操作人员联系,并采取相应措施。

(5)作业人员必须在安全线以外进行监控操作。

(6)旋转部位发生故障,必须停机。

(7)作业结束后,必须切断电源。

2. 石粉输送作业

(1)气力输送石粉装置的气压不得超过设备使用说明书的规定值。

(2)螺旋输送装置的螺旋输送机、提升机在运行中严禁清理杂物。

(3)石粉罐中存有石粉时,严禁进罐检查。

五、沥青洒布机

1. 作业前

(1)作业前必须检查转向、制动、灯光系统、灭火器及加温油箱压力表,确认安全后方可作业。

(2)在社会道路上行驶时,必须遵守交通规则。

(3)加温油箱必须使用煤油,严禁使用汽油。

2. 沥青灌装

(1)灌装沥青时,必须将洒布机罐装口对准沥青出油口后方可打开截门。

(2)灌装沥青时,必须启动循环泵。

(3)灌装沥青时不得超载,灌装完毕必须将罐口盖严。

3. 喷洒

(1)使用喷灯前必须检查油管,确认无漏油后方可点火。

(2)加温沥青循环泵时,必须将汽车油箱用挡板隔开,并备好灭火器。

(3)沥青喷洒管必须连接牢固后方可作业。

(4)喷洒工必须站稳,上好保险链后方可通知司机作业。

(5)喷洒沥青时,非作业人员必须距喷洒范围 10m 以外。

(6)作业后必须对喷灯油管及喷洒管等部位进行检查,确认安全后方可驶离现场。

六、沥青混凝土摊铺机

(1)作业前应检查联结部件、安全防护装置及仪表,部件联结应正常,安全防护装置应齐全,仪表应灵敏、正常。

第四章 公路施工机械安全操作

(2)安装和拆除熨平板时应设专人指挥,作业人员应协调一致。

(3)行驶前应确认前方无人,并鸣笛示警。

(4)使用燃气加热熨平板时,管道应正确连接,无泄漏;使用人工点火的加热装置,应使用专用器具,点火时人员应保持一定安全距离,加热时应设人看护。

(5)自卸车向摊铺机料斗卸料时,必须设专人在侧面指挥,料斗与自卸车之间不得有人,作业人员应协调配合,动作一致。

(6)清洗摊铺机工作装置必须使用工具,清洗料斗及螺旋输送器时必须停机,并严禁烟火。

第五章 公路工程安全施工技术

第一节 公路工程安全施工概述

一、一般规定

(1)工程开工前,施工单位必须详细核对设计文件,根据施工地段的地形、地质、水文、气象等资料,在编制施工组织设计的同时,制定相应的安全技术措施。

(2)参加施工的人员,必须接受安全技术教育,熟知和遵守本工种的各项安全技术操作规程,并应定期进行安全技术考核,合格者方准上岗操作。对于从事电气、起重、建筑登高架设作业、锅炉、压力容器、焊接、车辆驾驶、机动船艇驾驶、爆破、瓦斯检验等特殊工种的人员,应经过专业培训,获得合格证书后,方准持证上岗。

(3)施工单位均应按国家规定建立健全的各级安全管理机构和设立专职或兼职安全检查人员。

(4)施工现场要设置足够的消防设备。施工人员应熟悉消防设备的性能和使用方法,并应组织一支经过训练的义务消防队伍。

(5)施工单位应加强与气象、水文等部门的联系,及时掌握气温、雨雪、风暴和汛情等预报,做好防范工作。

(6)施工中采用新技术、新工艺、新设备、新材料时,必须制定相应的安全技术措施。

(7)操作人员上岗前,必须按规定使用防护用品。施工负责人和安全检查员应随时检查劳动防护用品的使用情况,不按规定使用防护用品的人员不得上岗。

(8)施工所用的各种机具设备和劳动保护用品,应定期进行检查和必要的检验,保证其经常处于完好状态;不合格的机具设备和劳动保护用品严禁使用。

(9)下挖工程,施工前应根据设计文件复查地下构造物(电缆、管道等)的埋置位置及走向,并采取防护措施;施工中如发现有危险品及其他可疑物品时,应立即停止下挖,报请有关部门处理。

(10)重要的安全设施必须执行与主体工程"三同时"的原则,即:同时设计、审批,同时施工,同时验收,投入使用。

二、施工测量

(1)密林丛草间进行施工测量时,应遵守护林防火规定,严禁烟火,并需预防有害动、植物伤人。

(2)测量钉桩要注意周围行人的安全,不得对面使锤。钢钎和其他工具不得

第五章　公路工程安全施工技术

随意抛掷。

(3)测量人员在高压线附近工作时,必须保持足够的安全距离。遇雷雨时不得在高压线、大树下停留。

(4)在陡坡及危险地段测量时应系安全带,脚穿软底轻便鞋。在桥墩上测量时应有上下桥墩及防止人体坠落的安全措施。

(5)在公路、街道、交通繁忙的道路上测量时,必须有专人警戒,防止交通事故。

(6)水文测量人员应穿救生衣。在险陡的河岸进行观测时,应有简易便道和防护措施。

在通航河流上,测量船应有信号设备。在江中抛锚时,应按港航监督部门的规定,设置信号并有专人负责瞭望。

夜间进行水文测量时,必须备有足够的照明设备。

(7)冰上测量时应向当地有关部门了解冰封情况,确认无危险后,方可作业。遇有封冰不稳定的河段及春季冰融期间,不得在冰上进行测量。

三、施工准备

1. 开工前准备

(1)开工前,应建立以工程项目经理为首的施工安全管理体系,明确职责,制定相应的管理规定。

(2)办理施工许可证及开工报告。

(3)办理工程保险、外来人员综合保险以及施工人员人身意外伤害险。

(4)工程项目经理部必须根据工程规模、特点和施工环境条件,确定相应的安全管理部门,并按规定配备安全技术管理人员,负责施工安全管理的日常工作。

(5)工程项目经理部应实行安全目标责任制,将工作目标分解到相关部门及其人员,落实岗位责任,形成工作制度,及时、准确传送和处理现场安全生产信息。

2. 技术准备

(1)施工企业应组织工程项目经理部负责人和施工、技术、安全等管理人员,学习合同文件和设计文件,审查设计图,掌握工程地质、水文地质和工程情况。

(2)施工企业应组织工程项目经理部负责人和施工、技术、安全等管理人员实地踏勘现场,了解地形地貌、工程用地状况、交通和供水供电条件、建筑物和树木与杆线、地下管线等构筑物设施状况,掌握现场情况。

(3)根据合同文件、设计文件、现场情况和设施现况,组织工程项目经理部及其施工技术人员研究并确定合理的施工部署、适宜的施工方法、交通导行方案和相应的安全技术措施,编制施工组织设计。

(4)编制施工组织设计,必须对施工过程中可能出现的安全行为、安全状态进行分析,识别重要危险因素,评价其危害程度,并制定中、高度危险因素的安全技术措施(含控制措施和一旦发生事故、事件的应急预案)。编制安全技术措施应遵守下列规定：

1) 大型、群体、综合性工程，在施工组织设计中应编制安全技术总体措施。

2) 单位工程的施工组织设计，必须编制各分部、分项工程安全技术措施。

3) 安全技术措施应切合实际、简明具体，应能防范危险、消除隐患。

4) 凡承载结构、构件必须对不同施工阶段的最不利荷载组合条件下的强度、刚度、稳定性进行验算，确认符合施工安全要求。

5) 对工艺复杂、施工安全难以控制的工程项目（大型机电设备安装调试、大型吊装、大型脚手架、爆破、特殊工法等），应遵照国家现行有关安全技术规定，制定专项安全技术措施。

6) 安全技术复杂的工程，其安全技术措施应经专家论证确定。

7) 冬、雨期施工的工程项目，必须制定冬、雨期施工安全技术措施。冬期施工，必须采取以防冻、防滑、防火、防煤气中毒为重点的安全技术措施；雨期施工必须采取以防汛、防坍塌、防触电为重点的安全技术措施。

3. 物资准备

(1) 施工物资应为具有资质的企业生产的合格产品，其技术性能应符合设计或施工设计的要求。

(2) 施工物资在进场前应按规定对其进行质量检验，确认合格，并形成文件。

(3) 采购的安全防护用具、机械设备及其配件，必须由具有资质的企业生产，具有合格证，并在进场前进行验收，确认合格并形成文件。

(4) 施工用仪表、计量器具，使用前应由有资质的检测机构进行检测、标定。

(5) 给水工程中使用的原材料，不得污染水质，不得含有有损人体健康的物质。

(6) 租赁机械、设备、安全防护用具必须明确租赁双方安全责任，签订安全协议。进场前，应经专业检验，确认其安全技术性能符合要求，并形成文件。

四、施工临时设施

1. 搭建临时建筑

(1) 搭建临时建筑应根据现行设计标准规范等进行施工设计。设计应经工程项目经理部总工程师审核批准后方能施工，竣工后应由项目经理部负责人组织验收，确认合格并形成文件，方可使用。

(2) 使用装配式房屋应由有资质的企业生产，并有合格证；搭设后应经检查、验收，确认合格并形成文件后，方可使用。

(3) 使用既有建筑应在使用前对其结构进行鉴定，确认符合安全要求并形成文件后，方可使用。

(4) 临时建筑位置应避开架空线路、陡坡、低洼积水等危险地区，选择地质、水文条件良好的地方，并不得占压各种地下管线。

(5) 临时建筑应按施工组织设计中确定的位置、规模搭设，不得随意改变。

(6)临时建筑搭设必须符合安全、防汛、防火、防风、防雨(雪)、防雷、防寒、环保、卫生、文明施工的要求。

(7)施工区、生活区、材料库房等应分开设置,并保持消防部门规定的防火安全距离。

(8)模板与钢筋加工场、临时搅拌站、厨房、锅炉房和存放易燃、易爆物的仓库等应分别独立设置,且必须满足防火安全距离等消防规定。

(9)临时建筑的围护屏蔽及其骨架应使用阻燃材料搭建。

(10)支搭和拆除作业必须纳入现场施工管理范畴,符合安全技术要求。支、拆临时建筑应编制方案;作业中必须设专人指挥,执行安全技术交底制度,由安全技术人员监控,保持安全作业。在不承重的轻型屋面上作业时,必须先搭设临时走道板,并在屋架下弦设水平安全网;严禁直接踩踏轻型屋面。

(11)在使用临时建筑过程中,应由主管人员经常检查、维护,发现损坏必须及时修理,保持完好、有效。

2. 铺设临时道路

(1)道路应平整、坚实,能满足运输安全要求。

(2)道路宽度应根据现场交通量和运输车辆或行驶机械的宽度确定:汽车运输时,宽度不宜小于3.5m;机动翻斗车运输时,宽度不宜小于2.5m;手推车运输时,宽度不宜小于1.5m。

(3)机动车道路的路面宜进行硬化处理。

(4)沿沟槽铺设道路,路边与槽边的距离应依施工荷载、土质、槽深、槽壁支护情况经验算确定,且不得小于1.5m,并设防护栏杆和安全标志,夜间和阴暗时须加设警示灯。

(5)道路纵坡应根据运输车辆情况而定,手推车不宜陡于5%,机动车辆不宜陡于10%。

(6)道路的圆曲线半径:机动翻斗车运输时,不宜小于8m;汽车运输时,不宜小于15m;平板拖车运输时,不宜小于20m。

(7)道路临近河岸、峭壁的一侧必须设置安全标志,夜间和阴暗时须加设警示灯。

(8)运输道路与非施工道路、公路交叉时宜正交。在距非施工道路、公路边20m处应设交通标志,并满足相应的视距要求。

(9)现场应根据交通量、路况和环境状况确定车辆行驶速度,并于道路明显处设限速标志。

3. 现场模板和钢筋加工场搭设

(1)加工场应单独设置,不得与材料库、生活区、办公区混合设置,场区周围应设围挡。

(2)加工场不得设在电力架空线路下方。

(3)现场应按施工组织设计要求布置加工机具、料场与废料场,并应设运输、消防通道。

(4)加工机具应设工作棚,工作棚应具防雨(雪)、防风功能。

(5)加工机具应完好,防护装置应齐全有效,电气接线应符合《施工现场临时用电安全技术规范》(JGJ 46—2005)的要求。

(6)操作台应坚固,安装稳固并置于坚实的地基上。

(7)加工场必须配置有效的消防器材,不得存放油、脂和棉丝等易燃品。

(8)含有木材等易燃物的模板加工场,必须设置严禁吸烟和防火标志。

(9)各机械旁应设置机械操作程序牌。

(10)加工场搭设完成后,应经检查、验收,确认合格并形成文件后方可使用。

4. 现场混凝土搅拌站搭设

(1)施工前,应对搅拌站进行施工设计。平台、支架、储料仓的强度、刚度、稳定性应满足搅拌站在拌合水泥混凝土过程中荷载的要求。

(2)搅拌站不得搭设在电力架空线路下方。

(3)现场应按施工组织设计的规定布置混凝土搅拌机、各种料仓和原材料输送、计量装置,并形成运输、消防通道。

(4)现场混凝土搅拌站应单独设置,具有良好的供电、供水、排水、通风等条件和环保措施,周围应设围挡。

(5)搅拌机等机电设备应设工作棚,工作棚应具有防雨(雪)、防风功能。

(6)搅拌机、输送装置等应完好,防护装置应齐全有效,电气接线应符合《施工现场临时用电安全技术规范》(JGJ 46—2005)的要求。

(7)搅拌站的作业平台应坚固,安装稳固并置于坚实的地基上。

(8)搅拌站搭设完成,应经检查、验收,确认合格并形成文件后,方可使用。

5. 施工现场冬期生活供暖

(1)现场宜选用常压锅炉采取集中式热水系统供暖。

(2)采用电热供暖应符合产品使用说明书的要求。严禁使用电炉供暖。

(3)现场不宜采用铁制火炉供暖,由于条件限制需采用时应符合下列要求。

1)供暖系统应完好无损。炉子的炉身、炉盖、炉门和烟道应完整、无破损、无锈蚀;炉盖、炉门和炉身的连接应吻合紧密,不得设烟道舌门。

2)炉子应安装在坚实的地基上。

3)炉子必须安装烟筒。烟筒必须顺接安装,接口严密,不得倒坡。烟筒必须通畅,严禁堵塞。烟筒距地面高度宜为 2m。烟筒必须延伸至房外,与墙距离宜为 50cm,出口必须安设防止逆风装置。烟筒与房顶、电缆的距离不得小于 70cm,受条件限制不能满足要求时,必须采取隔热措施;烟筒穿窗户处必须以薄钢板固定。

4)房间必须安装风斗,风斗应安装在房屋的东南方。

5)火炉及其供暖系统安装完成后,必须经主管人员检查、验收,确认合格并颁

第五章　公路工程安全施工技术

发合格证后,方可使用。

6)火炉应设专人添煤、管理。

7)供暖燃料应采用低污染清洁煤。

8)火炉周围应设阻燃材质的围挡,其距床铺等生活用具不得小于1.5m;严禁使用油、油毡引火。

9)添煤时,添煤高度不得超过排烟出口底部,且严禁堵塞排烟出口。

10)人员在房屋内睡眠前,必须检查炉子、烟筒、风斗,确保安全。

11)供暖期间主管人员应定期检查炉子、烟筒、风斗,发现破损、裂缝、烟筒堵塞等隐患,必须及时处理,并确保安全。

12)供暖期间应定期疏通烟筒,保持畅通。

(4)严禁敞口烧煤、木料等可燃物取暖。

五、拆迁与加固

1. 工程拆迁

(1)拆迁施工必须由具有专业资质的施工企业承担。

(2)拆除施工必须纳入施工管理范畴。拆除前必须编制拆除方案,规定拆除方法、程序、使用的机械设备、安全技术措施。拆除时必须执行方案的规定,并由安全技术管理人员现场检查、监控,严禁违规作业。拆除后应检查、验收,确认符合要求。

(3)房屋拆除,必须依据竣工图纸与现况,分析结构受力状态,确定拆除方法与程序,经建设(监理)、房屋产权管理单位签认后,方可实施,严禁违规拆除。

(4)现况各种架空线拆移,应结合工程需要,征得有关管理单位意见,确定拆移方案,经建设(监理)、管理单位签认后,方可实施。

(5)现况各种地下管线拆移,必须向规划和管线管理单位咨询,查阅相关专业技术档案,掌握管线的施工年限、使用状况、位置、埋深等,并请相关管理单位到现场交底,必要时应在管理单位现场监护下做坑探。在明确情况的基础上,与管理单位确定拆移方案,经规划、建设(监理)、管理单位签认后,方可实施。实施中应请管理单位派人做现场指导。

(6)道路、公路、人防、河道、树木(含绿地)等及其相关设施的拆移,应根据工程需要征求各管理部门(单位)对拆迁措施的意见,商定拆移方案,经建设(监理)、管理部门(单位)批准或签认后,方可实施。

(7)采用非爆破方法拆除时,必须自上而下、先外后里,严禁上下、里外同时拆除。

(8)拆除砖、石、混凝土建(构)筑物时,必须采取防止残渣飞溅危及人员和附近建(构)筑物、设备等安全的保护措施,并随时洒水减少扬尘。

(9)使用液压振动锤、挖掘机拆除建(构)筑物时,应使机械与被拆建(构)筑物之间保持安全距离。使用推土机拆除房屋、围墙时,被拆物高度不得大于2m。施工中作业人员必须位于安全区域。

（10）切割拆除内有易燃、易爆和有毒介质的管道或容器时，必须首先切断介质供给源，管道或容器内残留的介质应根据其性质采取相应的方法清除，并确认安全后，方可拆除。遇带压管道或容器时，必须先泄除压力，确认安全后，方可拆除。

（11）采用爆破方法拆除时，必须明确对爆破效果的要求，选择有相应爆破设计资质的企业，依据现行《爆破安全规程》(GB 6722)等的有关规定，进行爆破设计，编制爆破设计书或爆破说明书，并制定爆破专项施工方案，规定相应的安全技术措施，报主管和有关管理单位审批，并按批准要求由具有相应爆破施工资质的企业进行爆破。

（12）各项施工作业范围，均应设围挡或护栏和安全标志。

2. 各类管线、杆线等建（构）筑物的加固

（1）施工前应依据被加固对象的特征，结合现场的地质水文条件、施工环境与有关管理单位协商确定方案，进行加固设计，经批准后方可实施。

（2）加固设计应满足被加固对象的结构安全与施工安全的要求。

（3）加固施工必须按批准的加固设计进行，严禁擅自变更。

（4）加固施工完成后应经验收，确认符合加固设计的要求，并形成文件。

（5）在工程施工过程中，应随时检查、维护加固设施，使其保持完好。必要时，应进行沉降和变形观测并记录，确认安全；遇异常，必须立即采取安全技术措施。

六、安全防护设施

1. 一般规定

（1）现场设置的安全防护设施必须坚固、醒目、整齐，安设牢固，具有抗风能力。

（2）施工现场的安全防护设施必须设专人管理，随时检查，保持其完整和有效性。

（3）在夜间和阴暗时现场设置安全防护设施的地方必须设警示灯。

2. 临边作业安全防护

（1）防护栏杆应由上、下两道栏杆和栏杆柱组成，上杆离地高度应为1.2m，下杆离地高度应为50～60cm。栏杆柱间距应经计算确定，且不得大于2m。

（2）杆件的规格与连接应符合下列要求。

1）木质栏杆上杆梢径不得小于7cm，下杆梢径不得小于6cm，栏杆柱梢径不得小于7.5cm，并以不小于12号的镀锌钢丝绑扎牢固，绑丝头应顺平向下。

2）钢筋横杆上杆直径不得小于16mm，下杆直径不得小于14mm，栏杆柱直径不得小于18mm，采用焊接或镀锌钢丝绑扎牢固，绑丝头应顺平向下。

3）钢管横杆、栏杆柱均应采用直径48mm×2.75mm～48mm×3.5mm的管材，以扣件固定或焊接牢固。

第五章　公路工程安全施工技术

(3)栏杆柱的固定应符合下列要求。

1)在基坑、沟槽四周固定时,可采用钢管并锤击沉入地下不小于50cm深。钢管离基坑、沟槽边沿的距离,不得小于50cm。

2)在混凝土结构上固定,采用钢质材料时可用预埋件与钢管或钢筋焊牢;采用木栏杆时可在预埋件上焊接30cm长的⌐50×5角钢,其上、下各设一孔,以直径10mm螺栓与木杆件拴牢。

3)在砌体上固定时,可预先砌入规格相适应的预埋件的预制块,并用第2)项中的方法固定。

(4)栏杆的整体构造和栏杆柱的固定,应使防护栏杆在任何处能承受任何方向的1000N外力。

(5)防护栏杆的底部必须设置牢固的、高度不低于18cm的挡脚板。挡脚板下的空隙不得大于1cm。挡脚板上有孔眼时,孔径不得大于2.5cm。

(6)高处临街的防护栏杆必须加挂安全网,或采取其他全封闭措施。

3. 悬空作业安全防护

(1)作业处,一般应设作业平台。作业平台必须坚固,支搭牢固,临边设防护栏杆。上下平台必须设攀登设施。

(2)单人作业,高度较小,且不移位时,可在作业处设安全梯等攀登设施。作业人员应使用安全带。

(3)电工登杆作业必须戴安全帽、系安全带、穿绝缘鞋,并使用脚扣。

(4)使用专用升降机械时,应遵守机械使用说明书的规定,并制定相应的安全操作规程。

4. 上下高处和沟槽(基坑)安全防护

(1)采购的安全梯应符合现行国家标准。

(2)现场自制安全梯应符合下列要求。

1)梯子结构必须坚固,梯梁与踏板的连接必须牢固。梯子应根据材料性能进行受力验算,其强度、刚度、稳定性应符合相关结构设计要求。

2)攀登高度不宜超过8m;梯子踏板间距为30cm,不得缺档;梯子净宽宜为40~50cm;梯子工作角度宜为75°±5°。

3)梯脚应置于坚实的基面上,放置牢固,不得垫高使用。梯子上端应有固定措施。

4)梯子需接长使用时,必须有可靠的连接措施,且接头不得超过一处。连接后的梯梁强度、刚度,不得低于单梯梯梁的强度、刚度。

(3)采用固定式直爬梯时,爬梯应用金属材料制成。梯宽宜为50cm,埋设与焊接必须牢固。梯子顶端应设1.0~1.5m高的扶手。攀登高度超过7m以上部分宜加设护笼;超过13m时,必须设梯间平台。

(4)人员上下梯子时,必须面向梯子,双手扶梯;梯子上有人时,他人不宜上梯。

(5)沟槽、基坑施工现场可根据环境状况修筑人行土坡道供施工人员使用。人行土坡道应符合下列要求。

1)坡道土体应稳定、坚实,宜设阶梯,表层宜硬化处理,无障碍物。

2)宽度不宜小于1m,纵坡不宜陡于1:3。

3)两侧应设边坡,沟槽(基坑)侧无条件设边坡时,应根据现场情况设防护栏杆。

4)施工中应采取防扬尘措施,并经常维护,保持完好。

(6)采用斜道(马道)时,脚手架必须置于坚固的地基上,斜道宽度不得小于1m,纵坡不得陡于1:3,支搭必须牢固。

5. 上下交叉作业安全防护

(1)防护棚应坚固,其结构应经施工设计确定,能承受风荷载。采用木板时,其厚度不得小于5cm。

(2)防护棚的长度与宽度应根据下层作业面的上方可能坠落物的高度情况而定:上方高度为2~5m时,不得小于3m;上方高度大于5m且小于15m时,不得小于4m;上方高度在15~30m时,不得小于5m;上方高度大于30m时,不得小于6m。

(3)防护棚应支搭牢固、严密。

七、施工机械

(1)操作人员在工作中不得擅离岗位,不得操作与操作证不相符合的机械,不得将机械设备交给无本机种操作证的人员操作。

(2)操作人员必须按照本机说明书规定,严格执行工作前的检查制度,工作中注意观察及工作后的检查保养制度。

1)工作前应检查以下几项内容。

①工作场地周围有无妨碍工作的障碍物。

②油、水、电及其他保证机械设备正常运转的条件是否完备。

③安全、操作机构是否灵活可靠。

④指示仪表、指示灯显示是否正常可靠。

⑤油温、水温是否达到正常使用温度。

2)工作中应观察以下几项内容。

①指示灯和仪表、工作和操作机构有无异常。

②工作场地有无异常变化。

3)工作后应进行检查保养。

①工作机构有无过热、松动或其他故障。

②参照例行保养规定做例行保养作业。

③做好下一班的准备工作。

④填写好机械操作履历表。

(3)驾驶室或操作室内应保持整洁,严禁存放易燃、易爆物品,严禁酒后操作机械,严禁机械带故障运转或超负荷运转。

(4)机械设备在施工现场停放时,应选择安全的停放地点,关闭好驾驶室(操作室),要拉上驻车制动闸。坡道上停车时,要用三角木或石块抵住车轮。夜间应有专人看管。

(5)用手柄启动的机械应注意手柄倒转伤人,向机械内加油时附近应严禁烟火。

(6)柴、汽油机的正常工作温度应保持在 60~90℃之间,温度在 40℃以下时不得带负荷工作。

(7)对用水冷却的机械,当气温低于 0℃时,工作后应及时放水,或采取其他防冻措施,以防冻裂机体。

(8)放置电动机的地点必须保持干燥,周围不得堆放杂物和易燃品。启动高压电开关及高压电机时,应戴绝缘手套,穿绝缘胶鞋。

八、临时码头

(1)临时码头位置应选在河流两岸比较开阔,河床比较稳定,水流顺直,地质较好的河段。两岸引道应保持坚固稳定。

(2)临时码头应按设计施工,并应配备相应的安全防护设施。

(3)渡船、拖轮应配有安全设施,按规定核定其载质量、车数、人数,严禁超载、超高、超宽。遇有上下船舶通过,不得横越抢渡。

(4)码头的附属设备,如跳板、支撑、船环、柱桩等应牢固可靠。

(5)搭设的栈桥必须坚固可靠,两侧人行道、轨道中间应铺满木板。栈桥临水端应设置靠船的靠帮和系缆设施。通过栈桥的电线、电缆要绝缘良好,并固定在栈桥的一侧。

(6)栈桥码头应有抗洪水、流冰及其他漂浮物的能力,工作人员应对各种设施经常维修。

第二节 道路工程安全施工技术

一、路基

(一)清理场地

1. 砍伐树木

(1)伐树前,应将周围有碍砍伐作业的灌木和藤条砍除,并选好安全躲避的退路。

(2)伐树范围内应布置警戒,非工作人员不得逗留、接近。

(3)为使树木按预定方向倾倒,要在树木下部倒树方向砍一剁口,其深度为树干直径的 1/4,然后再从剞口上边缘的对面开锯,最后应留 2~3cm 安全距离。

(4)在陡坡悬岩处砍伐树木,应有防止树木伐倒后顺坡溜滑和撞落石块伤人的安全措施;在山坡上严禁在同一地段的上下同时作业。

(5)截锯木料时,三叉马和树干垫撑必须稳固。

(6)大风、大雾和雨天不得进行伐树作业。

(7)消除的丛草、树木严禁放火焚烧,以防引起火灾。

2. 拆除建(构)筑物

拆除建(构)筑物前,应制定安全可靠的拆除方案。先将与拆除物有连通的电线、水、气管道切断,并在四周危险区域内围设安全护栏,非工作人员不得进入。拆除工序应由上而下,先外后里,严禁数层同时作业。操作人员应站在脚手架或稳固的结构部位上作业。对有倒坍危险的结构物应予临时支撑加固。拆除某部位时要防止其他部位发生坍塌。拆除梁柱之前应先拆除其承托的全部结构物,严禁采用掏空、挖切和大面积推倒的拆除方法。

当采用控爆法拆除大型建(构)筑物时,必须有经批准的控制爆破设计文件。

3. 消除淤泥

清除淤泥时,应先排除积水,并制定出相应的安全措施后方可清淤。

(二)土方工程

1. 人工挖掘土方

(1)开挖土方的操作人员之间,必须保持足够的安全距离:横向间距不小于2m,纵向间距不小于 3m。

(2)土方开挖必须自上而下顺序放坡进行,严禁采用挖空底脚的操作方法。

(3)在靠近建筑物、设备基础、电杆及各种脚手架附近挖土时,必须采取安全防护措施。

(4)高陡边坡处施工必须遵守下列规定:

1)作业人员必须绑系安全带。

2)边坡开挖中如遇地下水涌出,应先排水,后开挖。

3)开挖工作应与装运作业面相互错开,严禁上、下双重作业。

4)弃土下方和有滚石危及范围内的道路,应设警告标志,作业时坡下严禁通行。

5)坡面上的操作人员对松动的土、石块必须及时清除,严禁在危石下方作业、休息和存放机具。

(5)设有支挡工程的地质不良地段,在考虑分段开挖的同时,应分段修建支挡工程。

(6)施工中如发现山体有滑动、崩坍迹象危及施工安全时,应暂停施工,撤出人员和机具,并报上级处理。

(7)滑坡地段的开挖,应从滑坡体两侧向中部自上而下进行,严禁全面拉槽开

第五章　公路工程安全施工技术

挖,弃土不得堆在主滑区内。开挖挡墙基槽也应从滑坡体两侧向中部分段跳槽进行,并加强支撑,及时砌筑和回填墙背,施工中应设专人观察,严防坍方。

(8)在落石与岩堆地段施工,应先清理危石和设置拦截设施后再行开挖。其开挖面坡度应按设计进行,坡面上松动石块应边挖边清除。

(9)岩溶地区施工,应认真处理岩溶水的涌出,以免导致突发性的坍陷。泥沼地段施工,应有必要的防范措施,避免人、机下陷。挖出的废土应堆置在合适的地方,以防汛期造成人为的泥石流。

2. 机械挖掘

(1)一般规定。

1)大型机械进场前,应查清所通过道路、桥梁的净宽和承载力是否足够,否则应先予拓宽和加固。

2)施工单位应为进场机械提供临时机棚或停机场地。机械在停机棚内启动时,必须保持通风;棚内严禁烟火,机械人员必须掌握所备灭火器材的使用方法。

3)在电杆附近挖土时,对于不能取消的拉线地垄及杆身,应留出土台。土台半径:电杆为 $1\sim1.5m$,拉线 $1.5\sim2.5m$,并视土质决定边坡坡度。土台周围应插标杆示警。

4)机械在危险地段作业时,必须设明显的安全警告标志,并应设专人站在操作人员能看清的地方指挥。驾机人员只能接受指挥人员发出的规定信号。

5)机械在边坡、边沟作业时,应与边缘保持必要的安全距离,使轮胎(履带)压在坚实的地面上。

6)配合机械作业的清底、平地、修坡等辅助工作应与机械作业交替进行。机上、机下人员必须密切配合,协同作业。当必须在机械作业范围内同时进行辅助工作时,应停止机械运转后,辅助人员方可进入。

7)施工中遇有土体不稳、发生坍塌、水位暴涨、山洪暴发或在爆破警戒区内听到爆破信号时,应立即停工,人机撤至安全地点。当工作场地发生交通堵塞、地面出现陷车(机)、机械运行道路发生打滑、防护设施毁坏失效,或工作面不足以保证安全作业时,亦应暂停施工,待恢复正常后方可继续施工。

(2)挖掘机作业。

1)发动机启动后,铲斗内、臂杆、履带和机棚上严禁站人。

2)工作位置必须平坦稳固。工作前履带应制动,轮胎式挖掘机应顶好支腿,车身方向应与挖掘工作面延伸方向一致,操作时进铲不应过深,提斗不得过猛。

3)在高陡的工作面上挖夹有石块的土方时,应将较大的石块和杂物除掉。如果土体挖成悬空状态而不能自然塌落时,则需用人工处理,严禁用铲斗将悬空土方砸下。

4)对吊杆顶端的滑轮和钢丝绳进行保养、检修拆换时,应将铲斗和吊杆放落地面,然后再进行维修。

5)严禁铲斗从运土车的驾驶室顶上越过。向运土车辆卸土时,应降低铲斗高度,防止偏载或砸坏车厢。铲斗运转范围内,严禁站人。

(3)推土机作业。

1)推土机上下坡时,其坡度不得大于30°;在横坡上作业,其横坡度不得大于10°。下坡时,宜采用后退下行,严禁空挡滑行,必要时可放下刀片作辅助制动。

2)在陡坡、高坎上作业时,必须有专人指挥,严禁铲刀超出边坡的边缘。送土终了应先换成倒车挡后再提铲刀倒车。

3)在垂直边坡的沟槽作业,其沟槽深度,对大型推土机不得超过2m,对小型推土机不得超过1.5m。推土机刀片不得推坡壁上高于机身的孤石或大土块。

4)推土机在摘卸推土刀片时,必须考虑下次挂装的方便。摘刀片时辅助人员应同司机密切配合,抽穿钢丝绳时应带帆布手套,严禁将眼睛挨近绳孔窥视。

5)多机在同一作业面作业时,前后两机相距不应小于8m,左右相距应大于1.5m。两台或两台以上推土机并排推土时,两推土机刀片之间应保持20~30cm间距。推土前进必须以相同速度直线行驶;后退时,应分先后,防止互相碰撞。

6)用推土机伐除大树或清除残墙断壁时,应提高着力点,防止其上部反向倒下。

(4)平地机作业。

1)在公路上行驶时,应遵守道路交通规则,刮刀和松土器应提起,刮刀不得伸出机侧,速度不得超过20km/h。夜间不宜作业。

2)刮刀的回转与铲土角的调整以及向机外倾斜都必须在停机时进行。作业中刮刀升降量差不得过大。

3)遇到坚硬土质需要齿耙翻松时,应缓慢下齿。不宜使用齿耙翻松坚硬的旧路面。

4)在坡道停放时,应使车头向下坡方向,并将刀片或松土器压入土中。

(5)自行式铲运机。

1)自行式铲运机的行车道必须平整坚实,单行道的宽度不应小于4.5m(或车宽的1.5倍),超、会车时,两车净距不得小于1m。

2)多台机械在工地纵队行驶时,前后间距不得小于20m。

3)在作业过程中发现后主离合器制动不灵,机械有异声、警报器发声时,应立即停车检修。

4)严禁在大于15°的横坡上行驶,不应在陡坡上进行危险性作业。

(4)拖式铲运机。

1)作业前应先将运行道路刮平,其宽度应大于机身宽约2m。

2)行驶中严禁把铲斗和斗门提升到最高点,以免在转弯时将钢丝绳崩断;下坡时应放下铲运机斗作辅助制动,严禁空挡滑行。

3)铲斗与机身不正时不得铲土;在开始铲土和提升时,动作要缓慢;驾驶员离开机车时,应将变速杆放在空挡,关闭发动机,将铲斗放落在地面。

4)在新填的土堤上作业,应离开土堤边沿1m以上;靠路堤边沿填土时,必须保持外侧高内侧低和纵向基本平顺,卸土时铲斗应放低,防止铲运机滑下。

5)多台铲运机作业,前后净距不得小于10m,左右净距不得小于2m;两机会车应减速慢行。

6)清除铲斗内积土时,必须先把铲斗牢固支起,推土板恢复常位后,人员才能进入铲斗内清除积土。

7)长距离托运,必须用挂钩将铲斗挂牢,解除钢丝绳负荷。

3. 运土

(1)一般规定。

1)采用人工挑、抬、运土,应检查箩筐、土箕、抬杠、扁担、绳索等的牢固程度。

2)会车时应轻车让重车。通过窄路、十字路口、交通繁忙地段及转弯时,应注意来往行人及车辆。重车运行,前后两车间距必须大于5m;下坡时,间距不小于10m,并严禁车上乘人。车道应有专人维修,悬崖陡壁处应设防护栏杆。

3)轨道翻斗车运土时,轨道应铺设平顺,防止死弯,坡度不应大于3%。双线的净间距不得小于1m,平交道两侧的轨道应设长度不小于20m的直线,卸车地段应有10~15m的反坡,并在尽头设车挡。

操作时必须遵守下列规定:

①斗车及制动装置必须完好,装车前应先插牢锁销;装车不得超载、偏载。

②车辆宜在平道上装土,如在坡道上装土时,必须在下坡方向车轮下加楔,以防车辆滑溜。

③推车人员必须掌好车闸,车速不宜过快,前方有人时应鸣号示意避让;多车同行时,前后间距不得小于20m。

④卸土时,在下方的作业人员应避开,并应防止车辆倾覆,严禁在行走中卸土,卸土后应将锁销插好。

⑤数车同时卸土,应设专人指挥,两车间距不得小于2m,其间严禁站人。

(2)机械运土。

1)装载机作业。

①起步前应将铲斗提升到离地面0.5m左右。作业时应使用低速挡。用高速挡行驶时,不得进行升降和翻转铲斗。严禁铲斗载人。

②行驶道路应平坦,不得在倾斜度超过规定的场地上作业,运送距离不宜过大。铲斗满载运送时,铲斗应保持在低位。

③在松散不平的场地作业,可将铲臂放在浮动位置,使铲斗平稳地推进。如推进阻力过大,可稍稍提升铲臂,装料时铲斗应从正面低速插入,防止铲斗单边受力。

④向运输车辆上卸土时应缓慢,铲斗应处在合适的高度,前翻和回位不得碰

撞车厢。

⑤应经常注意机件运转声响,发现异响应立即停车排除故障。当发动机不能运转需要牵引时,应使各转向油缸能自由动作。

2) 载重汽车。

①必须按规定吨位装载,不得超载、超高,不得人、货混载,驾驶室内不得超额坐人。

②车辆装土场地必须平整坚实,当用机械装土时,汽车就位后应拉紧手闸,装载均匀,不得偏载。

③在陡坡、高坡、坑边或填方边坡处卸土时,停卸地点必须平整坚实,地面宜有反坡,与边缘必须保持安全距离;在危险地段卸土,应有专人指挥。

④公路上行驶必须遵守道路交通规则;运载易燃、易爆等危险物品时,应遵守有关规定,除必要的随车人员外,不得搭乘其他人员。

3) 自卸汽车。除应遵守上述载重汽车的各条规定外,还应遵守下列规定:

①发动机启动后应检查起翻装置,确保良好;严禁在驾驶室外进行操作,翻斗内严禁载人。

②当装载高度超过车厢栏板时,应平稳行驶,不得猛力加速,也不得紧急制动。

③卸料起斗时,应检视上空有无电线,防止刮断。

4) 轮式拖拉机作业。

①拖拉机和拖斗之间严禁站人。

②作业时不得在陡坡上转弯、倒车或停车。通行道路的纵坡不得超过 20°,横坡不得超过 6°。

③作业时严禁向驾驶员传递物品,驾驶室内不得超员坐人。

④在斜坡横向卸土时,严禁倒退。坡度较大、车身左右偏斜过甚时,不得卸土。

(三) 石方爆破工程

1. 爆破器材的加工、运输、检验与销毁

(1) 起爆器材的加工。

1) 起爆器材加工,应在专用的房间或指定的安全地点进行,不应在爆破器材存放间、住宅和爆破作业地点加工。

2) 加工起爆管和信号管,应在带有安全防护罩,铺有软垫并带有凸缘的工作台上操作。每个工作台上存放的雷管不得超过 100 发,且应放在带盖的木盒里,操作者手中只允许拿一发雷管。

3) 切割导火索或导爆管应使用锋利刀具在木板上进行。每盘导火索或每卷导爆管,两端均应切除不小于 5cm。

4) 雷管内有杂物时,不应用工具掏或用嘴吹,应用手指轻轻地弹出杂物;杂物弹不出的雷管不应使用。

5)将导火索和导爆管插入雷管时,不应旋转摩擦,金属壳雷管应采用安全紧口钳紧口,纸壳雷管应采用胶布捆扎牢固或附加金属箍圈后用安全紧口钳紧口。

6)加工好的起爆管与信号管应分开存放,信号管应制作标记。

7)加工起爆药包和起爆药柱,应在指定的安全地点进行,加工数量不应超过当班爆破作业用量。

(2)爆破器材的运输。

1)一般规定。

①本书只涉及爆破器材生产企业外部运输爆破器材的运输规定。

②购买爆破器材的单位,应凭有效的爆破器材供销合同和申请表,向公安机关申领"爆炸物品运输证"。跨省、自治区、直辖市运输的向运达地区的市级人民政府公安机关申请;在本省、自治区、直辖市内运输的向运达地县级人民政府公安机关申请。凭证在有效期间内,按指定线路运输。

③爆破器材运达目的地后,收货单位应指派专人领取,认真检查爆破器材的包装、数量和质量;如果包装破损、数量与质量不符,应立即报告有关部门和当地县(市)公安局,并在有关代表参加下编制报告书,分送有关部门。

④不应用翻斗车、自卸汽车、拖车、自行车、摩托车和畜力车运输爆破器材。

⑤爆破器材运输车(船)应符合以下技术要求。

　a. 符合国家有关运输安全的技术要求。

　b. 结构可靠,机械电器性能良好。

　c. 具有防盗、防火、防热、防雨、防潮和防静电等安全性能。

⑥装卸爆破器材,应遵守下列规定:

　a. 认真检查运输工具的完好状况,清除运输工具内一切杂物。

　b. 有专人在场监督。

　c. 设置警卫,无关人员不允许在场。

　d. 爆破器材和其他货物不应混装。

　e. 雷管等起爆器材,不应与炸药在同时同地进行装卸。

　f. 遇暴风雨或雷雨时,不应装卸爆破器材。

　g. 装卸爆破器材的地点,应远离人口稠密区,并设明显的标志,白天应悬挂红旗和警标,夜晚应有足够的照明并悬挂红灯。

　h. 装卸搬运应轻拿轻放,装好、码平、卡牢、捆紧,不得摩擦、撞击、抛掷、翻滚、侧置及倒置爆破器材。

　i. 装载爆破器材应做到不超高、不超宽、不超载。

　j. 用起重机装卸爆破器材时,一次起吊重量不应超过设备能力的50%。

　k. 分层装载爆破器材时,不应站在下层箱(袋)上装载另一层,雷管或硝化甘油类炸药分层装载时不应超过二层。

⑦爆破器材从生产厂运出或从总库向分库运送时,包装箱(袋)及铅封应保持

完整无损。

⑧在特殊情况下,经爆破工作领导人批准,起爆器材与炸药可以同车(船)装运,但其数量不应超过:炸药1000kg、雷管1000发、导爆索2000m、导火索2000m。雷管应装在专用的保险箱里,箱子内壁应衬有软垫,箱子应紧固于运输工具的前部。炸药箱(袋)不应放在装雷管的保险箱上。

⑨待运雷管箱未装满雷管时,其空隙部分应用不产生静电的柔软材料塞满。

⑩装卸和运输爆破器材时,不应携带烟火和发火物品。

⑪装运爆破器材的车(船),在行驶途中应遵守下列规定:

a. 押运人员应熟悉所运爆破器材性能。

b. 非押运人员不应乘坐。

c. 按指定路线行驶。

d. 车(船)用帆布覆盖,并设明显的标志。

e. 不准在人员聚集的地点、交叉路口、桥梁上(下)及火源附近停留;中途停留时,应有专人看管,不准吸烟、用火,开车(船)前应检查码放和捆绑有无异常。

f. 气温低于10℃时运输易冻的硝化甘油炸药,或气温低于-15℃时运输难冻的硝化甘油炸药时,应采取防冻措施。

g. 运输硝化甘油类炸药或雷管等感度高的爆破器材时,车厢和船舱底部应铺软垫。

h. 车(船)完成运输后应打扫干净,清出的药粉、药渣应运至指定地点,定期进行销毁。

⑫个人不应随身携带爆破器材搭乘公共交通工具,不允许在托运行李及邮寄包裹中夹带爆破器材。

2)铁路运输。铁路运输爆破器材,除执行铁道部门有关规定外,还应遵守下列规定:

①装有爆破器材的车厢不应溜放。

②装有爆破器材的车辆,应专线停放,与其他线路隔开,通往该线路的转辙器应锁住,车辆应锲牢,其前后50m处应设危险标志;机车停放位置与最近的爆破器材库房的距离,不应小于50m。

③装有爆破器材的车厢与机车之间,炸药车厢与起爆器材车厢之间,应用一节以上未装有爆破器材的车厢隔开。

④车辆运行的速度,在矿区内不应超过30km/h,厂区内不超过15km/h,库区内不超过10km/h。

3)水路运输。

①水路运输爆破器材,应遵守下列规定:

a. 不应用筏类工具运输爆破器材。

b. 船上有足够的消防器材。

c. 船头和船尾设危险标志,夜间及雾天设红色安全灯。
d. 遇浓雾及大风浪应停航。
e. 停泊地点距岸上建筑物不小于250m。
②运输爆破器材的机动船,应符合下列条件:
a. 装爆破器材的船舱不应有电源。
b. 底板和舱壁应无缝隙,舱口应关严。
c. 与机舱相邻的船舱隔墙,应采取隔热措施。
d. 对邻近的蒸汽管路进行可靠的隔热。
4)道路运输。
①用汽车运输爆破器材,应遵守下列规定:
a. 车厢的黑色金属部分应用木板或胶皮衬垫(用木箱或纸箱包装者除外),汽车排气管宜设在车前下侧,并应使用隔热和熄灭火星的装置。
b. 出车前,车库主任(或队长)应认真检查车辆状况,并在出车单上注明"该车检查合格,准许运输爆破器材"。
c. 由熟悉爆破器材性能,具有安全驾驶经验的司机驾驶。
d. 汽车行驶速度:能见度良好时应符合所行驶道路规定的车速下限,在扬尘、起雾、大雨、暴风雪天气时速度酌减。
e. 在平坦道路上行驶时,前后两部汽车距离不应小于50m,上山或下山不小于300m。
f. 遇有雷雨时,车辆应停在远离建筑物的空旷地方。
g. 在雨天或冰雪路面上行驶时,应采取防滑安全措施。
h. 车上应配备灭火器材,并按规定配挂明显的危险标志。
i. 在高速公路上运输爆破器材,应按国家有关规定执行。
②公路运输爆破器材途中避免停留住宿,禁止在居民点、行人稠密的闹市区、名胜古迹、风景游览区、重要建筑设施等附近停留。如果确实需要停留住宿,必须报告投宿地公安机关。

(3)爆破器材的贮存。
1)一般规定。
①爆破器材应贮存在专用的爆破器材库里,特殊情况下,应经主管部门审核并报当地县(市)公安机关批准,方准在库外存放。
②贮存爆破器材的单位设置爆破器材库,应报主管部门批准,并报当地县(市)公安机关审查同意,方可建库;库房建成并经验收合格发给"爆破器材贮存许可证"后,方准贮存爆破器材。任何单位和个人不应非法贮存爆破器材。
③爆破器材库,应符合以下条件。
a. 符合国家有关安全规范。
b. 配备符合要求的专职守卫人员和保管员。

c. 有较完善的防盗报警设施。

d. 具有健全的安全管理制度。

④爆破器材库的贮存量,应遵守下列规定:

a. 地面库单一库房的最大允许存药量,不应超过表 5-1 的规定。

表 5-1 　　　　　　　地面库单一库房的最大允许存药量

序号	爆破器材名称	单一库房最大允许存药量(t)
1	硝化甘油炸药	2
2	黑索金	50
3	太安	50
4	梯恩梯	150
5	黑梯药柱、起爆药柱	50
6	硝铵类炸药	200
7	射孔弹	3
8	爆炸筒	15
9	导爆索	30
10	黑火药、无烟火药	10
11	导火索、点火索、点火筒	40
12	雷管、继爆管、高压油井雷管、导爆管起爆系统	10
13	硝酸铵、硝酸钠	500

b. 地面总库的总容量:炸药不应超过本单位半年生产用量,起爆器材不应超过一年生产用量。地面分库的总容量:炸药不应超过 3 个月生产用量,起爆器材不应超过半年生产用量。

c. 硐室式库的最大容量不应超过 100t。

d. 井下只准建分库,库容量不应超过:炸药 3 昼夜的生产用量、起爆器材 10 昼夜的生产用量。

e. 乡、镇所属以及个体经营的矿场、采石场及岩土工程等使用单位,其集中管理的小型爆破器材库的最大贮存量应不超过一个月的用量,并应不大于表 5-2 中的相关规定。

表 5-2 　　　　　　　小型爆破器材库的最大贮存量

库房名称	单位	最大贮存量
硝铵类炸药	kg	3000
硝化甘油炸药	kg	500

续表

库房名称	单 位	最大贮存量
雷 管	发	20000
导火索	m	30000
导爆索	m	30000
塑料导爆管	m	60000

⑤爆破器材宜采取单一品种专库存放的办法。若受条件限制,同库存放不同品种的爆破器材则应符合表5-3中的相关规定。

表5-3　　　　　　　　　　爆破器材同库存放的规定

爆破器材名称	雷管类	黑火药	导火索	硝铵类炸药	属A_1级单质炸药类	属A_2级单质炸药类	射孔弹类	导爆索类
雷管类	○	×	×	×	×	×	×	×
黑火药	×	○	×	×	×	×	×	×
导火索	×	×	○	○	○	○	○	○
硝铵类炸药	×	×	○	○	○	○	○	○
属A_1级单质炸药类	×	×	○	○	○	○	○	○
属A_2级单质炸药类	×	×	○	○	○	○	○	○
射孔弹类	×	×	○	○	○	○	○	○
导爆索类	×	×	○	○	○	○	○	○

注:①○表示可同库存放,×表示不应同库存放。
②雷管类包括火雷管、电雷管、导爆管雷管。
③属A_1级单质炸药类为黑索金、太安、奥克托金和以上述单质炸药为主要成分的混合炸药或炸药柱(块)。
④属A_2级单质炸药类为梯恩梯和苦味酸及以梯恩梯为主要成分的混合炸药或炸药柱(块)。
⑤导爆索类包括各种导爆索和以导爆索为主要成分的产品,包括继爆管和爆裂管。
⑥硝铵类炸药,包括以硝酸铵为主要组分的各种民用炸药。

⑥当不同品种的爆破器材同库存放时,单库允许的最大存药量仍应符合表5-1的规定;当危险级别相同的爆破器材同库存放时,同库存放的总药量不应超过其中一个品种的单库最大允许存药量;当危险级别不同的爆破器材同库存放时,同库存放的总药量不应超过危险级别最高的品种的单库最大允许存药量。

⑦库房建立后,任何单位不应在爆破器材库的危险区域内修建任何建(构)

筑物。

2)爆破器材的贮存、收发与库房管理。

①每间库房贮存爆破器材的数量,不应超过库房设计的允许贮存药量。

②爆破器材的贮存,应遵守下列规定:

a. 爆破器材应码放整齐、稳当,不得倾斜。

b. 爆破器材包装箱下,应垫有大于 0.1m 高度的垫木。

c. 爆破器材的码放,宜有 0.6m 以上宽度的安全通道。爆破器材包装箱与墙距离宜大于 0.4m。

d. 爆破器材的码放高度,不宜超过 1.6m。

e. 存放硝化甘油类炸药、各种雷管箱和继爆管的箱(袋),应放置在木质货架上,货架高度不宜超过 1.6m,架上的硝化甘油类炸药和各种雷管箱不应叠放。

③库房应整洁,防潮和通风应良好,杜绝鼠害。

④进入库区不应带烟火及其他引火物。

⑤进入库区不应穿带钉鞋和易产生静电的衣服,不应使用能产生火花的工具开启炸药雷管箱。

⑥库区的消防设备、通讯设备、警报装置和防雷装置,应定期检查。

⑦库区应昼夜设警卫,加强巡逻,无关人员不应进入库区。

⑧爆破器材库房的管理,应建立健全严格的责任制、治安保卫制度、防火制度、保密制度等,宜分区分库分品种贮存,分类管理。

⑨库区不应存放与管理无关的工具和杂物。

⑩爆破器材的收发应遵守下列规定:

a. 对新购进的爆破器材,应逐个检查包装情况,并按规定做性能检测。

b. 应建立爆破器材收发账、领取和清退制度,定期核对账目,做到账物相符。

c. 变质的、过期的和性能不详的爆破器材,不应发放使用。

d. 爆破器材应按出厂时间和有效期的先后顺序发放使用。

e. 总库区内不准拆箱(袋)发放爆破器材,只准许整箱(袋)发放。

f. 爆破器材的发放应在单独的发放间(发放硐室)里进行,不应在库房硐室或壁槽内发放。

⑪应经常测定库房的温度和湿度,发现硝化甘油类炸药箱渗油、冻结和硝铵类炸药吸潮结块,应及时处理。

3)临时性爆破器材库和临时性存放爆破器材。

①临时性爆破器材库,应设置在不受山洪、滑坡和危石等威胁的地方。

允许利用结构坚固但不住人的各种房屋、土窑和车棚等作为临时性爆破器材库。

②临时性爆破器材库应符合下列规定:

a. 库房宜为单层结构。

第五章　公路工程安全施工技术

　　b. 库房地面应平整无缝。
　　c. 墙、地板、屋顶和门为木结构的,应涂防火漆;窗、门应为有一层外包铁皮的板窗、门。
　　d. 宜设简易围墙或铁刺网,其高度不小于 2m。
　　e. 库内应有足够的消防器材。
　　f. 库内应设置独立的发放间,面积不小于 $9m^2$。
　　g. 应设独立的雷管库房。
　　③临时性爆破器材库的最大贮存量为:炸药 10t、雷管 20000 发、导爆索 10000m。
　　④不超过六个月的野外流动性爆破作业,用安装有特制车厢的汽车存放爆破器材时,应遵守下列规定:
　　a. 爆破器材存放量不应超过车辆额定载重量的 2/3;在经过核准的专用同一车上装有炸药与雷管时,雷管不得超过 2000 发和相应的导火索与导爆索。
　　b. 特制车厢应是外包铝板或铁皮的木车厢,车厢前壁和侧壁应开有 $0.3m×0.3m$ 的铁栅通风孔;后部应开设有外包铝板或铁皮的木门,门应上锁,整个车厢外表应涂防火漆,并设有危险标志。
　　c. 宜在车厢内的右前角设置一个能固定的专门存放雷管的木箱,木箱里面应衬软垫,箱应上锁。
　　d. 不应将特制车厢做成挂车形式。
　　e. 车辆停放位置,应确保爆破作业点、有人建筑物、重要构筑物和主要设备的安全。
　　f. 白天、夜晚均应有警卫。
　　g. 加工起爆管和检测电雷管电阻,应在离危险车辆 50m 以外的地方进行。
　(4)爆破器材的现场测试、检验。
　1)在实施爆破作业前,应注意以下几方面:
　①对所使用的爆破器材进行外观检查。
　②对电雷管进行电阻值测定。
　③对使用的仪表、电线、电源进行必要的性能检验。
　2)爆破器材外观检查项目应包括以下几方面:
　①雷管管体不应压扁、破损、锈蚀,加强帽不应歪斜。
　②导火索和导爆索表面要均匀且无折伤、压痕、变形、霉斑、油污。
　③导爆管管内无断药,无异物或堵塞,无折伤、油污、穿孔、端头封口。
　④粉状硝铵类炸药不应吸湿结块,乳化和水胶炸药不应稀化或变硬。
　3)A 级、B 级岩土爆破工程和 A 级拆除爆破工程应检测以下项目:
　①炸药的爆速和殉爆距离。
　②延时电雷管的延时时间。

③导爆索的爆速、起爆能力。
④导爆管传爆速度,延时导爆管雷管的延时时间。
⑤起爆网路及其连接方式的传爆试验。
⑥爆破漏斗试验或构件试爆。
4)起爆电源及仪表的检验包括以下几项:
①起爆器的充电电压、外壳绝缘性能。
②采用交流电起爆时,应测定交流电压,并检查开关、电源及输电线路是否符合要求。
③各种连接线、区域线、主线的材质、规格、电阻值和绝缘性能。
④爆破专用电桥、欧姆表和导通器的输出电流及绝缘性能。
(5)爆破器材的检验和销毁。
1)爆破器材的检验。
①各类爆破器材的检验项目,应参见产品的技术条件和性能标准;检验方法应严格执行相应的国家标准或部颁标准。
②爆破器材的外观检验应由保管员负责定期抽样检查。
③爆破器材的爆炸性能检验,应在安全的地方进行,由爆破工程技术人员负责。
④对新入库的爆破器材,应抽样进行性能检验。对超过贮存期、出厂日期不明和质量可疑的爆破器材,应进行严格的检验,并由炸药库主任或爆破工作领导人根据检验结果,确认其能否继续保管、使用或销毁。
2)爆破器材的销毁。
①经过检验,确认失效及不符合技术条件要求或国家标准的爆破器材,都应销毁或再加工。
乡镇管辖的小型矿场、采石场或小型爆破企业,对不合格的爆破器材,不应自行销毁或自行加工利用,应退回原发放单位按规定进行销毁或再加工。
②销毁爆破器材时,应登记造册并编写书面报告。报告中应说明被销毁爆破器材的名称、数量、销毁原因、销毁方法、销毁地点及时间,报上级主管部门批准。
③销毁工作应根据单位总工程师或爆破工作领导人的书面批示进行。销毁工作不应单人进行,操作人员应是专职人员并经专门培训。
销毁后应有两名以上销毁人员签名,并建立台账及档案。
④销毁爆破器材,不应在夜间、雨天、雾天和三级以上风力的天气里进行。
⑤不能继续使用的剩余包装材料(箱、袋、盒和纸张),经检查确认没有雷管和残药后,可用焚烧法销毁。
包装过硝化甘油类炸药有渗油痕迹的药箱(袋、盒),应予销毁。
⑥销毁爆破器材后,应对现场进行检查,如果发现有残存爆破器材,应收集起来,进行销毁。

第五章 公路工程安全施工技术

⑦不应在阳光下曝晒爆破器材。

2. 爆破准备

(1)锻制钢钎时,锻工应按规定穿戴防护用品,煊钎和淬火支架必须牢固。截断钎子时,开锤及停锤用力应轻。热钎和冷钎应分开放置并以标志识别。

(2)选择炮位时,炮眼口应避开正对的电线、路口和构造物。

(3)凿打炮眼时,坡面上的浮岩危石应予以清理。凿眼所用工具和机械要详加检查,确认完好。严禁在残眼上打孔。

(4)用人力冲击法打松软岩眼时,应清理现场的障碍物。双人、多人冲钎时动作应协调一致。

(5)人工打眼时,使锤人应站立在掌钎人侧面,严禁对面使锤。

(6)机械扩眼,宜采用湿式凿岩或带有捕尘器的凿眼机。凿岩机支架要支稳,严禁用胸部和肩头紧顶把手。风动凿岩机的管道要顺直,接头要紧密,气压不应过高。电动凿岩机的电缆线宜悬空挂设,工作时应注意观察电流值是否正常。

空压机必须在无荷载状态下启动。开启送气阀前,应将输气管道连接好,不得扭曲。在征得凿眼机操作人员同意后方可送气,出气口前方不得有人工作或站立。贮气瓶内压力不得超过规定值,安全阀应灵敏有效。运转中应注意检查是否有异常情况,不得擅离岗位。

(7)爆破器材应严格管理,必须实施实销实报,剩余的爆破材料必须当日退库,严禁私自收藏,乱丢乱放。更不得用爆炸物品炸鱼、炸兽。发现爆破器材丢失、被盗要立即报告,等待处理。

(8)作业人员在保管、加工、运输爆破器材过程中,严禁穿着化纤衣服。

(9)爆破器材应按规定要求进行检验,对失效及不符合技术条件要求的不得使用。

(10)爆破器材应由专人领取,炸药与雷管严禁由一人同时搬运。电雷管严禁与带电物品一起携带运送。爆破器材运送,应避开人员密集地段,并直接送往工地,中途不得停留,并不得随地存放或带入宿舍。

(11)制作起爆药包(柱),应在专设的加工房或爆破现场的专用棚内进行。棚内不准有电气、金属设备,无关人员不得入内。

导火索要用快刀切齐,轻轻插入雷管,不得猛插、旋转或摩擦。管口要用安全铰钳夹紧,严禁用牙咬。纸壳雷管应用胶布包扎严密。

药卷应用和雷管同样直径的竹、木锥子扎一个深为1.5倍雷管长度的小孔,然后放入接好引线的雷管,封闭扎口。雷管不得露在药柱外面。加工的起爆药包(柱),不应超过当班爆破作业的需要量。

(12)扩药壶时,孔口的碎石、杂物必须清除干净。装药量应随扩壶次数、扩壶的大小和石质而定,不得盲目加大药量。扩烘时,起爆药柱送下孔底后,不得使用炮棍在炮眼内捣插。导火索点燃后,人应迅速远离。严禁采用先点燃导火索再将药柱抛入孔底的危险操作方法。

需要多次扩壶时,每次爆破后 15min(硝化甘油炸药应经过 30min),等孔壁岩石冷却后,方可再次装药扩壶。

(13)超过 5m 的深孔不得使用导火索起爆。

(14)装炮工作必须遵守下列规定:

1)装药前应对炮眼进行验收和清理;对刚打成的炮眼应待其冷却后装药,湿炮眼应擦干后才能装药。

2)严禁烟火和明火照明;无关人员应撤离现场。

3)应用木质炮棍装药,严禁使用金属器皿装药;深孔装药出现堵塞时,在未装入雷管、起爆药柱前,可采用铜和木制长杆处理。

4)装好的爆药包(柱)和硝化甘油类炸药,严禁投掷或冲击。

5)不得采用无填塞爆破(扩壶除外),也不得使用石块和易燃材料填塞炮孔;不得捣固直接接触药包的填塞材料或用填塞材料冲击起爆药包,也不得在深孔装入起爆药包后直接用木楔填塞;填塞炮眼时不得破坏起爆线路。

3. 爆破方法

(1)电力起爆。

1)在同一爆破网路上必须使用同厂、同型号的电雷管,其电阻值差不得超过规定值(应控制在±0.2Ω 以内)。

2)爆破网路主线应绝缘良好,并设中间开关,与其他电源线路应分开敷设。

3)必须严格检查主线、区域线、端线、电源开关和插座等的断通与绝缘情况,在联入网路前各自的两端应短路。

4)爆破网路的连接必须在全部炮孔装填完毕、无关人员全部撤至安全地点后进行;连接应由工作面向起爆站依次进行,两线的接点应错开 10cm,接点必须牢固,绝缘良好。

5)用动力或照明电源起爆时,起爆开关必须放在上锁的专用起爆箱内,起爆开关箱和起爆器的钥匙在整个爆破作业时间里,必须由爆破工作的负责人严加保管,不得交给他人。

6)装好炸药包后,必须撤除工作面的一切电源;雷雨季节应采用非电起爆法。

(2)裸露爆破。裸露爆破必须保证先爆的药包不致破坏其他药包,否则应用齐发起爆。严禁用石块覆盖裸露药包,不应将炸药包插入石缝中进行爆破,特殊情况使用时,必须采用可靠的安全措施。

(3)导火索引爆。

1)导火索起爆应采用一次点火法点火,其长度应保证点完导火索后人员能撤至安全地点,但不得短于 1.2m。不得在同次爆破中使用不同燃速的导火索。

2)露天爆破,一人连续点火的导火索根数不得超过 10 根,严禁使用明火点燃,严禁脚踩和挤压已点燃的导火索。

3)多人同时点炮时,每人点炮数应大致相等。必须先点燃信号管,信号管响后无论导火索点完与否,人员必须立即撤离。

信号管的长度不得超过该次被点导火索中最短导火索长度的 1/3。

4)爆破时,应点清爆炸数与装炮数量是否相符。确认炮响完并过 5min 后,方准爆破人员进入爆破作业点。

4. 爆后检查

(1)爆后检查等待时间。

1)露天浅孔爆破,爆后应超过 5min,方准许检查人员进入爆破作业地点;如不能确认有无盲炮,应经 15min 后才能进入爆区检查。

2)露天深孔及药壶蛇穴爆破,爆后应超过 15min,方准检查人员进入爆区。

3)露天爆破经检查确认爆破点安全后,经当班爆破班长同意,方准许作业人员进入爆区。

4)地下矿山和大型地下开挖工程爆破后,经通风吹散炮烟、检查确认井下空气合格后、等待时间超过 15min,方准许作业人员进入爆破作业地点。

5)拆除爆破爆后应等待倒塌建(构)筑物和保留建筑物稳定之后,方准许检查人员进入现场检查。

6)硐室爆破、水下深孔爆破及未规定的其他爆破作业,爆后的等待时间,由设计确定。

(2)爆后检查内容。

1)一般岩土爆破应检查的内容如下所述。

①确认有无盲炮。

②露天爆破爆堆是否稳定,有无危坡、危石。

③地下爆破有无冒顶、危岩,支撑是否破坏,炮烟是否排除。

2)硐室爆破、拆除爆破及其他有特殊要求的爆破作业,爆破后检查应按有关规定执行。

(3)处理。

1)检查人员发现盲炮及其他险情,应及时上报或处理;处理前应在现场设立危险标志,并采取相应的安全措施,无关人员不应接近。

2)发现残余爆破器材应收集上缴,集中销毁。

5. 盲炮处理

(1)一般规定。

1)处理盲炮。爆破前应由爆破领导人定出警戒范围,并在该区域边界设置警戒,处理盲炮时无关人员不准许进入警戒区。

2)应派有经验的爆破员处理盲炮,硐室爆破的盲炮处理应由爆破工程技术人员提出方案并经单位主要负责人批准。

3)电力起爆发生盲炮时,应立即切断电源,及时将盲炮电路短路。

4）导爆索和导爆管起爆网路发生盲炮时,应首先检查导爆管是否有破损或断裂,发现有破损或断裂的应修复后重新起爆。

5）不应拉出或掏出炮孔和药壶中的起爆药包。

6）盲炮处理后,应仔细检查爆堆,将残余的爆破器材收集起来销毁;在不能确认爆堆无残留的爆破器材之前,应采取预防措施。

7）盲炮处理后应由处理者填写登记卡片或提交报告,说明产生盲炮的原因、处理的方法和结果、预防措施。

（2）裸露爆破的盲炮处理。

1）处理裸露爆破的盲炮,可去掉部分封泥,安置新的起爆药包,加上封泥起爆;如发现炸药受潮变质,则应将变质炸药取出销毁,重新敷药起爆。

2）处理水下裸露爆破和破冰爆破的盲炮,可在盲炮附近另投入裸露药包诱爆,也可将药包回收销毁。

（3）浅孔爆破的盲炮处理。

1）经检查确认起爆网路完好时,可重新起爆。

2）可打平行孔装药爆破,平行孔距盲炮不应小于 0.3m;对于浅孔药壶法,平行孔距盲炮药壶边缘不应小于 0.5m。为确定平行炮孔的方向,可从盲炮孔口掏出部分填塞物。

3）可用木、竹或其他不产生火花的材料制成的工具,轻轻地将炮孔内填塞物掏出,用药包诱爆。

4）可在安全地点外用远距离操纵的风水喷管吹出盲炮填塞物及炸药,但应采取措施回收雷管。

5）处理非抗水硝铵炸药的盲炮,可将填塞物掏出,再向孔内注水,使其失效,但应回收雷管。

6）盲炮应在当班处理,当班不能处理或未处理完毕,应将盲炮情况（盲炮数目、炮孔方向、装药数量和起爆药包位置,以及处理方法和处理意见）在现场交接清楚,由下一班继续处理。

（4）深孔爆破的盲炮处理。

1）爆破网路未受破坏,且最小抵抗线无变化者,可重新连线起爆;最小抵抗线有变化者,应验算安全距离,并加大警戒范围后,再连线起爆。

2）可在距盲炮孔口不少于 10 倍炮孔直径处另打平行孔装药起爆。爆破参数由爆破工程技术人员确定并经爆破领导人批准。

3）所用炸药为非抗水硝铵类炸药,且孔壁完好时,可取出部分填塞物向孔内灌水使之失效,然后做进一步处理。

（5）硐室爆破的盲炮处理。

1）如能找出起爆网路的电线、导爆索或导爆管,经检查正常仍能起爆者,应重新测量最小抵抗线,重划警戒范围,连线起爆。

第五章 公路工程安全施工技术

2)可沿竖井或平硐清除填塞物并重新敷设网络连线起爆,或取出炸药和起爆体。

(6)水下炮孔爆破的盲炮处理。

1)因起爆网路绝缘不好或连接错误造成的盲炮,可重新联网起爆。

2)因填塞长度小于炸药的殉爆距离或全部用水填塞而造成的盲炮,可另装入起爆药包诱爆。

3)可在盲炮附近投入裸露药包诱爆。

6. 安全允许距离

(1)一般规定。

1)爆破、爆破器材销毁以及爆破器材库意外爆炸时,爆炸源与人员和其他保护对象之间的安全允许距离,应按爆破各种有害效应(地震波、冲击波、个别飞散物等)分别核定,并取最大值。

2)各种爆破器材库之间以及仓库与临时堆放点之间的距离,应大于相应的殉爆安全距离。各种爆破作业中,不同时起爆的药包之间的距离,也应满足不殉爆的要求。

3)确定爆破安全允许距离时,应考虑爆破可能诱发滑坡、滚石、雪崩、涌浪、爆堆滑移等次生有害影响,适当扩大安全允许距离或针对具体情况划定附加的危险区。

(2)爆破震动安全允许距离。

1)评价各种爆破对不同类型建(构)筑物和其他保护对象的振动影响,应采用不同的安全判据和允许标准。

2)地面建筑物的爆破震动判据,采用保护对象所在地质点峰值振动速度和主振频率;水工隧道、交通隧道、矿山巷道、电站(厂)中心控制室设备、新浇大体积混凝土的爆破震动判据,采用保护对象所在地质点峰值震动速度。安全允许标准见表 5-4。

表 5-4 爆破震动安全允许标准

序号	保护对象类别	安全允许振速(cm/s)		
		<10Hz	10~50Hz	50~100Hz
1	土窑洞、土坯房、毛石房屋[a]	0.5~1.0	0.7~1.2	1.1~1.5
2	一般砖房、非抗震的大型砌块建筑物[a]	2.0~2.5	2.3~2.8	2.7~3.0
3	钢筋混凝土结构房屋[a]	3.0~4.0	3.5~4.5	4.2~5.0
4	一般古建筑与古迹[b]	0.1~0.3	0.2~0.4	0.3~0.5
5	水工隧道[c]	7~15		
6	交通隧道[c]	10~20		

续表

序号	保护对象类别	安全允许振速(cm/s)		
		<10Hz	10~50Hz	50~100Hz
7	矿山巷道c		15~30	
8	水电站及发电厂中心控制室设备		0.5	
9	新浇大体积混凝土d： 龄期:初凝~3d 龄期:3~7d 龄期:7~28d		2.0~3.0 3.0~7.0 7.0~12	

注：①表列频率为主振频率，系指最大振幅所对应波的频率。
②频率范围可根据类似工程或现场实测波形选取。选取频率时亦可参考下列数据：硐室爆破<20Hz，深孔爆破10~60Hz，浅孔爆破40~100Hz。
③表中a为选取建筑物安全允许振速时，应综合考虑建筑物的重要性、建筑质量、新旧程度、自振频率、地基条件等因素。
④表中b为省级以上(含省级)重点保护古建筑与古迹的安全允许振速，应经专家论证选取，并报相应文物管理部门批准。
⑤表中c为选取隧道、巷道安全允许振速时，应综合考虑构筑物的重要性、围岩状况、断面大小、深埋大小、爆源方向、地震振动频率等因素。
⑥表中d为非挡水新浇大体积混凝土的安全允许振速，可按本表给出的上限值选取。

3) 爆破震动安全允许距离，可按式(5-1)计算。

$$R=(\frac{K}{v})^{\frac{1}{a}} \cdot Q^{\frac{1}{3}} \tag{5-1}$$

式中 R——爆破震动安全允许距离，单位为米(m)；
Q——炸药量，齐发爆破为总药量，延时爆破为最大一段药量，单位为千克(kg)；
v——保护对象所在地质点振动安全允许速度，单位为厘米每秒(cm/s)；
K、a——与爆破点至计算保护对象间的地形、地质条件有关的系数和衰减指数，可按表5-5选取，或通过现场试验确定。

表5-5　　　　　　　　爆破区不同岩性的K、a值

岩　性	K	a
坚硬岩石	50~150	1.3~1.5
中硬岩石	150~250	1.5~1.8
软岩石	250~350	1.8~2.0

群药包爆破，各药包至保护目标的距离差值超过平均距离的10%时，用等效

第五章 公路工程安全施工技术

距离 R_e 和等效药量 Q_e 分别代替 R 和 Q 值。R_e 和 Q_e 的计算采用加权平均值法。

对于条形药包,可将条形药包以 1~1.5 倍最小抵抗线长度分为多个集中药包,参照群药包爆破时的方法计算其等效距离和等效药量。

4)在复杂环境中多次进行爆破作业时,应从确保安全的单响药量开始,逐步增大到允许药量,并按允许药量控制一次爆破规模。

(3)爆破冲击波安全允许距离。

1)露天裸露爆破大块时,一次爆破的炸药量不应大于 20kg,并应按式(5-2)确定空气冲击波对在掩体内避炮作业人员的安全允许距离。

$$R_k = 25\sqrt[3]{Q} \tag{5-2}$$

式中　R_k——空气冲击波对掩体内人员的最小允许距离,单位为米(m);
　　　Q——一次爆破的炸药量,秒延时爆破取最大分段药量计算,毫秒延时爆破按一次爆破的总药量计算,单位为千克(kg)。

2)地表大药量爆炸加工时,应核算不同保护对象所承受的空气冲击波超压值,并确定相应的安全允许距离。在平坦地形条件下爆破时,可按式(5-3)计算超压。

$$\Delta P = 14\frac{Q}{R^3} + 4.3\frac{Q^{\frac{2}{3}}}{R^2} + 1.1\frac{Q^{\frac{1}{3}}}{R} \tag{5-3}$$

式中　ΔP——空气冲击波超压值 10^5 Pa;
　　　Q——一次爆破的梯恩梯炸药当量,秒延时爆破为最大一段药量,毫秒延时爆破为总药量,单位为千克(kg);
　　　R——装药至保护对象的距离,单位为米(m)。

3)爆破作用指数 $n<3$ 的爆破作业,对人员和其他保护对象的防护,应首先考虑个别飞散物和地震安全允许距离。

4)地下爆破时,对人员和其他保护对象的空气冲击波安全允许距离由设计确定。

5)水下裸露爆破,当覆盖水厚度小于三倍药包半径时,对水面以上人员或其他保护对象的空气冲击波安全允许距离的计算原则,与地面爆破时相同。

6)在水深不大于 30m 的水域内进行水下爆破,水中冲击波的安全允许距离,应遵守下列规定:

对人员:按表 5-6 确定。

表 5-6　　　　　　对人员的水中冲击波安全允许距离

装药及人员状况		炸药量(kg)		
		≤50	>50~≤200	>200~≤1000
水中裸露装药(m)	游泳	900	1400	2000
	潜水	1200	1800	2600

续表

装药及人员状况		炸药量(kg)		
		≤50	>50~≤200	>200~≤1000
钻孔或药室装药(m)	游泳	500	700	1100
	潜水	600	900	1400

对船舶:客船为1500m,施工船舶:按表5-7确定。

表5-7   对施工船舶的水中冲击波安全允许距离

装药及人员状况		炸药量(kg)		
		≤50	>50~≤200	>200~≤1000
裸露装药(m)	木船	200	300	500
	铁船	100	150	250
钻孔或药室装药(m)	木船	100	150	250
	铁船	70	100	150

非施工船舶:可参照表5-7和式(5-4),根据船舶状况由设计确定。

一次爆破药量大于1000kg时,对人员和施工船舶的水中冲击波安全允许距离可按式(5-4)计算。

$$R = K_0 \sqrt[3]{Q} \tag{5-4}$$

式中 R——水中冲击波的最小安全允许距离,单位为米(m);
Q——一次起爆的炸药量,单位为千克(kg);
K_0——系数,按表5-8选取。

表5-8 K_0值

装药条件	保护人员		保护施工船舶	
	游泳	潜水	木船	铁船
裸露装药	250	320	50	25
钻孔或药室装药	130	160	25	15

7)在水深大于30m的水域内进行水下爆破时,水中冲击波安全允许距离,应通过实测和试验研究确定。

8)在重要水工、港口设施附近及水产养殖场或其他复杂环境中进行水下爆破,应通过测试和邀请专家研究确定安全允许距离。

(4)个别飞散物安全允许距离。

第五章　公路工程安全施工技术

1)爆破时,个别飞散物对人员的安全距离不应小于表 5-9 的规定;对设备或建设物的安全允许距离,应由设计确定。

表 5-9　　爆破个别飞散物对人员的安全允许距离

爆破类型和方法		个别飞散物的最小安全允许距离(m)
1. 露天岩土爆破	破碎大块岩矿: 　裸露药包爆破法 　浅孔爆破法	400 300
	浅孔爆破	200(复杂地质条件下或未形成台阶工作面时不小于 300)
	浅孔药壶爆破	300
	蛇穴爆破	300
	深孔爆破	按设计,但不小于 200
	深孔药壶爆破	按设计,但不小于 300
	浅孔孔底扩壶	50
	深孔孔底扩壶	50
	硐室爆破	按设计,但不小于 300
2. 爆破树墩		200
3. 森林救火时,堆筑土壤防护带		50
4. 爆破拆除沼泽地的路堤		100
5. 水下爆破	水面无冰时的裸露药包或浅孔、深孔爆破: 　水深小于 1.5m 　水深大于 6m 　水深 1.5～6m	与地面爆破相同 不考虑飞石对地面或水面以上人员的影响 由设计确定
	水薄冰时的裸露药包或浅孔、深孔破	200
	水底硐室爆破	由设计确定
6. 破冰工程	爆破薄冰凌	50
	爆破覆冰	100
	爆破阻塞的流冰	200
	爆破厚度大于 2m 的冰层或爆破阻塞流冰一次用药量超过 300kg	300

续表

爆破类型和方法		个别飞散物的最小安全允许距离(m)
7. 爆破金属物	在露天爆破场	1500
	在装甲爆破坑中	150
	在厂区内的空场中	由设计确定
	爆破热凝结物	按设计,但不小于30
	爆炸加工	由设计确定
8. 拆除爆破、城镇浅孔爆破及复杂环境深孔爆破		由设计确定
9. 地震勘探爆破	浅井或地表爆破	按设计,但不小于100
	在深孔中爆破	按设计,但不小于30

注:沿山坡爆破时,下坡方向的飞石安全允许距离应增大50%。

2)抛掷爆破时,个别飞散物对人员、设备和建筑物的安全允许距离,应由设计确定,并报单位总工程师批准。

(5)爆破器材库的内部完全允许距离。

1)A_1级库房或药堆间的距离不应小于表5-10的规定。

表5-10　　　　A_1级仓库之间的安全允许距离

存药量(t)		>30~≤50	>20~≤30	>10~≤20	>5~≤10	>2~≤5	>1~≤2	≤1
仓库类型	无土堤地面库、药堆(m)	110	90	80	65	50	40	30
	有土堤地面库(m)	80	70	60	50	40	35	25

注:本表适用于黑索金、铵梯黑炸药、黑梯药柱和胶质炸药和此类炸药为主装药的专用爆破器具。

2)A_2级库房或药堆间的距离不应小于表5-11的规定。

表5-11　　　　A_2级仓库之间的安全允许距离

存药量(t)		>100~≤150	>50~≤1000	>30~≤50	>20~≤30	>10~≤20	>5~≤10	≤5
仓库类型	无土堤地面库、药堆(m)	60	50	45	35	30	25	20
	有土堤地面库(m)	40	35	30	25	20	20	20

注:本表适用于梯恩梯、以梯恩梯为主的专用爆破器具、雷管、导爆索,其中雷管和导爆索按其装药量计算存药量。

第五章 公路工程安全施工技术

3)A_3级库房或药堆间的距离不应小于表5-12的规定。

4)当相邻库房或药堆为不同类别炸药时,应分别查表确定完全允许距离并取最大值。

表 5-12　　　　　　　　A_3级库房或药堆间的距离

存药量(t)		>150~ ≤200	>100~ ≤150	>50~ ≤100	>30~ ≤50	>20~ ≤30	≤20
仓库 类型	无土堤地面 库、药堆(m)	50	45	38	32	26	20
	有土堤 地面库(m)	35	30	27	24	20	20

注:①本表适用于硝铵类炸药和黑火药。
②硝铵类炸药指以硝酸铵为主要成分的炸药,包括粉状铵锑炸药、铵油炸药、铵松蜡炸药、铵沥蜡炸药、乳化炸药、粉状乳化炸药、水胶炸药、浆状炸药、多孔粒状铵油炸药、乳化粒状炸药、粒状粘性炸药、震源药柱等。

(四)防护工程

1.防护工程砌筑

(1)边坡防护作业,必须搭设牢固的脚手架。

(2)砌石工程必须自下而上砌筑。片石改小,不得在脚手架上进行。护墙砌筑时,墙下严禁站人。抬运石块上架,跳板应坚固,并设防滑条。

(3)抹面、勾缝作业必须先上后下。严禁在砌筑好的坡面上行走,上下必须用爬梯。架上作业时,架下不准有人操作或停留,不得上面砌筑、下面勾缝。

2.砂浆拌合机作业

(1)拌合机应安置稳妥,开机前必须确认传动及各部装置牢固可靠,操作灵活。运转中不得用手或木棒等伸进筒内清理筒口的灰浆。

(2)作业中如发生故障,应立即切断电源,并将筒内砂浆倒出。

3.砂浆喷射机作业

(1)砂浆输送泵。

1)输送管道各接头应连接牢固,并设有牢固的支撑,尽量减少管道长度和弯管数量,管道上不得加压或悬挂重物。

2)作业前应空运转,在确认旋转方向正确、电路开关、传动保护装置及料斗滤网齐全可靠后,方可进行作业。

3)运转正常后,方可向泵内注入砂浆;砂浆泵须连续运转,短时间不用砂浆时,应打开回浆阀使砂浆在泵内循环运行;如停机时间较长时,应每隔3~5min泵送一次,使灰浆在管道和泵体内流动,以防凝结、阻塞。

4)工作中应随时注意压力表指针是否正常,检查球阀、阀座和挤压管有无异常,如发现漏浆应停机修复后方可继续作业。

5)因故障停机时,应打开泄浆阀使压力下降,然后再排除故障,砂浆泵压力未降到零时,不得拆卸空气室、压力安全阀和管道。

(2)砂浆喷射机。

1)喷射机应保持内部清洁,输送泵和喷射机人员应密切联系,协调配合。

2)在喷嘴前5m范围内不得站人;工作停歇时,喷嘴不得朝向有人的方向。

3)输料软管如发生堵塞,可用木棍轻轻敲打外壁,如无效时可在关闭砂浆后拆卸胶管,用压缩空气吹通。

4)转换作业面时,输料软管不得随地拖拉和弯折。

4. 基坑开挖

(1)挡墙挖基应视土质、湿度和挖掘的深度设放安全边坡,否则应设置相适应的围壁支撑。基坑壁坡度可参照表5-13办理。

表 5-13　　　　　　　基坑坑壁坡度表

坑壁土质	坑壁坡度		
	基坑顶缘无载重	基坑顶缘有静载	基坑顶缘有动载
砂类土	1∶1	1∶1.25	1∶1.5
碎卵石类土	1∶0.75	1∶1	1∶1.25
轻粉质黏土	1∶0.67	1∶0.75	1∶1
粉质黏土	1∶0.33	1∶0.5	1∶0.75
极软岩	1∶0.25	1∶0.33	1∶0.67
软质岩	1∶0	1∶0.1	1∶0.25
硬质岩	1∶0	1∶0	1∶0

注:本表适用于基坑深度在5m以内、无地下水、土质结构均匀的情况。

(2)人工挖基作业时,从基坑内抛上的土方应边挖边运。用土台分层抛掷传运出土时,台阶宽度不得小于0.7m,高度不得大于1.5m。基坑上边缘暂时堆放的土方至少应距坑边0.8m以外,堆放高度不得超过1.5m。

二、路面

(一)基层施工

1. 一般规定

(1)消解石灰,不得在浸水的同时边投料、边翻拌,人员应远避,以防烫伤。

(2)装卸、洒铺及翻动粉状材料时,操作人员应站在上风侧,轻拌轻减少粉尘。散装粉状材料宜使用粉料运输车运输,否则车厢上应采用篷布遮盖。装卸尽

第五章 公路工程安全施工技术

量避免在大风天气下进行。

2. 稳定土拌合机作业

(1)应根据不同的拌合材料,选用合适的拌合齿。

(2)拌合作业时,应先将转子提起离开地面空转,然后再慢慢下降至拌合深度。

(3)在拌合过程中,不能急转弯或原地转向,严禁使用倒挡进行拌合作业。遇到底层有障碍物时,应及时提起转子,进行检查处理。

(4)拌合机在行走和作业过程中,必须采用低速,保持匀速。液压油的温度不得超过规定。

(5)停车时应拉上制动,将转子置于地面。

3. 场拌稳定土机械作业

(1)皮带运输机应尽量降低供料高度,以减轻物料冲击。在停机前必须将料卸尽。

(2)拌合机仓壁振动器在作业中铁芯和衔铁不得碰撞,如发生碰撞应立即调整振动体的振幅和工作间隙。仓内不出料时,严禁使用振动器。

(3)拌合结束后给料斗、贮料仓中不得有存料。

(4)搅拌壁及叶浆的紧固状况应经常检查,如有松动应立即拧紧。

4. 碎石机作业

(1)进料要均匀,不得过大,严防金属块等混入。出料口上方应有挡板。

(2)不得从上方向碎石机口内窥视。

(3)若石料卡住进口,应用铁钩翻动,严禁用手搬动。

5. 碎石撒布机作业

(1)自卸汽车与撒布机联合作业,应紧密配合,以防碰撞。

(2)撒布碎石,车速要稳定,不应在撒布过程中换挡。严禁撒布机长途自行转移。

(3)在工地作短距离转移,必须停止拨料辊及皮带运输机的传动,并注意道路状况以防碰坏机件。

(4)作业时无关人员不得进入现场,以防碎石伤人。

(5)石料的最大粒径不得超过说明书中的规定。

6. 洒水车作业

(1)洒水车在公路上抽水时,不得妨碍交通。

(2)在有水草和杂物的水道中抽水,吸水管端应加设过滤网罩。

(3)洒水车在上下坡及弯道运行中,不得高速行驶,并避免紧急制动。

(4)洒水车驾驶室外不得载人。

(二)旧路面凿除

(1)旧路面凿除宜分小段进行,以免妨碍交通。

(2)用镐开挖旧路面时,应并排前进,左右间距应不少于2m,不得面对面使镐。

(3)大锤砸碎旧路面时,周围不得有人站立或通行。锤击钢钎,使锤人应站在扶钎人的侧面,使锤者不得戴手套,锤柄端头应有防滑措施。

(4)风动工具凿除旧路面,应遵守下列规定:

1)各部管道接头必须紧固,不漏气。胶皮管不得缠绕打结,并不得用折弯风管的办法作断气之用,也不得将风管置于胯下。

2)风管通过过道,须挖沟将风管下埋。

3)风管连接风包后要试送气,检查风管内有无杂物堵塞。送气时,要缓慢旋开阀门,不得猛开。

4)风镐操作人员应与空压机司机紧密配合,及时送气或闭气。

5)钎子插人风动工具后不得空打。

(5)利用机械破碎旧路面时,应有专人统一指挥,操作范围内不得有人,铲刀切入地面不宜过深,推刀速度应缓慢。

(三)压路机作业

(1)严禁在压路机没有熄火、下无支垫三角木的情况下,进行机下检修。

(2)压路机应停放在平坦、坚实并对交通及施工作业无妨碍的地方。停放在坡道上时,前后轮应置垫三角木。

(3)压路机前后轮的刮板,应保持平整良好。碾轮刷油或洒水的人员应与司机密切配合,必须跟在辗轮行走的后方,要注意压路机转向。

(四)沥青路面

1. 一般规定

(1)沥青操作人员均应进行体检。凡患有结膜炎、皮肤病及对沥青过敏反应者,不宜从事沥青作业。

(2)从事沥青作业人员,皮肤外露部分均须涂抹防护药膏。工地上应配有医务人员。

(3)沥青操作工的工作服及防护用品,应集中存放,严禁穿戴回家和进入集体宿舍。

(4)沥青的加热及混合料拌制,宜设在人员较少、场地空旷的地段。产量较大的拌合设备,有条件的应增设防尘设施。

(5)块状沥青搬运一般宜在夜间和阴天进行,尤应避免炎热季节。搬运时宜采用小型机械装卸,不宜用手直接装运。

2. 锅炉架设

(1)有安装锅炉能力的使用单位,经当地劳动部门同意后,可以自行安装立式锅炉和快装锅炉。新安装或检修后的锅炉,自检合格后,报当地劳动部门检查批准后,方可点火运行。

(2)锅炉一般应安装在单独建造的锅炉房内。锅炉房如与生产厂房相连时,应用防火墙隔开,其锅炉的容量应符合有关规定的要求。

(3)为了保证锅炉安全运行,必须建立健全严格的规章制度。

(4)锅炉在运行中,如发生有严重威胁锅炉安全运行等情况时,应采取紧急停炉措施。

(5)投煤时应注意检查煤炭中混杂的有害物质。

3. 沥青运送

(1)液态沥青车运送。

1)用泵抽送热沥青进出油罐时,工作人员应避让。

2)向储油罐注入沥青时,当浮标指标达到允许最大容量时,要及时停止注入。

3)满载运行时,遇有弯道、下坡时要提前减速,避免紧急制动。油罐装载不满时要始终保持中速行驶。

(2)吊耳吊装桶装沥青。

1)吊装作业应有专人指挥。沥青桶的吊索应绑扎牢固。

2)吊起的沥青桶不得从运输车辆的驾驶室上空越过,并应稍高于车厢板,以防碰撞。

3)吊臂旋转半径范围内不得站人。

4)沥青桶未稳妥落地前,严禁卸、取吊绳。

(3)人工装卸桶装沥青。

1)运输车辆应停放在平坡地段,并拉上手闸。

2)跳板应有足够的强度,坡度不应过陡。

3)沥青桶不得漏油,否则应先堵漏,后搬运。

4)放倒的沥青桶经跳板向上(下)滚动装(卸)车时,要在露出跳板两侧的铁桶上各套一根绳索,收放绳索时要缓慢,并应两端同步上下。

(4)人工运送液态沥青。人工运送液态沥青,装油量不得超过容器的2/3。

4. 沥青加热

(1)远红外加热沥青。

1)使用前应检查机电设备和短路过载保安装置是否良好,电气设备有无接地,确认符合要求后方可合闸作业。

2)沥青油泵应进行预热,当用手能转动联轴器时,方可启动油泵送油。输油完毕后将电机反转,使管道中余油流回锅内,并立即用柴油清洗沥青泵及管道。清洗前必须关闭有关阀门,严防柴油流入油锅。

(2)导热油加热沥青。

1)加热炉使用前必须进行耐压试验,水压力应不低于额定工作压力的两倍。

2)对加热炉及设备应做全面检查,各种仪表应齐全、完好。泵、阀门、循环系统和安全附件应符合技术要求,超压、超温报警系统应灵敏、可靠。

3) 必须经常检查循环系统有无渗漏、振动和异声,定期检查膨胀箱的液面是否超过规定,自控系统的灵敏性和可靠性是否符合要求,并应定期清除炉管及除尘器内的积灰。

4) 导热油的管道应有防护设施。

5. 明火熬制沥青

(1) 锅灶设置。

1) 支搭的沥青锅灶,应距建筑物至少 30m,距电线垂直下方在 10m 以上。周围不得有易燃易爆物品,并应备用锅盖、灭火器等防火用具。

2) 油锅上方搭设的防雨篷,严禁使用易燃材料。

3) 沥青锅的前沿(有人操作的一面)应高出后沿 10cm 以上,并高出地面 0.8~1.0m。

4) 舀、盛热沥青的勺、桶、壶等不得锡焊。

(2) 沥青预热。

1) 打开沥青桶上大、小盖。当只有一个桶盖时,应在其相对方向另开一孔,以便通气出油。桶内如有积水必须先予排除。

2) 操作人员应注意沥青突然喷出,如发现沥青从桶的砂眼中喷出,应在桶外的侧面,铲以湿泥涂封,不得用手直接涂封。

3) 烤油中如发现沥青桶口堵塞时,操作人员应站在侧面用热铁棍疏通。

4) 烤油时必须用微火,不得用大火猛烤。

5) 卧桶烤油的油槽应搭设牢固。流向储油锅的通道要畅通。

(3) 沥青熬制。

1) 熬油锅内不得有水和杂物,沥青投入量不得超过油锅容积的 2/3,块状沥青应改小并装在铁丝瓢内下锅,不得直接向锅内抛掷,严禁烈火加热空锅时加入沥青。

2) 预热后的沥青宜用溜槽流下油锅;如用油桶直接倒入油锅时,桶口应尽量放低,防止被热沥青溅伤。

3) 在熬制沥青时,如发现油锅漏油,必须立即熄灭炉火。

4) 舀油时应用长柄勺,并要经常检查其连接是否牢固。

5) 油料脱水应缓慢加热,经常搅动,严禁猛火导致沥青溢锅;如发现有漫油迹象时,应立即熄灭炉火。

6) 熬油工应随时掌握油温变化情况,当白色烟转为红、黄色烟时,应立即熄灭炉火。

7) 熬油现场临时堆放的沥青及燃料不应过多,堆放位置距沥青锅炉应在 5m 以外。

6. 沥青拌合

(1) 人工拌合作业时应使用铁壶或长柄勺倒油,壶嘴或勺口不应提得过高,防止热油溅起伤人。

(2)沥青混合料拌合设备作业应遵守下列规定：

1)作业前,热料提升斗、搅拌器及各种料斗内不得有存料。

2)配有湿式除尘系统的拌合设备其除尘系统的水泵应完好,并保证喷水量稳定且不中断。

3)卸料斗处于地下底坑时,应防止坑内积水淹没电器元件。

4)拌合机启动、停机,必须按规定程序进行。点火失效时,应及时关闭喷燃器油门,待充分通风后再行点火。需要调整点火时,必须先切断高压电源。

5)液化气点火时,必须有减压阀及压力表。燃烧器点燃后,必须关闭总阀门。

6)连续式拌合设备的燃烧器熄火时应立即停止喷射沥青。当烘干拌合筒着火时,应立即关闭燃烧器鼓风机及排风机,停止供给沥青,再用含水量高的细骨料投入烘干拌合筒,并在外部卸料口用干粉或泡沫灭火器进行灭火。

7)关机后应清除皮带上、各供料斗及除尘装置内外的残余积物,并清洗沥青管道。

(3)沥青混合料拌合站的各种机电(包括使用微电脑控制进料的)设备,在运转前均需由机工、电工、电脑操作人员进行详细检查,确认正常完好后才能合闸运转。

(4)机组投入正常运转后,各部门、各工种都要随时监视各部位的运转情况,不得擅离岗位。

(5)运转过程中,如发现有异常情况,应报告机长,并及时排除故障。停机前应首先停止进料,等各部位(拌鼓、烘干筒等)卸完料后,才可提前停机。再次启动时,不得带负荷启动。

(6)运转中严禁人员靠近各种运转机构。

(7)搅拌机运行中,不得使用工具伸入滚筒内掏挖或清理。需要清理时必须停机。如需人员进入搅拌鼓内工作时,鼓外要有人监护。

(8)料斗升起时,严禁有人在斗下工作或通过。检查料斗时应将保险链挂好。

(9)拌合站机械设备需经常检查的部位应设置铁爬梯。采用皮带机上料时,储料仓应加防护。

7. 洒布作业

洒布车(机)工作地段应有专人警戒。施工现场的障碍物应清除干净,洒油时作业范围内不得有人。施工现场严禁使用明火。

(1)沥青洒布车作业。

1)检查机械、洒布装置及防护、防火设备是否齐全有效。

2)采用固定式喷灯向沥青箱的火管加热时,应先打开沥青箱上的烟囱口,并在液态沥青淹没火管后,方可点燃喷灯。加热喷灯的火焰过大或扩散蔓延时应立即关闭喷灯,待多余的燃油烧尽后再行使用。喷灯使用前,应先封闭吸油管及进料口,手提喷灯点燃后不得接近易燃品。

3) 满载沥青的洒布车应中速行驶。遇有弯道、下坡时应提前减速,尽量避免紧急制动。行驶时严禁使用加热系统。

4) 驾驶员与机上操作人员应密切配合,操作人员应注意自身的安全。作业时在喷洒沥青方向 10m 以内不得有人停留。

(2) 沥青洒布机作业。

1) 工作前应将洒布机车轮固定,检查高压胶管与喷油管连接是否牢固,油嘴和节门是否畅通,机件有无损坏。检查确认完好后,再将喷油管预热,安装喷头,经过在油箱内试喷后,方可正式喷洒。

2) 装载热沥青的油桶应坚固不得漏油,其装油量要低于桶口 10cm。向洒布机油箱注油时,油桶要靠稳,在油箱口缓慢向下倒油,不得猛倒。

3) 喷洒沥青时,手握的喷油管部分应加缠旧麻袋或石棉绳等隔热材料。操作时,喷头严禁向上。喷头附近不得站人,不得逆风操作。

4) 压油时,速度要均匀,不得突然加快。喷油中断时,应将喷头放在洒布机油箱内,固定好喷管,不得滑动。

5) 移动洒布机,油箱中的沥青不得过满。

6) 喷洒沥青时,如发现喷头堵塞或其他故障,应立即关闭阀门,等修理完好后再行作业。

8. 沥青混合料摊铺

(1) 驾驶台及作业现场要视野开阔,清除一切有碍工作的障碍物。作业时无关人员不得在驾驶台上逗留。驾驶员不得擅离岗位。

(2) 运料车向摊铺机卸料时,应协调动作,同步行进,防止互撞。

(3) 换挡必须在摊铺机完全停止时进行,严禁强行挂挡和在坡道上换挡或空挡滑行。

(4) 熨平板预热时,应控制热量,防止因局部过热而变形。加热过程中,必须有专人看管。

(5) 驾驶力求平稳,不得急剧转向。弯道作业时,熨平装置的端头与路缘石的间距不得小于 10cm,以免发生碰撞。

(6) 用柴油清洗摊铺机时,不得接近明火。

(五) 水泥混凝土路面

1. 混凝土拌合及运送

(1) 手推车或小型翻斗车装运混凝土,车辆之间应保持一定的安全距离。

(2) 水泥混凝土运输车运送混凝土拌合物时,应遵守下列规定:

1) 液压泵、液压马达及阀件应紧固,并与管道连接牢固,密封良好。各泵旋转时应无卡阻和异常声响。

第五章　公路工程安全施工技术

2) 当传动系统出现故障,液压油输出中断而导致滚筒停转,并一时无法修复时,要利用紧急排出系统快速排出混凝土拌合物。

3) 严禁用手触摸旋转中的搅拌筒和随动轮。

(3) 自卸汽车运送混凝土拌合物,不得超载和超速行驶。车停稳后方准顶升车厢卸料。车厢尚未放下时,操作人员不得上车清除残料。

2. 人工摊铺

(1) 装卸钢模时,必须逐片轻抬轻放,不得随意抛掷。

(2) 拆下的木模应及时起钉,堆放整齐。

3. 机械摊铺

(1) 轨模式水泥混凝土摊铺机摊铺时,应遵守下列规定:

1) 布料机与振平机之间应保持 5~8m 的安全距离。

2) 布料机传动钢丝的松紧要适度。不得将刮板置于运行方向垂直的位置,也不得借助整机的惯性冲击料堆。

3) 作业中严禁驾驶员擅自离开驾驶台。无关人员不得在驾驶台上停留或上下摊铺机。在弯道上作业时,要注意防止摊铺机脱轨。

(2) 滑模式水泥混凝土摊铺机摊铺时,应遵守下列规定:

1) 停机处应平坦、坚实,并用支垫牢固的木块垫起机体。履带垫离地面后方可进行调整、安装工作。

2) 调整机器高度时,工作踏板及扶梯等处不得站人。作业期间严禁碰撞引导线。

3) 摊铺机应避免紧急转向,防止与预置钢筋、路机缘石等碰撞。

4) 摊铺机不得牵引其他机械。其他机械牵引摊铺机时应用刚性拖杆。

5) 摊铺机停放在通车道路上时,周围必须设置明显的安全标志。夜间应以红灯示警,其能见度不得小于 150m。

(3) 真空吸水作业时,严禁操作人员在吸垫上行走或将物件置压在吸垫上。

(4) 使用水泥混凝土抹平机时,应确保抹平机的叶片光洁平整,并处于同一水平面,其连接螺栓应紧固不松动,并在无负荷状态下启动。电缆要有专人收放,确保不打结,不砸压,如发现有异常现象应立即停机检查。

4. 切缝、养生

(1) 切缝机锯缝时,刀片夹板的螺母应紧固,各连接部位和安全防护罩应完好正常。切缝前应先打开冷却水,冷却水中断时应停止切缝。

切缝时刀片要缓缓切入,并注意割切深度指示器,当遇有较大切割阻力时,应立即升起刀片检查。停止切缝时应先将刀片提离板面后才可停止运转。

(2) 薄膜养护的溶剂,一般具有毒性和易燃等特性,应做好贮运装卸的安全工作。喷洒时应站在上风,穿戴安全防护用品。

第三节 桥涵隧道工程安全施工技术

一、桥涵

(一)一般规定

(1)高桥、大跨、深水、结构复杂的大型桥梁施工,应对施工安全做专项调查研究,并制定相应的安全技术措施。单项工程(包括辅助结构、临时工程)开工前,应根据安全操作细则,向施工人员进行安全技术交底。

(2)桥涵施工前,应对施工现场、机具设备及安全防护设施等进行全面检查,确认符合安全要求后方可施工。

(3)手持式电动工具,应按国标《手持式电动工具的管理、使用、检查和维修安全技术规程》(GB/T 3787—2006)的规定,根据手持式电动工具的类别和作业场所的安全要求,加设漏电保护器。

(4)桥涵施工,采用多层作业或桥下通车、行人等立体施工时,应布设安全网。

(5)对于通航江河上的桥涵工程,施工前应与当地港航监督部门联系,制定有关通航、作业安全事项。

(6)高处露天作业、缆索吊装及大型构件起重吊装时,应根据作业高度和现场风力大小、对作业的影响程度,制定适于施工的风力标准。遇有六级(含六级)以上大风时,上述施工应停止作业。

(二)基础工程

1. 明挖基础

(1)开挖基坑时,如对邻近建(构)筑物或临时设施有影响时,应采取安全防护措施。

(2)挖掘机等机械在坑顶进行挖基出土作业时,机身距坑边的安全距离应视基坑深度、坡度、土质情况而定。一般应不小于 1.0m,堆放材料及机具时应不小于 0.8m。

(3)采用桅杆吊斗或皮带运输机出土时,应检查吊斗绳索、挂钩、机具等是否完好牢固。吊斗升降时,坑内作业人员应躲离吊斗升降移动范围以外。吊斗不使用时,应及时摘下,不得悬挂。

(4)在水中挖基,应备有便于出入基坑的爬梯等安全设施。

(5)开挖中,当坑沿顶面裂缝、坑壁松塌或遇有涌水、涌砂影响基坑边坡稳定时,应立即加固防护。

(6)基坑需机械抽排水开挖时,须配备足够的抽排水设备,抽水机及管路等要安放牢靠。

(7)小型桥涵施工,如不能保证车辆通行时,应事先修好便道或便桥(涵),并在修建桥涵的公路两端设置"禁止通行"的标志。

(8) 寒冷地区采用冻结法开挖基坑时,应根据地质、水文、气温等情况,分层冻结,逐层开挖。

(9) 基坑开挖需要爆破,应按国家现行的《爆破安全规程》(GB 6722—2003) 办理。

2. 筑岛

(1) 吸泥船吹砂筑岛时,作业区内严禁船舶进入;承载吸泥管道的浮筒上不得行人。

(2) 挖基工程所设置的各种围堰和基坑支撑,其结构必须坚固、牢靠。基础施工中,挖土、吊运、浇筑混凝土等作业,严禁碰撞支撑,并不得在支撑上放置重物。施工中发现围堰、支撑有松动、变形等情况时,应及时加固,危及作业人员安全时应立即撤出。

(3) 基坑较深时,四周应悬挂人员上下扶梯。

(4) 基坑支撑拆除时,应在施工负责人的指导下进行。拆除支撑应与基坑回填相互配合进行。有引起坑壁坍塌危险时,必须采取安全措施。

3. 钢板桩及钢筋混凝土板桩围堰

(1) 在围堰内作业,遇有洪水或流冰,应立即撤出作业人员。

(2) 插打钢板桩(包括钢筋混凝土板桩,以下同)围堰前,应对打桩机具进行全面检查。

(3) 钢板桩起吊前,钢板桩凹槽部位应清扫干净,锁口应先进行修整或试插;组拼的钢板桩组件,应采用坚固的夹具夹牢,不得将吊具拴在钢板桩夹具上。钢板桩吊环的焊接应由专人检查,必要时应进行试吊。

(4) 打桩机和卷扬机应设专人操作。钢板桩起吊,应听从信号指挥。作业时,应在钢板桩上拴好溜绳,防止起吊后急剧摆动。吊起的钢板桩未就位前桩位附近不得站人。

(5) 钢板桩插进锁口后,因锁口阻力不能插放到位而需桩锤压插时,应采用卷扬机钢丝绳控制桩锤下落行程,防止桩锤随钢板桩突然下滑。

(6) 插打钢板桩,如因吊机高度不足,可向下移动吊点位置,但吊点不得低于桩顶下 1/3 桩长的位置。

(7) 钢板桩在锤击下沉时,初始阶段应轻打。桩帽(垫)变形时应及时更换。

4. 套箱围堰

(1) 深水处水中构筑物采用套箱围水修建时,套箱的结构及形式应按设计制造,并经检查验收后方可交付使用。

(2) 各种形式的钢套箱,在浮运或装配中,必须具有足够的稳定性和刚度,并要制定吊运、组装、拆卸时的安全技术措施。

(3) 套箱采用船组辅助定位时,应先将定位船、导向船(或其他导向设施)就位。定位船锚的设置应根据流速、河床地质情况具体确定。定位船锚在施放时,位置应准确,并要采取措施防止下锚时锚链(绳)缠绕或刮带伤人。抛锚地点应设置浮标,船只上的锚固绳栓均要加固补强。

(4)钢套箱进入现场定位后,应检查锚碇系统的稳定情况,确认无误后方可进行下一步工作。船间的通道及连接梁上,应铺设人行道板和栏杆。

(5)钢套箱刚刚落床尚未稳定前应防止来往船舶、流冰、漂流物等碰撞导向船、锚绳等设施。

(6)当沉浮式双壁钢套箱注水下沉、或排水上浮时,必须对称均衡进行施工,并防止产生过大的倾斜。

(7)钢套箱拆除,应按施工组织设计规定的程序进行。作业时安全防护设施应齐备。

5. 沉井基础

(1)沉井的初沉阶段不宜在汛期内施工。如必须在汛期、凌汛期施工时,应采取稳妥可靠的安全防护措施。

(2)在围堰筑岛上就地浇筑的沉井,围堰要牢固,防止冲刷产生坍陷。

(3)拆除沉井垫板应符合下列要求:

1)沉井混凝土强度满足沉井抽垫受力的要求时方可抽垫。

2)支垫应分区、依次、对称、同步地向沉井外抽出,随抽随用砂土回填捣实。抽垫时应防止沉井倾斜。

3)定位支点处的支垫,应按设计要求的顺序尽快地抽出。

4)抽拔垫板时,应派人在沉井外观察和指挥。

(4)沉井下沉,采用人工挖掘时,劳动组织要合理,井内人员不宜过多。在刃脚处挖掘,应对称均匀掘进,并保持沉井均衡下沉。下井操作人员,安全防护用品必须佩戴齐全。井内要有充足的照明。沉井各室内应备有悬挂钢梯及安全绳,以应急需。涌水、涌砂量大时,不宜采用人工开挖下沉。

(5)井内、井上搭设的抽水机台座(架)必须安装牢靠。电路应使用防水胶线,防止漏电。

(6)沉井顶面应设安全防护围栏。井顶上的机具应设防护挡板,小型工具宜装箱存放。在沉井刃脚和井内横隔墙附近,不得有人停留、休息。

(7)用吊斗出土时,斗梁与吊钩应封绑牢固,并应经常检查斗梁、斗门等磨损情况,损伤部位应更换或加固。吊斗升降时,井顶指挥人员应通知井下人员暂时避开。

(8)采用抓斗进行不排水下沉时,如钢丝绳缠绕在一起而需要转动抓斗进行排除时,作业人员应站在有护栏的部位。

(9)不排水下沉中,应均匀出土,不得超挖超吸。必须进行沉井底的潜水检查时,要防止沉井突然下沉和大量涌砂而导致沉井歪斜或造成机械和人员损伤。

(10)沉井下沉需要配重时,配重物件应堆码整齐,捆绑牢固;采用偏配重、偏

第五章　公路工程安全施工技术

出土和施加水平力纠正井倾时,荷载应逐级增加,并不断观察沉井下沉情况。

(11)采用空气幕下沉沉井时,空压机、储气罐等应符合安全规定的要求,并由专人操作。储气罐放置地点应通风,严禁日光曝晒和高温烘烤。

(12)在深水处,采用浮式沉井施工时,其沉井下水、浮运及悬浮状态下接高、下沉等,应遵守下列规定：

1)浮式沉井在下水前,应进行水密性检查,合格后方可下水。

2)浮式沉井下水前,应制定下水方案。当采用起吊下水时,应对起重设备合理配置使其受力均匀；当河岸有适合坡度,而采用滑移、牵引等措施下水时,必须保证沉井安全,严防倾覆及损伤。

(13)浮式沉井定位落床前,应考虑潮水涨落的影响。沉井落床后,应采取措施,使其尽快下沉,并使沉井达到保持稳定的深度。

(14)船上(或支架平台上)制造完成的浮式沉井,下水时宜在水面波浪较小时进行,当有船只驶过时,应暂缓入水。

6.挖孔、沉管灌注桩基础

(1)挖孔灌注桩,宜在无水或少水的密实土层或岩层中施工。挖孔较深或有渗水时,应采取孔壁支护及排水、降水等措施,严防坍孔。

(2)人工挖孔,对孔壁的稳定及吊具设备等,应经常检查。孔顶出土机具应有专人管理,并设置高出地面的围栏；孔口不得堆集土渣及沉重机具；作业人员的出入,应设常备的梯子；夜间作业应悬挂示警红灯；挖孔暂停时,孔口应设置罩盖及标志。

(3)孔内挖土人员的头顶部位应设置护盖。取土吊斗升降时,挖土人员应在护盖下面工作。相邻两孔中,一孔进行浇注混凝土时,另一孔的挖孔人员应停止作业,并撤出井孔。

(4)人工挖孔,除应经常检查孔内的气体情况外,并应遵守下列规定：

1)挖孔人员下孔作业前,应先用鼓风机将孔内空气排出更换。

2)二氧化碳含量超过0.3%时,应采取通风措施。对含量虽不超过规定,但作业人员有呼吸不适感觉时,亦应采取通风或换班作业等措施。

3)空气污染超过表5-14规定空气污染三级标准浓度值时,如没有安全可靠的措施不得采取人工挖孔作业。

表5-14　　　　　　　空气污染物三级标准浓度限值

污染物名称	浓度限值(mg/m³)(标准状态)			
	取值时间	一级标准	二级标准	三级标准
总悬浮微粒	日平均	0.15	0.30	0.50
	任何一次	0.30	1.00	1.50

续表

污染物名称		浓度限值(mg/m³)(标准状态)		
飘尘	日平均	0.05	0.15	0.25
	任何一次	0.15	0.50	0.70
	年日平均	0.02	0.06	0.10
二氧化硫	日平均	0.05	0.15	0.25
	任何一次	0.15	0.50	0.70
氮氧化物	日平均	0.05	0.10	0.15
	任何一次	0.10	0.15	0.30
一氧化碳	日平均	4.00	4.00	6.00
	任何一次	10.00	10.00	20.00
光化学氧化剂(O_3)	1小时平均	0.12	0.16	0.20

注：①"日平均"为任何一日的平均浓度不许超过的限值。
②"任何一次"为任何一次采样测定不许超过的浓度限值。不同污染物"任何一次"采样时间见有关规定。
③"年日平均"为任何一年的日平均浓度均值不许超过的限值。

(5)人工挖孔深度超过10m时，应采用机械通风。当使用风镐凿岩时，应加大送风量，吹排凿岩产生的石粉。人工挖孔最深不宜大于15m。

(6)挖孔桩孔内岩石需要爆破时，应采取浅眼爆破法，严格控制炸药用量，并按国家现行的《爆破安全规程》(GB 6722—2003)中的有关规定办理。

(7)沉管灌注桩采用震836振机，锤击或震动沉管施工时，可按本节一、(二)中第9项的有关规定办理。施工前，应检查管节与桩帽连接是否牢靠，桩尖分瓣是否灵活。所有机械与作业平台应稳定、牢固。

7. 管柱基础

(1)管柱震动下沉作业，对邻近的建(构)筑物、临时设施的安全和稳定有影响时，应采取安全防护措施。

(2)施工所用的机具设备，应经检查合格后方可作业。

(3)管柱施工的作业平台，除设护栏外，双层或高处作业点等危险部位均应悬挂安全网，并在作业区配备救护船只。

8. 拔桩

(1)采用人字桅杆、卷扬机进行拔桩时，应先计算拔桩力，然后根据上拔力的大小，配备适当功率的卷扬机和滑车组。拔桩时，人字桅杆滑车组要尽量靠近被拔桩的中心。试拔中如发现缆风绳受力过大或地锚松动时，应在采取措施后再作业。

第五章 公路工程安全施工技术

(2)采用锚固桩或顶梁千斤顶施力拔桩时,被拔桩及锚固桩的各连接处必须牢固。千斤顶的置放点,应避免偏心。

(3)采用吊机船进行拔桩时,吊机应配超载限制器,作业中应指派人员经常检查船体的平衡稳定情况。起重机配合震拔机拔桩时,起重机应随震拔机的启动而逐渐加荷。

(4)对较难拔出的桩,可采用震动、射水、千斤顶先顶松动以及桩外浅挖等措施,严禁硬拔。上述方法的采用均应符合有关安全规定的要求。

9. 沉入桩基础

(1)钢筋混凝土桩、预应力混凝土桩采用锤击沉桩或震动沉桩时,施工场地应保持平整清洁。打桩机的移动轨道,铺设要平顺、轨距要准确、钢轨要钉牢,轨道端部应设止轮器。

(2)打桩架移动时,应在现场施工负责人指挥下进行。桩架移动应平稳,桩锤必须放在最低位置,柴油打桩机后部的配重铁必须齐全。采用滚杠滑移打桩架作业时,作业人员不得在打桩架内操作。

(3)水上打桩平台,必须搭设牢固,打桩机底座与平台应连接牢靠。

(4)浮式沉桩设备沉桩时,桩架与船体必须连接紧固。船体定位后,应以锚缆封固,并应防止施工中浮船晃动。

(5)起吊沉桩或桩锤时,严禁作业人员在吊钩下或在桩架龙门口处停留或作业。

(6)打桩架及起重工具,应经常检查维修时,桩锤检查维修时,必须将桩锤放落在地面或平台上,严禁在悬挂状态下维修桩锤。

(7)采用高压水泵等助沉措施,其高压水泵的压力表、安全阀、水泵、输水管道及水压等应符合安全要求。高压射水辅助沉桩,应根据地质情况采用相应的压力,并要防止因急剧下沉造成桩架倾倒。射水沉桩,应在桩身入土达到稳定时再射水。

(8)震动打桩机开动后,作业人员应暂离基桩。震打中如发现桩回跳、打桩机有异声及其他不正常情况时,应立即停震,并经检查处理后再继续作业。所有开、停震必须听从指挥。

(9)震动打桩机在停止作业后,应立即切断动力源。

10. 钻孔灌注桩基础

(1)钻孔机械就位后,应对钻机及配套设备进行全面检查。钻机安设必须平稳、牢固;钻架应加设斜撑或缆风绳。

(2)冲击钻孔,选用的钻锥、卷扬机和钢丝绳等,应配置适当,钢丝绳与钻锥用绳卡固接时,绳卡数量应与钢丝绳直径相匹配。冲击过程中,钢丝绳的松弛度应掌握适宜。

(3)正、反循环钻机及潜水钻机使用的电缆线要定期检查,接头必须绑扎牢固,确保不透水、不漏电;对经常处于水、泥浆浸泡处应架空搭设。挪移钻机时,不得挤压电缆线及风水管路。

(4)潜水钻机钻孔时,一般在完成一根钻孔桩时要检查一次电机的封闭状况。钻进速度应根据地质变化加以控制,以保证安全运转。

(5)采用冲抓或冲击钻孔,当钻头提到接近护筒底缘时,应减速、平稳提升,不得碰撞护筒和钩挂护筒底缘。

(6)钻孔使用的泥浆,宜设置泥浆循环净化系统,并注意防止或减少环境污染。

(7)钻机停钻,必须将钻头提出孔外,置于钻架上,不得滞留孔内。

(8)对于已埋设护筒未开钻或已成桩护筒尚未拔除的,应加设护筒顶盖或铺设安全网遮罩。

(三)混凝土预制场

1. 预制场地

(1)场地的选择与平面布置。

1)施工现场应有利于生产,方便职工生活,符合防洪、防火等安全要求,具备文明生产、文明施工的条件。

2)施工现场应设置安全标志,并不得擅自拆除。

3)施工现场内的沟、坑、水塘等边缘应设安全护栏。场地狭小、行人和运输繁忙的路段应设专人指挥交通。

4)生产生活房屋应按防火规定保持必需的安全净距,一般情况下活动板房不小于7m,铁皮板房不小于5m,临时的锅炉房、发电机房、变电室、铁工房、厨房等与其他房屋的间距不小于15m。

5)易燃易爆品仓库、发电机房、变电所,应采取必要的安全防护措施,严禁用易燃材料修建。炸药库的设置应符合国家有关规定。工地的小型临时油库应远离生活区50m以外,并外设围栏。

6)工地上较高的建(构)筑物、临时设施及重要库房,如炸药库、油库、发(变)电房、塔架、龙门吊架等,均应加设避雷装置。

(2)场内交通及水电设施。

1)场内道路应经常维护,保持畅通。载重车辆通过较多的道路,其弯道半径一般不小于15m,特殊情况不得小于10m。手推车道路的宽度不小于1.5m。急弯及陡坡地段应设置明显交通标志,与铁路交叉处应有专人照管,并设信号装置和落杆。

2)靠近河流和陡壁处的道路,应设置护栏和明显警告标表。

3)场内行驶斗车、平车的轨道应平坦顺直,纵坡不得大于3‰,车辆应装制动闸,铁路终点应设置倒坡和车挡。

4)生产生活用水应进行鉴定,其水质必须符合国家现行标准。水源应采取保护措施,防止水质污染。

5)场内架设的电线应绝缘良好,悬挂高度及线间距必须符合电业部门的安全规定。

6)现场架设的临时线路必须用绝缘物支持,不得将电线缠绕在钢筋、树木或脚手架上。

7)电工在接近高压线操作时,其安全距离为:10kV 以下不得小于 0.7m,20~35kV 不得小于 1m,44kV 不得小于 1.2m,否则必须停电后方可操作。

8)各种电器设备应配有专用开关,室外使用的开关、插座应外装防水箱并加锁,在操作处加设绝缘垫层。

9)在三相四线制中性点接地供电系统中,电气设备的金属外壳应做接零保护;在非三相四线制供电系统中,电气设备的金属外壳应做接地保护,其接地电阻应不大于 4Ω,并不得在同一供电系统上有的接地,有的接零。

10)各种电气设备的检查维修,一般应停电作业;如必须带电作业时,应有可靠的安全措施并派专人监护。

11)工地安装变压器必须符合电业部门的要求,并设专人管理。施工用电要尽量保持三相平衡。

12)现场的变(配)电设备处,必须备有灭火器材和高压安全用具。非电工人员严禁接近带电设备。

13)使用高温灯具,要防止失火,其与易燃物的距离不得小于 1m,一般电灯泡距易燃物品不得小于 50cm。

14)移动式电气机具设备应用橡胶电缆供电,并经常注意理顺;跨越道路时,应埋入地下或做穿管保护。

15)遇有雷雨天气不得爬杆带电作业,在室外无特殊防护装置时必须使用绝缘拉杆拉闸。

16)施工现场的临时照明。

①室内照明线路应用瓷夹固定。

②电线接头应牢固,并用绝缘胶带包扎。

③保险丝应按用电负荷量装设。

17)能产生大量蒸汽、气体、粉尘等工作场所,应使用密闭式电气设备。有爆炸危险的工作场所应使用防爆型电气设备。

18)电气设备的传动带、转轮、飞轮等外露部位必须安设防护罩。

2. 主要机械

(1)搅拌站。

1)搅拌站应按设计要求,安装在具有足够承载力、坚固、稳定的基座上。操作处应设作业平台及防护栏杆。

2)搅拌站的电气设备和线路,应绝缘良好。机械设备外露的转动部分,应设防护装置。

3)搅拌站的机械设备安装完毕后,要检查离合器、制动器、升降器是否灵活可靠,轨道滑轮是否良好,钢丝绳有无断裂或损坏等,并经试转,全部机械达到正常后,方可作业。

(2)发电机组。

1)工期较长的大型公路工程,发电机组应设置在安全可靠的机房内,其基础应平整坚实,必要时应设置在混凝土基座上。机房内配备消防设备。

2)发电机应设接地保护,接地电阻不得大于4Ω。发电机连接配电盘及通向所有配电设备的导线,必须绝缘良好,接线牢固。

3)施工单位的发电机电源应与外电线路电源连锁,严禁并列运行。

4)发电机附近不得放置易燃、易爆物品。

(3)皮带运输机。

1)移动式皮带运输机运转作业前,应将行走轮用三角木对称楔紧。固定式皮带运输机,应安装在牢固的基础上。

2)空载启动后,应检查各部位的运转和皮带的松弛度,如无异常,在达到额定转速后,方可均匀装料。

3)严禁运转中进行修理和调整。作业人员不得从皮带运输机下面穿过或跨越输送带。

4)输送大块物料时,输送带两侧应加设挡板或栅栏等防护装置。运料中,应及时清除输送带上的粘连物。停机后主要切断电源。

3. 混凝土拌合及灌注

(1)人工手推车上料时,手推车不得松手撒把。运输斜道上,应设有防滑设施。

(2)机械上料时,在铲斗(或拉铲)移动范围内不得站人。铲斗下方严禁有人停留和通过。

(3)向搅拌机内倾倒水泥,宜采用封闭式加料斗。为减少进出料口的粉尘飞扬应加设防护板。

(4)作业结束时,应将料斗放下,落入斗坑或平台上。

(5)灌筑预制梁混凝土时,应搭设作业平台和斜道,不得在模板上作业。

(6)塔吊、汽车吊或桅杆吊斗灌筑混凝土时,起吊、运送、卸料应由专人指挥。

(7)电动振捣器的使用应符合下列规定:

1)操作人员要佩戴安全防护用品。配电盘(箱)的接线宜使用电缆线。

2)在大体积混凝土中作业时,电源总开关应放置在干燥处;多台振捣器同时作业,应集设中开关箱,并由专人负责看管。

3)风动振捣器的连接软管不得有破损或漏气,使用时要逐渐开大通气阀门。

4. 泵送混凝土

(1)混凝土泵(泵车)应设置在作业棚内,安装应稳定、牢固。泵车安设未稳前,不得移动布料杆。作业前,应检查输送泵、电气设备是否正常、灵敏、可靠。

(2)泵送前,应检查管路、管节、管卡及密封圈的完好程度,不得使用有破损、裂缝、变形和密封不合格的管件,并应符合下列要求:

1)管路布设要平顺。在高处、转角处应架设牢固,防止串动、移位。

2)管路应设专人经常检查,遇有变形、破裂时,应及时更换,防止崩裂。

(3)混凝土泵在运转时发现故障,应立即停机检查,不得带病作业。

(4)混凝土输送泵车操作人员,应熟悉和遵守泵车的操作规程和安全技术规定。

(5)拆卸管路接头前,应把管内剩余压力排除干净,防止管内存有压力而引起事故。

(6)在五级以上大风时,泵车不得使用布料杆作业。

(7)作业结束采用空气清洗管道时,操作人员不得靠近管道端部。

(四)预制构件运输

1. 轨道平车运输

(1)轨道路基要有足够的宽度、平正度、强度。铺设轨道要平直、圆顺,轨距应在允许误差值之内,轨道半径不得小于25m,纵坡不宜大于2%。轨道与其他道路交叉时,应按规定铺设交叉道口。

(2)轨道平车运输大型构件时,平车的转向托盘(或转盘)支撑制动器等应进行检查。

(3)大型预制构件运输应设专人指挥,并经常检查构件在平车上的稳定状况及轨道平车在运转中有无变形。

(4)构件运输时,速度要缓慢,下坡时要以溜绳控制速度,并用人工拖拉止轮木块跟随前进。当纵坡坡度较大时,必须有相应的安全措施,方可运输。

2. 平板拖车运输

(1)大型预制构件平板拖车运输,时速宜控制在5km/h以内。简支梁的运输,除在横向加斜撑防倾覆外,平板车上的搁置点必须设有转盘。

(2)运输超高、超宽、超长构件时,必须向有关部门申报,经批准后,在指定路线上行驶。牵引车上应悬挂安全标志。超高的部件应有专人照看,并配备适当工具,保证在有障碍物情况下安全通过。

(3)平板拖车运输构件时,除一名驾驶员主驾外,还应指派一名助手,协助瞭望,及时反映安全情况和处理安全事宜。平板拖车上不得坐人。

(4)重车下坡应缓慢行驶,并应避免紧急刹车。驶至转弯或险要地段时,应降低车速,同时注意两侧行人和障碍物。

(5)在雨、雪、雾天通过陡坡时,必须提前采取有效措施。

(6)装卸车应选择平坦、坚实的路面为装卸地点。装卸车时,机车、平板车均应刹闸。

3. 水上运输

(1)驳船装载的预制构件应用撑木、垫木将构件安放平稳。拖轮牵引驳船行进时,速度要缓慢,不得急转弯。

(2)拖轮牵引浮运钢套箱、钢沉井时,应在了解航道的水深、流速等情况后,制定拖轮牵引方案。多只拖轮牵引浮运大型物件时,应配备通讯器材,并建立统一的指挥机构。

(3)钢套箱、钢沉井在浮运中,应根据浮运物件的高度确定顶面露出水面的高度,一般情况下应不小于1m。

(4)如需临时封闭航道时,应经港航监督部门的批准。

(5)托运中应派出监护船只检查牵引绳索和浮运物件的稳定情况,发现问题应立即采取措施。

(五)墩台工程

1. 就地浇筑墩台施工

(1)施工前必须搭好脚手架及作业平台,并在平台外侧设栏杆。墩高在10m以上时,应加设安全网。

(2)吊斗升降应设专人指挥。落斗前,下部的作业人员必须躲开,不得身倚栏杆推动吊斗。严禁吊斗碰撞模板及脚手架。

2. 砌筑墩台施工

(1)人工、手推车推(抬)运石块或预制块件时,脚手跳板应铺满,其宽度、坡度及强度等应满足安全要求。脚手架和作业平台上堆放的物品不得超过设计荷载。砌筑材料应随运随砌。

(2)吊机、桅杆吊运砌筑材料时,应听从指挥信号。砌筑材料吊运到砌筑面时,作业人员应避让,待停稳后方可上前砌筑。

(3)人工抬运大块石料时,应捆绑牢靠,动作协调一致,缓慢平放。

3. 滑模施工

(1)高桥墩(台)、塔墩、索塔等高层结构,采用滑升模板施工时,除应遵守"高处作业"的安全规定外,并需根据工程特点,编制单项施工方案及其安全技术措施,并向参加滑模施工人员进行安全技术交底。

(2)滑模及提升结构应按设计制作与施工。作业前应对滑模、提升结构进行检查。

(3)当塔墩等高层建筑采用爬模施工方法时,应进行特殊设计,在工厂制作。爬升架体系、操作平台、脚手架等,要保证具有足够的刚度和安全度。架体提升时,要另设保险装置。模板爬升,作业人员不得站在爬升的模板或爬架上。

(4)液压系统组装完毕后,必须进行全面检查。施工过程中,液压设备应由专人操作,并应经常维护,发现问题及时处理。

(5)模板提升到2m高以后,应安装好内外吊架、脚手架,铺好脚手板,挂设安全网。

(6)混凝土浇筑,不得用大罐漏斗直接灌入,不冲击模板。振捣时,不得震动支撑杆、钢筋及模板。提升模板时不得进行振捣。

(7)模板每次提升前,应进行检查,排除故障,观察偏斜数值。提升时,千斤顶应同步作业。

(8)施工中发现支撑杆有弯曲变形时应及时加固。

(9)操作平台的水平度、倾斜度应经常检查,发现问题应及时采取措施。

(10)主要机具、电器、运输设备等,应定机定人,严格执行交接班制度。接班时,必须对机具检查一次,并做好记录。

(11)平台上应规定人群荷载和堆放材料的限量标准。材料要均匀摆放,不得多人聚集一处。

(12)墩上养生人员必须系好安全带。输水管路及其他设备应拴绑牢固。

(13)运送人员、材料的罐笼或外用电梯,应有安全卡、限位开关等安全装置。

(14)夜间施工应有足够的照明,在人员上下及运输过道处,均应设置固定的照明设施。

(15)拆除滑模设备时,应做好安全防护措施。拆除时可视吊装设备能力,分组拆除或吊至地面上解体,以减少高处作业量和杆件变形。拆除现场应划定警戒区。警戒线到建筑物边缘的安全距离不得小于10m。

(六)上部工程

1. 就地浇筑上部结构施工

(1)钢筋混凝土或预应力混凝土就地浇筑时,作业前应对机具设备及防护设施等进行检查。对施工工艺及技术复杂的工程制定的安全技术措施及安全操作细则等,应进行技术交底。

(2)就地浇筑的桥涵上部结构,施工中应随时检查支架和模板,发现异常状况应及时采取措施。

2. 悬臂拼装法施工

(1)悬臂拼装。

1)吊机的定位、锚固应按设计进行,并进行静载试验。

2)拼装使用的机具设备均应经过检查,如有隐患及不符合安全规定时不得使用。

3)构件起吊前,应对构件进行全面检查,如吊环部位有无损伤,结合面有无突出外露物,构件上有无浮置物件等。

4)构件应垂直起吊,并保持平衡稳定。在接近安装部位时,不得碰撞已安完的构件和其他作业设施。

5)运送构件的车辆,构件起升后(或船只)应迅速撤出。

6)遇有下列情况时,现场指挥人员必须在构件妥善处理后,暂时停止吊装作业。

①天气突然变化,影响作业安全。

②卷扬机、电机过热,或其他机械设备出现故障等。

(2)拆除硫磺砂浆临时支座

1)融化硫磺砂浆垫块采用电热法时,电热丝不得与其他金属物接触。

2)作业时人员应站在上风处操作,并应佩戴安全防护用品。

3)人工凿除时,人员站位要拉开距离。

3. 悬臂浇筑法施工

(1)悬臂浇筑采用桁架挂篮施工时,应遵守下列规定:

1)施工前,制定安全技术措施;挂篮组拼后,要进行全面检查,并做静载试验。

2)在墩上进行零号块施工并以斜拉托架做施工平台时,在平台边缘处,应设安全防护设施。墩身两侧斜拉托架平台之间搭设的人行道板必须连接牢固。

3)使用的机具设备(如千斤顶、滑车、手拉葫芦、钢丝绳等),应进行检查,不符合安全规定的严禁使用。

4)检查墩身预埋件和斜拉钢带的位置及坚固程度,是否符合设计要求。

(2)双层作业时,操作人员必须严守各自岗位职责,并应防止铁件工具掉落等。

(3)挂篮拼装及悬臂组装中,应根据作业点的具体情况设置安全防护设施。

(4)挂篮使用时,后锚固筋、张拉平台的保险绳等应经常检查。底模标高调整时,应设专人统一指挥,且作业人员应站在铺设稳固的脚手板上。

(5)挂篮行走时,要缓慢进行,速度应控制在 0.1m/min 以内。挂篮后部各设一组溜绳,以保安全。滑道要铺设平整、顺直,不得偏移。挂篮桁架行走和浇筑混凝土时,其稳定系数应符合下列规定:

挂篮的设计要求:挂篮质量与梁段混凝土的质量比值宜控制在 0.3~0.5 之间,特殊情况下也不应超过 0.7。主要设计参数如下:

挂篮总重控制在设计限重之内。

允许最大变形(包括吊带变形的总和):20mm。

施工时、行走时的抗倾覆安全系数:2。

自锚固系统的安全系数:2。

斜拉水平限位系统安全系数:2。

上水平限位安全系数:2。

(6)如需在挂篮上另行增加设施(如防雨篷、立井架、防寒篷等)时,不得损坏挂篮结构及改变其受力形式。

(7)使用水箱作平衡重施工时,其位置、加水量等,应符合设计要求。给排水设施和方法,应稳妥可靠。施工中,对上述情况要经常进行检查。

(8)在底模荡移前,必须详细检查挂篮位置、后端压重、后锚及吊杆安装情况,

第五章　公路工程安全施工技术

确认安全后,方可荡移。

(9)箱梁混凝土接触面的凿毛作业人员要有安全防护设施。

(10)滑动斜拉式挂篮施工,应遵守下列规定:

1)滑动斜拉式挂篮的所有活动铰、销、斜拉钢带等,其材质要经检验,并打上标记。

2)主梁及其吊梁系统安装后,应进行全面检查,必要时应做加载试验。自行设计、加工的挂篮,首次使用前,应按最大施工荷载进行加载试验。

3)挂篮安装时或主梁行走到位后,应先安装好锚固和水平限位装置,再安装斜拉带和悬挂底模平台。

4)在斜拉带安装和使用过程中,要注意检查,保持内外斜拉带受力均衡。

5)底模和侧模沿滑梁行走前,需将斜拉带和后吊带拆除;用手拉葫芦起降和悬吊底模平台时,必须在挂手拉葫芦的位置加设保险绳。

6)挂篮行走前应检查后锚固及各部受力情况,发现隐患应及时处理。行走时亦应密切注意有无异状,并慢速稳步到位。

7)浇筑混凝土前,应对挂篮锚固、水平限位、吊带和限位装置进行全面检查。

4. 预制构件安装

(1)装配式构件(梁、板)的安装,应制定安装方案,并建立统一的指挥系统。施工难度、危险性较大的作业项目应组织培训。

(2)吊装偏心构件时,应使用可调整偏心的吊具进行吊装。安装的构件应平起稳落。

(3)单导梁、墩顶龙门架安装构件时,应符合下列规定:

1)导梁组装时,各节点应联结牢固,在桥跨中推进时,悬臂部分不得超过已拼好导梁全长的1/3。

2)墩顶(或临时墩顶)导梁通过的导轮支座必须牢固可靠。导梁接近导轮时,应采取渐进的方法进入导轮。导梁推进到位后,用千斤顶顶升,将导梁置于稳定的木垛上。

3)导梁上的轨道应平行等距铺设,使用不同规格的钢轨时,其接头处应妥善处理,不得有错台。

4)墩顶龙门架使用托架托运时,托架两端应保持平衡稳定,行进速度应缓慢。龙门架落位后应立即与墩顶预埋件联结,并系好缆风绳。

5)构件在预制场地起重装车后,牵引至导梁时,行进速度不得大于5m/min,到达安装位置后,平车行走轮应用木楔搠紧。

6)构件起吊横移就位后,应加设支撑、垫木,以保持构件稳定。

7)龙门架顶横移轨道的两端应设置制动枕木。

(4)预制场采用千斤顶顶升构件装车及双导梁、桁梁安装构件时,应符合下列规定:

1)千斤顶在使用前,要做承载试验。起重吨位不得小于顶升构件的 1.2 倍。千斤顶一次顶升高度应为活塞行程的 1/3。

2)千斤顶的升降应随时加设或抽出保险垫木,构件底面与保险垫木间的距离宜控制在 5cm 之内。

3)构件进入落梁架(或其他装载工具)横移到位时,应保持构件在落梁时的平衡稳定。

4)顶升 T 梁、箱梁等大吨位构件时,必须在梁两端加设支撑;构件两端不得同时顶起或下落,一端顶升时,另一端应支稳、撑牢。

5)预制场和墩顶装载构件的滑移设备要有足够的强度和稳定性,牵引(或顶推)构件滑移时,施力要均匀。

6)双导梁向前推进中,应保持两导梁同速进行;各岗位作业人员要精心工作,听从指挥,发现问题及时处理。

7)双导梁进入墩顶导轮支座前、后,应采取与单导梁相同的措施。

(5)架桥机安装构件时,应符合下列规定:

1)架桥机组拼(或定型产品)、悬臂牵引中的平衡稳定及机具配备等,均应按设计要求进行。

2)架桥机就位后,为保持前后支点的稳定,应用方木支垫。前后支点处,还应用缆风绳封固于墩顶两侧。

3)构件在架桥机上纵、横向移动时,应平缓进行,卷扬机操作人员应按指挥信号协同动作。

4)全幅宽架桥机吊装的边梁就位前,墩顶作业人员应暂时避开。

5)横移不能一次到位的构件,操作人员应将滑道板、落梁架等准备好,待构件落入后,再进入作业点进行构件顶推(或牵引)横移等项工作。

(6)跨墩龙门架安装构件时,应根据龙门架的高度、跨度,采取相应的安全措施,确保构件起吊和横移时的稳定。构件吊至墩顶,应慢速、平稳地缓落。

(7)安装大型盆式橡胶支座,墩上两侧应搭设操作平台,墩顶作业人员应待支座吊至墩顶稳定后再扶正就位。

(8)龙门架、架桥机等设备拆除前应切断电源。拆除龙门架时应将龙门架底部垫实,并在龙门架顶部拉好缆风绳和安装临时连接梁。拆下的杆件、螺栓、材料等应捆好向下吊放。

(9)安装涵洞预制盖板时,应用撬棍等工具拨移就位。单面配筋的盖板上应标明起吊标志。吊装涵管应绑扎牢固。

(10)人工抬运安装涵洞盖板时,作业区道路应平整。

5. 顶推及滑移模架法施工

(1)顶推法施工时,桥台后面的预制场地应平整、无杂物,工具、材料等应随时堆放整齐,并保持运输通道畅通。在墩台上,要为检查、更换滑道及其他作业留有工作面。

(2)顶推施工所用的机具设备、材料(如:拉锚器、工具锚、连接件、油压千斤顶、高压油泵、油管、压力表及滑动装置等)使用前,应全面检查,必要时应做试验。

(3)使用的油压千斤顶,应附有球形支承垫、保险圈及升程限孔。多台千斤顶共同作用时应选用同一类型。

(4)采用多点顶推或单点顶推,其动力应有统一的控制手段,使其达到同步、纠偏、灵活和安全可靠。

(5)顶推施工中应备有现场电话及对讲机等通讯设备,以便于统一指挥。

(6)在各顶推点,应派专人进行测量,随时将墩顶的位移数据报告给指挥人员。

(7)落梁完毕,拆除千斤顶及其他设备时,应先用绳索拴好,用吊机吊出。吊运时,应避免撞击梁体。

(8)梁体进行荷载试验时,应按设计布置。重物应轻放,并防止碰伤人员。

(9)箱梁混凝土采用滑移模架法浇筑,应遵守下列规定:

1)模架支撑于钢箱梁上,其前后端桁架梁必须用优质高强螺栓连接好、拧紧。

2)钢箱梁及桁架梁下弦底面应装设不锈钢带,在滑橇上顶推滑行之前,应检查有无障碍物及不安全因素。

3)浇筑混凝土之前应进行全面的安全检查,确认合格后方可施工。

4)牵引后横梁和装卸滑橇时,要有起重工协同配合作业。牵引时应注意牵引力作用点,使后横梁在运行时与桥轴线保持垂直。

5)滑移模架行走时必须听从信号指挥。对重要部位应设专人负责值班观察,并注意人员及设备的安全。

(10)涵管采用顶入法施工时,施工前应做好施工点的调查。对顶入涵管的原有通车公路、铁路路段,应与当地公路、铁路部门联系,并签订施工协议。施工前应采取必要的加固措施,以保证顶入作业中通车线路的安全。当火车、汽车通过时,应暂停挖土或顶入,必要时作业人员应暂时离开作业面。

(11)顶入工作坑的边坡,应视土质情况而定。靠铁路、公路一侧的边坡,其上端距铁路或公路路面边缘的距离,不得小于《公路桥涵施工技术规范》(JTJ 041—2000)的规定。工作坑的后背墙(后背梁)应采取安全防护措施。

(12)为避免边缘坍陷,在工作坑坡顶的一定范围内,不得堆放弃土、料具。

(13)顶入法施工的现场应备有一定数量的木料或草袋,以备因雨水或其他原因引起路基变形时抢修加固路基,确保线路行车安全。

(14)顶入施工应连续进行。施工中要防止地下渗水造成路基坍塌。顶入作业时遇有发生坍方、设备扭曲变形时应停止作业。

(15)机械挖土不得碰撞已挖好的洞内土壁。人工清理开挖面时,机械应及时退出。

(16)施顶时非作业人员应撤离工作坑。严禁作业人员跨越或接近顶铁。

(17)顶入机械发生故障时应停机检修,严禁带病作业。

(18)顶入施工的接缝应采取封闭措施,以防土石方掉落伤人。

(19)施工中地下水位较高时,应有防止坍方、流沙等安全防护措施。顶入法施工,不宜在雨季进行。

6. 缆索吊装法施工

(1)吊装前应对施工人员进行安全教育。安装时应有统一的指挥信号。登高操作人员应携带工具袋。安全带不得挂在主索、扣索、缆风绳等上面。

(2)牵引卷扬机启动要缓慢,行进速度要平稳;构件在吊运时,起重卷扬机要协调配合,并控制好构件在空中的位置。起重卷扬机不得突然起升和下降构件,避免产生过大弹跳。构件吊运至安装部位时,作业人员要等构件稳定后再进行操作。

(3)构件不能垂直就位而需旁侧主索吊具协助斜拉时,指挥信号要明确,各组卷扬机要协调动作。

(4)缆索吊装大型构件时,应事先检查塔架、地锚、扣架、滑车、钢丝绳等机具设备。正式吊装前应经吊载试运行后方可正式作业。

(5)缆索跨越公路、铁路时,应搭设架空防护支架。在靠近街道和村屯的地方应设立警示标志。

(6)在主航道上空吊装重大构件时,宜采取临时封航措施。

7. 转体法及拖拉法施工

(1)预制钢筋混凝土或预应力混凝土上部结构,采用转体架桥法或纵横向拖拉法施工时,除按设计要求进行施工外,搭设支架(或拱架)、支立模板、绑扎钢筋、焊接、预应力张拉及浇筑混凝土等,均应按规定办理。

(2)转体法修建大跨径拱桥应建立统一的指挥机构并配备通讯联络工具。

(3)平转法施工,悬臂体应转动方便,并符合安全施工的要求。转体时悬臂端应设缆风绳。

(4)平衡重转体施工前应先利用配重做试验,进行试转动,检查转体是否平衡稳定。试转的角度应大于实际需要转动的角度,如不符合要求时应进行调整。

(5)环道上的滑道,其平整度应严格控制。如上下游拱肋需同时作配重转体时,应采用型号相同的卷扬机,同步、同速、平衡转动。重量大的转体转动前应先用千斤顶将转盘顶转后,再由卷扬机牵引。

(6)无平衡重平转法施工的扣索张拉时,应检查支撑、锚梁、锚碇、拱体等,确认安全后方可施工。

(7)采用纵向、横向拖拉法架梁时,施工前应全面检查所用机具设备及各项安全防护设施的落实情况。

(8)使用万能杆件或枕木垛作滑道支撑墩时,其基础必须稳固。枕木垛应垫密实,必要时应做压重试验。

(9)梁体及构件运行滑道应按设计铺设。采用滑板和辊轴时,滑板应铺平稳。梁体、构件拖拉或横移到达前方墩台时,应采取引导措施,便于辊轴进入悬臂端的滑道内。搬抬辊轴时,作业人员要配合好,并注意人身安全。

(10)拖拉或横移施工中,应经常检查钢丝绳、滑车、卷扬机等机具设备是否完好,发现问题应及时处理。施工中,钢丝绳附近不得站人,作业区无关人员不得进入。

(11)拖拉或横移施工中,应听从统一指挥,发现问题或隐患,应及时报告,并随时处理。

8. 预应力张拉法施工

(1)预应力钢束(钢丝束、钢绞线)张拉施工前,应遵守下列规定:

1)张拉作业区,无关人员不得进入。

2)检查张拉设备、工具(如千斤顶、油泵、压力表、油管、顶楔器及液控顶压阀等)是否符合施工及安全的要求。压力表应按规定周期进行检定。

3)锚环及锚塞使用前应经检验,合格后方可使用。

4)高压油泵与千斤顶之间的连接点,各接口必须完好无损。油泵操作人员要戴防护眼镜。

5)油泵开动时,进、回油速度与压力表指针升降,应平稳、均匀一致。安全阀要经常保持灵敏可靠。

6)张拉前,操作人员要确定联络信号。张拉两端相距较远时,宜设对讲机等通讯设备。

(2)在已拼装或悬浇的箱梁上进行张拉作业,其张拉作业平台、拉伸机支架要搭设牢固,平台四周应加设护栏。高处作业时,应设上下扶梯及安全风。施工的吊篮,应安挂牢固,必要时可另备安全保险设施。张拉时千斤顶的对面及后面严禁站人,作业人员应站在千斤顶的两侧。

(3)张拉操作中若出现异常现象(如油表震动剧烈、发生漏油、电机声音异常、发生断丝、滑丝等),应立即停机进行检查。

(4)张拉钢束完毕,退销时应采取安全防护措施。人工拆卸销子时,不得强击。

(5)张拉完毕后,对张拉施锚两端,应妥善保护,不得压重物。管道尚未灌浆前,梁端应设围护和挡板。严禁撞击锚具、钢束及钢筋。

(6)先张法张拉施工时,除按本节有关规定施工外,还应做到:

1)张拉前,对台座、横梁等进行检查。

2)先张法张拉中和未浇混凝土之前,周围不得站人和进行其他作业。浇筑混凝土时,振捣器不得撞击钢丝(钢束)。用卷扬机滑轮组张拉小型构件时,张拉完成后应切断电源和卡固钢丝绳。

(7)精轧螺纹钢筋张拉前,除对张拉台座检查外,还应对锚具、连接器进行检查、试验。

(8)预应力钢筋冷拉时,在千斤顶的端部及非张拉端部,均不得站人。

(9)钢筋张拉或冷拉时,螺丝端杆、套筒螺丝必须有足够的长度;夹具应有足够的夹紧能力,防止锚夹不牢而滑出。

(10)管道压浆时,应严格按规定压力进行。施压前应调整好安全阀。关闭阀门时,作业人员应站在侧面。

(七)跨线桥及通道桥涵施工

(1)公路桥跨越铁路或其他线路时,施工前应与铁路或其他有关部门协商有关事宜,并签订必要的安全协议。其内容应包括利用列车间隔时间进行安装的计划、安全防护以及在发生紧急情况时的应急处理措施等。

(2)在铁路路基附近挖基、钻孔时,不得损坏铁路的各种信号设施,不得影响行车的瞭望视线。作业处应设围栏、支撑及其他安全防护措施。施工中应防止列车震动导致基础坍陷或路基坍方。

(3)对上面作业、下面通行车辆或行人的跨越铁路或公路立交桥施工时,除设置防护设施外,并设岗哨监视管理。

(4)对结构复杂、施工期较长的大型立交桥施工,其安全防护设施必须完善,制订的跨越铁路的架梁吊装方案必须安全可靠。尽量避免在列车通过的情况下进行吊梁安装作业。

(八)拱桥施工

(1)拱架应具有足够的强度、刚度和稳定性。拱架须经验算,必要时应经试验或预压,并应满足防洪、流冰、排水、通航等安全要求。采用土牛拱架时,亦应采用相应的安全措施,保证拱圈砌筑的安全。

(2)拱架安装及拆除的方法及程序,应符合有关安全规定的要求。

(3)拱石加工时,应注意锤头或飞石伤人,作业人员应保持一定的安全距离。

(4)拱石或预制混凝土块,应按砌筑程序编号,依次运到工地,随用随运,不得过多地堆积在拱架或脚手架上,抬运块件不得碰撞拱架。

(5)砌筑拱圈,应按施工要求搭设脚手架及作业平台。拱上建筑施工必须严格按设计加载程序分段、对称进行。

(6)拱圈砌筑,应随时用仪器观测拱架变形状况,必要时应进行调整,以控制拱圈变形过大。卸架装置应有专人负责检查。

(7)拱架拆除工作必须按设计程序进行。拱架脱离拱圈时,应经检查确认安全后方可继续进行拱架拆除工作。拱架拆除时,应听从统一指挥。严禁在拱架上、下同时进行作业,并严禁使用机械强拽拱架,使之倾倒的做法。

(8)无支架拱桥施工时,应遵守下列规定:

1)大中跨径拱桥施工,应验算拱圈的横向稳定性。分段吊装的单肋合拢后应用缆风绳稳固。第二肋安装后应用横夹木临时横向联结。

2)双曲拱、箱形拱、纵横向悬砌拱桥施工时,在墩、台顶设置的扣架底部固定应牢靠,架顶应设缆风绳;缆风绳设置必须对称,缆风地锚环应埋设坚固。

3)在河流中设置缆风绳时,必须采取可靠的防护措施。

(九)斜拉桥、悬索桥施工

(1)斜拉桥和悬索桥施工,应根据结构、高度及施工工艺制定相应的安全技术措施和操作细则。

(2)电气设备和线路的绝缘必须良好,各种电动机械必须接地,接地电阻不得大于4Ω。电气设备和线路检修时,应先切断电源。

(3)施工现场要有防火措施并备有灭火器材,要防止电焊火花溅落在易燃物料上。

(4)施工期间宜与当地气象台站建立联系,做好灾害性天气的预防工作。

(5)斜拉桥的斜拉索如为工地自行制作时,应符合下列规定:

1)编束时宜用梳型板梳编,每1.5~2.0m段用铁丝绑扎,防止扭曲。

2)冷铸墩头锚在环氧树脂高温固化时,应确保控温仪的精密度和实际通电时间。

3)制成的斜拉索应架空放置,严防在地面上拖拉或硬性弯折。

4)斜拉索制成后,应进行预拉以检查冷铸锚,测定每索钢丝拉力、延伸和回缩。测定的钢索测力仪的读数,以便正式张拉时校核。

(6)采用成品斜拉索时应符合下列规定:

1)放索时应有制动设施,并应防止卷盘的缆索自由散开时造成伤害。

2)放开展平的缆索应防止在地面上拖磨。

3)锚头应加设防护,防止碰撞。

4)缆索应保持顺直,不得扭曲。

(7)预应力混凝土斜拉桥采用挂篮悬臂浇筑时,应按"悬臂浇筑法施工"中的有关规定施工。

(8)采用钢迭合梁或钢与钢筋混凝土迭合梁施工时,应符合下列规定:

1)成品钢构件应编号成套,对号存放,防止损坏变形。

2)起吊前应了解所吊构件的重量、重心位置,以采用相适应的起吊方法。

3)构件组拼前应进行全面检查,如有缺陷、变形,应在组拼前加以矫正。

4)钢构件组拼时,必须用足够的定位冲钉定位。钢构件全部插入高强螺栓后,方可松除吊钩。

(9)悬索桥施工中临时架设的工作索、牵引索安装完成后,应对索具、吊具等进行全面检查。施工中使用的吊篮、平台等应具有足够的强度,设置的防护围栏高度不得小于1.0m。

(10)索夹及索夹螺栓,应经检查合格后使用。索夹安装应与主索连接紧密,确保吊杆承载后不滑移。为防止主索磨损,可在索夹与主索之间垫物隔离。

(11)索塔应设置上下扶梯和塔顶作业平台。索鞍的安装应保证位置准确。

(12)纵、横梁吊装时,应加强作业中的安全防护,已安装的横梁应随时联结风构斜撑。

(13)悬索桥采用重力式锚碇时,锚碇体的施工应按有关规定进行混凝土浇筑或砌体工程。锚碇体必须达到坚实牢固,标高、倾角等应符合设计要求。山硐式锚碇在开凿及爆破作业中,应按凿岩和《爆破安全规程》(GB 6722—2003)办理。

(14)对索塔高度在20m以上或高度不足20m的索塔,当在郊区或平原区施工或附近无高大建筑物提供防雷保护时,索塔仍需设置避雷器,其接地电阻不得大于10Ω。

(15)斜拉桥、悬索桥在施工中应配备水上救护船只。

(十)钢桥施工

(1)钢梁杆件组装,应在平整的作业台上进行,其基础应有足够的承载力。

(2)钢梁上的各种电动机械和电缆线、照明线路等,必须保持绝缘良好,应有专人值班进行管理。

(3)拼装杆件时,应安好梯子、溜绳、脚手架。斜杆应安拴保险吊具。杆件起吊时,先提升0.3m左右,确认安全后再继续起吊。

(4)装拆脚手架、上紧螺栓、铆合等作业,应上下交替进行,避免双层作业。杆件拼装对孔时,应用冲钉探孔,严禁用手指伸入检查。

(5)杆件对孔作业中,吊车司机、信号员、架梁人员应操作准确,动作协调。

(6)架梁用的扳手、小工具、冲钉及螺栓等物,应使用工具袋装好,严禁抛掷。多余的料具要及时清理,并堆放在安全地点。

(7)在通航的江河上施工,应符合港航监督管理部门的有关安全规定。

(8)钢梁表面涂漆作业,应有防毒保护措施。

二、隧道

(一)一般规定

(1)施工场地应做出详细的部署和安置,出渣、进料及材料堆放场地应妥善布置,弃渣场地应设置在不堵塞河流、不污染环境、不毁坏农田的地段。对风、水、电、路等设施做出统一安排,并在进洞前基本完成。

(2)进洞前应先做好洞口工程,稳定好洞口的边坡和仰坡,做好天沟、边沟等排水设施,确保地表水不致危及隧道的施工安全。

(3)隧道施工的各班组间,应建立完善的交接班制度,并将施工、安全等情况记载于交接班的记录簿内。工地值班负责人应认真检查交接班情况。

(4)所有进入隧道工地的人员,必须按规定佩戴安全防护用品,遵章守纪,听从指挥。

(5)遇有不良地质地段施工时,应按照先治水、短开挖、弱爆破、先护顶、强支

第五章 公路工程安全施工技术

护、早衬砌的原则稳步前进。如设计文件中指明有不良地质情况时,必要时应进行超前钻孔,探明情况,采取预防措施。

(二)开挖、凿孔及爆破

1. 开挖及凿孔

(1)开挖人员到达工作地点时,应首先检查工作面是否处于安全状态,并检查支护是否牢固,顶板和两帮是否稳定,如有松动的石块、土块或裂缝应先予以清除或支护。

(2)人工开挖土质隧道时,操作人员必须互相配合,并保持必要的安全操作距离。

(3)机械凿岩时,宜采用湿式凿岩机或带有捕尘器的凿岩机。

(4)站在渣堆上作业时,应注意渣堆的稳定,防止滑坍伤人。

(5)风钻钻眼时,应先检查机身、螺栓、卡套、弹簧和支架是否正常完好;管子接头是否牢固,有无漏风;钻杆有无不直、带伤以及钻孔堵塞现象;湿式凿岩机的供水是否正常;干式凿岩机的捕尘设施是否良好。不合要求者应予以修理或更换。

(6)带支架的风钻钻眼时,必须将支架安置稳妥。风钻卡钻时应用扳钳松动拔出,不可敲打,未关风前不得拆除钻杆。

(7)电钻钻眼应检查把手胶套的绝缘和防止电缆脱落的装置是否良好。电钻工必须手戴绝缘手套,脚穿绝缘胶鞋,并不得用手导引回转钢钎,不得用电钻处理被夹住的钎子。

(8)在工作面内不得拆卸、修理风、电钻。

(9)严禁在残眼中继续钻眼。

(10)钻孔台车进洞时要有专人指挥,认真检查道路状况和安全界限,其行走速度不得超过25m/min。台车在行走或待避时,应将钻架和机具都收拢到放置位置,就位后不得倾斜,并应刹住车轮,放下支柱,防止移动。

2. 爆破

(1)装药与钻孔不宜平行作业。

(2)爆破器材加工房应设在洞口50m以外的安全地点。严禁在加工房以外的地点改制和加工爆破器材。长隧道施工必须在洞内加工爆破器材时,其加工硐室的设置应符合国家现行的《爆破安全规程》(GB 6722—2003)的有关规定。

(3)爆破作业和爆破器材加工人员严禁穿着化纤衣物。

(4)进行爆破时,所有人员应撤离现场,其安全距离如下述。

1)独头巷道不少于200m。

2)相邻的上下坑道内不少于100m。

3)相邻的平行坑道、横通道及横洞间不少于50m。

4)全断面开挖进行深孔爆破(孔深3~5m)时,不少于500m。

(5)洞内每天放炮次数应有明确的规定,装药离放炮时间不得过久。

(6)装药前应检查爆破工作面附近的支护是否牢固;炮眼内的泥浆、石粉应吹洗干净;刚打好的炮眼热度过高,不得立即装药。如果遇有照明不足,发现流砂、流泥未经妥善处理,或可能有大量溶洞涌水时,严禁装药爆破。

(7)洞内爆破不得使用黑色火药。

(8)火花起爆时严禁明火点炮,其导火索的长度应保证点完导火索后,人员能撤至安全地点,但不得短于1.2m。

一个爆破工一次点燃的根数不宜超过5根。如一人点炮超过5根或多人点炮时,应先点燃计时导火索,计时导火索的长度不得超过该次被点导火索中最短导火索长度的1/3。当计时导火索燃烧完毕,无论导火索点完与否,所有爆破工必须撤离工作面。

(9)为防止点炮时发生照明中断,爆破工应随身携带手电筒。严禁用明火照明。

(10)采用电雷管爆破时,必须按国家现行的《爆破安全规程》(GB 6722—2003)的有关规定进行,并应加强洞内电源的管理,防止漏电引爆。装药时可用投光灯、矿灯照明。起爆主导线宜悬空架设,距各种导电体的间距必须大于1m。

(11)爆破后必须经过15min通风排烟后,检查人员方可进入工作面,检查有无"盲炮"及可疑现象;有无残余炸药或雷管;顶板两帮有无松动石块;支护有无损坏与变形。在妥善处理并确认无误后,其他工作人员才可进入工作面。

(12)当发现"盲炮"时,必须由原爆破人员按规定处理。

(13)装炮时应使用木质炮棍装药,严禁火种。无关人员与机具等均应撤至安全地点。

(14)两工作面接近贯通时,两端应加强联系与统一指挥。岩石隧道两工作面距离接近15m(软岩为20m),一端装药放炮时,另一端人员应撤离到安全地点。导坑已打通的隧道,两端施工单位应协调放炮时间。放炮前要加强联系和警戒,严防对方人员误入危险区。

土质或岩石破碎隧道接近贯通时,应根据岩性适当加大预留贯通的安全距离,此时只准一端掘进,另一端的人员和机具应撤离至安全地点。贯通后的导坑应设专人看管,严禁非施工作业人员通行。

(三)支护

(1)隧道各部(包括竖井、斜井、横洞及平行导洞)开挖后,除围岩完整坚硬,以及设计文件中规定的不需支护者外,都必须根据围岩情况、施工方法采取有效的支护。

(2)施工期间,现场施工负责人应会同有关人员对支护各部定期进行检查。在不良地质地段每班应设专人随时检查,当发现支护变形或损坏时,应立即整修和加固;当变形或损坏情况严重时,应先将施工人员撤离现场,再行加固。

(3)洞口地段和洞内水平坑道与辅助坑道(横洞、平行导坑等)的连接处,应加强支护或及早进行永久衬砌。洞口地段的支撑宜向洞外多架5～8m明棚,并在其顶部压土以稳定支撑,待洞口建筑全部完工后方可拆除。

(4)洞内支护,宜随挖随支护,支护至开挖面的距离一般不得超过4m;如遇石质破碎、风化严重和土质隧道时,应尽量缩小支护工作面。当短期停工时,应将支撑直抵工作面。

(5)不得将支撑立柱置于废渣或活动的石头上。软弱围岩地段的立柱应加设垫板或垫梁,并加木楔塞紧。

(6)漏斗孔开挖时应加强支护,并加设盖板;供人上下的孔道应设置牢固的扶梯。

(7)采用木支撑时应选用松、柏、杉等坚硬且富有弹性的木材,其梁、柱的梢径不得小于20cm,跨度大于4m时不得小于25cm;其他连接杆件梢径不得小于15cm,木板厚度不得小于5cm。木支撑宜采用简单、直立、易于拆、立的框架结构,并应保证坑道的运输净空。

(8)钢支架安装,宜选用小型机具进行吊装,并应遵守"起重吊装"的规定。

(9)喷锚支护时,危石应清除、脚手架应牢固可靠,喷射手应佩戴防护用品;机械各部应完好正常,压力应保持在0.2MPa左右;注浆管喷嘴严禁对人放置。

(10)当发现已喷锚区段的围岩有较大变形或锚杆失效时,应立即在该区段增设加强锚杆,其长度应不小于原锚杆长度的1.5倍。如喷锚后发现围岩突变或围岩变形量超过设计允许值时,宜用钢支架支护。

(11)当发现测量数据有不正常变化或突变、洞内或地表位移值大于允许位移值、洞内或地面出现裂缝以及喷层出现异常裂缝时,均应视为危险信号,必须立即通知作业人员撤离现场,待制定处理措施后才能继续施工。

(四)衬砌

(1)随着隧道各部开挖工作的推进,应及时进行衬砌或压浆,特别是洞门建筑的衬砌必须尽早施工,地质不良地段的洞口必须首先完成。

(2)衬砌使用的脚手架、工作平台、跳板、梯子等应安装牢固,不得有露头的钉子和突出的尖角。靠近通道的一侧应有足够的净空,以保证车辆、行人的安全通过。

(3)脚手架及工作平台上的铺板,应钉铺结实。木板之端头,必须搭于支点上。高于2m的工作平台上应设置不低于1m的栏杆。跳板应设防滑条。

(4)脚手架及工作平台上所站人数及堆置的建筑材料,不得超过其计算载重量。

(5)在洞内作业地段倾卸衬砌材料时,人员和车辆不得穿行。

(6)机械转动部分应设置防护罩,电动机必须有接地装置,移动或修理机器及管线路时,应先停电,并切断电源、风源。

(7)安装、拆除模板、拱架时,工作地段应有专人监护。拆下的模板不得堆放在通道上。

(8)拆除灌筑混凝土模板内支撑时,应随拆随灌。

当岩层破碎、压力过大地段的支撑不能拆出时,拱圈部分应用预制混凝土柱代替木杆予以拆换。

(9)衬砌用的石料及砌块,应采用车辆运送,装卸车或安装砌块时宜使用小型机械提升。当砌筑高度在1.5m以下时,允许使用跳板抬运,但跳板应架到与隧道平行的位置。

(10)用石料砌筑边墙时,应间歇进行。当砌筑高度至2～3m时,应停止4h后方能继续砌筑。若墙后超挖过大,回填层应逐层用干(浆)砌料填塞,以免坍塌。

(11)压浆机在使用前应进行检查并试运转,管路连接要完好,压力要正常,操纵压浆喷嘴人员应佩戴护目眼镜及胶皮手套。喷浆嘴应用支架支撑牢固,压浆时掌握喷嘴的人员必须注意喷嘴的脱落,并设法躲避;拔取时必须在撤除压力后进行;检修和清洗时,应在停止运转、切断电路、关闭风门后,方准进行。

(12)采用模板台车进行全断面衬砌时,台车距开挖面的距离不得小于260m,台车下的净空应能保证运输车辆的顺利通行。混凝土灌筑时,必须两侧对称进行。台车上不得堆放料具,工作台应满铺底板,并设安全栏杆。拆除混凝土输送软管时,必须停止混凝土泵的运转。

(13)严禁在洞内熬制沥青。

(五)洞内运输

1. 一般规定

(1)各类进洞车辆必须处于完好状态,制动有效,严禁人料混载。

(2)进洞的各类机械与车辆,宜选用带净化装置的柴油机动力,燃烧汽油的车辆和机械不得进洞(如通风良好,可以达到本章"通风及防尘"要求者除外)。

(3)所有运载车辆均不准超载、超宽、超高运输。运装大体积或超长料具时,应有专人指挥、专车运输,并设置显示界限的红灯。

(4)进出隧道的人员应走人行道,不得与机械或车辆抢道,严禁扒车、追车或强行搭车。

2. 装渣

(1)人工装渣时,应将车辆停稳并制动。漏斗装渣时,应有联络信号,装满时应发出停漏信号,并及时盖好漏渣口。接渣时,漏斗口下不得有人通过。

(2)人工卸渣,应将车辆停稳制动,严禁站在斗车内扒渣。

(3)机械装渣时,坑道断面应能满足装载机械的安全运转,装渣机上的电缆或高压胶管应有专人收放,装渣机操作时其回转范围内不得有人通过。

3. 洞内运输

(1)有轨运输。

第五章 公路工程安全施工技术

1）洞内平曲线半径不应小于车轴距的 7 倍；洞外不应小于 10 倍。
2）双线运输时，其车辆错车净距应大于 0.4m，车辆距坑壁或支撑边缘的净距不应小于 0.2m。
3）单线运输时，在一侧应设宽度不小于 0.7m 的人行道，并在适当地点设错车道，其长度应能满足最长列车运行的要求。
4）洞内轨道坡度宜与隧道纵坡一致，卸渣地段应设不小于 1‰ 的上坡道。
5）在线路尽头应设置挡车装置和标志，以及足够宽的卸车平台。
6）运输线路应有专人维修、养护，线路两侧的废渣和余料应随时清理。
（2）无轨运输。
1）洞内运输的车速不得超过：人力车 5km/h；机动车在施工作业地段单车 10km/h，有牵引车及会车时 5km/h；机动车在非作业地段单车 20km/h，有牵引车时 15km/h，会车时 10km/h。
2）车辆行驶中严禁超车。
3）在洞口、平交道口及施工狭窄地段应设置"缓行"标志，必要时应设专人指挥交通。
4）凡停放在接近车辆运行界限处的施工设备与机械，应在其外缘设置低压红色闪光灯，组成显示界限，以防运输车辆碰撞。
5）在洞内倒车与转向时，必须开灯鸣号或有专人指挥。
6）洞外卸渣场地段应保持一段的上坡段，并在堆渣边缘内 0.8m 处设置挡木。
7）路面应有一定的平整度，并设专人养护。
8）洞内车辆相遇或有行人通行时，应关闭大灯光，改用近光或小灯光。
（3）爆破器材运输。
1）在隧道工程外部运输爆破器材时，应遵守《中华人民共和国民用爆炸物品管理条例》。
2）在任何情况下，雷管与炸药必须放置在带盖的容器内分别运送。人力运送时雷管与炸药不得由一人同时运送；汽车运输时，雷管与炸药必须分别装在两辆车内运送，其间距应相隔 50m 以上；有轨机动车运输时，雷管与炸药不宜在同一列车上运送，如必须用同一列车运送时，装雷管与炸药的车辆必须用三个空车厢隔开。
3）人力运送爆破器材时必须有专人护送，并应直接送到工地，不得在中途停留；一人一次运送的炸药数量不得超过 20kg 或原包装一箱。
4）汽车运送爆破器材时，汽车排气口应加装防火罩，运行中应显示红灯。器材必须由爆破工专人护送，其他人员严禁搭乘。爆破器材的装载高度不得超过车厢边缘，雷管或硝化甘油类炸药的装载不得超过两层。
5）有轨机动车运送爆破器材时其行驶速度不得超过2m/s，护送人员与装卸人员只准在尾车内乘坐,其他人员严禁乘车。硝化甘油类炸药或雷管必须放在专用带盖的木质车厢内,车内应铺有胶皮或麻袋并只准堆放一层。

6)在竖井内运送爆破器材时,应遵守下列规定:

①必须事先通知卷扬机司机和井口上下联络人员。

②除爆破工和护送人员外,其他人员不得同罐乘坐。

③运送硝化甘油类炸药或雷管时,只准堆放一层,且不得滑动。运送其他炸药时,装载高度不得超过罐笼高度的2/3,并不高于1.2m。

④用罐笼运送硝化甘油类炸药或雷管时,其升降速度不得超过2m/s,运送其他炸药不得超过4m/s,用吊桶运送爆破器材时,其速度不得超过1m/s。

⑤司机在操纵卷扬机时,不得使罐笼或吊桶发生振动。

⑥运送电雷管时应装入绝缘箱内,切断洞内所有电源,并检查钢丝绳是否带电。

⑦严禁爆破器材在井口房、井底车场或巷道内停放。

⑧在上下班或人员集中的时间内,严禁运输爆破器材。

7)严禁用翻斗车、自卸汽车、拖车、拖拉机、机动三轮车、人力三轮车、自行车、摩托车和皮带运输机运送爆破器材。

(六)照明、排水及防火

1. 照明

(1)隧道内的照明灯光应保证亮度充足、均匀及不闪烁,应根据开挖断面的大小、施工工作面的位置选用不同的高度。

(2)隧道内用电线路,均应使用防潮绝缘导线,并按规定的高度用瓷瓶悬挂牢固。不得将电线挂在铁钉和其他铁件上,或捆扎在一起。开关外应加木箱盖,采用封闭式保险盒。如使用电缆亦应牢固地悬挂在高处,不得放在地上。

(3)隧道内各部的照明电压如下述:

1)开挖、支撑及衬砌作业地段为12~36V。

2)成洞地段为110~220V。

3)手提作业灯为12~36V。

(4)隧道内的用电线路和照明设备必须设专人负责检修管理,检修电路与照明设备时应切断电源。

(5)在潮湿及漏水隧道中的电灯应使用防水灯口。

2. 排水

(1)在有地下水排出的隧道,必须挖凿排水沟,当下坡开挖时应根据涌水量的大小,设置大于20%涌水量的抽水机具予以排出。抽水机械的安装地点应在导坑的一侧或另开偏洞安装,并用栅栏与隧道隔离。

(2)抽水设备宜采用电力机械,不得在隧道内使用内燃抽水机。抽水机械应有一定的备用台数。

第五章　公路工程安全施工技术

(3)隧道开挖中如预计要穿过涌水地层,宜采用超前钻孔探水,查清含水层厚度、岩性、水量、水压等,为防治涌水提供依据。

(4)如发现工作面有大量涌水时,应即令工人停止工作,撤至安全地点。

3. 防火

(1)各洞、井口施工区,洞内机电硐室、料库、皮带运输机等处均应设置有效而数量足够的消防器材,并设明显的标志,定期检查、补充和更换,不得挪作他用。

(2)洞口 20m 范围内的杂草必须清除。火源应距洞口至少 30m 以外。库房 20m 范围内严禁烟火。洞内严禁明火作业与取暖。

(3)洞内及各硐室不得存放汽油、煤油、变压器油和其他易燃物品。清洗风动工具应在专用硐室内,并设置外开的防火门。

(七)竖井与斜井

(1)竖井和斜井的井口附近,应在施工前作好修整,并在周围修好排水沟、截水沟,防止地面水侵入井中,发生坍塌。竖井井口平台应比地面至少高出 0.5m,井口应有严密的井盖,只有当吊笼吊罐升降时才准许打开井盖。

(2)装配起爆药卷应在距井口 50m 以外的加工房内进行。起爆药卷应由爆破工携送下井,除起爆药卷外不得携带其他炸药。

(3)每次爆破之后均应有专人清除危石和掉落在井圈上的石渣,并应修整被打坏的支撑,待清修完毕后才准进行正常工作。

(4)当工作面附近或井筒未衬砌部分发现有落石、支撑声响,或大量涌水时,工作面施工人员应立即循安全梯或使用提升设备撤出井外,并报告处理。

(5)在吊盘上工作人员的工具,应妥善地放在工具袋内,使用时应牢固地拴在身上或其他固定物上。不得将不使用的零星工具放置在附近的支撑上。

(6)在井口及井底明显部位应设置醒目的安全标志。

(7)竖井提升。

1)竖井井口应设防雨设施,接罐地点应设置牢固的活动栅门,由专人掌管启闭。接罐人员均应佩带安全带,上下井的人员应服从接罐人员的指挥,通向井口的轨道应设阻车器。

2)施工期间采用吊桶升降人员与物料时,应遵守下列规定:

①吊桶必须沿钢丝绳轨道升降,保证吊桶不碰撞岩壁。在施工初期尚未设罐道时,吊桶升降距离不得超过 40m;施工时吊盘下面不装罐道的部分也不得超过 40m。

②运送人员的速度不得超过 5m/s,无稳绳地段不得超过 1m/s;运送石渣及其他材料时不得超过 8m/s;无稳绳地段不得超过 2m/s;运送爆破器材时不得超过 1m/s。

③提升钢丝绳应与吊桶连接牢固,保证在升降时不致脱钩。

④吊桶上方必须设置保护伞。

⑤不得在吊桶边缘上坐立,乘坐人员身体的任何部位不得超出桶沿。

⑥用自动翻转式吊桶升降人员时,必须有防止吊桶翻转的安全装置。严禁用底开式吊桶升降人员。

⑦吊桶提升到地面时,人员必须从地面出车平台进出吊桶,并应在吊桶停稳和井盖门关闭以后进出吊桶,双吊桶提升时井盖门不得同时打开。

⑧装有物料的吊桶不得乘人。

⑨吊桶载重量应有规定,不得超载。

3)升降人员和物料的罐笼应遵守下列规定:

①罐顶应设置可以打开的铁盖或铁门。

②罐底必须满铺钢板,并不得有孔。如果罐底下面有阻车器的连杆装置时,必须设牢固的检查门。

③两侧用钢板挡严,内装扶手,靠近罐道部分不得装带孔钢板。

④进出口两头必须装设罐门或耀门帘,高度不得小于1.2m,罐门或罐帘下部距罐底距离不得超过0.25m,罐帘横杆的间距不得大于0.2m。罐门不得向外开。

⑤进出装渣车的罐笼内必须装有阻车器。

⑥载人的罐笼净空高度不得小于1.8m,罐笼内每人应有0.18m^2的有效面积。罐笼的一次容纳人数和最大载重量应明确规定,并在井口公布。

⑦提渣、升降人员和下放物料的速度不得超过3m/s,加速度不得超过0.25m/s^2。

⑧罐笼、钢丝绳、卷扬机各部及其连接处,必须设专人检查,如发现钢丝绳有损、罐道和罐耳间磨损度超过规定等,必须立即更换。

⑨升降人员或物料的单绳提升罐笼必须设置可靠的防坠器,建井期间使用无防坠器的临时罐笼升降人员时必须要有安全措施。

⑩罐笼升降作业时,下面不得停留人员。

4)检修井筒或处理事故的人员,如果需要站在罐笼或箕斗顶上工作时,应遵守下列规定:

①罐笼或箕斗顶上,必须装设保护伞和栏杆。

②佩带保险带。

③提升容器的速度一般为0.3~0.5m/s,最大不得超过2m/s。

5)每一提升装置必须装有从井底接罐员给井口接罐员和井口接罐员发给卷扬机司机的信号装置,井口信号装置必须同卷扬机的控制回路闭锁。只有井口接罐员发出信号后,卷扬机才能启动,除常用的信号装置外,还必须有备用信号装置。井底车场和井口之间、井口和卷扬机司机之间,除上述信号装置外,还必须装设直通电话或传话筒。

一套提升装置供给几个洞室使用时,各洞室都必须设有信号装置和闭锁,所发出的信号必须有区别。

6)井底车场的信号必须经由井口接罐员发出,井底车场不得直接向卷扬机司机发信号;只有在发送紧急停车信号时才可直接向卷扬机司机发出信号。

(8)斜井运输。

1)斜井的牵引运输速度不得超过 3.5m/s;接近洞口与井底时不得超过 2m/s;升降加速度不得超过 $0.5m/s^2$。

2)斜井的垂直深度超过 50m 时,应配备运送人员的车辆,使用时应遵守下列规定:

①运送人员的车辆必须有顶盖,车辆上必须装有可靠的防坠器。当断绳时能自动发生作用,同时也能用手操纵。

②运送人员的列车必须设车长跟随,车长坐在行车前方的第一辆车的第一排座位上。手动防溜装置也必须在车长坐席处。

③每班运送人员前,必须检查车辆的连接装置、保险链及防坠器。运送人员前,先放一次空车,检查斜井和轨道的安全状况。

④乘人车辆不得超过定员,乘员及携带的工具不得超出车厢。

3)斜井口必须设置挡车器,并设专人管理。挡车器必须经常处于关闭状态,放车时方可打开。车辆在井内行驶或停留期间,井内严禁人员通行和作业。斜井长度超过 100m 时,应在井口下 20m 和接近井底 60m 左右设置第二道挡车器。

4)井口、井下及卷扬机间应有联系信号。提升、下放与停留应各有明确的色灯和音响等信号规定。

主、副井口应设专职信号员,负责接发车工作。卷扬机司机未得到井口信号员发出的信号,不得开动。

运送人员的车辆中必须装有向卷扬机司机发送紧急信号的装置。

5)斜井井底停车场应设避车洞。斜井底附近的固定机械电器设备与操作人员,均应设置在专用洞室内。

6)车辆连挂提升时,应有可靠的连接装置和断绳保险器。挂钩均应加保险栓。车与车之间应增加连接保险钢丝绳,提升钢丝绳应有地滚承托。

(9)钢丝绳和提升装置。

1)提升用的钢丝绳必须每天检查一次,每隔 6 个月试验一次。其安全系数规定为:升降人员的安全系数必须大于 7,升降物料的安全系数必须大于 6;其断丝的面积与钢丝绳总面积之比,升降物料的必须小于 10%;升降人员用的不得有断丝。钢丝绳直径减小百分数:提升及制动钢丝绳不得大于 10%,其他钢丝绳不得大于 15%。超过上述规定时必须更换。

2)钢丝绳的钢丝有变黑、锈皮、点蚀麻坑等损伤时,不得用作升降人员。钢丝绳锈蚀严重,点蚀麻坑形成沟纹,外层钢丝松动时,必须更换。

3)有接头的钢丝绳只允许在水平坑道和 30°以下的斜井中运输物料使用。

4)提升装置必须设下列保险装置:

①防止过卷装置。当提升容器超过正常终端停止位置 0.5m 时,必须能自动断电,并使保险闸发生作用。

②防止过速装置,当提升速度超过最大速度 15% 时,必须能自动断电,并能使保险闸发生作用。

③过负荷和欠电压保护装置。

④当最大提升速度超过 3m/s,必须安装速度限制器,保证提升容器到达终端停止位置前的速度不超过 2m/s;如果速度限制器为凸轮板时,其旋转角不应小于 270°。

⑤防止闸瓦过度磨损时的报警和自动断电的保护装置。

⑥缠绕式提升装置,必须设松绳保护并接入安全回路。

⑦使用箕斗提升时,必须采用定量控制,井口渣台应装设满仓信号,渣仓装满时能报警或自动断电。

5)提升卷扬机必须装设深度指示器、开始减速时能自动示警的警铃及司机不需离座即能操纵的常用闸和保险闸。常用闸和保险闸共同使用一套闸瓦时,操纵部分必须分开。双滚筒提升卷扬机的两套闸瓦的传动装置必须分开。司机不准离开工作岗位,也不能擅自调节制动闸。

6)升降人员前,应先开一次空车,以检查卷扬机的动作情况,但连续运转时,可不受此限。

7)主要提升装置必须配有正、副司机,在交接班人员上下井的时间内,必须由正司机开车,副司机在旁监护。

(八)通风及防尘

(1)隧道作业环境标准应符合表 5-15 的要求。

表 5-15　　　　　　　　隧道作业环境标准

项　目	环境标准	备　注
粉　尘	每立方米空气中,含有 10% 以上游离二氧化硅的粉尘	必须在 2mg 以下
氧气	不得低于 20%	
瓦斯(沼气)或二氧化碳	不得超过 0.5%	
一氧化碳	不得超过 30mg/m³	
氮氧化物	换算成二氧化氮,浓度应在 5mg/m³ 以下	按体积计算
二氧化硫	不得超过 15mg/m³	
硫化氢	不得超过 10mg/m³	
氨	不得超过 30mg/m³	
隧道内气温	不宜超过 28℃	

(2)隧道内空气成分每月应至少取样分析一次,风速、含尘量每月至少检测一次。

(3)隧道施工时的通风,应设专人管理。应保证每人每分钟供给新鲜空气$1.5\sim 3m^3$。

(4)无论通风机运转与否,严禁人员在风管的进出口附近停留,通风机停止运转时任何人员不得靠近通风软管行走和在软管旁停留,不得将任何物品放在通风管或管口上。

(5)施工时宜采用湿式凿岩机钻孔,用水炮泥进行水封爆破以及湿喷混凝土喷射等有利于减少粉尘浓度的施工工艺。

(6)在凿岩和装渣工作面上应做好下列防尘工作。

1)放炮前后应进行喷雾与洒水。

2)出渣前应用水淋透渣堆和喷湿岩壁。

3)在吹入式的出风口,宜放置喷雾器。

(7)防尘用水的固体质含量不应超过 50mg/L,大肠杆菌不得超过 3 个/L。水池应保持清洁,并有沉淀或过滤设施。

(九)瓦斯防治

(1)隧道施工发现瓦斯时,应加强通风,采取防范措施,当隧道内的瓦斯浓度经通风后仍超过规定时,应遵守本节的各条规定。

(2)瓦斯防治主要是消除瓦斯超限和积存,断绝一切可能引燃瓦斯爆炸的火源。

(3)隧道内严禁使用油灯、电石灯、汽灯等有火焰的灯火照明。任何人员进入隧道必须接受检查,严禁将火柴、打火机及其他可自燃的物品带入洞内。

(4)电灯照明。

1)电压不得超过 110V。

2)输电线路必须使用密闭电缆。

3)灯头、开关、灯泡等照明器材必须采用防爆型,开关必须设置在送风道或洞口。

(5)矿灯照明。

1)每个洞口常备的完好矿灯总数,应大于经常用灯总人数的 10%。

2)矿灯均需编号,常用矿灯的人员应固定灯号。

3)矿灯如有电池漏液、亮度不足、电线破损、灯锁不良、灯头密封不严、灯头圈松动、玻璃和胶壳破裂等情况,严禁发出。发出的矿灯,最低限度应能连续正常使用 11h。

4)使用矿灯人员应严禁拆开敲打和撞击矿灯。出洞或下班时,应立即将矿灯交回灯房。

(6)掘进工作面风流中的瓦斯浓度达到1%时,必须停止电钻打眼;达到1.5%时,必须停止工作、撤出人员、切断电源,进行处理。

放炮地点附近20m以内风流中瓦斯浓度达到1%时,严禁装药放炮。

电动机附近20m以内风流中的瓦斯浓度达到1.5%时,必须切断电源停止运行。

掘进工作面的局部瓦斯积聚浓度达到2%时,其附近20m内必须停止工作,切断电源。

(7)因超过瓦斯浓度规定而切断电源的电气设备,必须在瓦斯浓度降低到1%以下时方可开动;使用瓦斯自动检测报警断电装置的掘进工作面只准人工复电。

(8)隧道爆破作业。

1)严禁用火花起爆和裸露爆破。

2)爆破时,宜使用瞬发电雷管,若采用毫秒雷管时,其总的延期时间不得超过130ms。严禁使用秒和半秒延期电雷管。

3)使用煤矿安全炸药。

4)短隧道放炮时,所有人员必须撤出隧道洞外;长隧道单线应撤出300m以外,双车道上半断面开挖撤至400m以外,双车道全断面开挖应撤至500m以外。

(9)瓦斯隧道中的机具,如电瓶车、通风机、电话机、放炮器等,必须采用防爆型。

(10)必须严格采用湿式凿岩,洞内使用的金属锤头必须镶有不产生火花的合金。装渣使用的金属器械,不得猛力与石渣碰击,铲装前必须将石渣浇湿。

(11)洞内装设及检修各种电气设备时,必须先切断电源。电缆互接或分路时必须在洞外进行锡焊和绝缘包扎并热补。严禁在洞内电缆上临时接装电灯或其他设备。电缆在洞内接头时,应在特制的防爆接线盒内或有防爆接线盒的电气设备内进行连接。

(12)有瓦斯的隧道,每个洞口必须设专职瓦斯检查员。一般情况下每小时检测一次,并将结果记入记录簿。检测瓦斯的检定器应每季度校对一次。

(13)通风必须采用吹入式。通风主机应有一台备用机,并应有两路电源供电。通风机停止时,洞内全体人员必须撤至洞外。

(14)隧道内严禁一切可以导致高温与发生火花的作业。

(15)隧道施工时必须配备必要的急救和抢救的设备和人员。施工人员必须具有防止瓦斯爆炸方面的安全知识。

第四节　主要工序作业安全施工技术

一、水上作业

(1)在通航江河上施工的安全管理工作应符合现行的《内河交通安全管理条例》的规定,开工前应报告当地港航监督部门。

(2)施工所使用的船只应经船检部门检查合格后方可使用。施工期间按规定应设置临时码头、航行标志及救护、消防等设施。

(3)船只在航行前,应检查各部位的机械与设施是否良好,不得带病作业。

(4)应掌握和及时了解当地的气象和水文情况,遇有大风天气应检查和加固船只的锚缆等设施。

遇有雨、雾天,视线不清时,船只应显示规定的信号,必要时应停止航行或作业。

(5)定位船及作业船锚碇后,应在涉及航域范围内设置警示标志。抛锚时,锚链滚滑附近不得站人。

(6)船只靠岸后(或在两船间倒运货物时)应搭设跳板、扶手或安全网,经踏试稳定牢固,方可上下人或装卸货物。

(7)装船时严禁超载、偏载,必要时应加配重,调整平衡。卸船时应分层均匀卸运。

(8)打桩船、起重船施工前应了解作业区域的水深、流速、河床地质等有关情况,为船舶行驶、抛锚、定位做好安全准备工作。

(9)抛锚、就位应保持船体稳定。如用两艘船体连接时,必须连接牢固,稳定可靠。

(10)使用轮胎或履带吊车在船上打桩、起重作业时,船体应按施工要求进行加固,并在吊车轮胎(或履带)下加铺垫板。

(11)牵引或在旁侧拖带作业船时,严禁超载,牵引(或拖带)用的钢丝绳必须连接牢固。

(12)交通船应按规定的载人数量渡运,严禁超员强渡。船上应配有救生设备。船行中途遇有阵风、雨时,乘船人员不得走动或站立。

二、潜水作业

(1)潜水作业前施工负责人应将下潜任务、下潜环境、工作部位、水深、流速、流向等,向潜水员做明确交代,下潜深度应符合现行的国家标准《产业潜水最大安全深度》(GB 12552—1990)的规定。

(2)在作业条件比较困难的情况下,应在搭设的平台上另备一套潜水装具,并指派一名预备潜水员,以便在必要时下水协助和救援。

(3)夜间潜水作业,除平台上的照明外,还应另装照明度较大的灯具,照在潜水点的水面上。

(4)在寒冷环境作业时,应遵守下列规定:

1)潜水员应穿保温内衣,双手应擦防冻油、戴手套。

2)潜水前,供气软管应用压缩空气吹通几分钟,接头部位应用棉垫包裹严密。出水时要用热水管加温排气阀,以防排气阀冻结。

3)在冰层上入水要凿开能确保潜水员安全上下的洞口;水面有浮冰时,供气软管、信号绳与冰块摩擦接触处,应有防割断措施。

4)潜水员行走的冰面和潜水用梯均应有防滑措施。

(5)潜水作业范围的水面上,严禁其他作业。

(6)潜水员在进行冲泥和吸沙作业时,要在头盔的排气阀上包裹纱布,防止沙粒、污泥等进入排气阀内。

(7)潜水员在水下行进时,要尽量避免在倒塌的物体或杂乱的索具空挡内穿越。

(8)在检查船舶推进器或解除推进器的缠绕物时,严禁开动推进器,并派专人监护。

(9)信绳员和掌握供气软管人员,应负责做好潜水员下潜和上升的安全工作。

(10)在沉井、钻孔桩内作业,应遵守下列规定:

1)作业时,沉井内的水位应不低于沉井外的水位。

2)沉井内壁不得有钢筋头、扒钉头、铁线、铁钉等外露,潜水员不得进入刃脚下工作。

3)潜水员在沉井内吸泥时,不得用手脚触动正在工作的吸泥管头部,吸泥机的开闭由地面电话员提前通知潜水员。

4)在钻孔桩内作业,桩内泥浆面必须高于护筒外的水位;潜水员在护筒底缘以下部位作业时,必须有安全防护措施。

(11)水下起吊作业应遵守下列规定:

1)进行水下起吊作业时,应根据被吊物的特点和当地的水情制订方案。

2)潜水员应熟悉被吊物的特点、体积、重量、吊点和沉没原因。

3)在起吊时,潜水员应将沉落物件拴牢,经检查确认拴挂牢固,待潜水员上升出水后再起吊。

4)打捞沉船、钢结构、圆筒等物件时,潜水员严禁在上述打捞物件内穿行,不得进入已有断裂或破损面的船体内。

5)潜水员不得在水中悬吊的物体上工作或从悬吊物件下穿越。

第五章　公路工程安全施工技术

(12)水下焊接和切割,应遵守下列规定：
1)潜水员应熟练掌握焊接及切割技术和作业要领。
2)电焊钳、切割把、电缆等必须绝缘良好,头盔外面和领盘上应涂抹或包裹绝缘物质,作业时应带橡皮手套,观察窗下应加装防护镜。
3)电路应安装保护装置。
(13)水下爆破作业,应遵守下列规定：
1)潜水员应熟悉爆破器材的性能和引爆的安全操作技术。
2)根据爆破波及范围,划定危险区,引爆前应派人警戒。
3)雷管在使用前应做测试,在同一起爆点,不得使用不同型号的雷管。
4)炸药包装好后,应由潜水员带下水,不得用绳索下放；炸药包布设完毕,潜水员出水,并躲避到安全地点后,方可引爆。
5)引爆线路的开关应设专人严格管理,未经负责人许可严禁通电。
6)发生"盲炮"时,应在切断电源15min后,再下潜取出。

三、夜间施工

(1)夜间施工时,现场必须有符合操作要求的照明设备。施工住地要设置路灯。
(2)施工中的小型桥涵两侧及穿越路基的管线等临时工程,应设置围栏,并悬挂红灯示警标志。
(3)大型桥梁攀登扶梯处应设有照明灯具。
(4)夜间作业船只或在通航江河上长期停置的锚船、码头船等应按港航监督部门规定,配置齐全的夜航、停泊标志灯。船只停靠码头应设照明灯。

四、边通车、边施工地段的交通管理

(1)改建工程中,边通车、边施工路段的安全生产,除应遵守有关规定外,还应加强对通行车辆的安全管理,确保施工、交通安全。
(2)改建工程需挖除旧路路基、路面进行重建的路段,在施工路段的两端应竖立显示正在施工的警告标志。标志应鲜明、醒目。标志与施工路段的距离,应根据开挖宽度、路线等级、交通量等情况确定。
(3)一侧拓宽或两侧拓宽的改建工程,原有道路的路面宜先保留,以维持交通。
(4)在拓宽地段,如需在原有道路上运送土石方,宜采用机动车辆运输。采用手推车运输时,可划分部分路面,专供手推车行驶。并应做到以下三点：
1)剩余部分路面宽度应保证机动车行车安全。
2)要用红白相间的栏杆等隔离设施,与机动车行车道隔开。
3)设专职人员指挥来往车辆。

(5)通车路段的路面应经常清扫干净,防止车辆碾飞土石伤人或雨后泥泞影响通车。

(6)在原有路段上,进行降坡改建的工程,有条件的可修建临时便道维持交通,也可在降坡地段半幅施工,另半幅做通车之用。

(7)半幅通车路段,在车辆驶出(入)前方应设置指示方向和减速慢行的标志。同时在施工作业区的两端设置明显的路栏。晚间要在路栏上加设施工标志灯。半幅施工区与行车道之间设置红白相间的隔离栅。

(8)半幅施工的路段不宜过长,一般以不超过 300~500m 为宜。

(9)在单车道维持通车路段上,当路段不长、交通量不大时,可在该路段的适当地点设置车辆会让处;当施工路段较长、交通量较大时,应实行交通管制。每班配置专职人员和通讯设备,指挥交通,疏导车辆。

(10)在居民点或公共场所附近开挖沟槽时,应设护栏及搭设跳板供行人通过。夜间应设置照明灯和红灯。

(11)在原地拆除旧桥(涵)重建新桥(涵)时,应先建好通车便桥(涵)或渡口。在旧桥的两端应设置路栏,夜间应在路栏上方悬挂警示灯,并在路肩上竖立通向便桥或渡口的指示标志。

五、特殊季节施工

1. 雨期

(1)雨期及洪水期施工应根据当地气象预报及施工所在地的具体情况,做好施工期间的防洪排涝工作。

(2)在雨期施工时,施工现场应及时排除积水,人行道的上下坡应挖步梯或铺砂。脚手板、斜道板、跳板上应采取防滑措施。加强对支架、脚手架和土方工程的检查,防止倾倒和坍塌。

(3)雨期施工时,处于洪水可能淹没地带的机械设备、材料等应做好防范措施,施工人员要提前做好安全撤离的准备工作。

(4)长时间在雨季中作业的工程,应根据条件搭设防雨篷。施工中遇有暴风雨应暂停施工。

2. 冬期

(1)冬期施工应严格执行冬期施工的有关规定,做好保温、防冻等安全防护措施。

(2)冬期施工在江河冰面上通行时,事先应详细调查冰层的厚度及承载能力。冰面结冻不实地段,严禁通行。结冻不实地段、可通行地段都应设明显标志。初冬及春融季节应经常检查冰层变化情况,以确定可否通行。

(3)江河流冰前应制定出防流冰方案,并将停留在冰面上的车辆、船只、机械

第五章　公路工程安全施工技术

和物资提前撤至安全地带。

（4）爆破流冰通道时,除应遵守国家现行的《爆破安全规程》(GB 6722—2003)外,还应在爆破前详细检查冰面后再进行作业。爆破流冰时应穿好救生衣,必要时应备有救护船只。

3. 高温季节

高温季节施工,应按劳动保护规定做好防暑降温措施。适当调整作息时间,尽量避开高温时间,有条件的宜搭设凉棚、供应冷饮、准备防暑药品等。

第六章 公路养护安全作业

第一节 养护维修作业控制区

一、警告区

养护维修作业控制区应由警告区、上游过渡区、缓冲区、工作区、下游过渡区及终止区组成。

在作业控制区的六个分区中,警告区是最重要的一个分区。警告区是从最前面的施工标志牌开始到工作区的第一个渠化装置为止。

当车辆遇到警告区的第一块施工标志牌时,则意味着这辆车已经进入作业控制区了,在以后的路段上,要通过设置于警告区内的交通标志告诉车辆驾驶员前方将要发生什么,行车状态应按照沿路所设的交通标志牌的指示随时改变。并且要使车辆驾驶员在到达工作区之前,有足够的时间改变他们的行车状态。

一般情况,警告区的长度由下列因素所决定:车辆在警告区内改变行车状态所需要的时间,以及在作业控制区附近车辆发生拥挤时的最大排队长度。警告区的最小长度可以由下式来估算:

$$S = S_1 + S_2 + S_3 \tag{6-1}$$

式中 S——警告区长度,m;

S_1——从正常行驶车速降至所限制的行驶车速所需要的距离,m;

S_2——车辆到达工作区地段附近排队尾部时的最小安全距离,m;

S_3——在工作区地段附近车道封闭、车道数减少、行车条件改变等因素引起的车辆拥挤时的车辆排队长度,m。

S_1 是车辆进入警告区后从正常车速 v_1 按限速标志牌规定减速到 v_2 所需要的距离,可按下式估算:

$$S_1 = \frac{v_1}{3.6}t + \frac{v_1^2 - v_2^2}{2g(\varphi \pm i) \times 3.6^2} \tag{6-2}$$

式中 v_1——减速前车速,m/s;

v_2——减速后车速,m/s;

t——驾驶员反应时间,通常取 2.5s;

φ——道路纵向摩阻系数,取值范围 0.29~0.44;

i——道路纵坡的上坡取"+"、下坡取"−";

g——重力加速度,9.8m/s²。

计算结果见表 6-1。

第六章 公路养护安全作业

表 6-1 所需安全距离

正常行驶速度(km/h)	降速后行驶速度(km/h)	减速距离(m)	正常行驶速度(km/h)	降速后行驶速度(km/h)	减速距离(m)
120	60	225	60	30	70
100	60	150	40	20	45
80	40	120	30	20	30

S_2 是以 v_2 车速行驶的后续车辆,在到达前方工作区地段附近,经过因车道关闭导致车道数减少的断面时,不致与前面的改道车辆或排队车辆相撞的最小安全距离。可以按下式估算:

$$S_2 = \frac{v_2}{3.6}t + \frac{v_2^2}{2g(\varphi \pm i) \times 3.6^2} \quad (6\text{-}3)$$

式中符号意义同式(6-2)。计算结果如表 6-2 所示。

表 6-2 最小安全距离计算

限制速度(km/h)	安全距离(m)	限制速度(km/h)	安全距离(m)	限制速度(km/h)	安全距离(m)
60	90	40	50	20	20

S_3 是工作区地段附近车道上拥挤车辆的排队长度。可以按下式估算:

$$S_3 = \frac{Q \cdot l}{n} \quad (6\text{-}4)$$

式中 Q——发生在车道上的交通事件(包括养护维修作业)引起交通拥挤的最小流量,辆/h;

  l——每辆车的平均长度,按 7m 计;

  n——车道数。

根据有关统计资料,发生在车道上的交通事件(包括养护维修作业)引起交通拥挤的最小流量(15min 流量)如表 6-3 所示。

表 6-3 最小流量(15min 流量)

公路等级	车道数	Q(辆/h)	公路等级	车道数	Q(辆/h)
高速公路	4	860	二级公路	2	220
高速公路	3	540	二级公路	1	100
一级公路	2	260	三级公路	1	60

按照表 6-3 提供的数据,用公式(6-4)计算得到相应的拥挤排队长度如表 6-4 所示。

表 6-4　　　　　　　　　拥挤排队长度

公路等级	车道数	$S_3(m)$	公路等级	车道数	$S_3(m)$
高速公路	4	1505	二级公路	2	770
	3	1260		1	700
一级公路	2	910	三级公路	1	420

综合上述计算结果,按照《公路工程技术标准》的公路等级分类,可以得到警告区最小长度 S',见表 6-5 所示。

表 6-5　　　　　　　警告区最小长度 S　　　　　　（单位:m）

位　　置	公路等级	设计速度(km/h)	警告区最小长度(m)
路段	高速公路、一级公路	120,100	1600
		80,60	1000
	二、三级公路	80	1000
		60	800
		40	600
		30	400
各类平面交叉口	—		200

由于养护维修作业的情况千变万化,在警告区内设置交通标志的种类和数量应视具体情况而定。本条规定在警告区内必须至少设置三种标志,即施工标志、限速标志和可变标志牌或线形诱导标,其他标志可以根据具体情况再行增加。

二、过渡区

当工作区包含了一条或多条车道时,就需要封闭工作区所包含的车道。为了防止车流在改变车道时发生突变,需要设置一个改变车道的过渡区,以使车流的变化缓和平滑。过渡区一般有两种:上游过渡区和下游过渡区。

1. 上游过渡区

在上游过渡区中,应包括车道封闭和路肩封闭两种情况。假定车辆的行驶速度为 $v(km/h)$,被封闭的车道宽度为 $W(m)$,则车道封闭时所需要的上游过渡区的最小长度可用《道路交通标志和标线》(GB 5768)建议的公式来估算:

第六章 公路养护安全作业

$$L_S = \begin{cases} \dfrac{v^2 W}{155} & (v \leqslant 60\text{km/h}) \\ 0.625vW & (v > 60\text{km/h}) \end{cases} \quad (6\text{-}5)$$

式中　L_S——上游过渡区，m；

　　　v——养护维修工作区路段车速，km/h；

　　　W——所关闭车道的宽度，m。

上游过渡区长度设置是否合理，也可以直接在现场观察出来。若车辆在通过过渡区时经常有紧急刹车或在过渡区附近拥挤较为严重，则有可能是前方的交通标志设置不当或上游过渡区长度过短。

由于隧道内的光线较暗，且其侧墙会使车辆驾驶员产生压抑感，为了提高隧道的安全性，故将隧道内的上游过渡区的长度增加 0.5 倍，即隧道内的上游过渡区长度由表 6-6 中的数值乘以 1.5 来确定。

表 6-6　　　　　车道封闭上游过渡区的最小长度 L_s

限制车速(km/h)	封闭车道宽度(m)		
	3.0	3.5	3.75
60	70	90	90
40	30	40	40
20	10		

2. 下游过渡区

下游过渡区是为了将车流再引入正常车道的一个过渡路段。若下游过渡区设置得当，将有利于交通流的平滑。下游过渡区的长度一般只要保证车辆有足够的路程来调整行车状态即可，所以可按 30m 取值。

在利用对向车道来转移本向车流的情况中，本向车道的下游过渡区实际上就是对向车道的上游过渡区，因此设置要求与上游过渡区是相同的。

路肩封闭上游过渡区的最小长度应按表 6-7 取值。

表 6-7　　　　　路肩封闭上游过渡区的最小长度 L_j

限制车速(km/h)	封闭路肩宽度(m)				
	1.5	1.75	2.5	3.0	3.5
60	20	20	30	40	50
40	20				
20	10				

三、缓冲区

缓冲区是过渡区到工作区之间的一段空间,它的设置主要考虑到假设行车驾驶员判断失误,有可能直接从过渡区闯入工作区,造成人员伤害和设备的损坏。所以缓冲区可以提供一个缓冲路段,给失误车辆留有调整行车状态的余地,避免发生更严重的事故。因此,在缓冲区内一般不准堆放东西,也不准养护维修作业人员在其中活动或工作。为了更有效地保护养护维修作业人员,在过渡区与缓冲区之间,可以设置防冲撞装置,以加强防护作用。缓冲区的最小长度宜取 50m。

四、工作区

工作区是养护维修作业的工作场所,也是养护维修作业人员工作、堆放建筑材料、停放施工设备的地方。为了保证安全,在工作区与开放交通的车道之间要有明确的隔离装置。工作区的长度一般根据养护维修作业或施工的需要而定。工作区的布置,还要考虑为工程车辆提供安全的进口和出口。

五、终止区

终止区为通过或绕过养护维修作业地段的车辆提供一个调整行车状态的路段。在终止区的末端应设有关解除限速或超车的交通标志,这样可使驾驶员明白已经通过了养护维修作业地段,并恢复正常的行车状态。终止区最小长度宜取 30m。

第二节 养护安全设施

(1)养护安全设施的设置是为了保护养护维修作业人员和设备安全,警告、提醒和引导车辆和行人通过养护维修作业控制区域加强安全防范意识。属于临时性安全设施,交通标志与标线应组合使用。

(2)在养护维修作业中,可用作渠化交通的安全设施有锥形交通路标、安全带、路栏、施工隔离墩和防撞桶(墙)等。

1)锥形交通路标宜由橡胶等柔性材料制成,底部应有一定的摩阻性能。形状为圆锥形,其颜色、尺寸和形状应符合《道路交通标志和标线》(GB 5768)规定。布设间距宜为 10~20m。用于夜间作业时应有反光功能,并配施工警告灯号。

2)安全带宜由布质等柔性材料制成,宽度为 10~20cm,带上有红白相间色,用于夜间作业应有反光功能。宜与其他设施一起组合使用。

3)路栏应由刚性材料制成,用于夜间作业时应有反光功能,其颜色、尺寸和形状应符合《道路交通标志和标线》(GB 5768)规定。

4)施工隔离墩宜为由线性低密度聚乙烯等高强合成材料制成的空心半钢性装置,其上有黄色、黑色和反光器,使用时内部应放置水袋或灌水,并由连杆相连。

5)防撞桶(墙)应为半刚性装置,由线性低密度聚乙烯等高强合成材料制成的空心装置,其上有黄黑相间色,顶部可安装黄色施工警告灯号。使用时内部应放

第六章　公路养护安全作业

置水袋或灌水,防撞墙还应两个为一组,组合在一起使用。

（3）移动式标志车根据《道路交通标志和标线》(GB 5768)规定的移动性施工标志,仅对标志牌作了规定,但对标志车没有作任何规定。根据养护维修作业的实际情况,对于悬挂标志牌的车辆的颜色也应当做出规定,同时标志牌的形式也不仅限于一种。本条文根据公路养护维修作业的要求与特点,规定标志车的颜色必须是醒目的黄色,这样具有警示作用。而且,增加了可变信息标志牌,即其图案和显示形式可按实际需要改变。可变信息标志牌显示方式可以采用高亮度发光二极管、灯泡矩阵、磁翻板、字幕式或光纤式等来改变显示图案。这种显示方式不仅比普通的交通标志更醒目,而且可以在不同的养护维修作业情况下改变显示内容,具有较强的适应性。所以移动式标志车可以为作业内容和地点经常变化的养护维修作业提供更为方便的安全防护。

（4）近年来,施工警告灯号也已经出现了多种形式,特别是在高速公路上,除了《道路交通标志和标线》(GB 5768)规定的以外,还可以采用施工警告频闪灯。使用这样形式的施工警告频闪灯时,可以将它固定在公路路侧的竖杆上,车辆驾驶员在较远的距离就可以清楚地看到它,而且,为了较好地起到警示作用,还可以将它们沿路连续设置,达到更好的警示效果。

（5）夜间养护维修作业时,必须设置照明灯,其照明必须满足作业要求,并覆盖整个工作区域。夜间作业的作业控制区布置必须设置施工警告灯号,所设置的交通标志必须具有反光功能。养护维修作业期间和结束以后应派专人看护照明设施。

（6）根据养护维修作业的情况,为养护维修作业设置的交通标志,主要有警告标志、禁令标志、指示标志和施工区标志。交通标志的设置除应符合《道路交通标志和标线》(GB 5768)规定外,在养护维修作业时,还应根据具体情况设置于专门的位置,并尽可能利用公路可变信息板,配以图案或文字说明。在弯道、纵坡处进行养护维修作业时,应根据实际情况增设交通标志。

当工作区在道路右侧时,交通标志宜设在车道右侧或工作区上游车道上,当工作区在道路靠中央分隔带一侧时,交通标志宜设在中央分隔带护栏外侧或绿化带上。

1）禁止通行标志设在禁止通行的道路入口附近。
2）禁止驶入标志设在禁止驶入的路段入口,或单行路的出口处。
3）禁止超车标志设在禁止超车路段的起点。
4）解除禁止超车标志设在禁止超车路段的终点。
5）制速度标志设在需要限制车辆速度的路段的起点。
6）解除限制速度标志设在限制车辆速度的路段的终点。
7）限制质量标志设在需要限制车辆质量的桥梁两端。
8）限制轴重标志设在需要限制车辆轴重的桥梁两端。

9)窄路标志设在车行道变窄或车道数减少的路段以前适当位置。

10)双向交通标志设在由双向分离行驶、因某种原因出现临时性、永久不分离双向行驶的路段或由单向行驶进入双向行驶的路段以前适当位置。

11)施工标志通常设置于作业控制区的最前端。

12)车辆慢行标志设置于作业控制区内需要车辆车速减慢的路段。

13)车道封闭标志设在封闭车道上游的适当位置。

14)改道标志设在车流方向发生变化的路段上游适当位置。

15)标或灯泡矩阵标志设在车流方向发生变化的路段上游适当位置。

16)车道合流标志设在因一条车道被封闭而要求车辆合流到另一车道的路段上游适当位置。

因养护维修作业的需要,还可重新布置车道,使用临时性路面标线。临时性路面标线应使用与原路面标线不同的颜色加以区分,本条规定统一使用黄色路面标线作为临时性路面标线。养护维修作业期间,原先与临时标线有矛盾的路面标线在不能用其他方式加以区分时,必须除去或覆盖。

第三节 养护维修作业控制区布置

一、高速公路及一级公路养护维修作业控制区布置

1. 基本要求

(1)养护维修作业控制区布置应考虑养护维修作业的内容与要求、时间和周期、交通量、经济效益等因素,控制区内交通标志的设置必须合理、前后协调,起到引导车流平稳变化的作用。

(2)工作区应设置工程车辆专门的进口和出口,出入口应设在顺行车方向的下游过渡区内。

(3)对于同一方向上的相同车道内,如果在不同断面要同时进行维修施工,若断面的间距比较近,一般在1000m以内,可以作为同一个作业控制区来布置;若维修施工的断面间距比较远,大于1000m,这时应在下一个工作区前端设置施工标志。由于在同一车道上连续布置了作业控制区,所以,除了第一个作业控制区必须按规定的要求布置外,后续的作业控制区可以做适当简化。

(4)如果是在同一方向不同断面的不同车道内进行维修施工,就会给车辆行驶造成困难,特别是维修施工的断面间距比较小时,车辆在通过不同的断面时需要不断改变车道,行驶轨迹变成了"S"形,这很容易发生车祸,所以一般不建议这样做。如果必须要同时维修施工,作业控制区的布设间距要足够大,至少要让车辆有一个平稳过渡的距离,高速公路必须不小于1000m,一级公路须不小于500m。

第六章　公路养护安全作业

(5)单向多车道的中间车道需要养护维修作业,如果单独封闭中间车道,开放两边车道,会给在作业控制区内的作业人员造成心理压力,由于活动范围较小,不安全的隐患较多,所以这不是一种较好的作业控制区布置方案。

(6)应利用作业区上游的可变信息板显示"前方××公里封闭车道施工,请谨慎驾驶"的信息。

2. 养护维修作业控制区布置

(1)在作业控制区内必须设置两块施工标志,一块设置在作业控制区的最前端,另一块设置在警告区的中间断面。警告区最小距离 S 按照表6-5选取。在警告区内的其他断面处要设置禁止超车标志、限速标志、窄路标志以及线形诱导标。在上游过渡区内要设置移动式标志车,上游过渡区的距离按照表6-6选取。在工作区的前端要设置护栏,护栏上要安装施工警告灯号。从上游过渡区到终止区必须用锥形交通路标按规定的间距围起来。

(2)当需要布置改变交通流方向的作业控制区时,可与中央分隔带开口位置相结合,利用非作业控制区一侧的车道。当警告区范围内有人口匝道时,应在匝道右侧路肩外设置施工标志。

(3)在匝道上布置养护维修作业控制区时,无论工作区的位置在匝道的哪个断面上,都应当先在匝道的起始位置处设置施工标志,提前告诉车辆驾驶员前方有养护维修作业控制区。

立交区进出口匝道养护维修作业控制区的布置,应根据工作区在匝道上的具体位置和匝道的长度而定,当匝道长度比表中规定的警告区最小长度短时,作业控制区最前端的交通标志可设置于匝道的起点处。

(4)临时定点养护维修作业是日常养护维修作业的一种。日常养护维修作业是为保持公路的正常使用而进行的经常性保养、维修作业。在同一位置的作业时间在半天以内时,可适当减少交通标志,但应设置施工标志以及锥形交通路标,并应在上游过渡区内设置移动式标志车或配备交通指挥人员。在同一地点作业时间多于半天而当日能够完工的养护维修作业应按临时定点养护维修作业来布置作业控制区。临时定点养护维修作业主要有路面裂缝修理、路面油包或拥包修理、路面坑槽修理、路面接缝修理等。

(5)移动养护维修作业也是日常养护维修作业的一种。移动养护维修作业的特点是其作业的地点是随着维修操作而改变的,这类的作业主要有绿化浇水、路面清扫等。

二、二、三级公路养护维修作业控制区布置

1. 基本要求

(1)控制区布置应兼顾养护维修作业的内容与要求、时间和周期、交通量、经济效益等因素,控制区内交通标志的设置应前后协调,起到引导车流平稳变化的作用。

(2)控制区上游因道路线形造成视距不良时,应在控制区上游的适当位置处增设施工标志。

2. 养护维修作业控制区布置

(1)在设置交通标志牌时,警告区距离应按表6-5所示的相应数据取值。与高速公路及一级公路不同的是,由于在二、三级公路上车速不高,又有平面交叉口,当出现交叉口间距较近的情况时,警告区的长度就很难有一个统一的标准,应根据交叉口间距的实际情况来设置临时性交通标志牌或线形诱导标等;在上游过渡区起点至下游过渡区终点之间应放置锥形交通路标;在缓冲区与工作区交界处应布设路栏;在工作区周围应布设施工隔离墩或安全带。控制区内其他安全设施可以视具体情况而定。

(2)当由于施工作业仅允许单车道通行车辆时,为了保证车辆的通行安全,需要指挥车辆交替通行。指挥交替通行可以采用人工指挥和信号灯指挥。但无论采用何种指挥方式,都需要现场指挥人员配合。

(3)当作业控制区处于弯道的下游时,必须要将警告区最前面的施工标志牌前移至弯道的上游,使车辆驾驶员在到达弯道前就能够知道前方有养护维修作业控制区。

1)当工作区位置处于视距不良的路段时,应在控制区内增加施工标志;

2)当双车道的一个车道封闭作业时,工作区两端均必须配备交通指挥人员。但当单向两车道的其中一外侧车道封闭作业时,工作区下游可不配备交通指挥人员。

(4)当对整个路面进行养护维修作业时,应修筑临时交通便道,以保证车辆通行,控制区的布置应符合以下规定。

1)临时路面标线应使用黄色。

2)控制区内必须设置路栏和施工警告灯号。

3)作业车上必须安装施工警告灯号。

4)所修筑的交通便道应划道路轮廓线并应设置可渠化交通的安全设施。

(5)在路肩上养护维修作业时,其控制区的布置应符合以下规定。

1)必须保证紧靠路肩的车道宽度大于3m。

2)作业车上必须安装施工警告灯号。

3)若设置移动式标志车,可不设过渡区。

4)当交通流量较大时,必须封闭紧靠路肩的车道,并按车道封闭要求布置控制区。

(6)养护维修作业周期在半天以内时,控制区布置应符合以下规定。

1)上游过渡区宜设置移动式标志车。

2)作业车上必须安装施工警告灯号。

3)在移动养护作业时,移动式标志车应与作业车保持在50~100m的间距。

第六章 公路养护安全作业

三、特大桥桥面和隧道养护维修作业控制区布置

1. 基本要求

桥梁作为连接两岸的交通通道,一旦封闭,将会对周围的交通产生不便,而特大桥更是如此,所以不宜进行全封闭交通的养护维修作业。但在开放交通条件下的养护维修作业,由于特大桥的交通流量大、车速快,养护维修作业时的安全防护尤为重要,必须要有作业控制区的交通控制方案。

(1)应配备专职人员加强车速限制和车辆限宽的管理。

(2)隧道入口前必须设置施工标志、限制速度和限宽标志。

(3)隧道控制区必须有足够的照明。

(4)特大桥的养护维修,应根据需要设置限载标志。

(5)特大桥以外的其他桥梁养护维修作业控制区的布置可参照相关规程执行。

2. 特大桥养护维修作业控制区布置

特大桥通常是整个交通网络中的重要节点,为了不致产生交通拥挤,在进行养护维修作业控制区的布置时,要尽量少封闭车道,至少要保持一条车道的交通畅通。其作业控制区的布置方法与高速公路及一级公路作业控制区的方法是相类似的。当为单向三车道时,封闭部分的宽度最大不宜超过两条车道。

3. 隧道养护维修作业控制区布置

(1)隧道也是交通网络中的重要节点,单洞双向交通的隧道一旦全封闭,整个交通网络将会出现堵塞。因此,此类隧道是不能采用全封闭养护维修作业的。而且,由于隧道内光线较差,无论在洞内哪个断面设置作业控制区,在洞口都必须设置交通标志,还要配备交通指挥人员或设置交通信号灯。

(2)隧道双洞单向交通的控制区布置应将警告区和上游过渡区设于洞口外。

(3)移动维修作业时,宜设置移动式标志车,并应在隧道两端配备交通指挥人员。

四、平面交叉口养护维修作业控制区布置

(1)平面交叉口养护维修作业控制区布置应考虑养护维修作业的内容与要求、时间和周期、交通量、经济效益等因素,控制区内交通标志的设置要合理、前后协调,起到引导车流平稳变化的作用。

(2)平面交叉口养护维修作业控制区的上游视距不良时,可在作业控制区上游的适当位置处增设施工标志。

(3)平面交叉口养护维修作业时,对交通的影响非常大。由于养护维修作业的情况变化多端,也导致了在平面交叉口进行作业控制区布置时有各种布置的方式。

通常情况下平面交叉口作业控制区的警告区最小长度 S 应按表 6-5 所示的相应数据取值。但在有些交叉口间距小于 S 的情况下,S 可按实际的交叉口间距

取值。

对于进口道只有一条车道且该车道被封闭养护维修的作业控制区,则要求该进口道左侧的出口车道要临时作为双向车道,所以,要指派专门的交通指挥人员。当交叉口流量较大时,不宜采用本方法。

对于只有一条出口车道而被封闭的情况,该封闭车道右侧的进口道不作临时双向车道的布置方式,因此,在另外三个进口道的上游入口处应考虑设置路线引导标志,使车辆驾驶员提前采取改道措施,避免在养护维修作业的交叉口因车道封闭而发生拥挤。如果交通量较小,封闭车道的右侧进口道也可以布置为临时的双向车道。

对于车道数多于1条的情况,当一条车道被封闭时,另一条车道仍然可以通行,一般不会对另一方向的交通产生较明显的影响。当半个路幅被封闭时,需要借用对向车道通行本向车辆,所以会对本向交通和对向交通产生影响。作业控制区布置时要特别注意分离临时的双向交通。

在我国的公路交叉口中,环形交叉口是最常见的形式。在环形交叉口布置养护维修作业控制区时,有进口道、出口道和环道三个不同的位置,除了在进口道上的养护维修作业控制区对其余车道上的交通没有影响外,在出口道和环道上的养护维修作业控制区对其余车道上的交通都有影响。

(4)平面交叉口进口或出口车道因封闭改为双向通行时,应划出黄色车道分隔线。如车道宽度不够,不能双向通行时,应由现场指挥人员指挥车辆单向通行。

五、收费广场养护维修作业控制区布置

(1)在收费广场进行养护维修作业时,应关闭受维修作业影响的收费车道,并对作业控制区的交通进行管理。

(2)在有过渡段的收费广场,由于原有的交通管理措施与一般路段有所不同,譬如限速、停车缴费等,所以在布置养护维修作业控制区时,可以采用关闭收费通道等措施对养护维修作业控制区做适当的简化。

若工作区在收费亭的上游,则应关闭所对应的收费车道;若工作区在收费亭的下游,则可不设警告区和上游过渡区,但应关闭所对应的收费车道。

第四节 养护维修安全作业

一、公路养护维修安全作业

(1)凡在公路上进行养护维修作业的人员必须穿着带有反光标志的橘红色工作装(套装),管理人员必须穿着带有反光标志的橘红色背心。

(2)公路路面养护维修作业必须按作业控制区的交通控制标准设置相关的渠化装置和标志,并指派专人负责维持交通。

(3)在高速公路和一级公路上养护维修作业时,应用车辆接送养护维修作业

第六章　公路养护安全作业

人员。养护维修作业人员不得在控制区外活动或将任何物体置于控制区以外。

(4)在山体滑坡、塌方、泥石流等路段养护维修作业时,应设专人观察险情。

(5)在高路堤路肩、陡边坡等路段养护维修作业时,应采取防滑坠落措施,并注意防备危岩、浮石滚落。

(6)坑槽修补应当天完成,若不能完成须按相关规定布置养护维修作业控制区。

二、桥梁、隧道养护维修安全作业

(1)公路桥梁、涵洞、隧道养护现场要专门设置养护维修作业时的交通标志。桥面养护应按作业控制区布置要求设置相关的渠化装置和标志,并设专人负责维持交通。

(2)桥梁养护维修作业时,应首先了解架设在桥面上下的各种管线,并应注意保护公用设施(煤气、水管、电缆、架空线等),必要时应与有关单位配合作业。

(3)在桥梁栏杆外进行作业须设置悬挂式吊篮等防护设施,作业人员须系安全带。

(4)桥墩、桥台维修时,应在上、下游航道两端设置安全设施,夜间须设置警示信号。必要时应与有关单位配合作业。

(5)在养护维修明洞和半山洞前,应及时清除山体边坡或洞顶危石。

(6)在隧道内进行登高堵漏作业或维修照明设施时,登高设施的周围应设醒目的安全设施。

(7)对隧道衬砌局部坍塌进行养护维修作业时,应采取措施保证养护人员安全。

(8)当实测的隧道内一氧化碳浓度或烟尘浓度高于规定的允许浓度时,作业人员应及时撤离,并开启通风设备进行通风。

(9)隧道内不准存放易燃易爆物品,严禁明火作业或取暖。

(10)隧道洞口周围100m范围内,未经隧道养护机构许可,不得挖砂、采石、取土、倾倒废弃物,不得进行爆破作业及其他危及公路隧道安全的活动。

(11)养护作业宜选择在交通量较小的时段进行。在进行养护作业前,应做好以下工作。

1)检测隧道内CO、烟雾等有害气体的浓度及能见度是否会影响施工安全。

2)检测隧道结构状况是否会影响作业安全,如有危险,应先处理后作业。

3)检查施工道信号灯是否准确、明显,施工标志设置是否规范。

4)对养护机械、台架应进行全面的安全检查,并应在机械上设置明显的反光标志,在台架周围设置防眩灯,以反映作业现场的轮廓。

(12)在隧道内进行养护作业时,应遵守以下规定。

1)养护维修作业控制区经划定后不得随意变更。

2)作业人员不得在工作区外活动或将任何施工机具、材料置于工作区以外。

3)养护施工路段内的照明应满足要求。
(13)电力设施等有特别要求维护的,应按有关部门的安全操作规程执行。
(14)隧道内发生交通事故时,应通知并配合交通安全管理部门到现场处理交通事故。
(15)事故发生后,应尽快清理现场,排除路障,恢复隧道正常行车,并登记相关损失,认真分析事故原因,恢复或改善隧道的防灾能力。

三、冬期除雪安全作业
(1)除雪作业时应加强交通管制。
(2)除雪应以机械为主,在机械除雪不能操作的地方可以采取人工除雪。
(3)除雪作业人员和除雪机械作业时除按有关规定执行外,还应做好防滑措施。

四、雨期安全作业
(1)现场道路应加强维护,斜道和脚手板应有防滑措施。
(2)暴雨、台风前后,应检查工地临时设施、脚手架、机电设备、临时线路,发现倾斜、变形、下沉、漏电、漏雨等现象,应及时修理加固。
(3)在雨期养护维修作业时,作业现场应及时排除积水,大行道的上下坡应挖步梯或铺砂,脚手板、斜道板、跳板上应采取防滑措施。加强对排架、脚手架和土方工程的检查,防止倾斜和坍塌。
(4)在雨期施工时,处于洪水可能淹没地带的机械设备、材料等应做好防范措施,施工人员要提前做好安全撤离的准备工作。
(5)长时间在雨期中作业的工程,应根据条件搭设防雨棚。作业中遇有暴风雨应停止施工。

五、雾天养护维修安全作业
(1)雾天不宜进行养护维修作业。
(2)雾天需要进行抢修时,宜会同有关部门,封闭交通进行作业,所有安全设施上均须设置黄色施工警告灯号。

六、山区养护维修安全作业
(1)在视距条件较差或坡度较大的路段进行养护维修作业时,应设专人指挥交通,作业控制区应增加有关设施。
(2)控制区的施工标志应与急弯路标志、反向弯路标志或连续弯路标志等并列设置。
(3)在同一弯道不得同时设置两个或两个以上养护维修作业控制区。

七、清扫、绿化养护及道路检测安全作业
(1)严禁在能见度差(如夜晚、大雾天)的条件下进行人工清扫。
(2)凡需占用车道进行绿化作业时,必须按作业控制区布置要求设置有关标志。

(3)遇大风、大雨、下雪、雾天等特殊气候时必须停止绿化养护维修作业。

(4)高速公路、一级公路中央分隔带绿化浇水作业时,浇水车辆尾部必须安装发光可变标志牌或按移动养护维修作业控制区布置。

(5)道路检测车在高速公路、一级公路进行道路性能检测时,凡行进速度低于50km/h时,均应按临时定点或移动养护维修作业控制区布置,或应在检测设备尾部安装发光可变标志牌。

八、养护维修机具安全作业

(1)养护机械应按其技术性能要求正确使用,不得使用缺少安全装置或安全装置已失效的机械作业,不得操作带故障的机械作业。

(2)操作人员必须执行有关工作前的检查制度、工作中的观察制度和工作后的检查保养制度。

(3)养护机械进入施工现场前,应查明行驶路线上的隧道、跨线桥的通行净空,必要时应验算桥梁的承载力,确保机械设备安全通行。

(4)养护机械在作业时,操作人员应熟悉作业环境与施工条件。

(5)养护机械在靠近架空输电线路作业时,必须采取安全保护措施,养护机械工作装置运动轨迹范围与架空导线的安全距离必须符合相关规定。

(6)养护机械应按时进行保养,严禁养护机械带故障运转或超负荷运转。

(7)禁止在养护机械运转中进行保养、修理作业。各种电气设备的检查维修,应停电作业。

第七章 施工现场环境卫生与文明施工

第一节 施工现场环境卫生管理

一、施工区卫生管理

1. 环境卫生管理的责任区

为创造舒适的工作环境,养成良好的文明施工作风,保证职工身体健康,施工区域和生活区域应有明确划分,把施工区和生活区分成若干片,分片包干,建立责任区,从道路交通、消防器材、材料堆放到垃圾、厕所、厨房、宿舍、火炉、吸烟等都有专人负责,做到责任落实到人(名单上墙),使文明施工、环境卫生工作保持经常化、制度化。

2. 环境卫生管理措施

(1)施工现场要天天打扫,保持整洁卫生,场地平整,各类物品堆放整齐,道路平坦畅通,无堆放物、无散落物,做到无积水、无黑臭、无垃圾,有排水措施。生活垃圾与建筑垃圾要分别定点堆放,严禁混放,并应及时清运。

(2)施工现场严禁大小便,发现有随地大小便现象要对责任区负责人进行处罚。施工区、生活区有明确划分,设置标志牌,标牌上注明责任人姓名和管理范围。

(3)卫生区的平面图应按比例绘制,并注明责任区编号和负责人姓名。

(4)施工现场零散材料和垃圾,要及时清理,垃圾临时放不得超过 3 天,如违反本条规定要处罚工地负责人。

(5)办公室内做到天天打扫,保持整洁卫生,做到窗明地净,文具摆放整齐,达不到要求,对当天卫生值班员罚款。

(6)职工宿舍铺上、铺下做到整洁有序,室内和宿舍四周保持干净,污水和污物、生活垃圾集中堆放,及时外运,发现不符合此条要求,处罚当天卫生值班员。

(7)冬期办公室和职工宿舍取暖炉,必须有验收手续,合格后方可使用。

(8)楼内清理出的垃圾,要用容器或小推车,用塔吊或提升设备运下,严禁高空抛撒。

(9)施工现场的厕所,做到有顶、门窗齐全并有纱,坚持天天打扫,每周撒白灰或打药一二次,消灭蝇蛆,便坑须加盖。

(10)为了广大职工身体健康,施工现场必须设置保温桶(冬期)和开水(水杯自备),公用杯子必须采取消毒措施,茶水桶必须有盖并加锁。

(11)施工现场的卫生要定期进行检查,发现问题,限期改正。

二、生活区卫生管理

1. 宿舍卫生管理规定

(1)职工宿舍要有卫生管理制度,实行室长负责制,规定一周内每天卫生值日名单并张贴上墙,做到天天有人打扫,保持室内窗明地净,通风良好。

(2)宿舍内各类物品应堆放整齐,不到处乱放,做到整齐美观。

(3)宿舍内保持清洁卫生,清扫出的垃圾倒在指定的垃圾站堆放,并及时清理。

(4)生活废水应有污水池,二楼以上也要有水源及水池,做到卫生区内无污水、无污物,废水不得乱倒乱流。

(5)夏季宿舍应有消暑和防蚊虫叮咬措施。冬季取暖炉的防煤气中毒设施必须齐全、有效,建立验收合格证制度,经验收合格发证后,方准使用。

(6)未经许可一律禁止使用电炉及其他用电加热器具。

2. 办公室卫生管理规定

(1)办公室的卫生由办公室全体人员轮流值班,负责打扫,排出值班表。

(2)值班人员负责打扫卫生、打水,做好来访记录,整理文具。文具应摆放整齐,做到窗明地净,无蝇、无鼠。

(3)冬期负责取暖炉的看火,落地炉灰及时清扫,炉灰按指定地点堆放,定期清理外运,防止发生火灾。

(4)未经许可一律禁止使用电炉及其他电加热器具。

三、食堂卫生管理

为加强工地食堂管理,严防肠道传染病的发生,杜绝食物中毒,把住病从口入关,各单位要加强对食堂的治理整顿。

根据《食品卫生法》规定,依照食堂规模的大小,入伙人数的多少,应当有相应的食品原料处理、加工、贮存等场所及必要的上、下水等卫生设施。要做到防尘、防蝇,与污染源(污水沟、厕所、垃圾箱等)应保持 30m 以上的距离。食堂内外每天做到清洗打扫,并保持内外环境的整洁。

1. 食品卫生

(1)采购运输。

1)采购外地食品应向供货单位索取县以上食品卫生监督机构开具的检验合格证或检验单。必要时可请当地食品卫生监督机构进行复验。

2)采购食品使用的车辆、容器要清洁卫生,做到生熟分开,防尘、防蝇、防雨、防晒。

3)不得采购制售腐败变质、霉变、生虫、有异味或《食品卫生法》规定禁止生产经营的食品。

(2)贮存、保管。

1)根据《食品卫生法》的规定,食品不得接触有毒物、不洁物。建筑工程使用的防冻盐(亚硝酸钠)等有毒有害物质,各施工单位要设专人专库存放,严禁亚硝酸盐和食盐同仓共贮,要建立健全管理制度。

2)贮存食品要隔墙、离地,注意做到通风、防潮、防虫、防鼠。食堂内必须设置合格的密封熟食间,有条件的单位应设冷藏设备。主副食品、原料、半成品、成品要分开存放。

3)盛放酱油、盐等副食调料要做到容器物见本色,加盖存放,清洁卫生。

4)禁止用铝制品、非食用性塑料制品盛放熟菜。

(3)制售过程的卫生。

1)制作食品的原料要新鲜卫生,做到不用、不卖腐败变质的食品,各种食品要烧熟煮透,以免食物中毒的发生。

2)制售过程及刀、墩、案板、盆、碗及其他盛器、筐、水池子、抹布和冰箱等工具要严格做到生熟分开,售饭时要用工具销售直接入口食品。

3)非经过卫生监督管理部门批准,工地食堂禁止供应生吃凉拌菜,以防止肠道传染疾病。剩饭、菜要回锅彻底加热再食用,一旦发现变质,不得食用。

4)共用食具要洗净消毒,应有上下水洗手和餐具洗涤设备。

5)使用的代价券必须每天消毒,防止交叉污染。

6)盛放丢弃食物的桶(缸)必须有盖,并及时清运。

2. 炊管人员卫生

(1)凡在岗位上的炊管人员,必须持有所在地区卫生防疫部门办理的健康证和岗位培训合格证,并且每年进行一次体检。

(2)凡患有痢疾、肝炎、伤寒、活动性肺结核、渗出性皮肤病以及其他有碍食品卫生的疾病,不得参加接触直接入口食品的制售及食品洗涤工作。

(3)民工炊管人员无健康证的不准上岗,否则予以经济处罚,责令关闭食堂,并追究有关领导的责任。

(4)炊管人员操作时必须穿戴好工作服、发帽,做到"三白"(白衣、白帽、白口罩),并保持清洁整齐,做到文明操作,不赤背,不光脚,禁止随地吐痰。

(5)炊管人员必须做好个人卫生,要坚持做到四勤(勤理发、勤洗澡、勤换衣、勤剪指甲)。

3. 集体食堂发放卫生许可证验收标准

(1)新建、改建、扩建的集体食堂,在选址和设计时应符合卫生要求,远离有毒有害场所,30m 内不得有露天坑式厕所、暴露垃圾堆(站)和粪堆畜圈等污染源。

(2)需有与进餐人数相适应的餐厅、制作间和原料库等辅助用房。餐厅和制作间(含库房)建筑面积比例一般应为 1:1.5。其地面和墙裙的建筑材料,要用具有防鼠、防潮和便于洗刷的水泥等。有条件的食堂,制作间灶台及其周围要镶嵌白瓷砖,炉灶应有通风排烟设备。

(3)制作间应分为主食间、副食间、烧火间,有条件的可开设生间、摘菜间、炒

第七章　施工现场环境卫生与文明施工

菜间、冷荤间、面点间。做到生与熟,原料与成品、半成品、食品与杂物、毒物(亚硝酸盐、农药、化肥等)严格分开。冷荤间应具备"五专"(专人、专室、专容器用具、专消毒、专冷藏)。

(4)主、副食应分开存放。易腐食品应有冷藏设备(冷藏库或冰箱)。

(5)食品加工机械、用具、炊具、容器应有防蝇、防尘设备。用具、容器和食用苫布(棉被)要有生、熟及反、正面标记,防止食品污染。

(6)采购运输要有专用食品容器及专用车。

(7)食堂应有相应的更衣、消毒、盥洗、采光、照明、通风和防蝇、防尘设备,以及通畅的上下水管道。

(8)餐厅设有洗碗池、残渣桶和洗手设备。

(9)公用餐具应有专用洗刷、消毒和存放设备。

(10)食堂炊管人员(包括合同工、临时工)必须按有关规定进行健康检查和卫生知识培训并取得健康合格证和培训证。

(11)具有健全的卫生管理制度。单位领导要负责食堂管理工作,并将提高食品卫生质量、预防食物中毒,列入岗位责任制的考核评奖条件中。

(12)集体食堂的经常性食品卫生检查工作,各单位要根据《食品卫生法》有关规定和本地颁发的《饮食行业(集体食堂)食品卫生管理标准和要求》及《建筑施工现场环境与卫生标准》(JGJ 146—2004),进行管理检查。

4. 职工饮水卫生规定

施工现场应供应开水,饮水器具要卫生。夏季要确保施工现场的凉开水或清凉饮料供应,暑伏天可增加绿豆汤,防止中暑脱水现象发生。

四、厕所卫生管理

(1)施工现场要按规定设置厕所,厕所的合理设置方案:厕所的设置要离食堂30m以外,屋顶墙壁要严密,门窗齐全有效,便槽内必须铺设瓷砖。

(2)厕所要有专人管理,应有化粪池,严禁将粪便直接排入下水道或河流沟渠中,露天粪池必须加盖。

(3)厕所定期清扫制度:厕所设专人天天冲洗打扫,做到无积垢、垃圾及明显臭味,并应有洗手水源,市区工地厕所要有水冲设施保持厕所清洁卫生。

(4)厕所灭蝇蛆措施:厕所按规定采取冲水或加盖措施,定期打药或撒白灰粉,消灭蝇蛆。

第二节　文　明　施　工

文明施工是指保持施工场地整洁、卫生,施工组织科学,施工程序合理的一种施工活动。实现文明施工,不仅要着重做好现场的场容管理工作,而且还要相应做好现场材料、机械、安全、技术、保卫、消防和生活卫生等方面的管理工作。一个工地的文明施工水平是该工地乃至所在企业各项管理工作水平的综合体现。

一、文明施工基本条件

(1)有整套的施工组织设计(或施工方案)。
(2)有健全的施工指挥系统和岗位责任制度。
(3)工序衔接交叉合理,交接责任明确。
(4)有严格的成品保护措施和制度。
(5)大小临时设施和各种材料、构件、半成品按平面布置堆放整齐。
(6)施工场地平整,道路畅通,排水设施得当,水电线路整齐。
(7)机具设备状况良好,使用合理,施工作业符合消防和安全要求。

二、文明施工基本要求

(1)工地主要入口要设置简朴规整的大门,门旁必须设立明显的标牌,标明工程名称,施工单位和工程负责人姓名等内容。
(2)施工现场建立文明施工责任制,划分区域,明确管理负责人,实行挂牌制,做到现场清洁整齐。
(3)施工现场场地平整,道路坚实畅通,有排水措施,基础、地下管道施工完后要及时回填平整,清除积土。
(4)现场施工临时水电要有专人管理,不得有长流水、长明灯。
(5)施工现场的临时设施,包括生产、办公、生活用房、仓库、料场、临时上下水管道以及照明、动力线路,要严格按施工组织设计确定的施工平面图布置、搭设或埋设整齐。
(6)工人操作地点和周围必须清洁整齐,做到活完脚下清,工完场地清,丢洒在楼梯、楼板上的砂浆混凝土要及时清除,落地灰要回收过筛后使用。
(7)砂浆、混凝土在搅拌、运输、使用过程中,要做到不洒、不漏、不剩,使用地点盛放砂浆、混凝土必须有容器或垫板,如有洒、漏要及时清理。
(8)要有严格的成品保护措施,严禁损坏污染成品,堵塞管道。高层建筑要设置临时便桶,严禁在建筑物内大小便。
(9)建筑物内清除的垃圾渣土,要通过临时搭设的竖井或利用电梯井或采取其他措施稳妥下卸,严禁从门窗口向外抛掷。
(10)施工现场不准乱堆垃圾及余物。应在适当地点设置临时堆放点,并定期外运。清运渣土垃圾及流体物品,要采取遮盖防漏措施,运送途中不得遗撒。
(11)根据工程性质和所在地区的不同情况,采取必要的围护和遮挡措施,并保持外观整洁。
(12)针对施工现场情况设置宣传标语和黑板报,并适时更换内容,切实起到表扬先进、促进后进的作用。
(13)施工现场严禁居住家属,严禁居民、家属、小孩在施工现场穿行、玩耍。
(14)现场使用的机械设备,要按平面布置规划固定点存放,遵守机械安全规程,经常保持机身及周围环境的清洁,机械的标记、编号明显,安全装置可靠。

(15)清洗机械排出的污水要有排放措施,不得随地流淌。

(16)在用的搅拌机、砂浆机旁必须设有沉淀池,不得将浆水直接排放下水道及河流等处。

(17)塔吊轨道按规定铺设整齐稳固,塔边要封闭,道渣不外溢,路基内外排水畅通。

(18)施工现场应建立不扰民措施,针对施工特点设置防尘和防噪声设施,夜间施工必须有当地主管部门的批准。

第三节　施工现场安全色标管理

一、安全色

安全色是表达信息含义的颜色,用来表示禁止、警告、指令、指示等,其作用在于使人们能迅速发现或分辨安全标志,提醒人们注意,预防事故发生。

(1)红色:表示禁止、停止、消防和危险的意思。

(2)蓝色:表示指令,必须遵守的规定。

(3)黄色:表示通行、安全和提供信息的意思。

二、安全标志

安全标志是指在操作人员容易产生错误,有造成事故危险的场所,为了确保安全,所采取的一种标示。此标示由安全色,几何图形复合构成,是用以表达特定安全信息的特殊标示。设置安全标志的目的,是为了引起人们对不安全因素的注意,预防事故发生。

(1)禁止标志:是不准或制止人们的某种行为(图形为黑色,禁止符号与文字底色为红色)。

(2)警告标志:是使人们注意可能发生的危险(图形警告符号及字体为黑色,图形底色为黄色)。

(3)指令标志:是告诉人们必须遵守的意思(图形为白色,指令标志底色均为蓝色)。

(4)提示标志:是向人们提示目标的方向,用于消防提示(消防提示标志的底色为红色,文字、图形为白色)。

三、施工现场安全色标数量及位置

施工现场安全色标数量及位置见表7-1。

表7-1

类　　别	数量	位　　置
禁止类 (红色)	禁止吸烟	8个	材料库房、成品库、油料堆放处、易燃易爆场所、材料场地、木工棚、施工现场、打字复印室

续表

类别		数量	位置
禁止类 (红色)	禁止通行	7个	外架拆除、坑、沟、洞、槽、吊钩下方、危险部位
	禁止攀登 禁止跨越	6个 6个	外用电梯出口、通道口、马道出入口 首层外架四面、栏杆、未验收的外架
指令类 (蓝色)	必须戴 安全帽	7个	外用电梯出入口、现场大门口、吊钩下方、危险部位、马道出入口、通道口、上下交叉作业
	必须系 安全带	5个	现场大门口、马道出入口、外用电梯出入口、高处作业场所、特种作业场所
	必须穿 防护服	5个	通道口、马道出入口、外用电梯出入口、电焊作业场所、油漆防水施工场所
	必须戴 防护眼镜	12个	通道口、马道出入口、外用电梯出入、通道出入口、马道出入口、车工操作间、焊工操作场所、抹灰操作场所、机械喷漆场所、修理间、电度车间、钢筋加工场所
警告类 (黄色)	当心弧光	1个	焊工操作场所
	当心塌方	2个	坑下作业场所、土方开挖
	机械伤人	6个	机械操作场所、电锯、电钻、电刨、钢筋加工现场、机械修理场所
提示 (绿色)	安全状态 通行	5个	安全通道、行人车辆通道、外架施工层防护、人行通道、防护棚

附录 建筑施工现场环境与卫生标准

JGJ 146—2004

1 总则

1.0.1 为保障作业人员的身体健康和生命安全,改善作业人员的工作环境与生活条件,保护生态环境,防治施工过程对环境造成污染和各类疾病的发生,制定本标准。

1.0.2 本标准适用于新建、扩建、改建的土木工程、建筑工程、线路管道工程、设备安装工程、装修装饰工程及拆除工程。

1.0.3 本标准所指的施工现场包括施工区、办公区和生活区。

1.0.4 建筑施工现场环境与卫生除应执行本标准的规定外,尚应符合国家

第七章 施工现场环境卫生与文明施工

现行有关强制性标准的规定。

2 一般规定

2.0.1 施工现场的施工区域应与办公、生活区划分清晰,并应采取相应的隔离措施。

2.0.2 施工现场必须采用封闭围挡,高度不得小于1.8m。

2.0.3 施工现场出入口应标有企业名称或企业标识。主要出入口明显处应设置工程概况牌,大门内应有施工现场总平面图和安全生产、消防保卫、环境保护、文明施工等制度牌。

2.0.4 施工现场临时用房应选址合理,并应符合安全、消防要求和国家有关规定。

2.0.5 在工程的施工组织设计中应有防治大气、水土、噪声污染和改善环境卫生的有效措施。

2.0.6 施工企业应采取有效的职业病防护措施,为作业人员提供必备的防护用品,对从事有职业病危害作业的人员应定期进行体检和培训。

2.0.7 施工企业应结合季节特点,做好作业人员的饮食卫生和防暑降温、防寒保暖、防煤气中毒、防疫等工作。

2.0.8 施工现场必须建立环境保护、环境卫生管理和检查制度,并应做好检查记录。

2.0.9 对施工现场作业人员的教育培训、考核应包括环境保护、环境卫生等有关法律、法规的内容。

2.0.10 施工企业应根据法律、法规的规定,制定施工现场的公共卫生突发事件应急预案。

3 环境保护

3.1 防治大气污染

3.1.1 施工现场的主要道路必须进行硬化处理,土方应集中堆放。裸露的场地和集中堆放的土方应采取覆盖、固化或绿化等措施。

3.1.2 拆除建筑物、构筑物时,应采用隔离、洒水等措施,并应在规定期限内将废弃物清理完毕。

3.1.3 施工现场土方作业应采取防止扬尘措施。

3.1.4 从事土方、渣土和施工垃圾运输应采用密闭式运输车辆或采取覆盖措施;施工现场出入口处应采取保证车辆清洁的措施。

3.1.5 施工现场的材料和大模板等存放场地必须平整坚实。水泥和其他易飞扬的细颗粒建筑材料应密闭存放或采取覆盖等措施。

3.1.6 施工现场混凝土搅拌场所应采取封闭、降尘措施。

3.1.7 建筑物内施工垃圾的清运,必须采用相应容器或管道运输,严禁凌空抛掷。

3.1.8 施工现场应设置密闭式垃圾站,施工垃圾、生活垃圾应分类存放,并应及时清运出场。

3.1.9 城区、旅游景点、疗养区、重点文物保护地及人口密集区的施工现场应使用清洁能源。

3.1.10 施工现场的机械设备、车辆的尾气排放应符合国家环保排放标准的要求。

3.1.11 施工现场严禁焚烧各类废弃物。

3.2 防治水土污染

3.2.1 施工现场应设置排水沟及沉淀池,施工污水经沉淀后方可排入市政污水管网或河流。

3.2.2 施工现场存放的油料和化学溶剂等物品应设有专门的库房,地面应做防渗漏处理。废弃的油料和化学溶剂应集中处理,不得随意倾倒。

3.2.3 食堂应设置隔油池,并应及时清理。

3.2.4 厕所的化粪池应做抗渗处理。

3.2.5 食堂、盥洗室、淋浴间的下水管线应设置过滤网,并应与市政污水管线连接,保证排水通畅。

3.3 防治施工噪声污染

3.3.1 施工现场应按照现行国家标准《建筑施工场界噪声限值及其测量方法》(GB 12523～12524—1990)制定降噪措施,并可由施工企业自行对施工现场的噪声值进行监测和记录。

3.3.2 施工现场的强噪声设备宜设置在远离居民区的一侧,并应采取降低噪声措施。

3.3.3 对因生产工艺要求或其他特殊需要,确需在夜间进行超过噪声标准施工的,施工前建设单位应向有关部门提出申请,经批准后方可进行夜间施工。

3.3.4 运输材料的车辆进入施工现场,严禁鸣笛,装卸材料应做到轻拿轻放。

4 环境卫生

4.1 临时设施

4.1.1 施工现场应设置办公室、宿舍、食堂、厕所、淋浴间、开水房、文体活动室、密闭式垃圾站(或容器)及盥洗设施等临时设施。临时设施所用建筑材料应符合环保、消防要求。

4.1.2 办公区和生活区应设密闭式垃圾容器。

4.1.3 办公室内布局应合理,文件资料宜归类存放,并应保持室内清洁卫生。

4.1.4 施工现场应配备常用药及绷带、止血带、颈托、担架等急救器材。

4.1.5 宿舍内应保证有必要的生活空间,室内净高不得小于2.4m,通道宽

第七章 施工现场环境卫生与文明施工

度不得小于 0.9m,每间宿舍居住人员不得超过 16 人。

4.1.6 施工现场宿舍必须设置可开启式窗户,宿舍内的床铺不得超过 2 层,严禁使用通铺。

4.1.7 宿舍内应设置生活用品专柜,有条件的宿舍宜设置生活用品储藏室。

4.1.8 宿舍内应设置垃圾桶,宿舍外宜设置鞋柜或鞋架,生活区内应提供为作业人员晾晒衣物的场地。

4.1.9 食堂应设置在远离厕所、垃圾站、有毒有害场所等污染源的地方。

4.1.10 食堂应设置独立的制作间、储藏间,门扇下方应设不低于 0.2m 的防鼠挡板。

制作间灶台及其周边应贴瓷砖,所贴瓷砖高度不宜小于 1.5m,地面应做硬化和防滑处理。

粮食存放台距墙和地面应大于 0.2m。

4.1.11 食堂应配备必要的排风设施和冷藏设施。

4.1.12 食堂的燃气罐应单独设置存放间,存放间应通风良好并严禁存放其他物品。

4.1.13 食堂制作间的炊具宜存放在封闭的橱柜内,刀、盆、案板等炊具应生熟分开。食品应有遮盖,遮盖物品应有正反面标识。各种佐料和副食应存放在密闭器皿内,并应有标识。

4.1.14 食堂外应设置密闭式泔水桶,并应及时清运。

4.1.15 施工现场应设置水冲式或移动式厕所,厕所地面应硬化,门窗应齐全。蹲位之间宜设置隔板,隔板高度不宜低于 0.9m。

4.1.16 厕所大小应根据作业人员的数量设置。高层建筑施工超过 8 层以后,每隔四层宜设置临时厕所。厕所应设专人负责清扫、消毒,化粪池应及时清掏。

4.1.17 淋浴间内应设置满足需要的淋浴喷头,可设置储衣柜或挂衣架。

4.1.18 盥洗设施应设置满足作业人员使用的盥洗池,并应使用节水龙头。

4.1.19 生活区应设置开水炉、电热水器或饮用水保温桶;施工区应配备流动保温水桶。

4.1.20 文体活动室应配备电视机、书报、杂志等文体活动设施、用品。

4.2 卫生与防疫

4.2.1 施工现场应设专职或兼职保洁员,负责卫生清扫和保洁。

4.2.2 办公区和生活区应采取灭鼠、蚊、蝇、蟑螂等措施,并应定期投放和喷洒药物。

4.2.3 食堂必须有卫生许可证,炊事人员必须持身体健康证上岗。

4.2.4 炊事人员上岗应穿戴洁净的工作服、工作帽和口罩,并应保持个人卫生。不得穿工作服出食堂,非炊事人员不得随意进入制作间。

4.2.5 食堂的炊具、餐具和公用饮水器具必须清洗消毒。

4.2.6 施工现场应加强食品、原料的进货管理,食堂严禁出售变质食品。

4.2.7 施工现场作业人员发生法定传染病、食物中毒或急性职业中毒时,必须在 2 小时内向施工现场所在地建设行政主管部门和有关部门报告,并应积极配合调查处理。

4.2.8 现场施工人员患有法定传染病时,应及时进行隔离,并由卫生防疫部门进行处置。

第八章 公路工程伤亡事故管理

第一节 伤亡事故的定义与分类

一、伤亡事故的定义

1. 事故

事故是指人们在进行有目的的活动过程中,发生了违背人们意愿的不幸事件,使其有目的的行动暂时或永久地停止。

2. 伤亡事故

伤亡事故是指职工在劳动生产过程中发生的人身伤害、急性中毒事故。

工程项目所发生的伤亡事故大体可分为两类:一是因工伤亡,即在施工项目生产过程中发生的;二是非因工伤亡,即与施工生产活动无关的伤亡。

二、伤亡事故的分类

1. 伤亡事故等级

根据国务院 493 号令《生产安全事故报告和调查处理条例》,由生产安全事故(以下简称事故)造成的人员伤亡或直接经济损失,事故一般分为以下等级。

(1)特别重大事故,是指造成 30 人以上死亡,或者 100 人以上重伤(包括急性工业中毒,下同),或者造成 1 亿元人民币以上直接经济损失的事故。

(2)重大事故,是指造成 10 人以上 30 人以下死亡,或者 50 人以上 100 人以下重伤,或者 5000 万元人民币以上 1 亿元人民币以下,直接经济损失的事故。

(3)较大事故,是指造成 3 人以上 10 人以下死亡,或者 10 人以上 50 人以下重伤;或者 1000 万元人民币以上 10 人以下死亡,或者 10 人以上 50 人以下重伤,或者 1000 万元人民币以上 5000 万元人民币以下直接经济损失的事故。

(4)一般事故,是指造成 3 人以下死亡,或者 10 人以下重伤,或者 1000 万元人民币以下直接经济损失的事故。

国务院安全生产监督管理部门可以会同国务院有关部门,制定事故等级划分的补充性规定。

关于按事故的严重程度进行分类,应注意以下三个问题。

(1)关于事故严重程度的分类无客观技术标准,主要是能够适应行政管理的需要,在组织事故调查和在事故处理过程中便于记录和汇报。

(2)关于轻、重的划分既有政策方面的规定,又是一个复杂的医学问题。同时为了保证事故报告不跨月,伤亡数字的真实性,多数伤害要求在事故现场、抢救过程、医疗时给予确定,少数伤害可根据病情可能导致的结果来确定。因此,允许最终医疗鉴定与实际统计报告有差别。

(3)根据《企业职工伤亡事故分类》(GB 6441—1986)规定的伤亡事故"损失工作日",即:轻伤,指损失 1 个工作日至不超过 105 个工作日的失能伤害;重伤,指损失工作日等于和超过 105 个工作日的失能伤害;死亡,损失工作日定为 6000 个工作日。"损失工作日"的概念,其目的是估价事故在劳动力方面造成的直接损失。因此,某种伤害的损失工作日数一经确定,即为标准值,与伤害者的实际休息日无关。

建设部根据工程建设过程中事故伤亡和损失程度的不同,把工程建设重大事故分为四个等级。

(1)一级重大事故,死亡 30 人以上或直接经济损失 300 万元人民币以上的。

(2)二级重大事故,死亡 10 人以上,29 人以下或直接经济损失 100 万元人民币以上,不满 300 万元人民币的。

(3)三级重大事故,死亡 3 人以上,9 人以下,重伤 20 人以上或直接经济损失 30 万元以上,不满 100 万元人民币的。

(4)四级重大事故,死亡 2 人以下;重伤 3 人以上、19 人以下或直接经济损失 10 万元以上,不满 30 万元人民币的。

2. 伤亡事故类别

按照直接致使职工受到伤害的原因(即伤害方式)分类。

(1)物体打击,指落物、滚石、锤击、碎裂崩块、碰伤等伤害,包括因爆炸而引起的物体打击。

(2)提升、车辆伤害,包括挤、压、撞、倾覆等。

(3)机械伤害,包括绞、碾、碰、割、戳等。

(4)起重伤害,指起重设备或操作过程中所引起的伤害。

(5)触电,包括雷击伤害。

(6)淹溺。

(7)灼烫。

(8)火灾。

(9)高处坠落,包括从架子、屋顶上坠落以及从平地坠入地坑等。

(10)坍塌,包括建筑物、堆置物、土石方倒塌等。

(11)冒顶串帮。

(12)透水。

(13)放炮。

(14)火药爆炸,指生产、运输、储藏过程中发生的爆炸。

(15)瓦斯煤尘爆炸,包括煤粉爆炸。

(16)其他爆炸,包括锅炉爆炸、容器爆炸、化学爆炸、炉膛、钢水包爆炸等。

(17)煤与瓦斯突出。
(18)中毒和窒息,指煤气、油气、沥青、化学、一氧化碳中毒等。
(19)其他伤害,如扭伤、跌伤、野兽咬伤等。

第二节 伤亡事故的处理

一、迅速抢救伤员、保护事故现场

事故发生后,现场人员要有组织、听指挥,迅速做好两件事。

1. 抢救伤员,排除险情,制止事故蔓延扩大

抢救伤员时,要采取正确的救助方法,避免二次伤害;同时遵循救助的科学性和实效性,防止抢救阻碍或事故蔓延;对于伤员救治医院的选择要迅速、准确,减少不必要的转院,贻误治疗时机。

2. 为了事故调查分析需要,保护好事故现场

由于事故现场是提供有关物证的主要场所,是调查事故原因不可缺少的客观条件,要求现场各种物件的位置、颜色、形状及其物理、化学性质等尽可能保持事故结束时的原来状态。因此,在事故排险、伤员抢救过程中,要保护好事故现场,确因抢救伤员或为防止事故继续扩大而必须移动现场设备、设施时,现场负责人应组织现场人员查清现场情况,做出标志和记明数据,绘出现场示意图,任何单位和个人不得以抢救伤员等名义故意破坏或者伪造事故现场。必须采取一切可能的措施,防止人为或自然因素的破坏。

发生事故的项目,其生产作业场所仍然存在危及人身安全的事故隐患,要立即停工,进行全面的检查和整改。

二、组织事故调查组

1. 组织调查组

在接到事故报告后,企业主管领导,应立即赶赴现场组织抢救,并迅速组织调查组开展事故调查。

(1)轻伤事故,由项目经理牵头,项目经理部生产、技术、安全、人事、保卫、工会等有关部门的成员组成事故调查组。

(2)重伤事故,由企业负责人或其指定人员牵头,企业生产、技术、安全、人事、保卫、工会、监察等有关部门的成员,会同上级主管部门负责人组成事故调查组。

(3)死亡事故,由企业负责人或其指定人员牵头,企业生产、技术、安全、人事、保卫、工会、监察等有关部门的成员,会同上级主管部门负责人、政府安全监察部门、行业主管部门、公安部门、工会组织成事故调查组。

(4)重大死亡事故,按照企业的隶属关系,由省、自治区、直辖市企业主管部门或者国务院有关主管部门会同同级行政安全管理部门、公安部门、监察部门、工会组成事故调查组,进行调查。重大死亡事故调查组应邀请人民检察院参加,还可

邀请有关专业技术人员参加。

2. 事故调查组成员条件

(1)与所发生事故没有直接利害关系。

(2)具有事故调查所需要的某一方面业务的专长。

(3)满足事故调查中涉及企业管理范围的需要。

三、现场勘察

现场勘察是技术性很强的工作,涉及广泛的科技知识和实践经验,调查组对事故的现场勘察必须做到及时、全面、准确、客观。现场勘察的主要内容有以下几个方面。

1. 现场笔录

(1)发生事故的时间、地点、气象等。

(2)现场勘察人员姓名、单位、职务。

(3)现场勘察起止时间、勘察过程。

(4)能量失散所造成的破坏情况、状态、程度等。

(5)设备损坏或异常情况及事故前后的位置。

(6)事故发生前劳动组合、现场人员的位置和行动。

(7)散落情况。

(8)重要物证的特征、位置及检验情况等。

2. 现场拍照

(1)方位拍照,能反映事故现场在周围环境中的位置。

(2)全面拍照,能反映事故现场各部分之间的联系。

(3)中心拍照,反映事故现场中心情况。

(4)细目拍照,提示事故直接原因的痕迹物、致害物等。

(5)人体拍照,反映伤亡者主要受伤和造成死亡的伤害部位。

3. 现场绘图

据事故类别和规模以及调查工作的需要应绘出下列示意图。

(1)建筑物平面图、剖面图。

(2)事故时人员位置及活动图。

(3)破坏物立体图或展开图。

(4)涉及范围图。

(5)设备或工具、器具构造简图等。

4. 事故资料

(1)事故单位的营业证照及复印件。

(2)有关经营承包经济合同。

(3)安全生产管理制度。

(4)技术标准、安全操作规程、安全技术交底。

第八章 公路工程伤亡事故管理

(5)安全培训材料及安全培训教育记录。
(6)项目安全施工资质和证件。
(7)伤亡人员证件(包括特种作业证、就业证、身份证)。
(8)劳务用工注册手续。
(9)事故调查的初步情况(包括伤亡人员的自然情况、事故的初步原因分析等)。
(10)事故现场示意图。

四、分析事故原因

1. 事故性质

(1)责任事故。是指由于人的过失造成的事故。
(2)非责任事故。即由于人们不能预见或不可抗力的自然条件变化所造成的事故,或是在技术改造、发明创造、科学试验活动中,由于科学技术条件的限制而发生的无法预料的事故。但是,对于能够预见并可以采取措施加以避免的伤亡事故,或没有经过认真研究解决技术问题而造成的事故,不能包括在内。
(3)破坏性事故。即为达到既定目的而故意制造的事故。对已确定为破坏性事故的,由公安机关认真追查破案,依法处理。

2. 事故原因

(1)直接原因。根据《企业职工伤亡事故分类标准》(GB 6441—1986)附录 A,直接导致伤亡事故发生的机械、物质和环境的不安全状态,以及人的不安全行为,是造成事故的直接原因。
(2)间接原因。事故中属于技术和设计上的缺陷,教育培训不够、未经培训、缺乏或不懂安全操作技术知识,劳动组织不合理,对现场工作缺乏检查或指导错误,没有安全操作规程或安全操作规程不健全,没有或不认真实施事故防范措施,对事故隐患整改不利等原因,是事故的间接原因。
(3)主要原因。导致事故发生的主要因素,是事故的主要原因。

3. 事故分析的步骤

(1)整理和阅读调查材料。
(2)根据《企业职工伤亡事故分类标准》(GB 6441—1986)附录 A,按受伤部位;受伤性质;起因物;致害物;伤害方法;不安全状态;不安全行为等进行分析。
(3)确定事故的直接原因。
(4)确定事故的间接原因。
(5)确定事故的责任者。

在分析事故原因时,应根据调查所确认的事实,从直接原因入手,逐步深入到间接原因,从而掌握事故的全部原因。通过对直接原因和间接原因的分析,确定事故中的直接责任者和领导责任者,再根据其在事故发生过程中的作用,确定主要责任者。

五、伤亡事故报告

1. 报告程序

施工项目发生伤亡事故,负伤者或者事故现场有关人员应立即直接或逐级报告。

(1)轻伤事故,立即报告工程项目经理,项目经理报告企业主管部门和企业负责人。

(2)重伤事故、急性中毒事故、死亡事故,立即报告项目经理和企业主管部门、企业负责人,并由企业负责人立即以最快速的方式报告企业上级主管部门、政府安全监察部门、行业主管部门,以及工程所在地的公安部门。

(3)重大事故由企业上级主管部门逐级上报。

涉及两个以上单位的伤亡事故,由伤亡人员所在单位报告,相关单位也应向其主管部门报告。

事故报告要以最快捷的方式立即报告,报告时限不得超过地方政府主管部门的规定时限。

2. 伤亡事故报告内容

(1)事故发生(或发现)的时间、详细地点。

(2)发生事故的项目名称及所属单位。

(3)事故类别、事故严重程度。

(4)伤亡人数、伤亡人员基本情况。

(5)事故简要经过及抢救措施。

(6)报告人情况和联系电话。

第三节　事故的预测和预防

一、事故原因

事故原因有直接原因、间接原因和基础原因,其具体表现如下:

(一)直接原因

1. 人的原因

(1)身体缺陷

疾病、职业病、精神失常、智商过低(呆滞、接受能力差、判断能力差等)、紧张、烦躁、疲劳、易冲动、易兴奋、运动精神迟钝、对自然条件和环境过敏、不适应复杂和快速动作、应变能力差等。

(2)错误行为

1)嗜酒、吸毒、吸烟、打赌、逞强、戏耍、嬉笑、追逐等。

2)错视、错听、错嗅、误触、误动作、误判断、突然受阻、无意相碰、意外滑倒、误入危险区域等。

第八章 公路工程伤亡事故管理

(3)违纪违章

粗心大意、漫不经心、注意力不集中、不懂装懂、无知而又不虚心、凭过时的经验办事、不履行安全措施、安全检查不认真、随意乱放物品物件、任意使用规定外的机械装置、不按规定使用防护用品用具、碰运气、图省事、盲目相信自己的技术、企图恢复不正常的机械设备、玩忽职守、有意违章、只顾自己而不顾他人等。

2. 环境和物的原因

(1)设备、装置、物品的缺陷

技术性能降低、强度不够、结构不良、磨损、老化、失灵、霉烂、物理和化学性能达不到要求等。

(2)作业场所的缺陷

狭窄、立体交叉作业、多工种密集作业、通道不宽敞、机械拥挤、多单位同时施工等。

(3)有危险源(物质和环境)

1)化学方面的氧化、自燃、易燃、毒性、腐蚀、致癌、分解、光反应、水反应等。

2)机械方面的重物、振动、位移、冲撞、落物、尖角、旋转、冲压、轧压、剪切、切削、磨研、钳夹、切割、陷落、抛飞、铆锻、倾覆、翻滚、崩断、往复运动、凸轮运动等；电气方面的漏电、短路、火花、电弧、电辐射、超负荷、过热、爆炸、绝缘不良、无接地接零、反接、高压带电作业等。

3)环境方面的辐射线、红外线、紫外线、强光、雷电、风暴、骤雨、浓雾、高低温、潮湿、气压、气流、洪水、地震、山崩、海啸、泥石流、强磁场、冲击波、射频、微波、噪声、粉尘、烟雾、高压气体、火源等。

(二)间接原因

(1)目标与规划方面。目标不清、计划不周、标准不明、措施不力、方法不当、安排不细、要求不具体、分工不落实、时间不明确、信息不畅通等。

(2)责任制方面。责权利结合不好、责任不分明、责任制有空档、相互关系不严密、缺少考核办法、考核不严格、奖罚不严等。

(3)管理机构方面。机构设置不当、人浮于事或缺员、管理人员质量不高、岗位责任不具体、业务部门之间缺乏有机联系等。

(4)教育培训方面。无安全教育规划、未建立安全教育制度、只教育而无考核、考核考试不严格、教育方法单调、日常教育抓得不紧、安全技术知识缺乏等。

(5)技术管理方面。建筑物、结构物、机械设备、仪器仪表的设计、选材、布置、安装、维护、检修有缺陷；工艺流程和操作方法不当；安全技术操作规程不健全；安全防护措施不落实；检测、试验、化验有缺陷；防护用品质量欠佳；安全技术措施费用不落实等。

(6)安全检查方面。检查不及时；检查出的问题未及时处理；检查不严、不细；安全自检坚持得不够好；检查的标准不清；检查中发现的隐患没立即消除；有漏查漏检现象等。

(7)其他方面。指令有误、指挥失灵、联络欠佳、手续不清、基础工作不牢、分析研究不够、报告不详、确认有误、处理不当等。

(三)基础原因

造成间接原因的因素包括经济、文化、社会历史、法律、民族习惯等社会因素。

二、事故的预测

事故预测的目的就是为安全技术和安全管理提供决策的依据,进而为工程规划、发展计划提供先决条件。

根据因果论的观点,事故的发生总是由于过去或现在一连串人的操作失误和机器的失效引起的,而这些失误和失效表现的形式也很复杂,有些是显现的,如人的误操作、机器的破损,有些是潜在的,以逐渐量变的形式向危险逼近,如人的识别差错、机器泄漏等。事故预测就是对引发事故的各种因素、各种因素发生的可能性及各种因素对造成事故的危险程度进行预测,从而找出控制事故发生的最佳方案,为安全技术措施确定重点工程,为安全生产管理工作提供系统管理的目标。

三、事故的预防

为了切实达到预防事故和减少事故损失,应采取以下安全技术措施:

1. 改进生产工艺,实现机械化、自动化

随着科学技术的发展,建筑企业不断改进生产工艺,加快了实现机械化、自动化的过程,促进了生产的发展,提高了安全技术水平,大大减轻了工人的劳动强度,保证了职工的安全和健康。如采取机械化的喷涂抹灰,提高了工效 2~4 倍,不但保证了工程质量,还减轻了工人的劳动强度,保护了施工人员的安全。因此,在编施工组织设计时,应尽量优先考虑采用新工艺、机械化、自动化的生产手段,为安全生产、预防事故创造条件。

2. 设置安全装置

(1)防护装置。防护装置是用屏保方法与手段把人体与生产活动中出现的危险部位隔离开来的设施和设备。

施工活动中的危险部位主要有"四口"、机具、车辆、暂设电器、高温、高压容器及原始环境中遗留下来的不安全因素等。防护装置的种类繁多,应随时检查增补,做到防护严密,具体要求如下:

1)在"四口"、"五临边"处理上要按部颁标准设置水平及立体防护,使劳动者有安全感。

2)在机械设备上做到轮有罩、轴有套,使其转动部分与人体绝对隔离开来。

3)在施工用电中,要做到"四级"保险;遗留在施工现场的危险因素,要有隔离措施(如高压线路的隔离防护设施等)。

4)项目经理和管理人员应经常检查并教育施工人员正确使用安全防护装置并严加保护,不得随意破坏、拆卸和废弃。

第八章 公路工程伤亡事故管理

(2)保险装置。保险装置是指机械设备在非正常操作和运行中能够自动控制和消除危险的设施设备。也可以说它是保障设施设备和人身安全的装置。如锅炉、压力容器的安全阀,供电设施的触电保安器,各种提升设备的断绳保险器等。近年来北京地区建筑工人发明的提升架吊盘"门控杠式防坠落保险装置"、"桥架断绳保险器"等均属此类设备。

(3)信号装置。信号装置是利用人的视、听觉反应原理制造的装置。它是应用信号指示或警告工人该做什么、该躲避什么。

信号装置可分为以下三种:

1)颜色信号,如指挥起重工的红、绿手旗,场内道路上的红、绿、黄灯。

2)音响信号,如塔吊上的电铃,指挥吹的口哨等。

3)指示仪表信号,如压力表、水位表、温度计等。

(4)危险警示标志。危险警示标志是警示工人进入施工现场应注意或必须做到的统一措施。通常它以简短的文字或明确的图形符号予以显示。如:禁止烟火!危险!有电!等。各类图形通常配以红、蓝、黄、绿颜色。红色表示危险禁止,蓝色表示指令,黄色表示警告,绿色表示安全。国家发布的安全标志对保持安全生产起到了促进作用,必须按标准予以实施。

3. 预防性的机械强度试验和电气绝缘检验

(1)预防性的机械强度试验。施工现场的机械设备,特别是自行设计组装的临时设施和各种材料、构件、部件均应进行机械强度试验。必须在满足设计和使用功能时方可投入正常使用。有些还须定期或不定期地进行试验,如施工用的钢丝绳、钢材、钢筋、机件及自行设计的吊栏架、外挂架子等,在使用前必须做承载试验,这种试验,是确保施工安全的有效措施。

(2)电气绝缘检验。电气设备的绝缘是否可靠,不仅是电业人员的安全问题,也关系到整个施工现场财产、人员的设施。由于施工现场多工种联合作业,使用电器设备的工种不断增多,更应重视电气绝缘问题。因此,要保证良好的作业环境,使机电设施、设备正常运转,不断更新老化及被损坏的电气设备和线路是必须采取的预防措施。为及时发现隐患,消除危险源,则要求在施工前、施工中、施工后均应对电气绝缘进行检验。

4. 机械设备的维修保养和有计划的检修

随着施工机械化的发展,各种先进的大、中、小型机械设备进入工地,但由于建筑施工要经常变化施工地点和条件,机械设备不得不经常拆卸、安装。就机械设备本身而言,各零部件也会产生自然和人为的磨损,如果不及时的发现和处理,就会导致事故发生,轻者影响生产,重者将会机毁人亡,给企业乃至社会造成无法弥补的损失。因此,要保持设备的良好状态,提高它的使用期限和效率,有效地预防事故就必须进行经常性的维修保养。

(1)机械设备的维修和保养。各种机械设备是根据不同的使用功能设计生产出来的,除了一般的要求外,也具有特殊的要求。即要严格坚持机械设备的维护保养规则,要按照其操作过程进行保护,使用后需及时加油清洗,使其减少磨损,确保正常运转,尽量延长寿命,提高完好率和使用率。

(2)计划检修。为了确保机械设备正常运转,对每类机械设备均应建立档案(租赁的设备由设备产权单位建档),以便及时地按每台机械设备的具体情况,进行定期的大、中、小修,在检修中要严格遵守规章制度,遵守安全技术规定,遵守先检查后使用的原则,绝不允许为了赶进度,违章指挥、违章作业,让机械设备"带病"工作。

5. 文明施工

当前开展文明安全施工活动,已纳入各级政府及主管部门对企业考核的重要指标之一。一个工地是否科学组织生产,规范化、标准化管理现场,已成为评价一个企业综合管理素质的一个主要因素。

实践证明,一个施工现场如果做到整体规划有序、平面布置合理、临时设施整洁划一、原材料、构配件堆放整齐,各种防护齐全有效,各种标志醒目、施工生产管理人员遵章守纪,那么这个施工企业一定获得较大的经济效益、社会效益和环境效益。反之,将会造成不良的影响。因此,文明施工也是预防安全事故,提高企业素质的综合手段。

6. 合理使用劳动保护用品

适时地供应劳动保护用品,是在施工生产过程中预防事故、保护工人安全和健康的一种辅助手段。它虽不是主要手段,但在一定的地点、时间条件下确能起到不可估量的作用。不少企业和施工现场曾多次出现有惊无险的事例,也出现了不少不适时发放和不正确使用劳保用品而丧生的例子。因此统一采购,妥善保管,正确使用防护用品也是预防事故、减轻伤害程度的不可缺少的措施之一。

7. 强化民主管理,认真执行操作规程,普及安全技术知识教育

随着改革开放,大量农村富余劳动力,以各种形式进入了施工现场,从事他们不熟悉的工作,他们十分缺乏建筑施工安全知识。因此,绝大多数事故发生在他们身上,据有关部门统计,一般因工伤亡事故的农民工占80%以上,有的企业100%出现在他们身上,如果能从招工审查、技术培训、施工管理、行政生活上严格加强民主管理,将事故减少50%以上,则许多生命将被挽救。因此这是当前以及将来预防事故的一个重要方面。

随着国家法制建设的不断加强,建筑企业施工的法律、规程、标准已经大量出台。只要认真地贯彻安全技术操作规程,并不断补充完善其实施细则,建筑业落实"安全第一,预防为主"的方针就会实现,大量的伤亡事故就会减少和杜绝。

四、施工现场危险因素及控制方法

施工项目危险因素评价采用直接判断法和作业条件危险性评价法相结合,通

第八章 公路工程伤亡事故管理

过定量的评价方法分析危害导致危险事件发生的可能性和后果,确定危险的大小。

施工现场重大危险因素及控制方法见下表 8-1。

表 8-1　　　　　　　　　重大危险因素清单

序号	类别	活动名称		危险因素	可导致的事故	活动类型	控制方法
		施工区	生活区				
1	临时用电	施工用电		漏电跳闸不灵敏	触电	电能	方案
				电机缺相	触电	电能	
				线路破损	火灾	电能	
				导线联结不好	火灾	电能	操作规程
				接线柱接不实	火灾	电能	
				开关触点接触不良	火灾	电能	
		照明	照明	私自接线	触电	电能	规程
		碘钨		使用位置不当	火灾	电能	管理规定
			取暖	使用电炉	火灾	电能	
		降水		电缆拖水、有积水	触电	电能	管理规定
		电梯安装		使用高压照明	触电	电能	
2	机械设备	电气设备使用		裸线外露	触电	电能	管理规定
		打夯机			电能	触电	电能
		电焊机用电		双线老化	触电	电能	规定
				双线不到位	触电	电能	操作规程
				二次线超长	触电	电能	
				不使用防触电保护器	触电	电能	
		电锯		未安分料器、安全档	机械伤害	机械能	规定
		切割机		切割片松动		机械能	规程
				切割短料		人机因素	规程
		卷扬机		安装不规范		机械能	方案
				制动器失灵		机械能	操作规程
				钢丝绳排列不整齐		机械能	
				作业中停电	其他伤害	机械能	

续表

序号	类别	活动名称 施工区	活动名称 生活区	危险因素	可导致的事故	活动类型	控制方法
2	机械设备	电动工具		使用花线	触电	电能	管理规定
				使用一类工具	触电	电能	
		搅拌机作业		制动器失灵	机械伤害	机械能	操作规程
				人员进筒清洗	人身伤害	机械能	
				场地堆积	触电	电能	
				料斗升起	机械伤害	机械能	
		车辆使用		车辆进出倒车	撞人	机械能	操作规程
				司机疲劳驾驶	人身伤害	机械能	
		机动车驾驶		酒后非司机驾驶	机械伤害	机械能	操作规程
		钢筋加工		机械有故障	机械伤害	机械能	
		手持电动工具		使用不规范	触电	机械能	管理规定
		塔吊运转作业		材料高空坠落	物体打击	机械能	管理规定 操作规定
				吊物碰撞四周材料	物体打击	机械能	
				吊物超重	起重伤害	机械能	
				大风天气	塔吊倾翻	机械能	
		塔吊拆除		高空配件下掉	物体打击	人机工程	操作规程
3	基础工程	土方开挖		放坡不够	坍塌	人机工程	施工方案
				防护栏未跟上	坠落	人机工程	
		挡土墙		倾斜	坍塌	人机工程	
4	结构工程	大模板施工		大模板无防护栏杆	坠落	人机因素	方案管理规定
				大模板少支腿	倾倒	人机因素	
				大模板无操作平台	坠落	人机因素	
				大模板单板存放	倾倒	人机因素	
		高空作业		向下扔物	物体打击	人机因素	管理规定

第八章 公路工程伤亡事故管理

续表

序号	类别	活动名称		危险因素	可导致的事故	活动类型	控制方法
		施工区	生活区				
4	结构工程	脚手架搭设		立杆横杆间距大于规定	坍塌	机械能	管理规定操作规程
				拉接点水平间距>6m	坍塌	机械能	
				拉接点垂直间距<4m	坍塌	机械能	
				作业面未满铺脚手板	坠落	机械能	
				有探头板、飞跳板	坠落	机械能	
				脚手板下无水平接网	坠落	机械能	方案管理规定操作规定
				小横杆大于1m	坍塌	机械能	
				私拆拉接点	坍塌	机械能	
				对接头在同一水平线上	坍塌	机械能	
				架体距结构过宽	坍塌	机械能	
		架子拆除		乱扔管件	物体打击	机械能	管理规定
				个人防护不到位	高出坠落	机械能	
5	装修工程	电梯安装		操作使用单板	坠落	人机工程	管理规定
				井内使用高压照明	触电	人机工程	
		内外装修		交叉作业	物体打击	人机工程	管理规定
				高处作业	坠落	人机工程	
				简易架子无防护	坠落	人机工程	
				墙体上行走	坠落	人机工程	
		外装修		私自拆除外架拉接点	坍塌	人机工程	规定
6	个人防护	个人违章		进入现场不带安全帽	物体打击	人机工程	管理规定
				高处作业不带安全带	坠落	人机工程	
				穿拖鞋上岗	其他伤害	人机工程	
				不持证上岗	其他伤害	人机工程	
				现场抽烟	火灾	人机工程	
		四口防护		楼梯无防护栏	坠落	人机工程	管理规定
				电梯井口无防护门	坠落	人机工程	
				井内无接网、无护头棚	坠落打击	人机工程	

续表

序号	类别	活动名称		危险因素	可导致的事故	活动类型	控制方法
		施工区	生活区				
6	个人防护	四口防护		防护门误插销	坠落	人机工程	管理规定
				洞口无防护	打击坠落	人机工程	
		五临边		无防护栏杆	坠落	人机工程	
				无防护网	物体打击	人机工程	
				楼顶周边低于1.5m	坠落	人机工程	
				阳台未挂安全网	坠落	人机工程	
				基坑边堆放材料	坍塌	人机工程	
7	消防保卫	违章		现场抽烟	火灾	人机工程	规定
		电焊作业		无灭火器材	火灾	人机工程	管理规定
		气焊作业		乙炔、氧气瓶间距小	火灾	人机工程	规定
8	料具管理	钢材码放		超高	坍塌	人机工程	管理规定
		油漆稀料存放		吸烟、用火	火灾	化学能	
				有热源	火灾	化学能	
				无防火措施	火灾	化学能	
9	卫生防疫		煤气使用	漏气	中毒窒息	放射能	管理
			煤火取暖	一氧化碳煤气	中毒窒息	化学能	管理规定
			疫情	病毒	中毒窒息	生物因素	预防
			食堂	生熟食品未分开存放	中毒窒息	人机因素	规定
			食堂饮食	食品卫生许可证	中毒窒息	人机因素	方案管理规定制度
				食堂无防蝇措施	中毒窒息	人机因素	
				容器未消毒	中毒窒息	人机因素	
				购买变质食品	中毒窒息	人机因素	
				做凉拌菜	中毒窒息	人机因素	
				豆角未做熟	中毒窒息	人机因素	
10	交通安全	车辆使用		车辆进出倒车	车辆撞人	机械能	管理规定
				司机疲劳驾驶	车辆撞人	人机因素	

第四节　事故应急救援预案

一、事故应急救援体系

(一)事故应急救援的基本任务

事故应急救援的总目标是通过有效的应急救援行动,尽可能地降低事故的后果,包括人员伤亡、财产损失和环境破坏等。事故应急救援的基本任务包括下述几个方面。

(1)立即组织营救受害人员,组织撤离或者采取其他措施保护危害区域内的其他人员。抢救受害人员是应急救援的首要任务。在应急救援行动中,快速、有序、有效地实施现场急救与安全转送伤员,是降低伤亡率、减少事故损失的关键。由于重大事故发生突然、扩散迅速、涉及范围广、危害大,应及时指导和组织群众采取各种措施进行自身防护,必要时迅速撤离危险区或可能受到危害的区域。在撤离过程中,应积极组织群众开展自救和互救工作。

(2)迅速控制事态,并对事故造成的危害进行检测、监测,测定事故的危害区域、危害性质及危害程度。及时控制住造成事故的危险源是应急救援工作的重要任务。只有及时地控制住危险源,防止事故的继续扩展,才能及时有效地进行救援。特别对发生在城市或人口稠密地区的化学事故,应尽快组织工程抢险队与事故单位技术人员一起及时控制事故继续扩展。

(3)消除危害后果,做好现场恢复。针对事故对人体、动植物、土壤、空气等造成的现实危害和可能的危害,迅速采取封闭、隔离、洗消、监测等措施,防止对人的继续危害和对环境的污染。及时清理废墟和恢复基本设施,将事故现场恢复至相对稳定的状态。

(4)查清事故原因,评估危害程度。事故发生后应及时调查事故的发生原因和事故性质,评估出事故的危害范围和危险程度,查明人员伤亡情况,做好事故原因调查,并总结救援工作中的经验和教训。

(二)事故应急救援的特点

应急工作涉及技术事故、自然灾害(引发)、城市生命线、重大工程、公共活动场所、公共交通、公共卫生和人为突发事件等多个公共安全领域,构成一个复杂系统,具有不确定性、突发性、复杂性和后果、影响易猝变、激化、放大的特点。

1. 不确定性和突发性

不确定性和突发性是各类公共安全事故、灾害与事件的共同特征,大部分事故都是突然爆发,爆发前基本没有明显征兆,而且一旦发生,发展蔓延迅速,甚至失控。

2. 应急活动的复杂性

应急活动的复杂性主要表现在:事故、灾害或事件影响因素与演变规律的不确定性和不可预见的多变性;众多来自不同部门参与应急救援活动的单位,在信息沟通、行动协调与指挥、授权与职责、通讯等方面的有效组织和管理,以及应急响应过程中公众的反应、恐慌心理、公众过激等突发行为的复杂性等。

3. 后果易猝变、激化和放大

公共安全事故、灾害与事件虽然是小概率事件,但后果一般比较严重,能造成广泛的公众影响,应急处理稍有不慎,就可能改变事故、灾害与事件的性质,使其从平稳、有序、和平状态向动态、混乱和冲突方面发展,引起事故、灾害与事件波及范围扩展,卷入人群数量增加和人员伤亡与财产损失后果加大,猝变、激化与放大造成的失控状态,不但迫使应急呼应升级,甚至可以导致社会性危机出现,使公众立即陷入巨大的动荡与恐慌之中。

(三)应急预案的分类

(1)总体预案是城市的整体预案,是在综合考虑各种主要突发公共事件危害的基础上,从总体上阐述城市的应急方针、政策、应急组织结构、部门职责、应急行动的总体思路以及相应的资源准备、救援保障情况等。总体预案是综合、全面的预案,以场外指挥与集中指挥为主,侧重在应急救援活动的组织协调。

(2)专项预案主要针对某种具体的、特定类型突发公共事件的紧急情况,例如危险物质泄漏、重大传染疾病流行、某一自然灾害出现等,采取综合性与专业性的减灾、防灾、救灾和灾后恢复行动,而制订的应急预案。专项预案是在综合预案的基础上充分考虑了某种特定危险的特点,对应急的形势、组织机构、应急行动等进行更具体的阐述,具有较强的针对性。

(3)现场预案是在专项预案的基础上,根据具体情况需要而编制的。它是针对特定的具体场所(即以现场为目标,通常是该类型事故风险较大的场所或重要防护区域等)制定的预案。

(4)单项预案是针对城市大型公众聚集活动和高风险的建筑施工活动而制订的临时性应急救援行动方案。随着这些活动的结束,预案的有效性也随之终结。预案的内容主要是针对活动中可能出现的紧急情况,预先对相关应急机构的职责、任务和预防性措施做出的安排。

(四)事故应急预案的作用

事故应急预案在应急系统中起着关键作用,它明确了在突发事故发生之前、发生过程中以及刚刚结束之后,谁负责做什么、何时做,以及相应的策略和资源准备等。它是针对可能发生的重大事故及其影响和后果的严重程度,为应急准备和应急响应的各个方面所预先做出的详细安排,是开展及时、有序和有效事故应急救援工作的行动指南。

1. 事故应急预案在应急救援中的重要作用

(1)应急预案明确了应急救援的范围和体系,使应急准备和应急管理不再是无据可依、无章可循,尤其是培训和演习工作的开展。

(2)制订应急预案有利于做出及时的应急响应,降低事故的危害程度。

(3)事故应急预案成为各类突发重大事故的应急基础。通过编制基本应急预案,可保证应急预案足够灵活,对那些事先无法预料到的突发事件或事故,也可以起到基本的应急指导作用,成为开展应急救援的"底线"。在此基础上,可以针对特定危害编制专项应急预案,有针对性地制定应急措施、进行专项应急准备和演习。

(4)当发生超过应急能力的重大事故时,便于与上级应急部门的协调。

(5)有利于提高风险防范意识。

2. 策划应急预案时应考虑的因素

策划应急预案时应进行合理策划,做到重点突出,反映主要的重大事故风险,并避免预案相互孤立、交叉和矛盾。策划重大事故应急预案时应充分考虑下列因素。

(1)重大危险普查的结果,包括重大危险源的数量、种类及分布情况,重大事故隐患情况等。

(2)本地区的地质、气象、水文等不利的自然条件(如地震、洪水、台风等)及其影响。

(3)本地区以及国家和上级机构已制定的应急预案的情况。

(4)本地区以往灾难事故的发生情况。

(5)功能区布置及相互影响情况。

(6)周边重大危险可能带来的影响。

(7)国家及地方相关法律法规的要求。

(五)事故应急管理的过程

尽管重大事故的发生具有突发性和偶然性,但重大事故的应急管理不只限于事故发生后的应急救援行动。应急管理是对重大事故的全过程管理,贯穿于事故发生前、中、后的各个过程,充分体现了"预防为主,常备不懈"的应急思想。应急管理是一个动态的过程,包括预防、准备、响应和恢复4个阶段。尽管在实际情况中这些阶段往往是交叉的,但每一阶段都有自己明确的目标,而且每一阶段又是构筑在前一阶段的基础之上,因而预防、准备、响应和恢复的相互关联,构成了重大事故应急管理的循环过程。

1. 预防

在应急管理中预防有两层含义,一是事故的预防工作,即通过安全管理和安全技术等手段,尽可能地防止事故的发生,实现本质安全;二是在假定事故必然发生的前提下,通过预先采取的预防措施,达到降低或减缓事故的影响或后果的严重程度,如加大建筑物的安全距离、工厂选址的安全规划、减少危险物品的存量、设置防护墙以及开展公众教育等。从长远看,低成本、高效率的预防措施是减少事故的损失的关键。

2. 准备

应急准备是应急管理过程中一个极其关键的过程。它是针对可能发生的事故,为迅速有效地开展应急行动而预先做的各种准备,包括应急体系的建立、有关部门和人员职责的落实、预案的编制、应急队伍的建设、应急设备(施)与物资的准备和维护、预案的演练、与外部应急力量的衔接等,其目标是保持重大事故应急救援所需的应急能力。

3. 响应

应急响应是在事故发生后立即采取的应急与救援行动,包括事故的报警与通报、人员的紧急疏散、急救与医疗、消防和工程抢险措施、信息收集与应急决策和外部救援等。其目标是尽可能地抢救受害人员,保护可能受威胁的人群,尽可能控制并消除事故。

4. 恢复

恢复工作应在事故发生后立即进行。首先应使事故影响区域恢复到相对安全的基本状态,然后逐步恢复到正常状态。要求立即进行的恢复工作包括事故损失评估、原因调查、清理废墟等。在短期恢复工作中,应注意避免出现新的紧急情况。长期恢复包括厂区重建和受影响区域的重新规划和发展。在长期恢复工作中,应汲取事故和应急救援的经验教训,开展进一步的预防工作和减灾行动。

(六)事故应急救援体系的建立

1. 事故应急救援体系的基本构成

由于潜在的重大事故风险多种多样,所以相应每一类事故灾难的应急救援措施可能千差万别,但其基本应急模式是一致的。构建应急救援体系,应贯彻顶层设计和系统论的思想,以事件为中心,以功能为基础,分析和明确应急救援工作的各项需求,在应急能力评估和应急资源统筹安排的基础上,科学地建立规范化、标准化的应急救援体系,保障各级应急救援体系的统一和协调。

一个完整的应急体系应由组织体制、运作机制、法制基础和应急保障系统四部分构成。

(1)组织体制。应急救援体系组织体制建设中的管理机构是指维持应急日常管理的负责部门;功能部门包括与应急活动有关的各类组织机构,如消防、医疗机构等;应急指挥是在应急预案启动后,负责应急救援活动场外与场内指挥系统;而救援队伍则由专业和志愿人员组成。

(2)运作机制。应急救援活动一般划分为应急准备、初级反应、扩大应急和应急恢复四个阶段,应急机制与这四阶段的应急活动密切相关。应急运作机制主要由统一指挥、分级响应、属地为主和公众动员这四个基本机制组成。

统一指挥是应急活动的最基本原则。应急指挥一般可分为集中指挥与现场指挥,或场外指挥与场内指挥等。无论采用哪一种指挥系统,都必须实行统一指挥的模式,无论应急救援活动涉及单位的行政级别高低和隶属关系不同,但都必

第八章 公路工程伤亡事故管理

须在应急指挥部的统一组织协调下行动,有令则行,有禁则止,统一号令,步调一致。

分级响应是指在初级响应到扩大应急的过程中实行的分级响应的机制。扩大或提高应急级别的主要依据是事故灾难的危害程度,影响范围和控制事故能力。影响范围和控制事态能力是"升级"的最基本条件。扩大应急救援主要是提高指挥级别、扩大应急范围等。

属地为主强调"第一反应"的思想和以现场应急、现场指挥为主的原则。

公众动员机制是应急机制的基础,也是整个应急体系的基础。

(3)法制基础。法制建设是应急体系的基础和保障,也是开展各项应急活动的依据,与应急有关的法规可分为四个层次:由立法机关通过的法律,如紧急状态法、公民知情权法和紧急动员法等;由政府颁布的规章,如应急救援管理条例等;包括预案在内的以政府令形式颁布的政府法令、规定等;与应急救援活动直接有关的标准或管理办法等。

(4)保障系统。列于应急保障系统第一位的是信息与通讯系统,构筑集中管理的信息通讯平台是应急体系最重要的基础建设。应急信息通讯系统要保证所有预警、报警、警报、报告、指挥等活动的信息交流快速、顺畅、准确,以及信息资源共享;物资与准备不但要保证有足够的资源,而且还要实现快速、及时供应到位;人力资源保障包括专业队伍的加强、志愿人员以及其他有关人员的培训教育;应急财务保障应建立专项应急科目,如应急基金等,以保障应急管理运行和应急反应中各项活动的开支。

2. 事故应急救援体系响应机制

重大事故应急救援体系应根据事故的性质、严重程度、事态发展趋势和控制能力实行分级响应机制,对不同的响应级别,相应的明确事故的通报范围、应急中心的启动程度、应急力量的出动和设备、物资的调集规模、疏散的范围、应急总指挥的职位等。典型的响应级别通常可分为三级。

(1)一级紧急情况。必须利用所有有关部门及一切资源的紧急情况,或者需要各个部门同外部机构联合处理的各种紧急情况,通常要宣布进入紧急状态。在该级别中,做出主要决定的职责通常是紧急事务管理部门。现场指挥部可在现场做出保护生命和财产以及控制事态所必需的各种决定。解决整个紧急事件的决定,应该由紧急事务管理部门负责。

(2)二级紧急情况。需要两个或更多个部门响应的紧急情况。该事故的救援需要有关部门的协作,并且提供人员、设备或其他资源。该级响应需要成立现场指挥部来统一指挥现场的应急救援行动。

(3)三级紧急情况。能被一个部门正常可利用的资源处理的紧急情况。正常可利用的资源指在该部门权力范围内通常可以利用的应急资源,包括人力和物力等。必要时,该部门可以建立一个现场指挥部,所需的后勤支持、人员或其他资源增援由本部门负责解决。

3. 事故应急救援体系响应程序

事故应急救援系统的应急响应程度按过程可分为接警、响应级别确定、应急启动、救援行动、应急恢复和应急结束等几个过程。

(1) 接警与响应级别确定。接到事故报警后,按照工作程序,对警情做出判断,初步确定相应的响应级别。如果事故不足以启动应急救援体系的最低响应级别,响应关闭。

(2) 应急启动。应急响应级别确定后,按所确定的响应级别启动应急程序,如通知应急中心有关人员到位、开通信息与通讯网络、通知调配救援所需的应急资源(包括应急队伍和物资、装备等)、成立现场指挥部等。

(3) 救援行动。有关应急队伍进入事故现场后,迅速开展事故侦测、警戒、疏散、人员救助、工程抢险等有关应急救援工作,专家组为救援决策提供建议和技术支持。当事态超出响应级别无法得到有效控制时,向应急中心请求实施更高级别的应急响应。

(4) 应急恢复。救援行动结束后,进入临时应急恢复阶段。该阶段主要包括现场清理、人员清点和撤离、警戒解除、善后处理和事故调查等。

(5) 应急结束。执行应急关闭程序,由事故总指挥宣布应急结束。

4. 现场指挥系统的组织结构

重大事故的现场情况往往十分复杂,且汇集了各方面的应急力量与大量的资源,应急救援行动的组织、指挥和管理成为重大事故应急工作所面临的一个严峻挑战。

现场应急指挥系统的结构应当在紧急事件发生前就已建立,预先对指挥结构达成一致意见,将有助于保证应急各方明确各自的职责,并在应急救援过程中更好地履行职责。现场指挥系统模块化的结构由指挥、行动、策划、后勤以及资金/行政五个核心应急响应职能组成。

(1) 事故指挥官。事故指挥官负责现场应急响应所有方面的工作,包括确定事故目标及实现目标的策略,批准实施书面或口头的事故行动计划,高效地调配现场资源,落实保障人员安全与健康的措施,管理现场所有的应急行动。事故指挥官可将应急过程中的安全问题、信息收集与发布以及与应急各方的通讯联络分别指定相应的负责人,如信息负责人、联络负责人和安全负责人。各负责人直接向事故指挥官汇报。

(2) 行动部。行动部负责所有主要的应急行动,包括消防与抢险、人员搜救、医疗救治、疏散与安置等。所有的战术行动都依据事故行动计划来完成。

(3) 策划部。策划部负责收集、评价、分析及发布事故相关的战术信息,准备和起草事故行动计划,并对有关的信息进行归档。

(4) 后勤部。后勤部负责为事故的应急响应提供设备、设施、物资、人员、运输、服务等。

(5)资金/行政部。资金/行政部负责跟踪事故的所有费用并进行评估,承担其他职能未涉及的管理职责。

二、事故应急预案的案例与编制

(一)重大事故应急预案的层次

基于可能面临多种类型的突发重大事故或灾害,为保证各种类型预案之间的整体协调性和层次,并实现共性与个性、通用性与特殊性的结合,对应急预案合理地划分分层次,是将各种类型应急预案有机组合在一起的有效方法。

1. 综合预案

综合预案相当于总体预案,从总体上阐述预案的应急方针、政策,应急组织结构及相应的职责,应急行动的总体思路等。通过综合预案,可以很清晰地了解应急的组织体系、运行机制及预案的文件体系。更重要的是,综合预案可以作为应急救援工作的基础和"底线",对那些没有预料的紧急情况也能起到一般的应急指导作用。

2. 专项预案

专项预案是针对某种具体的、特定类型的紧急情况,如危险物质泄漏、火灾、某一自然灾害等的应急而制定的。

专项预案是在综合预案的基础上,充分考虑了某种特定危险的特点,对应急的形势、组织机构、应急活动等进行更具体的阐述,具有较强的针对性。

3. 现场预案

现场预案是在专项预案的基础上,根据具体情况而编制的。它是针对特定的具体场所通常是该类型事故风险较大的场所、装置或重要防护区等所制定的预案。

(二)应急预案的基本结构

不同的应急预案由于各自所处的层次和适用的范围不同,因而在内容的详略程度和侧重点上会有所不同,但都可以采用相似的基本结构。预案编制结构是由一个基本预案加上应急功能设置、特殊风险管理、标准操作程序和支持附件构成的。

1. 基本预案

基本预案是应急预案的总体描述,主要阐述应急预案所要解决的紧急情况、应急的组织体系、方针、应急资源、应急的总体思路,并明确各应急组织在应急准备和应急行动中的职责以及应急预案的演练和管理等规定。

2. 应急功能设置

应急功能是指针对各类重大事故应急救援中通常采取的一系列的基本应急行动和任务,如指挥和控制、警报、通讯、人群疏散与安置、医疗、现场管制等。因此,设置应急功能时,应针对潜在重大事故的特点综合分析并将其分配给相关部门。对每一项应急功能都应明确其针对的形势、目标、负责机构和支持机构、任务要求、应急准备和操作程序等。

应急预案中包含的应急功能的数量和类型,主要取决于所针对的潜在重大事故危险的类型,以及应急的组织方式和运行机制等具体情况。

3. 特殊风险管理

特殊风险指根据某类事故灾难、灾害的典型特征,需要对其应急功能做出针对性安排的风险。应说明处置此类风险应该设置的专有应急功能或有关应急功能所需的特殊要求,明确这些应急功能的责任部门、支持部门、有限介入部门以及它们的职责和任务,为制订该类风险的专项预案提出特殊要求和指导。

(三)应急预案的编制流程

(1)成立由各有关部门组成的预案编制小组,指定负责人。

(2)危险分析和应急能力评估。辨识可能发生的重大事故风险,并进行影响范围和后果分析(即危险识别、脆弱性分析和风险分析);分析应急资源需求,评估现有的应急能力。

(3)编制应急预案。根据危险分析和应急能力评估的结果,确定最佳的应急策略。

(4)应急预案的评审与发布。预案编制后应组织开展预案的评审工作,包括内部评审和外部评审,以确保应急预案的科学性、合理性以及与实际情况的符合性。预案经评审完善后,由主要负责人签署发布,并按规定报送上级有关部门备案。

(5)应急预案的实施。预案经批准发布后,应组织落实预案中的各项工作,如开展应急预案宣传、教育和培训,落实应急资源并定期检查,组织开展应急演习和训练,建立电子化的应急预案,对应急预案实施动态管理与更新,并不断完善。

(四)重大事故应急预案核心要素及编制要求

1. 应急预案的内容

应急预案是针对可能发生的重大事故所需的应急准备和应急响应行动而制定的指导性文件,其核心内容如下。

(1)对紧急情况或事故灾害及其后果的预测、辨识和评估。

(2)规定应急救援各方组织的详细职责。

(3)应急救援行动的指挥与协调。

(4)应急救援中可用的人员、设备、设施、物资、经费保障和其他资源,包括社会和外部援助资源等。

(5)在紧急情况或事故灾害发生时保护生命、财产和环境安全的措施。

(6)现场恢复。

(7)其他,如应急培训和演练,法律法规的要求等。

2. 方针与原则

应急救援体系首先应有一个明确的方针和原则来作为指导应急救援工作的

第八章 公路工程伤亡事故管理

纲领。方针与原则反映了应急救援工作的优先方向、政策、范围和总体目标,如保护人员安全优先、防止和控制事故蔓延优先、保护环境优先。此外,方针与原则还应体现事故损失控制、预防为主、常备不懈、统一指挥、高效协调以及持续改进的思想。

3. 应急策划

应急预案是有针对性的,具有明确的对象,其对象可能是某一类或多类可能的重大事故类型。应急预案的制定必须基于对所针对的潜在事故类型有一个全面系统的认识和评价,识别出重要的潜在事故类型、性质、区域、分布及事故后果,同时,根据危险分析的结果,分析应急救援的应急力量和可用资源情况,并提出建设性意见。在进行应急策划时,应当列出国家、地方相关的法律法规,以作为预案的制定、应急工作的依据和授权。应急策划包括危险分析、资源分析以及法律法规要求3个二级要素。

(1)危险分析。危险分析的最终目的是要明确应急的对象(可能存在的重大事故)、事故的性质及其影响范围、后果严重程度等,为应急准备、应急响应和减灾措施提供决策和指导依据。危险分析包括危险识别、脆弱性分析和风险分析。危险分析应依据国家和地方有关的法律法规要求,根据具体情况进行。危险分析的结果应能提供。

1)地理、人文(包括人口分布)、地质、气象等信息。

2)功能布局(包括重要保护目标)及交通情况

3)重大危险源分布情况及主要危险物质种类、数量及理化、消防等特性。

4)可能的重大事故种类及对周边的后果分析。

5)特定的时段(如人群高峰时间、度假季节、大型活动等)。

6)可能影响应急救援的不利因素。

(2)资源分析。针对危险分析所确定的主要危险,明确应急救援所需的资源,列出可用的应急力量和资源,包括下列内容。

1)各类应急力量的组成及分布情况。

2)各种重要应急设备、物资的准备情况。

3)上级救援机构或周边可用的应急资源。

通过资源分析,可为应急资源的规划与配备、与相邻地区签订互助协议和预案编制提供指导。

4. 应急准备

应急预案能否在应急救援中成功地发挥作用,不仅取决于应急预案自身的完善程度,还取决于应急准备的充分与否。应急准备应当依据应急策划的结果开展,包括各应急组织及其职责权限的明确、应急资源的准备、公众教育、应急人员培训、预案演练和互助协议的签署等。

(1)机构与职责。为保证应急救援工作的反应迅速、协调有序,必须建立完善的应急机构组织体系,包括城市应急管理的领导机构、应急响应中心以及各有关机构部门等。对应急救援中承担任务的所有应急组织,应明确相应的职责、负责人、候补人及联络方式。

(2)应急资源。应急资源的准备是应急救援工作的重要保障,应根据潜在事故的性质和后果分析,合理组建专业和社会救援力量,配备应急救援中所需的消防手段、各种救援机械和设备、监测仪器、堵漏和消防材料、交通工具、个体防护设备、医疗设备和药品、生活保障物资等,并定期检查、维护与更新,保证始终处于完好状态。另外,对应急资源信息应实施有效的管理与更新。

5. 预案管理与评审改进

应急预案是应急救援工作的指导文件,具有法规权威性,所以应当对预案的制定、修改、更新、批准和发布做出明确的管理规定,并保证定期或在应急演习、应急救援后对应急预案进行评审,针对实际情况以及预案中所暴露出的缺陷,不断地更新、完善和改进。

第五节 工伤认定及保险待遇

一、认定条件

1. 认定为工伤

(1)在工作时间和工作场所内,因工作需要受到事故伤害的。

(2)工作时间前后在工作场所内,从事与工作有关的预备性或者收尾性工作受到事故伤害的。

(3)在工作时间和工作场所内,因履行工作职责受到暴力等意外伤害的。

(4)患职业病的。

(5)因工外出期间,由于工作原因受到伤害或者发生事故下落不明的。

(6)在上下班途中,受到机动车事故伤害的。

(7)法律、行政法规规定应当认定为工伤的其他情形。

2. 视同工伤

(1)在工作时间和工作岗位内,突发疾病死亡或者在 48h 之内经抢救无效死亡的。

(2)在抢险救灾等维护国家利益、公共利益活动中受到伤害的。

(3)职工原在军队服役,因战、因公负伤致残,已取得革命伤残军人证,到用人单位后旧伤复发的。职工有前(1)、(2)情形的,按照《工伤保险条例》的有关规定享受工伤保险待遇;职工有前(3)情形的,按照条例的有关规定享受除一次性伤残补助金以外的工伤保险待遇。

3. 不得认定为工伤或者视同工伤

(1)因犯罪或者违反治安管理伤亡的。

第八章 公路工程伤亡事故管理

(2)醉酒导致伤亡的。
(3)自残或者自杀的。

二、工伤认定申请

(1)职工发生事故伤害或者按照职业病防治法规定被诊断、鉴定为职业病,所在单位应当自事故伤害发生之日或者被诊断、鉴定为职业病之日起 30 日内,向统筹地区劳动保障行政部门提出工伤认定申请。遇有特殊情况,经报劳动保障行政部门同意,申请时限可以适当延长。

(2)用人单位未按前款规定提出工伤认定申请的,受伤害职工或者其直系亲属、工会组织在事故伤害发生之日或者被诊断、鉴定为职业病之日起 1 年内,可以直接向用人单位所在地统筹地区劳动保障行政部门提出工伤认定申请。

(3)按照规定应当由省级劳动保障行政部门进行工作认定的事项,根据属地原则由用人单位所在地的设区的市级劳动保障行政部门办理。

(4)用人单位未在规定的时限内提交工伤认定申请,在此期间发生符合本条例规定的工伤待遇等有关费用由该用人单位负担。

(5)提出工伤认定申请应当提交下列材料。

1)工伤认定申请表。
2)与用人单位存在劳动关系(包括事实劳动关系)的证明材料。
3)医疗诊断证明或者职业病诊断证明书(或者职业病诊断鉴定书)。

工伤认定申请表应当包括事故发生的时间、地点、原因以及职工伤害程度等基本情况。

工伤认定申请人提供材料不完整的,劳动保障行政部门应当一次性书面告知工伤认定申请人需要补正的全部材料。申请人按照书面告知要求,补正材料后,劳动保障部门应当受理。

三、工伤认定受理

(1)劳动保障行政部门受理工伤认定申请后,根据审核需要可以对事故伤害进行调查核实,用人单位、职工、工会组织、医疗机构以及有关部门应当予以协助。职业病诊断和诊断鉴定,依照职业病防治法的有关规定执行。对依法取得职业病诊断证明书或者职业病诊断鉴定书的,劳动保障行政部门不再进行调查核实。

(2)职工或者直系亲属认为是工伤,用人单位不认为是工伤的,由用人单位承担举证责任。

(3)劳动保障行政部门应当自受理工伤认定申请之日起 60 日内做出工伤认定的决定,并书面通知申请工伤认定的职工或者直系亲属和该职工所在单位,并抄送社会保险经办机构。

四、工伤保险待遇

1. 工伤医疗待遇

(1)职工因工作遭受事故或者患职业病进行治疗,享受工伤医疗待遇。职工治疗工伤应当在签订服务协议的医疗机构就医,情况紧急时可以先到就近的医疗机构急救。

(2)治疗工伤所需费用符合工伤保险诊疗项目目录、工伤保险药品目录、工伤保险住院服务标准的,从工伤保险基金支付。工伤保险诊疗项目目录、工伤保险药品目录、工伤保险住院服务标准,由国务院劳动保障行政部门会同国务院卫生行政、药品监督管理等部门的规定。

(3)职工住院治疗工伤的,由所在单位按照本单位因公出差伙食补助标准的70%发给住院伙食补助费;经医疗机构出具证明,报经办事机构同意,工伤职工到统筹地区以外就医的,所需交通、食宿费用由所在单位按照本单位职工因工出差标准报销。

(4)工伤职工治疗非工伤所引发的疾病,不享受工伤医疗待遇,按照基本医疗保险办法处理。

(5)工伤职工到签订服务协议的医疗机构进行康复性治疗的费用,从工伤保险基金中支付。

(6)工伤职工因日常生活或者就业需要,经劳动能力鉴定委员会确认,可以安装假肢、矫形器、假眼、假牙、和配置轮椅等辅助器具,所需费用按照国家规定的标准从工伤保险基金中支付。

2. 停工留薪待遇

(1)职工因工作遭受事故伤害或者患职业病需要暂停工作接受工伤医疗的,在停工留薪期内,原工资福利待遇不变,由所在单位按月支付。

(2)停工留薪期一般不超过12个月。伤情严重或者情况特殊,经设区的市级劳动能力鉴定委员会确认,可以适当延长,但延长不得超过12个月。工伤职工评定伤残等级后,停发原待遇,按照本章的有关规定享受伤残待遇。工伤职工在停工留薪期满后仍需治疗的,继续享受工伤医疗待遇。

(3)生活不能自理的工伤职工在停工留薪期需要护理的,由所在单位负责。

3. 工伤致残待遇

(1)工伤职工已经评定伤残等级并经劳动能力委员会确认需要生活护理的,从工伤保险基金按月支付生活护理费。

(2)生活护理费按照生活完全不能自理、生活大部分不能自理或者生活部分不能自理3个不同等级支付,其标准分别为统筹地区上年度职工月平均工资的50%、40%或者30%。

(3)职工因工致残被鉴定为一级至四级伤残的,保留劳动关系,退出工作岗位,享受以下待遇。

1)从工伤保险基金按伤残等级支付一次性伤残补助金,标准为:一级伤残为24个月的本人工资,二级为22个月的本人工资,三级为20个月的本人工资,四级伤残为18个月的本人工资。

第八章　公路工程伤亡事故管理

2)从工伤保险基金按月支付伤残津贴,标准为:一级伤残为本人工资的90%,二级伤残为本人工资的85%,三级伤残为本人工资的80%,四级伤残为本人工资的75%。伤残津贴实际金额低于当地最低工资标准的,由工伤保险基金补足差额。

3)工伤职工达到退休年龄并办理退休手续后,停发伤残津贴,享受基本养老保险待遇。基本养老保险待遇低于伤残津贴的,由工伤保险基金补足差额。

4)职工因工致残被鉴定为一级至四级伤残的,由用人单位和职工个人以伤残津贴为基数,缴纳基本医疗保险费。

(4)职工因工致残被鉴定为五级、六级伤残的,享受以下待遇。

1)从工伤保险基金按伤残等级支付一次性伤残补助金,标准为:五级伤残的为16个月的本人工资,六级伤残为14个月的本人工资。

2)保留与用人单位的劳动关系,由用人单位安排适当工作。难以安排工作的,由用人单位按月发给伤残津贴的,标准为:五级伤残为本人工资的70%,六级伤残为本人工资的60%,并由用人单位按照规定为其缴纳各项社会保险。伤残津贴实际金额低于当地最低标准的,由用人单位补足差额。

3)经工伤职工本人提出,该职工可以与用人单位解除或者终止劳动关系,由用人单位支付一次性工伤医疗补助金和伤残就业补助金。具体标准由省、自治区、直辖市人民政府规定。

(5)职工因工致残被鉴定为七级至十级伤残的,享受以下待遇。

1)从工伤保险基金按伤残等级支付一次性伤残补助金,标准为:七级伤残为12个月的本人工资,八级伤残为10个月的本人工资,九级伤残为8个月的本人工资,十级伤残为6个月的本人工资。

2)劳动合同期满终止,或者职工本人提出解除劳动合同的,由用人单位支付一次性工伤医疗补助金和伤残就业补助金。具体标准由省、自治区、直辖市人民政府规定。

4. 因工死亡处理

职工因工死亡,其直系亲属按照下列规定从工伤保险基金领取丧葬补助金、供养亲属抚恤金和一次性因工死亡补助金。

(1)丧葬补助金为6个月的统筹地区上年度职工月平均工资。

(2)亲属抚恤金按照职工本人工资的一定比例发给由因工死亡职工生前提供主要生活来源、无劳动能力的亲属。标准为:配偶每月40%,其他亲属每人每月30%,孤寡老人或者孤儿每人每月在上述标准的基础上增加10%。核定的各种供养亲属的抚恤金之和不应高于因工死亡职工生前的工资。供养亲属的具体范围由国务院劳动保障行政部门规定。

(3)一次性工亡补助金标准为48~60个月的统筹地区上年度职工月平均工资。具体标准由统筹地区的人民政府根据当地经济、社会发展状况规定、报省、自治区、直辖市人民政府备案。

(4)伤残职工在停工留薪期内因工伤导致死亡的,其直系亲属享受(1)项规定的待遇。

(5)一级至四级伤残职工在停工留薪期满后死亡的,其直系亲属可以享受(1)、(2)项规定的待遇。

(6)职工因工外出期间发生事故或者在抢险救灾中下落不明的,从事故发生当月起3个月内照发工资,从第四个月起停发工资,由工伤保险基金向其供养亲属按月支付供养亲属抚恤金。生活确实有困难的,可以预支一次性因工死亡补助金的50%。职工被人民法院宣告死亡的,按照上述规定处理。

5. 停止享受工伤保险待遇条件

(1)丧失享受待遇条件的。
(2)拒不接受劳动能力鉴定的。
(3)拒绝治疗的。
(4)被判刑正在收监执行的。

6. 特殊条件下的工伤保险待遇

(1)用人单位分立、合并、转让的,承继单位应当承担原用人单位的工伤保险责任;原用人单位已经参加工伤保险的,承继单位应当到当地经办机构办理工伤保险变更登记。

(2)用人单位实行承包经营的,工伤保险责任由职工劳动关系所在单位承担。

(3)职工被借调期间受到工伤事故伤害的,由原用人单位承担工伤保险责任,但原用人单位与借调单位可以约定补偿办法。

(4)在破产清算时优先拨付依法应由单位支付的工伤保险待遇费用。

(5)职工被派遣出境工作,依据前往国家或者地区的法律应当参加当地工伤保险的,参加当地工伤保险,其国内工伤保险关系中止,不能参加当地工伤保险的,其国内工伤保险关系不中止。

(6)职工再次发生工伤,根据规定应当享受伤残津贴的,按照新认定的伤残等级享受伤残津贴待遇。

第六节 现场急救技术

一、止血

人体发生外伤出血,如不立即止血,在短时间内失血量过多,会引起失血性休克,甚至导致死亡。止血是一种急救措施。

(一)外伤出血的判断

1. 内出血

(1)从吐血、咳血、便血、尿中有血等症状中,可以判断胃肠、肺、肾或膀胱可能

第八章 公路工程伤亡事故管理

出血。

(2)根据有关症状判断,如出现面色苍白,出冷汗,四肢发冷,脉搏快而弱以及胸、腹部有肿胀疼痛等,这些是常见重要脏器如肝、脾、胃等的出血体征。

2. 外出血

(1)动脉出血——血液呈鲜红色,为喷射状流出,失血量多,危险性大,如不立即止血会危及生命。

(2)静脉出血——血液呈暗红色,为非喷射状流出,如不及时止血,也会危及生命。

(3)毛细血管出血——血液从伤口向外渗出,颜色从鲜红变暗红。

(二)止血方法

1. 指压止血法

用手指压迫出血的血管上部(近心端)用力压向骨方,以达到止血目的。指压止血法适用于头部、颈部和四肢的动脉出血(图8-1)。

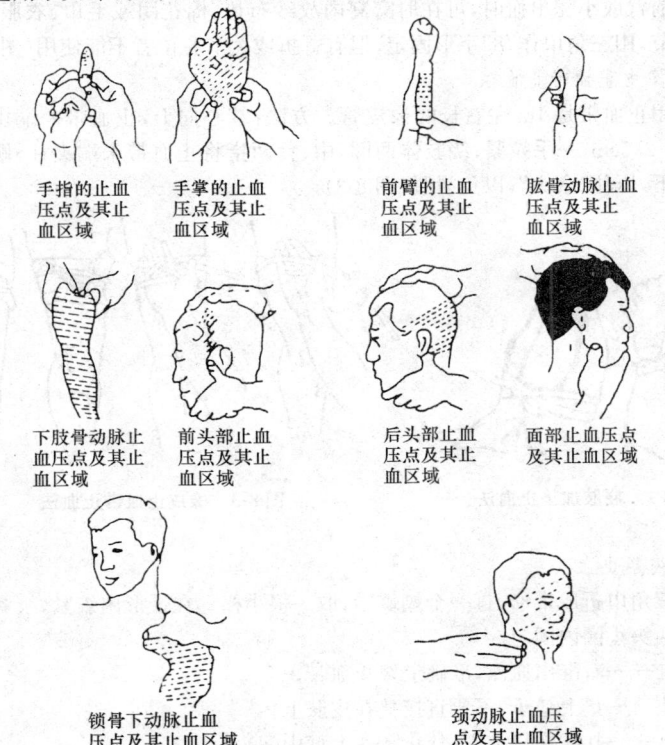

图8-1 指压止血法

1)头顶部出血——在伤侧耳前,对准耳屏前上方,用拇指压迫动脉。
2)面部出血——用拇指压迫下颌骨与咬肌前缘交界处的主动脉。
3)肩、腋部出血——用拇指压迫同侧锁骨上窝,对准第一肋骨,压住锁骨下动脉。
4)上臂出血——一手抬高患肢,另一手四指将肱动脉压于肱骨上。
5)前臂出血——将患肢抬高,用四指压在肘窝肱二头肌内侧的肢动脉末端。
6)手掌出血——将患肢抬高,用两手拇指分别压迫手腕部的血管。
7)手指出血——将患肢抬高,用另一手的食指和拇指分别压迫手指两侧指动脉。
8)大腿出血——在腹肌沟中点稍下方,用双手拇指向后用力压股动脉。
9)足部出血——用两手拇指分别压迫足部背动脉和内踝与跟腱之间的腔后动脉。

2. 屈肢加垫止血法

当前臂或小腿出血时,可在肘窝窝内放纱布垫、棉花团或毛巾、衣服等物品,屈曲关节,用三角巾作"8"字形固定,但有骨折或关节脱位者不能使用(图 8-2)。

3. 橡皮止血带止血法

常用止血带是 1m 左右长的橡皮管。方法:掌心向上,止血带一端由虎口拿住,留出 2.5cm,一手拉紧,绕肢体两圈,中、食两指将止血带末端夹住,顺着肢体用力拉下,压住"余头",以免滑脱(图 8-3)。

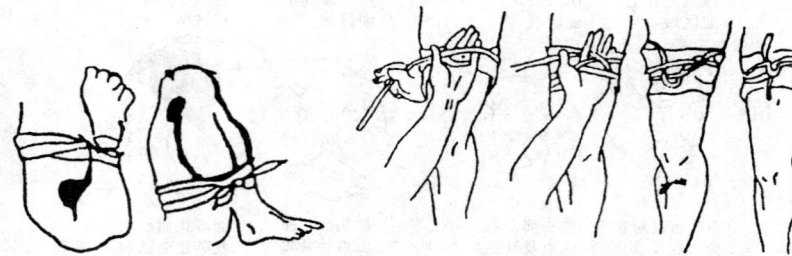

图 8-2　屈肢加垫止血法　　　　图 8-3　橡皮止血带止血法

4. 绞紧止血法

把三角巾折成带形,打一个蝴蝶结,取一根小棒穿在带形内绞紧,绞紧后将小棒插在两头小圈内固定。

1)准——看准出血点,准确上好止血带。
2)垫——垫上垫子,不要直接扎在皮肤上。
3)上——扎在伤口上方(禁止扎在上臂中间)。
4)宜——松紧适宜。

第八章 公路工程伤亡事故管理

5）标——加上红色标记,注明时间。

6）放——每隔1小时放松一次止血带,每次不超过3min,并用指压法代替止血。

二、包扎

当人体受到外伤时,为了保护伤口,减少感染,压迫止血,固定骨折,减少疼痛,应及时进行包扎。

包扎的基本要求:快、准、轻、牢。

(1)快——动作要快,不要犹豫。

(2)准——敷盖要准,不要移动。

(3)轻——动作要轻,保护伤口。

(4)牢——包扎要牢,封闭要严。

1. 包扎器材及方法

常用的包扎器材有:三角巾、绷带等。如果没有这些物品,则可就地取材,如毛巾、衣帽、腰带等。

方法:边要固定,角要拉紧,中心伸展,包扎贴实,要打方结,打结要牢,防止滑脱。

2. 三角巾包扎法

用1m² 正方形的白布对角剪开,就成两块三角巾。

(1)头部包扎。将三角巾底边向外上翻两指宽,盖住头部,在眉上、耳上,把两底角和顶角在枕后交叉,回额中央打结(图8-4、图8-5)。

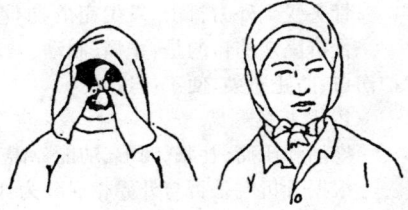

图 8-4 头顶部毛巾包扎法

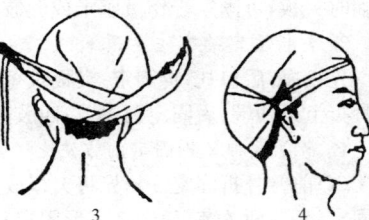

图 8-5 头顶部毛巾包扎法

(2)单眼包扎。将三角巾折成三指宽的带形以后,从耳下端绕向脑后健侧,在健侧眼上方前额处反折后,转向伤侧耳上打结。口诀:折成带形三指宽,上1/3下2/3放伤眼,下端耳下绕脑后,健侧前额来交叉,伤侧耳上把结打。

(3)双眼包扎。将三角巾折成三指宽带形,从枕后部拉向双眼交叉,再绕向枕下部打结固定。口诀:折成带形三指宽,放在枕后往前拉,交叉包眼枕下结。

(4)下颌包扎。将三角巾折成三指宽带形,留出系带一端从颈所包住下颌部,与另一端在颊侧面交叉反折,转回颌下,伸向头顶部在两耳交叉打结固定。

(5)肩部包扎。把三角巾一底角斜放在胸前对侧腋下,将三角顶角盖住后肩部,用顶角系带在上臂三角肌处固定,再把另一个底角一翻后拉,在腋下两角打结。

(6)单胸包扎。将三角巾顶角对准衣肩缝,盖住伤部,底边上翻把两底角围胸,在背后与顶角系带打结固定。

(7)双胸包扎。将三角巾一底角对准肩部,顶角系带回腰在对侧底边中央打结。

(8)手背部包扎,将三角巾一折为二,手放在中间,手指对准顶角,把顶角上翻盖住手背,然后两角在手背交叉,围绕腕关节手背上打结。

三、骨折固定和搬运

骨头受到外力打击,发生完全或不完全断裂时,称骨折。

骨折固定的目的是:止痛、制动、减轻伤员痛苦、防止伤情加重、防止休克,保护伤口、防止感染,便于运送。

1. 骨折的判断

疼痛和压痛、肿胀、畸形、功能障碍。

根据骨折端是否与外界相通分为:闭合性骨折(骨折端没刺出皮肤)和开放性骨折(骨折端刺出皮肤)。

2. 骨折固定的材料

常用的有木制、铁制、塑料制夹板。临时夹板有木板、木棒、树枝、竹竿等。如无临时夹板,可固定于伤员躯干或健肢上。

3. 骨折固定的方法要领

先止血,后包扎,再固定;夹板长短与肢体长短相称;骨折突出部位要加垫;先扎骨折上下两端,后固定两关节;四肢露指(趾);胸前挂标志,迅速送医院。

4. 常见五种骨折固定的方法

(1)前臂骨折固定法。先将夹板放置骨折前臂外侧,骨折突出部分要加垫,然后固定腕、肘两关节(腕部8字形固定),用三角巾将前臂悬挂于胸前,再用三角巾将伤肢固定于胸廓。前臂骨折无夹板三角巾固定,可先用三角巾将伤肢悬挂于胸前,后用三角巾将伤肢固定于胸廓。

(2)上臂骨折固定法。先将夹板放置于骨折上臂外侧,骨折突出部分要加垫,然后固定肘、肩两关节,用三角巾将上臂悬挂于胸前,再用三角巾将伤肢固定于胸廓。上臂骨折无夹板三角巾固定,可先用三角巾将伤肢固定于胸廓,后用三角巾将伤肢悬挂于胸前。

第八章 公路工程伤亡事故管理

(3)锁骨骨折固定法。丁字夹板固定法——丁字夹板放置背后胂骨上,骨折处垫上棉垫,然后用三角巾绕肩两周结在板上,夹板端用三角巾固定好。锁骨骨折无夹板三角巾固定,可挺胸,双肩向后,两侧腋下放置棉垫,用两块三角巾分别绕肩两周打结,然后将三角巾结在一起,前臂屈曲用三角巾固定于胸前。

(4)小腿骨折固定法。先将夹板放置骨折小腿外侧,骨折的突出部分要加垫,然后固定伤口上下两端,固定膝、踝两关节(踝关节"8"字形固定),夹板顶端再固定。

(5)大腿骨折固定法。先将夹板放置骨折大腿外侧,骨折突出部分要加垫,然后固定伤口上、下两端,固定踝、膝关节,最后固定腰、髋、腋部。

5. 骨折伤员的搬运

事故现场条件复杂,道路不畅,转运伤员要尽量做到轻、稳、快。没有经过初步固定、止血、包扎和抢救的伤员,一般不应转运。搬运时应做到不增加伤员的痛苦,避免造成新的损伤及合并症。搬运时应注意以下事项:

(1)对一般伤员均应先进行止血、固定、包扎等初步救护后,再进行转运。

(2)一般伤员可用担架、木板、风筒、刮板输送机槽、绳网等运送,但脊柱损伤和骨盆骨折的伤员应用硬板担架运送。

(3)搬运胸、腰椎骨损伤的伤员时,先把硬板担架放在伤员旁边,由专人照顾伤处,另有两三人保持脊柱伸直位,同时用力轻轻将伤员推滚到担架上,推动时用力大小、快慢要保持一致,要保证伤员脊柱不弯曲。伤员在硬板担架上取仰卧位,受伤部位垫上薄垫或衣物,使脊柱呈伸直位,严禁坐式或肩背式搬运。

(4)对脊柱损伤的伤员。要严禁让其坐起、站立和行走。在搬运颈椎损伤的伤员时,要专有一人抱持伤员的头部,轻轻地向水平方向牵引,并且固定在中立位,不使颈椎弯曲,并严禁左右转动。担架应用硬木板,肩下应垫软枕或衣物,使颈椎呈伸直位(颈下不可垫衣物),头部两侧用衣物固定,防止颈部扭转,且忌抬头。

(5)转运时应让伤员的头部在后面,随行的救护人员要时刻注意伤员的面色、呼吸、脉搏,必要时要及时抢救。随时注意观察伤口是否继续出血、固定是否牢靠,出现问题要及时处理。上、下山时,应尽量保持担架平衡,防止伤员从担架上翻滚下来。

(6)对昏迷或有窒息症状的伤员,要把肩部稍垫高,使头部后仰,面部偏向一侧或采用侧卧位和偏卧位,以防胃内呕吐物或舌头后坠堵塞气管而造成窒息,注意随时都要确保呼吸道的通畅。

(7)呼吸、心跳骤停及休克昏迷的伤员应先及时复苏后再搬运。若没有懂得复苏技术的人员,则可为争取抢救的时间而迅速向外搬运,去迎接救护人员进行及时抢救。

四、呼吸心跳骤停的紧急救护

由于某些原因,患者呼吸突然丧失,抽搐或昏迷;颈动脉、股动脉无搏动,胸廓无运动;瞳孔散大,对光线刺激无反应,这就是医生所称的死亡三大特征。

在进行复苏之前,必须先对病人的情况和昏迷原因进行初步检查,一方面,心肺复苏具有一定的侵犯性,盲目操作会对病人造成不必要的伤害;另一方面,抢救者在实施抢救前必须详细检查原因,排除可能对抢救者有危险的因素,如为触电,则在抢救前首先切断电源等,如为外伤导致的昏迷,不应随意搬运病人,以免因不正确的搬动而加重颈部损伤造成高位截瘫。

1. 呼吸骤停的急救

(1)迅速解开衣服,清除口内物,有舌后坠时用钳将舌拉出。

(2)患者需仰卧位,头尽量后仰。

(3)立即进行口对口人工呼吸。方法是:患者仰卧,护理人一手托起患者下颌,使其头部后仰,以解除舌下坠所致的呼吸道梗阻,保持呼吸道通畅;另一手捏紧患者鼻孔,以免吹气时气体从鼻逸出。然后护理人深吸一口气,对准患者口用力吹入,直至胸略有鼓起。之后,护理人头稍侧转,并立即放松捏鼻孔的手,任患者自行呼吸(图8-6),如此反复进行,成人每分钟吸气12~16次,吹气时间宜短,约占一次呼吸时间的1/3。吹气若无反应,则需检查呼吸道是否通畅,吹气是否得当。如果患者牙关紧闭,护理人可改用口对鼻吹气,其方法与口对口人工呼吸基本相同。

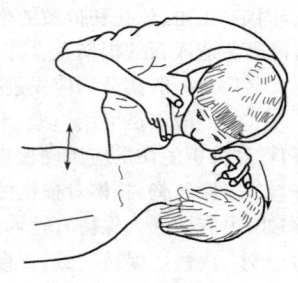

图8-6 口对口人工呼吸

2. 心跳骤停的急救

对心跳骤停在一分钟左右者,可拳击其胸骨中段一次,并马上进行不间断的胸外心脏挤压。胸外心脏挤压术方法如下。

(1)患者应仰卧在硬板上,如系软床应加垫木板。

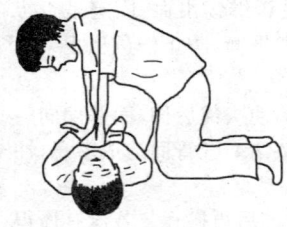

图8-7 按压姿势与用力方法

(2)护理人用一手掌根部放于患者胸骨下2/3处,另一手重叠压在上面,两臂伸直,依靠护理人身体重力向患者脊柱方向作垂直而有节律的挤压。挤压用力须适度,略带冲击性;使胸骨下陷4cm后,随即放松,使胸骨复原,以利心脏舒张(见图8-7)。按压次数成人每分钟60~80次,直至心跳恢复。按压时必须用手掌根部加压于胸骨下半段,对准脊柱挤压;不应将手掌平放,不应压心前区;按压与放松时间应大致相等。心脏按压时应同时施行有效的人工呼吸。

第七节　伤员的急救

一、现场急救步骤

现场急救,就是应用急救知识和最简单的急救技术进行现场初级救生,最大程度上稳定伤病员的伤、病情,减少并发症,维持伤病员的最基本的生命体征,现场急救是否及时和正确,关系到伤病员生命和伤害的结果。

现场急救一般遵循下述四个步骤:

(1)当出现事故后,迅速将伤者脱离危险区,若是触电事故,必须先切断电源;若为机械设备事故,必须先停止机械设备运转。

(2)初步检查伤员,判断其神志、呼吸是否有问题,视情况采取有效的止血、防止休克、包扎伤口、固定、保存好断离的器官或组织、预防感染、止痛等措施。

(3)施救同时请人呼叫救护车,并继续施救到救护人员到达现场接替为止。

(4)迅速上报上级有关领导和部门,以便采取更有效的救护措施。

二、火灾的急救

(1)施工现场发生火警、火灾事故时,应立即了解起火部位、燃烧的物质等基本情况,拨打"119"向消防部门报警,同时组织撤离和扑救。

(2)在消防部门到达前,对易燃易爆的物质采取正确有效的隔离。如切断电源,撤离火场内的人员和周围易燃易爆物及一切贵重物品,根据火场情况,机动灵活地选择灭火器具。

(3)救火人员应注意自我保护,使用灭火器材救火时应站在上风位置,以防因烈火、浓烟熏烤而受到伤害。

(4)必须穿越浓烟逃走时,应尽量用浸湿的衣物披裹身体,用湿毛巾或湿布捂住口鼻,或贴近地面爬行。身上着火时,可就地打滚,或用厚重衣物覆盖压灭火苗。

(5)大火封门无法逃生时,可用浸湿的被褥衣物等堵塞门缝,泼水降温,呼救待援。

(6)在扑救的同时要注意周围情况,防止中毒、坍塌、坠落、触电、物体打击第二次事故的发生。

(7)在灭火后,应保护火灾现场,以便事后调查起火原因。

(8)烧伤人员现场的救治。

1)伤员身上燃烧着的衣服一时难以脱下时,可让伤员躺在地上滚动,或用水洒扑灭火焰。如附近有河沟或水池,可让伤员跳入水中。如为肢体烧伤则可把肢体直接浸入冷水中灭火和降温,以保护身体组织免受灼烧的伤害。

2)用清洁包布覆盖烧伤面做简单包扎,避免创面污染。

3)伤员口渴时可给适量饮水或含盐饮料。

4)经现场处理后的伤员要迅速转送医院救治,转送过程中要注意观察呼吸、脉搏、血压等的变化。

5)烧伤伤情的判断。烧伤伤情判断的根据是烧伤面积和深度及烧伤部位。

①烧伤面积的估算。一般地,较大面积的烧伤,按人体皮肤面积的百分数估算。如:头部、面部、颈部烧伤各为 3%;上臂为 $3.5×2$%;躯干前面、后面各为13%;大腿为 $10.5×2$% 等。较小面积的烧伤,按伤员五指并拢时手掌的面积为1%估算。

②烧伤深度的估计。烧伤深度的估计,一般根据损伤程度和特点进行。Ⅰ度烧伤,损伤程度为表皮层,特点为红斑;浅Ⅱ度浇伤,损害程度为表皮和真皮浅层,特点是水泡、水肿严重;深Ⅱ度烧伤,损害程度为表皮和真皮深层,特点是网状血管栓塞;Ⅲ度烧伤,损害程度为全层皮肤或更深,特点是苍白或碳化树枝状血管栓塞;

③烧伤部位。头面部烧伤水肿严重,颈部一圈都被烧伤,可能压迫气管,影响呼吸;呼吸道烧伤易发生肺水肿和窒息,手和关节部位烧伤,如治疗不当,常会造成畸形。

根据医学的有关烧伤分类标准,烧伤伤情可分为:

a. 轻度烧伤,总面积在 10% 以下的Ⅱ度烧伤;

b. 中度烧伤,总面积在 11%~30% 或Ⅲ度伤在 10% 以下的烧伤;

c. 重度烧伤,总面积在 31%~50% 或Ⅲ度在 11%~20% 的烧伤。烧伤面积虽不到 30%,但有下列情况者,也属重度烧僵;全身情况较重或已有休克;合并有其他严重的创伤或化学中毒;严重呼吸道烧伤;

d. 特重烧伤,总面积在 50% 以上或Ⅲ度在 20% 以上。

三、触电的急救

1. 触电的症状

电对人体的伤害可分为电伤和触电两种。电伤是因电的热效应造成的,多见于高压电气设备;触电又称电击,最为常见。

(1)触电的局部症状是烧伤。低压电流造成的烧伤,伤面小,直径一般为 $0.5~2cm$,呈半圆形或蚕豆状,创面为白色或黄色,边缘规则整齐、干燥,偶尔也可见到水泡,但无明显疼痛。此种烧伤多见于手、臂及脚,正是电流的进、出口处;

高压电流造成的烧伤、面积大,伤口深,多为干性伤面,有时可见到电伤烙印,表面被烧焦或碳化,多呈Ⅲ度烧伤,局部组织常发生坏死,往往累及深部肌肉,肌腱、神、血管和骨骼。

(2)触电的电击症状。瞬间接触电压低、电流小的电源时,因肌肉收缩而被弹离电源,触电部位有麻木感,伤员表情呆滞,精神紧张,面色苍白,呼吸心跳加快,部分敏感的伤员常会发生类似休克的状况,倒在地上,对周围暂时失去反应,此时如能脱离电源,多可很快恢复。客观检查一般无阳性体征,如对心脏时行长时间听诊(3~5min),常能听到早期搏动。

接触较强电流时,触电部位发生刺痛、麻木、肌肉呈强直性挛缩,以致造成更大的危害,常因呼吸肌痉挛而尖叫,呼吸浅又快,不规则,进而呼吸困难;心跳加快,并能听到期前收缩或心律不整;神志由淡漠转入昏迷状态;血压迅速下降。此时,如不能及时脱离电源,则很快因呼吸肌麻痹而停止呼吸,心室纤维性颤动或心跳骤然停止而死亡。

2. 触电急救处理要点

(1)立即切断电源。用干燥的木棒、竹竿等绝缘工具将电线挑开。挑开的电线应放置妥当,以防再次触电。

(2)假如触电者伤势不重,神志清醒,未失去知觉,但有些内心惊慌,四肢发麻,全身无力,或触电者在触电过程中曾一度昏迷,但已清醒过来,则应保持空气流通和注意保暖,使触电者安静休息,不要走动,严密观察,并请医生前来诊治或者送往医院。

(3)假如触电者伤势较重,已失去知觉,但心脏跳动和呼吸还存在。对于此种情况,应使触电者舒适,安静地平卧;周围不围人,使空气流通;解开他的衣服以利呼吸,如天气寒冷,要注意保温,并迅速请医生诊治或送往医院。如果发现触电者呼吸困难,严重缺氧,面色发白或发生痉挛,应立即请医生作进一步抢救。

(4)假如触电者伤势严重,呼吸停止或心脏跳动停止,或二者都已停止,仍不可以认为已经死亡,应立即施行人工呼吸或胸外心脏挤压,并迅速请医生诊治或送医院:

1)人工呼吸法 人工呼吸法是在触电者停止呼吸后应用的急救方法。

施行人工呼吸前,应迅速将触电者身上妨碍呼吸的衣领、上衣、裤带等解开,使胸部能自由扩张,并迅速取出触电者口腔内妨碍呼吸的异物,以免堵塞呼吸道。做口对口人工呼吸时,应使触电者仰卧,并使其头部充分后仰,使鼻孔朝上,如舌根下陷,应把它拉出来,以利呼吸道畅通。

2)胸外心脏挤压法 胸外心脏挤压法是触电者心脏跳动停止后的急救方法。

做胸外心脏挤压时,应使触电者仰卧在比较坚实的地方,在触电者胸骨中段叩击1~2次,如无反应再进行胸外心脏挤压。人工呼吸与胸外心脏挤压应持续4~6h,直至病人清醒或出现尸斑为止,不要轻易放弃抢救。当然应尽快请医生到场抢救。

(5)如果触电人受外伤,可先用无菌生理盐水和温开水洗伤,再用干净绷带或布类包扎,然后送医院处理。如伤口出血,则应设法止血。通常方法是:将出血肢体高高举起,或用干净纱布扎紧止血等,同时急请医生处理。

四、严重创伤出血伤员的救治

1. 止血

(1)当肢体受伤出血时,先抬高伤肢,然后用消毒纱布或棉垫覆盖在伤口表面,在现场可用清洁的手帕、毛巾或其他棉织品代替,再用绷带或布条加压包扎止血。

(2)当肢体动脉创伤出血时,一般的止血包扎达不到理想的止血效果。这时,就先抬高肢体,使静脉血充分回流,然后在创伤部位的近心端放上弹性止血带,在止血带与皮肤间垫上消毒纱布棉垫,以免扎紧止血带时损伤局部皮肤。止血带必须扎紧,要加压扎紧到切实将该处动脉压闭。同时记录上止血带的具体时间,争取在上止血带后2小时以内尽快将伤员转送到医院救治。要注意过长时间地使用止血带,肢体会因严重缺血而坏死。

2. 包扎、固定

(1)创伤处用消毒的敷料或清洁的医用纱布覆盖,再用绷带或布条包扎,既可以保护创口预防感染,又可减少出血帮助止血。

(2)在肢体骨折时,可借助绷带包扎夹板来固定受伤部位上下二个关节,减少损伤,减少疼痛,预防休克。

(3)在房屋倒塌中,一般受伤人员均表现为肢体受压。在解除肢体压迫后,应马上用弹性绷带绕伤肢,以免发生组织肿胀。这种情况下的伤肢就不应该抬高,不应该局部按摩,不应该施行热敷,不应该继续活动。

3. 搬运

(1)经现场止血、包扎、固定后的伤员,应尽快正确地搬运转送医院抢救。不正确的搬运,可导致继发性的创伤,加重病痛,甚至威胁生命。

(2)肢体受伤有骨折时,宜在止血包扎固定后再搬运,防止骨折断端因搬运振动而移位,加重疼痛,再继发损伤附近的血管神经,使创伤加重。

(3)处于休克状态的伤员要让其安静、保暖、平卧、少动,并将下肢抬高约20°左右,及时止血、包扎、固定伤肢以减少创伤疼痛,尽快送医院进行抢救治疗。

(4)在搬运严重创伤伴有大出血或已休克的伤员时,要平卧运送伤员,头部可放置冰袋或戴冰帽,路途中要尽量避免振荡。

(5)在搬运高处坠落伤员时,若疑有脊椎受伤可能的,一定要使伤员平卧在硬板上搬运,切忌只抬伤员的两肩与两腿或单肩背运伤员。因为这样会使伤员的躯干过分屈曲或过分伸展,致使已受伤了的脊椎移位,甚至断裂将造成截瘫,导致死亡。

五、溺水的急救

1. 溺水者的捞寻

发现溺水者时,救护者应果断、沉着,迅速观察现场环境(水的深度、溺水者在水中的位置),然后走到距离最近的地方下水抢救。

(1)抢救时,最好是向溺水者抛掷救生用具,如救生圈、木板、绳索、长杆等。没有救生用具时才直接下水抢救。如在流水中抢救,救护者应在溺水者上游下水,以保持和节省体力;

第八章　公路工程伤亡事故管理

(2)抢救前,应脱去衣服、鞋履,以减少阻力,防止被溺者托缠。救小孩或比自己身材矮小得多的溺小者,可随意向其游去,否则最好呼叫同伴一齐下水;

(3)溺水者沉没水中时,应根据水面气泡决定其位置。在静水中,溺水者在气泡下面;流水中,溺水者在气泡的上流斜方向;

(4)游近溺水者时,应从其背后接近,并高声地向其呼唤给予安慰,同时,嘱其不要挣扎,要听自己的摆布;

(5)溺水者沉没水底时,急救者应在其入水的地方潜入(如果是流水,应在其下游潜入)。入水后睁开眼睛,用双手搜索。如果多人打捞,可以排成一字形,齐头并进搜索,如果水浑浊以致看不到别人时,遇到同伴可用手紧握一下作为暗号。捞到溺水者时,最好抓其臂膀(或其头发、或其下颌)拖带其浮出水面;

(6)溺水者惊慌时,很可能被施救者纠缠,这时救者最好和溺水者一齐沉没在水中,溺水者为了呼吸自然会松开两手进行挣扎。这时,救护者可以设法到其背面,两手握住仰卧水中的溺水者的左右面颊,用反蛙泳拖带回岸边。

2. 溺水者的急救处理要点

溺水时,大量水灌入伤员肺内,可能造成呼吸困难而窒息死亡。因此,溺水伤员被打捞以后,应迅速采取下列急救措施:

(1)转送。要立即把其送到比较温暖、空气流通的地方,松开腰带,脱掉湿衣服,盖上干衣服,不要受凉;

(2)检查。以最快的速度检查溺水者的口鼻,如有泥沙、污物堵塞,因迅速清除,保证呼吸畅通;

(3)控水。使溺水者处俯卧状态,用枕头、衣服等垫在其肚子下面,或将左腿跪下,把溺水者腹部放在救护者的右侧大腿上,使其头朝下,并压其背部,借此体位使体内水分由气管、口腔中流出;

(4)人工呼吸。上述方法控水效果不理想时,应立即作俯卧压背式人工呼吸和口对口吹气,有条件时,可插管输氧;

(5)胸外心脏挤压;

(6)药物注射。在进行人工呼吸和胸外心脏挤压的同时为促使心脏复跳,可用 0.1% 肾上腺素或异丙基肾上腺素 0.5～1L 于心腔内注射。方法是:在胸部左侧第四肋间隙靠近胸骨左缘,用长针头垂直刺入约 4～5cm,抽到回血,即可推药注入,酌情反复使用若干次

(7)预防感染。溺水者救醒后,为防止其吸入性肺炎,应注射抗菌素,同时给予少量浓茶或热姜汤,以抗塞防感冒。

六、中毒事故的急救

(1)施工现场一旦发生中毒事故,均应设法尽快使中毒人员脱离中毒现场,中毒物源,排除吸收的和未吸收的毒物。

(2)救护人员在将中毒人员脱离中毒现场的急救时,应注意自身的保护,在有

毒有害气体发生场所,应视情况,采用加强通风或用湿毛巾等捂着口、鼻,腰系安全绳,并有场外人控制、应急,如有条件的要使用防毒面具。

(3)在施工现场因接触油漆、涂料、沥青、外掺剂、添加剂、化学制品等有毒物品中毒时,应脱去污染的衣物并用大量的微温水清洗污染的皮肤、头发以及指甲等,对不溶于水的毒物用适宜的溶剂进行清洗。吸入毒物中毒人员尽可能送往有高压氧舱的医院救治。

(4)在施工现场食物中毒,对一般神志清楚者应设法催吐:喝微温水300~500mL,用压舌板等刺激咽后壁或舌根部以催吐,如此反复,直到吐出物为清亮物体为止。对催吐无效或神志不清者,则送往医院救治。

(5)在施工现场如已发现心跳、呼吸不规则或停止呼吸、心跳的时间不长,则应把中毒人员移到空气新鲜处,立即施行口对口(口对鼻)呼吸法和体外心脏挤压法进行抢救。

七、高温中暑的急救

1. 高温中暑的类型

"中暑"是所有因处于高温高热的环境而引起的疾病,可分为三类:

(1)热射病。它是因人体在高热或伴随高湿的环境下,体温调节机能失调,体温、脑温上升而引起的一种中枢神经障碍。其症状除了头晕、恶心、剧烈头疼、耳鸣等前期症状外,还表现在发汗停止、皮肤干热、体温上升、直肠温度达到41~43℃。患者多半处于昏睡、意识不清的状态,其死亡率较高,一般可达15%~60%;

(2)日射病。其主要病因是强烈的太阳辐射或高温辐射直接作用于人的头部引发的。由于颅内积热,温度过高,脑神经系统出现急性的功能失调,从而使人产生剧烈的头疼、头晕、眼花、耳鸣、恶心、呕吐等症状。日射病多发生在露天作业现场;

(3)热痉挛。它是因为大量出汗后,人体内电解质丧失过多,不能及时得以补充而引起的。常发生在高温高热的作业现场。最典型的症状是肌肉痉挛和疼痛,从而引起呕吐。发病时,体温并不怎么上升。

2. 高温中暑的急救处理要点

(1)迅速转运。应将中暑者迅速移至阴凉通风的地方,解开衣服,脱掉鞋子,让其平卧,头部不要垫高;

(2)降温。用凉水或50%酒精擦其全身,直到皮肤发红,血管扩张以促进散热。冰浴是降温最有效的措施,有条件的,可在患者头部、两腋下和腹股沟等处放置凉袋。必要时,也可将其放在凉水沟或水盆中浸浴降温。

降温过程中必须加强护理,密切观察体温、血压和心脏情况。当肛温降到38℃左右时,应立即停止降温,以免发生虚脱;

(3)补充水分和无机盐类。能饮水的患者,应鼓励其喝足凉盐开水或其他饮

料;不能饮水者,应予静脉补液,其中生理盐水约占一半。对热射病者,除非有明显脱水,不宜大量输液,以免发生肺水肿、脑水肿;

(4)及时处理呼吸、循环衰竭。呼吸衰竭时,可注射尼可刹米或山梗茶碱;循环衰竭时,可注射鲁米那钠等镇静药。

(5)转院。医疗条件不完善时,应及时在严密观察、精心护理下,送往就近医院进行抢救。

第八节 公路工程施工典型伤亡事故案例

一、高处坠落事故

1. 事故案例

(1)事故类别:高处坠落。

(2)伤亡人员情况:8人死亡,11人受伤。

(3)直接经济损失:200余万元。

(4)事故概况:某单位在承接的工程施工中,采用的是可分段式整体提升脚手架。由于该脚手架设计获有专利权,且使用情况特殊,升降难度较大,故将其脚手架的全部安装升降作业,以工程分包的形式交给了该脚手架的设计单位进行。当日,在进行降架作业时,突然两个机位的承重螺栓断裂,造成连续5个机位上的10条承重螺栓相继被剪切,南侧51m长的架体与支撑架脱离,自44.3m高度坠落至地面,致使在架体上和地面上作业的20名工人,除一人从架体上跳入室内幸免外,其余19人中有8人死亡,11人受伤。在此事故处理中,对3名直接责任者追究了刑事责任,判处有期徒刑3~4年,对另外涉及的5名有关责任人分别给予了撤职、记过等行政处分。

2. 事故原因分析

(1)承重螺栓安装不合理,造成螺栓实际承受的载荷远远超过材料能够承受的载荷;脚手架整体超重,实际载荷是原设计载荷的2.7倍,这是事故发生的直接原因。

(2)施工管理混乱,规章制度不落实,在事故调查中,发现该设计施工方案与现场实际情况不符;盲目和擅自变更施工方案;发现事故隐患不及时整改;提升机承力架未与工程结构固定;施工队伍管理松弛是造成事故发生的主要原因。

(3)可分段式整体提升脚手架这一专项技术本身存在重大缺陷。该脚手架没有完整的防下坠安全装置;架体承重螺栓强度的安全裕度不足,也是造成事故的一个重要因素。

综合多年高处坠落案例,其原因统计排列图见图8-8。

3. 预防措施

(1)预防架体上坠落的措施。

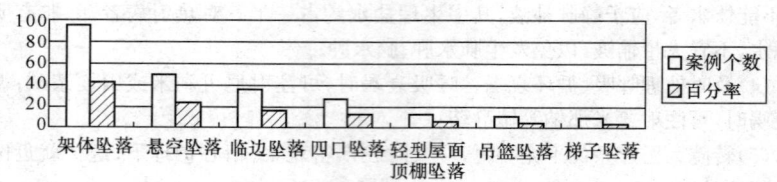

图 8-8 高处坠落事故点分布排列图

1)各种类型的脚手架必须由架子工进行搭设及拆除,架子工高处作业必须系挂安全带。

2)脚手架的搭设和拆除必须认真把好9道关口:

①安全交底关。搭设和拆除脚手架之前,工长必须向架子工进行详细安全技术交底,明确架子类型、用途及搭拆标准和安全作业要求。

②材质检查关。严格按照规范规定的质量和规格选择架材。

③搭设尺寸关。严格按照规范规定的间距尺寸搭设脚手架的立杆、大横杆、小横杆、剪刀撑等。

④铺板关。脚手架作业层脚手板必须铺满、铺稳,离开墙面120~150mm;板与板之间不得有空隙和探头板、飞跳板;脚手板搭接长度不得小于200mm,脚手板对接时应架设双排小横杆,间距不大于300mm;在架子转弯处的脚手板应交叉搭接,脚手板应用木块垫平并要钉牢,不得用砖垫板;上料斜道的铺设宽度不得小于1.5m,坡度不得大于1:3,防滑条的间距不得大于30cm,并要经常清除架板上的杂物、冰雪,保持清洁、平整、畅通。

⑤护栏关。脚手架外侧、斜道(跑道)两侧、卸料台周边设1m高的防护栏杆和挡脚板,或者设防护栏杆,立挂安全网,下口封严。

⑥连接关。脚手架自身连接牢固和脚手架与构筑物连接牢固程度,直接关系到架子的稳定性,必须达到架子不摇晃;脚手架两端、转角处以及每隔6~7根立杆应设一组剪刀撑,自下而上循序连续设置到顶,每组剪刀撑纵向长度9m为宜;最下面的撑与地面的角度不得大于60°,与立杆的连接点离地面不得大于30cm,剪刀撑杆的接长,应用搭接方法,搭接长度不小于40cm,用两只转向扣件锁紧,禁止用对接扣件;脚手架两端、转角处以及每隔6~7根立杆应设支杆,支杆与地面角度不得大于60°,支杆底端要埋入地下不小于30cm,架子高度在7m以上或无法设支杆时,每高4m,水平每隔7m,脚手架必须同建筑物连接牢固,拆除脚手架时从上至下随拆架同时拆除连接点。

⑦承重关。脚手架的均布荷载,不得超过270kg/m^2时,在脚手架中堆砖,只允许堆放单行侧摆三层,用于装修工程的脚手架均布荷载不得超过200kg/m^2,如必须超载,应按施工方案采取加固措施,以保证安全。

第八章　公路工程伤亡事故管理

⑧上下关。搭设各类脚手架,均必须为施工人员上下架子搭设斜道(跑道)或阶梯,严禁施工人员从架子爬上爬下。

⑨保险关。吊篮架子和桥式架子是一种工具式脚手架,设计、制造、安装质量直接关系到能否保证安全使用,因此必须对吊篮架子和桥式架子的设计图纸、制造工艺及安装质量进行严格的检查、试验。使用期间,必须经常检查吊篮的防护措施、挑梁、手扳葫芦、倒链、吊索、钢丝绳,发现问题立即解决,严禁工人在有隐患的吊篮内作业。除此之外,在使用中一定要装好、用好吊篮安全保险绳,每次放绳不得超过 1m 长并卡牢所有卡子,吊篮上的吊钩必须设保险措施,防止吊索脱钩,升降吊篮的手扳葫芦,最好采用带保险装置的手扳葫芦。在使用期间,要对桥式架立柱与构筑物的联结、升降倒链、钢丝绳吊索、联结卡具等进行经常性检查,发现隐患立即解决,严禁使用有隐患的桥式架。

(2)预防悬空坠落的防范措施。

1)从事悬空作业人员,每年要定期进行一次身体检查。凡患有高血压、心脏病、低血压、贫血病、癫痫病、神经衰弱及四肢有残缺的人员,饮酒以后及年龄不满18周岁人员,均不得从事悬空作业。

2)6 级以上的大风及雷暴雨天,禁止在露天进行悬空作业。

3)夜间施工,照明光线不足,不得从事悬空作业。

4)悬空作业人员,必须佩戴符合国家标准并具有检验合格证的安全帽,系牢帽带,以保护头部。

5)凡从事 2m 以上悬空作业人员,必须佩带符合国家标准并有检验机关检验合格证的安全带。每次使用安全带之前,必须对安全带进行详细检查,确无损坏,方准使用。上下高处时,应把安全带的系绳盘绕在身上,防止碰挂。悬空作业前必须把安全带的系绳挂在牢固的结构物、吊环或安全拉绳上,且应认真复查,严防发生虚挂、脱钩等现象。

6)使用安全带系绳长度需要 3m 以上时,应购买加有缓冲器装置的专用安全带。

7)使用安全带应高挂低用,减少坠落时的冲击高度。

8)安全带使用两年后,应按批量购入情况抽验一次。悬空安全带以 80kg 重量做自由坠落试验,若不破断,该批安全带可继续使用。对抽试过的样品,必须更换悬挂的安全系绳后才能继续使用。

9)安全带的使用期为 3~5 年,使用期中如发现异常现象,应提前报废。

10)悬空作业上方,凡无处挂安全带时,工长或施工负责人应为工人专设挂安全带的安全拉绳、安全栏杆等。如:施工厂房的行车梁上部、吊装屋架的上部均系悬空,工人行走或作业,安全带无处挂,因此,必须在其上方设置安全拉绳或栏杆,以保证工人行走和作业时的安全。

(3)"四口"防护措施。

1)楼梯口的防护措施。楼梯踏步及休息平台处,要设两道牢固防护栏杆或用立挂安全网做防护。回转式楼梯间应支设首层水平安全网。每隔四层设一道水平安全网。

2)电梯井口的防护。电梯井口必须设高低不低于 1.2m 的金属防护门。电梯井内首层和首层以上每隔四层设一道水平安全网,安全网应封闭严密。未经上级主管技术部门批准,电梯井内不得做垂直运输通道和垃圾通道。

3)预留洞口的防护。1.5m×1.5m 以下的孔洞,预埋通长钢筋网或加固定盖板。1.5m×1.5m 以上的孔洞,四周设两道护身栏杆,中间支挂水平安全网。

4)通道口的防护。建筑物的出入口搭设长 3～6m,宽于出入通道两侧各 1m 的防护棚,棚顶应满铺不小于 5cm 厚的脚手板,非出入口和通道两侧必须封严。

(4)使用梯子的防护措施。

1)梯上作业,是建筑施工行业中较低的高处作业。坠落事故普遍发生在 1～5m 之间,造成死亡事故主要是坠落时伤害了人的要害部位——头部。因此,必须克服作业点不高,不会发生事故的麻痹思想和不愿意戴安全帽的错误行为。

必须坚持上梯作业前,把安全帽戴好,帽带系牢,万一架上人员向下坠落时,帽子不会滑落,可以保护坠落者的头部。

2)各种梯子的制作,必须分别按相关规定中的技术要求进行选材、制作和试验检查,防止因梯子不符合安全要求,使用时折断、造成坠落伤亡事故。

3)凡是购买的梯子,必须严格按国标的技术要求,进行检查验收,不符合国标要求的,不准发给工人使用。

4)梯子长度不应超过 5m,宽度不应小于 30cm,踏板间距为 27.5～30cm,最下一个踏板与两梯梁底端的距离均为 27.5cm。

5)每部木直梯两端踏板的下面和木折梯底端踏板下面,必须用直径不小于 5mm 钢杆加固,其螺母与梯梁接触面应加金属垫圈。

6)所有梯子的梯踏板面应采用通用的合成橡胶(丁苯橡胶)制作防滑措施。

7)各种梯子在使用前,使用者必须对梯子的梯梁、踏板、钢拉杆螺母、梯角防滑措施等进行认真检查,凡有损坏、松动等,必须进行加固后方准使用。

8)各种梯子使用的工作角度为(75±5)°角度太大容易倾倒,角度太小容易滑落。

9)每部梯子上,只允许一个人在梯上作业,不准两人同时在一个梯子上操作。

10)不准用梯子搭设临时操作架,也不准在脚手架上搭设小模杆代替爬梯。

11)上折梯前,必须将固定梯子工作角度的撑杆装牢。

12)凡在梯上进行用力较大的操作,作业前应将梯子上端绑扎在构筑物上。在通道处使用梯子,应设专人在地面扶梯监护。

13)在梯上作业人员应配带工具袋,上下梯前,应将工具装入工具袋内,双手抓住梯梁进行攀登,以防失手坠落。

第八章 公路工程伤亡事故管理

二、触电伤亡事故

1. 事故案例

(1)事故类别:触电。

(2)伤亡人员情况:1人死亡,1人受伤。

(3)直接经济损失:20余万元。

(4)事故概况:某公司汽车队在清运工程废料作业中,违反起重吊装作业安全规程,在未达到吊装的安全距离时,盲目进行吊装作业,致使汽车吊大臂触及上方10kV高压线,造成2名配合吊装作业的工人被电流击倒。经抢救,1人死亡,1人受伤。在此事故处理中,对严重违反安全操作规程的责任人员,给予了行政处理。

2. 事故原因分析

(1)吊车司机与信号指挥人员在吊装作业中,违反安全操作规程,在未满足吊装作业安全距离的前提下,贸然进行作业,加之吊装上方树叶遮挡,视线不清,判断失误是造成事故发生的直接原因。

(2)指挥人员思想麻痹,安全意识不强,对危险作业的行为不但没有予以制止,反而草率地发出指挥信号进行吊装作业,最终造成事故的发生。

3. 预防措施

根据统计,触电事故点排列图见图8-9。

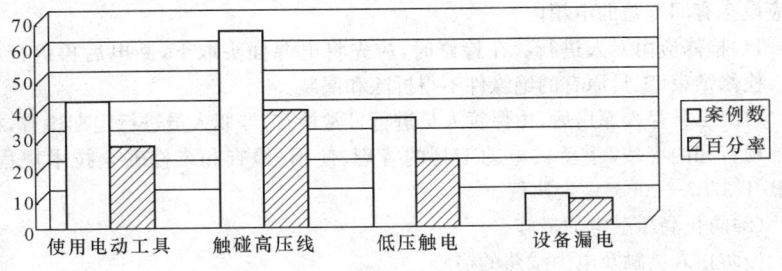

图8-9 触电事故点排列图

(1)预防手持式电动工具触电措施。

1)根据工作场所的危险程度选用相应类别的手持式电动工具,并按规范要求,严格采取防触电措施。

2)建筑施工现场内一般场所应采用Ⅱ类手持式电动工具,并应配置额定漏电动作电流不大于15mA、额定漏电动作时间小于0.1s的漏电保护器;若采用Ⅰ类工具,除上述措施外,工具本身还须作保护接零。

3)在露天、潮湿场所或金属构架上(如轻钢龙骨顶棚)操作时,必须选用Ⅱ类手持式电动工具,并配置防漏电保护器;额定漏电动作电流和时间要求同前。在这类场所中,严禁使用Ⅰ类电动工具。

4)在高度危险场所(如金属容器内、狭窄的地沟内等),宜选用Ⅲ类的手持电动工具,由低压隔离变压器供电;若选用Ⅱ类工具,必须按前述要求配置漏电保护器。变压器和漏电保护器设在工作场所外,工作时应有人监护。

5)手持式电动工具使用前,应对电源线、开关、外壳进行检查,不得有绝缘开裂破损现象,接头要牢固,开关要灵活。通电后要做空载检查,运转正常后方可正式作业。

6)工具所用的电源插头、插座必须完好无损,内部接线不能松动,严禁不用插头接入电源,防止零线断线。

7)插头、插座必须匹配,以保证插头插入时松紧适度,与插座接触紧密,不允许将两极插头插入四级插座接通电源。

8)手持式电动工具的电源线必须符合《手持式电动工具的管理、使用、检查和维修安全技术规程》(GB/T 3787—2006),不得任意接长或更换,其中的绿/黄双色线在任何情况下都只能作保护接零线。

9)工具的电源插座安装要牢固,以便取拔插头时不致被带动。为了防止插头损坏、接头松动,不要在拔插头时扯电源线。转移工作场所时,电源线应整理收齐,不能在地上拖拉。

10)工具配电必须采用"一机一闸一漏电",禁止一闸多用。闸刀的漏电保护器应设在有门有盖的电箱内。

11)检修应由专人进行。在检修时,应先将电源插头取下,断电后再进行作业。检修结束,工具原有的绝缘件不得拆除和漏装。

(12)工具存入库房后,由保管人员进行日常检查,专职人员进行定期检查,检查的项目和内容按《手持式电动工具的管理、使用、检查和维修安全技术规程》(GB/T 3787—2006)规定执行。

(2)防止高压触电的措施。

1)防止人员触及电力线路的措施:

①对外侧有电力线路的建筑工程,在施工前应按规范要求进行现场勘察,电力线路与建筑物外侧的水平距离不得小于表8-2规定,否则应采取隔离防护措施。

表8-2　　　　　　　　电力线路与建筑物水平安全距离表

电力线路电压(kV)	1以下	1~10	35~110	154~220	330~500
最小安全操作距离(m)	4	6	8	10	15

②隔离防护措施可以是隔离棚架、屏障、遮栏、围栏或保护网,并应悬挂醒目的警告标志牌。

第八章 公路工程伤亡事故管理

③隔离防护架的结构要求,可参照相应的脚手架搭设规定执行。所用材料必须是竹、木等绝缘材料,绑扎材料也须采用竹篾、棕绳等绝缘物,防护架应采用竹笆片等材料密封。

④防护架搭设应牢固,与建筑物拉结,其高度和宽度应能保证保护整个操作面。工程竣工,最后拆除防护架。

⑤不能按前述要求进行防护时,必须与有关部门协商,采取停电、迁移线路或变更工程地址等措施,否则不得施工。

⑥在高压线路和设备上进行检修工作,必须完成停电、验电、放电、悬挂接地线和装设遮栏标志牌等措施。

⑦高压线路和设备检修工作,其停送电必须严格执行工作票制度,工作终结后恢复送电制度;不得采用传口信、打手势、灯光联络等方法停送电,这样容易发生误送电错误。即使停电检修、搭接高压线路作业前,也必须在线路两端做好临时接地线(也叫封地线)后,方准上杆作业。

⑧严禁在高压线下搭设建筑物或堆放材料。

2)防止吊车触及高压线的措施:

①施工现场机动车道与外电线路交叉时的垂直距离不得小于表 8-3 规定:

表 8-3　　　　　车道与高压线路交叉时垂直距离表

外电线路电压(kV)	1 以下	1~10	35
最小垂直距离(m)	6	7	7

机动车辆在高压线下方通过时,应有防止车上设备、材料意外触及或接近高压线的措施。

②塔吊、汽车吊等进行吊运作业时,其臂杆、吊物、钢丝绳等与 1kV 高压线的最小安全距离不得小于 2m。

③必须在高压线下吊运作业,应设置牢固的隔离防护措施或改变作业方式,否则不能施工。

④当吊车已发生高压触电事故时,应立即停止吊车动作,作业人员撤离事故点,并通知有关部门立即采取停电措施。

⑤当发生高压线断线落地后,非检修人员在室内要远离断落地点 4m 以外,在室外要远离断落地点 8m 以外,以防跨步电压危害。

(3)预防低压线路和设施的触电措施。

1)预防线路触电措施:

①建筑施工现场内,建筑物外侧距 1kV 以下线路的最小水平安全距离不小于 4m,距道路垂直距离不小于 6m,应采取防护隔离措施。

②线路架设,必须用绝缘子固定在电杆上,严禁利用脚手架、树干和其他构架

作支持点,电缆线路可沿围墙敷设,高度不低于7.5m。

③线路所用导线不得有绝缘破裂和老化现象。每一架空线路,在一个挡距内不得有两个接头;同一挡距内接头数,不应超过导线数的50%。

④施工用临时线路穿墙过洞,应加绝缘导管保护,线路导线或电缆不能随地拖拉,以防意外事故发生。断线后应及时修复,不能徒手拾起线头。

⑤室内线路采用绝缘导线敷设,应以绝缘物固定,高度不低于2.5m;采用电缆敷设,高度不低于1.8m。线路绑扎固定不能采用金属裸线。

⑥线路检修应严格遵守停送电制度和停电检修制度,在电源断开点应悬挂醒目的警告标志牌。

⑦施工现场供电线路,必须采用工作零线和保护零线分设的方式架设。

2) 预防配电设施触电措施:

①配电箱内熔断器、开关等电器应完好无损,开关灵活,接触紧密。

②箱内各电器绝缘外壳,不能因高温而变色、裂纹、缺损,且无带电体外露,必须设有专用工作和保护接零端子。

③箱内接线,必须排列整齐,不得有松动;各电源支路应有标志铭牌,以便保证在紧急情况下,准确切断电源。

3) 照明线路及灯具防触电措施:

①非电工人员不得私自乱接、乱拉灯头线路,在灯头损坏时,应通知电工及时更换。

②在地下室等危险场所施工,应使用安全电压照明普通照明灯具不能代替工作行灯使用。

③金属照明灯具外壳应作保护接零,室内灯具高度不低于2.5m,室外不低于3m。

④现场内施工和生活照明均应设漏电保护器。

⑤螺旋灯头中心舌片应接相线,照明灯开关应控制相线。开关不能设在床头,搬把开关不能与插座装在同一处,以防失误触电。

4) 预防电动设备触电事故:

①电工要熟悉所管辖范围内的用电设备及其配电设备的电气性能,坚持巡回检查制度,发现隐患及时处理。

②进入设备的电源线应穿管保护;管口密封,防止油污或水滴入管内。严禁任何带电线路通过设备。防止导线绝缘损坏时设备漏电。

③设备的一、二次回路各接线头应接牢固,不得有散股、松动;对有振动的设备,其接线端子要配备弹簧垫圈。

④当设备需带电进行试车或检修时,必须由持证电工担任,并严格执行带电作业安全制度,采取有效的安全保护措施。移动设备,必须断电。

⑤对设备的一、二次回路各种绝缘套管、垫片、接线盒盖等附件,如有损坏遗

第八章 公路工程伤亡事故管理

失,应立即更换配齐,出现电气故障,应及时维修,严禁带病运转。

⑥设备的过载、短路、漏电等电器保护装置必须齐全有效灵敏。在运行中,不能随意调整保护装置的额定值,保护装置动作后,应查明原因,排出故障,不得将保护装置短路,强行运行。

⑦设备的保护接零(地)要连接牢固,引线截面要符合要求,不得采用 $2.5mm^2$ 以下单芯铝线,接线端头应用螺帽,配以弹簧垫圈;当设备安装漏电保护器时,保护接零(地)必须保留。

⑧设备的保护接零由专用保护接零线提供,不得将设备的工作零线代替保护零线,更不允许利用设备本身代替工作零线。

三、机械伤害事故

1. 事故案例

(1)事故类别:机械伤害。

(2)伤亡人员情况:死亡1人。

(3)直接经济损失:22.25万元。

(4)事故概况:在某动力中心及主厂房工程工地上,动力中心厂房正在进行抹灰施工,现场使用一台JCZ350型混凝土搅拌机用来拌制抹灰砂浆。上午9时30分左右,由于从搅拌机出料口到动力中心厂房西北侧现场抹灰施工点约有200m左右的距离,两台翻斗车进行水平运输,加上抹灰工人较多,造成砂浆供应不上,工人在现场停工待料。此时身为抹灰工长的刘某非常着急,到砂浆搅拌机边督促拌料、因刘某本人安全意识不强,趁搅拌机操作工去备料而不在搅拌机旁的情况下,私自违章开启搅拌机,且在搅拌机运转过程中,将头伸进料口查看搅拌机内的情况,被正在爬升的料斗碰到其头部后,人跌落在料斗下,料斗下落后又压在刘某的胸部,造成头部大量出血。事故发生后,现场负责人立即将刘某急送医院,经抢救无效,于当日上午10时左右死亡。

2. 事故原因分析

(1)直接原因。身为抹灰工长的刘某,安全意识不强,在搅拌机操作工不在场的情况下,违章作业,擅自开启搅拌机,且在搅拌机运行过程中将头伸进料斗内,导致料斗撞击到其头部,是造成本次事故发生的直接原因。

(2)间接原因。

1)总包单位项目部对施工现场的安全管理不严,施工过程中的安全检查督促不力。

2)清包单位对职工的安全教育不到位,安全技术交底未落到实处,导致抹灰工擅自开启搅拌机。

3)施工现场劳动组织不合理,大量抹灰作业仅安排三名工人和一台搅拌机进行砂浆搅拌,造成抹灰工在现场停工待料。

4)搅拌机操作工因为备料而不在搅拌机旁,给无操作证人员违章作业创造了条件。

5)施工作业人员安全意识淡薄,缺乏施工现场的安全知识和自我保护意识。

(3)主要原因。抹灰工长刘某,违章作业,擅自操作搅拌机,是造成本次事故的主要原因。

3. 预防措施

(1)工程施工必须建立各级安全管理责任,施工现场各级管理人员和从业人员都应按照各自职责严格执行规章制度,杜绝违章作业的情况发生。

(2)施工现场的安全教育和安全技术交底不能仅仅放在口头,而应落到实处,要让每个施工从业人员都知道施工现场的安全生产纪律和各自工种的安全操作规程。

(3)现场管理人员必须强化现场的安全检查力度,加强对施工危险源作业的监控,完善有关的安全防护设施。

(4)施工现场应合理组织劳动,根据现场实际工作量的情况配置和安排充足的人力和物力,保证施工的正常进行。

(5)施工作业人员也应进一步提高自我防范意识,明确自己的岗位和职责,不能擅自操作自己不熟悉或与自己工种无关的设备设施。

四、起重伤害事故

1. 事故案例

(1)事故类别:起重伤害。

(2)伤亡人员情况:2人死亡,1人受伤。

(3)直接经济损失:50余万元。

(4)事故概况:某单位在工程施工中,用FO/23B型塔式起重机(自由高度61.6m,幅度为50m)进行该楼八层结构承重大模板吊装作业时,由于违反起重吊装作业的安全规定,严重超载,造成变幅小车失控,塔身整体失稳倾斜倒塌,将在八层作业面两名农民工砸死,塔式起重机司机受重伤。在此事故处理中,对有关责任人进行了责任追究,分别给予了行政处理。

2. 事故原因分析

(1)负责起重吊装作业的专职人员,违反安全生产的有关规定,是造成事故的直接原因。事故调查结果表明:在此幅度时,塔吊的额定起重量为3.852t,而实际起重量为4.786t,超载25.1%。

(2)该塔抗过载能力低,是造成事故的重要原因。即:经专业部门在技术方面的确定,塔吊主弦杆含碳量偏低,金相组织较粗大,其材质硬度及机械性能偏低,导致其抗过载能力差。

3. 预防措施

根据统计,起重伤害事故点排列图见图8-10。

第八章 公路工程伤亡事故管理

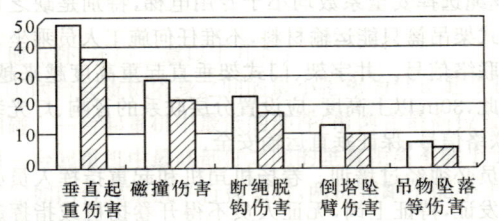

图 8-10 起重伤害事故点排列图

(1)预防垂直起重伤害的措施。
1)吊篮制作防护:
①必须针对起重量的要求,依据《钢结构设计规范》(GB 50017—2003)的规定,设计井字架、门式架的吊篮,按照审定的设计图纸进行加工制作,特别要把好原材料和焊接质量关。
②吊篮底板下部中段应设置坚固的横担。防止使用过程中底板脱落。
③吊篮两侧应设置不低于 1m 高的金属防护网。防止作业人员和材料从侧向发生坠落事故。
④吊篮外向进出料口应设置自动升降防护门栏,防止推车、材料及高处卸料人员坠落事故的发生。
⑤吊篮内向进出料口应设置手推式双层滑动防护门。
2)进出料口边的防护。井字架、门式架、外用电梯与楼层跑道平台接口处——进出料口边,应根据跑道宽度设置 1m 高的自动防护门,用蝴蝶弹簧铰链将自动防护门与跑道平台钢管用扁铁连接,在门中部铁皮上,向建筑一面标明"口边危险",向井字架、门式架、电梯一面写上楼层数字。
3)井字架及门式架的制作和防护。井字架、门式架底层外围应设置围栏或栏网和自动升降门,进出料口设架外安全门栏,进出料口架外安全门滑杆,固定在井字架的框架上。当吊篮下降到底层时,吊篮压下外安全门。
4)井字架、门式架的卷扬机钢丝绳卷筒必须设保险装置。井字架、门式架的卷扬机钢丝绳卷筒设置保险装置,是为了防止卷筒钢丝绳松弛时钢丝绳滑出卷筒、钢丝绳收紧时(起重吊篮)把钢丝绳扎伤扎断造成的吊篮坠落事故。该保险装置是设在卷筒壁上方的活动钢筋保险护罩,检修时可随时打开钢筋护栏罩。
5)井字架、门式架的天滑轮顶部必须设置钢丝绳保险罩。井字架、门式架的天滑轮顶部必须设置钢丝绳保险罩,是为了防止钢丝绳松弛时滑出滑轮槽、钢丝绳收紧时扎断钢丝绳,造成的吊篮坠落、人员伤亡的重大事故。
6)井字架和门式架吊篮不准人员乘坐。井字架、门式架吊篮是一种简易的垂

3) 捆绑物件时应符合下述要求：

① 用于捆绑的绳索，必须良好，安全系数应达到 8～10。较重的物件用钢丝绳；较轻的可用麻绳。但每 1mm² 截面积承受的载荷不得大于 0.5kg。

② 要掌握物件的重心位置。对有棱角或特别光滑的物件，应在绑扎处加垫麻布、木板或废橡皮，对用钢丝绳绑扎的尤应如此，以防止钢丝绳受硬弯损伤或滑脱。

③ 用钢丝绳多圈绕扎物件时，要按顺序捆绑，不要有压叠、打结和扭持等现象。

④ 起吊庞大物件时，一定要在物件上系扎溜绳，以防止物件在空中旋动，失去控制而造成事故。

⑤ 绳结在受力后不能松动。而应是受力愈大收缩得越紧，但解结要方便、容易。钢丝绳应尽量避免打结，特别是不能在绳的中部打结。如确实必要，可在端部进行。

4) 选用履带式、轮胎式、汽车式等自行式起重机作业时，一定要保证稳定。

这类起重机失事 60% 以上是由于稳定性被破坏。因此如有超载荷工作或接长起重臂，一定要进行稳定性的验算，以保证在作业中不发生倾覆事故。当考虑吊装载荷及附加载荷时，稳定性安全系数：

履带式 $k_1 = M_稳 / M_倾 \geqslant 1.15$

汽车式、轮胎式打支腿时 $k_1 \geqslant 1.333$

汽车式、轮胎式不打支腿时 $k_1 \geqslant 1.5$

当仅考虑吊装载荷时，稳定性安全系数：

履带式 $k_2 = M_稳 / M_倾 \geqslant 1.4$

汽车式、轮胎式不打支腿时 $k_2 \geqslant 1.5$

5) 起重机在坑沟、边坡工作时，应保持必要的安全距离（一般为坑沟边坡深度的 1.1～1.2 倍）。

在架空输电线路一侧工作时，起重臂、钢丝绳或重物与架空电线的最近距离应按相关规定执行。

6) 自行式起重机应停在水平位置上工作；起重机停妥后，允许斜度不得大于 30°。

7) 指挥起重作业人员与起重机司机之间的配合默契是做到安全生产的关键。

指挥人员与司机必须熟悉和掌握国家标准《起重吊运指挥信号》（GB 5082—1985）的各种手势信号、音响信号、旗语信号。指挥人员应根据标准规定的信号与司机联系，司机应根据指挥人员的信号进行操作，如信号不明确或不清楚时，可发出重复信号询问，明确指挥意图后，方可操作。司机在开车前一定要鸣铃示警，在

第八章 公路工程伤亡事故管理

吊运过程中也要鸣铃,通知能受到吊运物件威胁的人员离开。

某些大型工程只用手势或旗语指挥起重吊运工作满足不了工作需要,必须采用无线电对讲机。为此,指挥人员和司机应加强学习,熟悉对讲机的结构、性能和使用方法,克服通常极容易混淆的术语。

8)在起重吊运区域应有明确的标志,禁止无关人员进出,在物件吊运范围内和起重臂下严禁站人。

五、物体打击事故

1. 事故案例

(1)事故类别:物体打击。

(2)伤亡人员情况:死亡1人。

(3)直接经济损失:6000元。

(4)事故概况:某队架子工龚×、张××两人在搭设主厂房锅炉架25.77m $k_2 \sim k_3$ 5轴线安装钢梁的架子时,因钢架管不够,龚×走到 k_2 柱子边时,看见靠钢筋混凝土柱子立着8根钢架管,于是就走去搬动,由于钢管紧靠钢筋混凝土柱子,并被周围支架卡得较紧,龚在搬动时,将靠钢筋混凝土柱子边与钢筋混凝土平台边缘立着的,长5.1m的钢架管松动后,继续用力搬动其他几根立着的架管。这时,靠柱子和平台边缘处的长5.1m的那根钢架管顺着平台边缘凹槽已向下滑出,当钢管飞速下坠到 k_2 619.6m处被两根柱子夹住并与支架子约1m的钢管碰撞发出声响后,龚才发现有钢管掉下去。下坠的钢管在19.6m处经碰撞后,斜飞至锅炉炉架9.97m层钢筋混凝土板底层土地上,一端触地,另一端击中正在回填土方的民工付××头部左侧太阳穴,付当即倒地,安全帽左侧边缘被击碎,安全帽帽壳被弹飞出3.2m,付××经送医院抢救无效死亡。

2. 事故原因分析

(1)直接原因:交叉施工无安全防护措施。

(2)间接原因:锅炉架9.96~25.77m层卷扬机井字架拆除后,没有完全彻底把所拆除的支架管清除干净;37.17m层支架虽未拆除,但木工在拆模过程中对拆下的架管没有采取必要的措施,将钢管平放或固定;安全水平网不足5m,对拆除架后的空隙带,没有及时加密加宽安全网防护。

(3)主要原因:施工队长徐××于当日上午被通知"因锅炉架多处拆除、拆模,炉底回填土方不安全,暂停回填土方"后,没有认真贯彻通知班组,致使班组继续安排人员回填土方。

3. 预防措施

根据统计,物体打击事故点排列图见图8-11。

(1)认真贯彻文明施工,材料堆放整齐、平稳,作业场地及时清扫,每天做到工

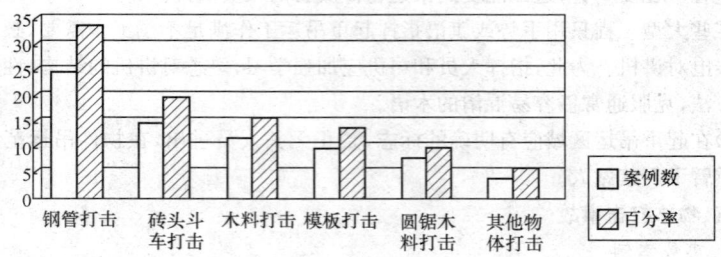

图 8-11 物体打击事故点排列图

完场清。

(2)多层建筑施工,在计划安排上要尽量避免立体交叉作业,确需进行立体交叉作业时,应事先采取隔离防护措施。

(3)施工工程靠近必须通行的道路时,应在道路上方搭设坚固、密封的防护棚,防止落物伤害行人。

(4)临街建筑面或高层建筑施工周边,应用竹笆、小眼立网与竹席密封,防止砖碴、石块、螺钉等较小物体坠物伤人。

(5)为了防止坠物伤害头部,安全规程明确规定进入施工现场的所有人员,必须戴好符合安全标准、具有检验合格证的安全帽,并系牢帽带,否则,不得进入施工现场。

(6)高处作业人员应配带工具袋,使用的小型工具及小型材料、配件等,必须装入工具袋内,防止坠落伤人。高处作业使用的较大工具,应放入楼层的工具箱内。

(7)清理的各楼层杂物,应集中放入垃圾桶或斗车内,并及时吊运到地面,严禁从窗内往外乱投掷物料。

(8)在深坑内砌筑或浇筑混凝土等,所用材料均应用溜槽向下投料,不准采用传砖和其他乱投的方法。

(9)深坑(槽)或地下室周边沿 1m 内,不准堆放配件、模板、钢管、钢筋、砖石等材料,防止落物伤人或土方坍塌。

(10)搭设或拆除脚手架时,必须在作业区域设置警戒区,并由专人负责警戒,严禁无关人员穿越警戒区。拆除的架料、扣件,必须堆码整齐,统一吊运地面,严禁从高处向下乱投掷架管、架板、扣件等。翻架板时应事先清扫板上杂物。

(11)建筑物开始拆除前,应在建筑物周围设置警戒的安全围栏和悬挂警告标志,禁止非拆除人员进入拆除场地。拆下的材料要及时清理运走,散碎材料应用溜放槽顺槽溜下。

(12)施工工程的出入口,必须搭设坚固的防护板棚,棚的宽度要大于出入口,棚的长度应根据建筑物高度分别设置,一般以5~10m为宜。

(13)楼层中堆放各种材料、配件等,距边沿的距离应大于1.5m。靠近伸缩缝旁,不宜堆材料。

(14)上下传送材料,特别是易滑的钢材,绳结必须系牢,防止材料散落伤人。

(15)钢模板比较光滑,在临边外安装和拆除钢模板时,其下方应设危险警戒区,作业人员应站立在平稳的架板上,不得站在钢管上作业。在拆除顶模板时,应留一定数量的支撑,防止顶板脱落砸伤拆模工人。拆下的模板、杆件、扣件、U形卡等应及时用绳索或溜槽运至地面。

(16)参照预防起重伤害的措施,所有井字架、门式架的吊篮,必须设置1m高的钢筋网护栏、护门,防止砖头等小型材料或斗车在垂直升降中坠落伤人。

(17)吊运大模板必须用卡环卡牢,防止模板坠落。大模板在校正固定之前,应用钢丝绳临时固定在楼板吊环或墙壁立筋上,以防止校正时大模板倾倒伤人。大模板应按施工组织设计规定的地方堆放,场地必须平整夯实。大模板存放时,必须将地脚螺栓提上去,使自稳角成为70°~80°,没有支撑或自稳角不足的大模板,要放在专用的堆放架内或卧倒平放,不应靠在其他模板或构件上。

(18)在平台上起吊大模板时,平台上禁止堆放其他任何材料、配件、工具等物件,以防止滑落伤人。

(19)圆盘锯上必须设置分割刀和防护罩,防止锯下木料被锯齿弹飞伤人。

(20)在现场或车间进行钢筋张拉时,必须在张拉周围设置危险警戒区,任何人不得进入,张拉作业人员亦应在防护墙外进行张拉,防止钢筋断裂飞出伤人。

六、坍塌伤亡事故

1. 事故案例

(1)事故类别:坍塌。

(2)伤亡人员情况:2人死亡。

(3)直接经济损失:25余万元。

(4)事故概况:某公司在工地进行基础回填作业时,由于回填的土方集中,致使该工程南侧的防水墙受侧压力的作用,呈一字形倒塌(倒塌墙的长度为35m,高2.3m,厚0.24m),将在防水墙前做清理工作的2名农工砸伤致死。在此事故处理中,对有关责任者给予了行政处分,并对该工地进行了停工整顿的处理。

2. 事故原因分析

(1)施工人员违反施工技术交底的有关规定,墙体未达到一定强度就进行回填,且一次回填的高度又超过了规定的要求,加之回填的土方又相对集中,墙体受侧压力的作用,向内呈一字形倒塌是事故发生的直接原因。

(2)有关技术人员在制定施工方案时,未结合现场的实际情况,制定切实可行的施工方案,未针对实际在墙体砌筑宽度较小的部位进行稳固的技术措施,在施工技术方面有疏漏,这是造成事故发生的一个重要原因。

(3)负责施工生产的管理人员,对安全生产工作没有给予足够的重视,对施工现场的安全状况失察,颠倒施工程序,这是事故发生的主要原因。

3. 预防措施

根据统计,坍塌事故点排列图见图8-12。

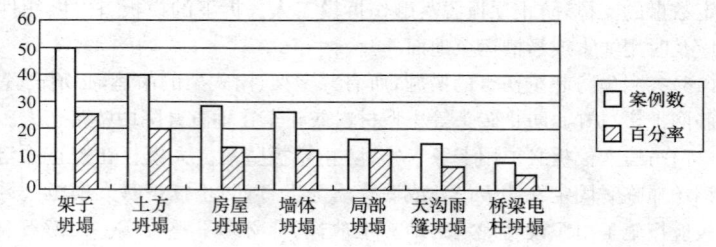

图8-12 坍塌事故排列图

(1)预防井字架、门式架倒塌的措施。

1)把好设计制作关。井字架、门式架倒塌的重要原因之一,是设计不按规范,相互仿制时也不进行复算,制作时没有质量检验标准。因此,井字架、门式架均必须按《钢结构设计规范》进行设计,并经公司总工程师、机动科、安全科、技术科审查批准后,按设计图纸制作。制作井字架、门式架的金属材料,必须有出厂证明,按设计要求对号加工,焊接工作必须由经过考试合格并持证的焊工进行。

2)做好基础。井字架、门式架倒塌的重要原因之二是基础不牢。在安装井字架、门式架之前,首先应对土质进行夯实,然后可用条石、砂夹卵石分层夯实或用C10～C20级混凝土现浇简易基础,预埋地脚螺栓。其面积要比架体四周大50cm,高出地面20～30cm,并做好排水沟,保证排水良好,使基础不受水淹,防止基础沉陷,架体倾斜。再将井字架、门式架底座放在基础上,与基础预埋螺栓扭紧。凡装有起重臂杆的井字架底部应设压重物,总压重不得小于井字架总重量的1.9～2倍。井字架竖立高于6m时,应先加6t压重,以利架设作业中安全。

3)钢管井字架的搭设。用钢管搭设井字架,相邻的两根立杆接头错开长度不得少于50cm,横杆和剪刀撑(十字撑)必须同时安装。滑轨必须垂直,两滑轨间距误差不得超过10mm。

4)钢制门式架的搭设。钢制门式架整体竖立时,底部须用拉索与地锚固定,

第八章 公路工程伤亡事故管理

防止滑移,上部应绑好缆风绳,对角拉牢,就位后收紧并固定缆风绳。

5)要设置牢固的缆风绳。较多的井字架、门式架倒塌事故的主要原因是缆风绳不牢所致。如有的井架已安装25m高尚不拉缆风绳,造成安装中井字架倒塌。也有的井字架、门式架使用报废的钢丝绳作缆风绳,导致绳断而倒塌;还有的用钢筋或8号钢丝作缆风绳因拉断而倒塌。因此,设置牢固的缆风绳,是预防井字架、门式架倒塌事故的重要措施。

①井字架、门式架的缆风绳,必须根据最大起重量和架设的高度,通过计算,选用最大拉力6倍安全系数的钢丝绳,设置四角缆风。如井字架增设双扒杆,每层应设置6根缆风绳为宜。

②安装高度达到10~15m的井字架、门式架,必须设一组4根固定缆风绳,每增高10m再加设一组(一层)固定缆风绳。搭设井字架、门式架高度达到10m时,应先设一组4根临时缆风绳,待固定缆风绳安装稳妥后,再拆除临时缆风绳,以确保井架搭设时的安全。

③缆风绳与地面的角度应为45°~60°。每根缆风绳底端,必须设置一个花篮螺栓(又称松紧器),以便随时调整缆风绳的松紧度。花篮螺栓与缆风绳和锚桩连接必须用同一规格的钢丝绳。缆风绳的顶端,不得直接拴在井字架角钢上,应在连接处设置套管或活动环等,把缆风绳拴在套管或活动环上,以减少磨损。禁止用8号钢丝或钢筋作缆风绳。

6)要设置牢固的地龙、锚桩。井字架、门式架的地龙、锚桩,必须严格要求,按规定设置。

①地龙坑的深度,应根据地龙受力大小和土质坚硬程度而定。一般坑深1.5~3.5m,将横梁卧放在坑底,在梁中部绑上钢丝绳,从坑的前槽引出与花篮螺栓连接,坑内放一些石头等压重物,然后回填土夯实。起重量较大或井字架、门式架较高,设地龙为宜。

②锚桩由2m长的$\phi 48$~$\phi 51$的钢管或∟75mm×60mm的角钢制作,与缆风绳相反方向倾斜打入地下1.5m深。

③如要利用建筑物或构筑物代替锚桩,必须事先经过验算,证明确实安全可靠,方可使用。

④严禁把缆风绳拴在树上、电杆上、门窗上等危险作法。

⑤为了确保使用安全,安装后要由工长会同有关人员检查验收,必要时要试拉。使用中要明确专人定期检查,发现变形应立即采取补救措施,防止事故发生。

7)采用附着式井字架、门式架。随着高层建筑增多,高井架、高门架的缆风成为施工现场的一大难题,很多施工现场场地窄小,根本无法拉缆风绳。因此,附着式井字架、门式架出现了,井字架架设高度可达100m,门式架架设高度可达65m,

实际的架设高度,应根据使用要求,进行计算后确定。

8)要设置避雷装置。井字架、门式架高出周围避雷设施,均必须设置避雷装置,其避雷针必须高出两架最高点 3m,引下线和接地极必须连接紧密,接地电阻不得大于 4Ω。

9)要设置升高限位装置。有的井字架、门式架倒塌,是由于卷扬机司机操作失误,又没装升高限位装置,以致把井字架、门式架拉翻。所以,井字架、门式架均必须设置升高限位装置。目前井字架、门式架的升高限位装置有三种:

①在井字架、门式架天滑轮下方 4m 处设置升高限位装置。缺点是必须把电线顺井字架、门式架拉到高处,如果导线绝缘损坏,随时可能造成金属架导电而发生触电事故。再者,限位开关发生故障,检查维修必须爬到两架顶部,很不方便。

②在卷扬机的卷筒上方设置一个横杆,在杆上装上可横向移动的升高限位装置,当吊篮升到最高允许位置时,卷筒上钢丝绳触碰限位开关,卷扬机断电停转。缺点是当卷筒上钢丝绳乱绳时,就会提前触碰限位开关,吊篮未能到位,卷扬机断电停转。

③在卷扬机卷筒轴上安装一个过卷限位开关,对吊篮起升高度进行控制。

10)要设断绳保险装置。

11)要设吊篮定层装置。

(2)预防脚手架垮塌的措施。

1)高层脚手架基础要求。

①脚手架地基与基础的施工,必须根据脚手架搭设高度、搭设场地土质情况与现行国家标准《建筑地基与基础工程施工质量验收规范》(GB 50202—2002)的有关规定进行。

②脚手架底座底面标高宜高于自然地坪 50mm。

③脚手架基础经验收合格后,应按施工组织设计的要求放线定位。

④脚手架底座、垫板必须准确放在定位线上,垫板宜用木板或槽钢。

2)脚手架结构加强措施。

脚手架的立杆、横杆、扣件、剪刀撑及与结构的拉结必须符合《建筑施工扣件式钢管脚手架安全技术规范》(JGJ 130—2001)的具体要求。

3)脚手架搭设前要编制搭设方案并经过审查和审批;超过 50m 的高层脚手架要经过专门设计计算。

(3)预防土石方坍塌的措施。

1)要放足边坡。土方边坡的稳定,主要由土体的内摩阻力和粘结力来保持平衡。一旦土体失去平衡,边坡就会塌方,造成人身伤亡,影响施工正常进行,同时还会危及附近建筑物的安全。因此,必须做到:

第八章 公路工程伤亡事故管理

①土方施工前要做好调查研究工作。土方工程施工前,应做好必要的地质、水文和地下设备(如天然气管、瓦斯管道、电缆等)的调查和勘察工作,制定出土方开挖的方案。在深坑、深井内作业时,还应采取测毒和通风换气的措施。

②挖土方应从上而下分层进行,禁止采用挖空底脚的操作方法(即挖神仙土),挖基坑、沟、槽、井坑时,应视土的性质、湿度和挖的深度,选择安全边坡或设置固壁支撑。在沟、坑边堆放泥土、材料,至少要距离沟、坑边沿 1m 以外,高度不得超过 1.5m。

③所放边坡要适当,边坡放得太大,增加开支;边坡放得太小,又会造成塌方事故。边坡坡度应根据挖方深度,土的物理性质和地下水位的高低,按《土方与爆破工程施工及验收规范》(GBJ 201—1983)的规定选用。

④挖大孔径及扩底桩施工前,必须按规定制定防坠人落物、防坍塌、防人员窒息等安全防护措施,并指定专人实施。

2)支好固坡支撑。

3)做好排水等措施。

①在平地土方工程施工前,应认真挖好地面临时排水沟或筑土堤等设施,防止施工用水和地面雨水流入坑、沟、槽,造成边坡坍塌。

②在山坡地区施工,应尽量按设计要求先做好永久性截水沟。确因特殊情况来不及做好永久性截水沟时,也必须设置临时截水沟,阻止山坡水流入施工现场,以防止向坑、沟、槽壁、底渗漏,造成坍塌。临时截水沟至挖方边坡上缘的距离,应根据土质确定,一般不得小于 3m。

③开挖低于地下水位的基坑、基槽、管沟和其他挖方时,应根据开挖层的地质资料、挖方深度等实际情况,选用集水坑降水、井点降水或两种方法相结合等措施,降低地下水位,以防地基土结构遭受破坏,造成边坡塌方或影响施工质量。

④土方工程尽量在雨期到来之前完成,必须在雨期前开挖坑、槽、沟等,应注意边坡稳定。必要时可适当放缓边坡坡度或设置支撑。施工时应有专人负责加强对边坡和支撑的检查。

⑤冬期采用蒸汽法和电热法等融化冻土时,应按开挖顺序分段进行。冬期开挖土方时,有可能引起邻近建筑物或构筑物坍塌或冻坏其他地下设施时,应事先采取防护措施。

⑥凡挖方的壁坡中有危石或爆破作业中有危石,必须及时处理后,方准继续施工。

(4)防止模板及其支架系统倒塌的措施。

1)模板、支架系统必须进行设计计算,以保证其具有足够的强度、刚度和稳定性,能可靠地承受钢筋和新浇筑混凝土的重量以及在施工过程中所产生的荷载。

2)模板和支架所用材料可选用钢材和木材。钢材应符合《碳素结构钢》(GB/T 700—2006)中的 HPB235 钢标准。木材应符合《木结构工程施工质量验收规范》(GB 50206—2002)中的承重结构选材标准,其树种可按各地区实际情况选用,材质不宜低于Ⅲ等材。

3)模板的安装和支架的搭设必须符合设计要求和有关规范的规定。

4)模板和支架的拆除应符合设计要求,如设计无要求时,应在与现场同条件养护的混凝土试块的强度达到设计强度后,方能拆除。

5)模板和支架的拆除应编制可靠的拆除方案,并向工人做好安全技术交底,严格按照拆除方案的要求拆除。

6)大模板存放必须将地脚螺栓提上去,使自稳角成为 $70°\sim 80°$。长期存放的大模板,必须用拉杆连接绑牢。没有支撑或自稳角不足的大模板,要存放在专用的堆放架内。

参 考 文 献

[1] 陈宝义. 施工质量安全管理[M]. 北京:地质出版社,2002.
[2] 朱晓斌,陆建玲,丁小燕. 安全员[M]. 北京:机械工业出版社,2004.
[3] 黑龙江省公路桥梁建设总公司. JTJ 076—1995 公路工程施工安全技术规程[S]. 北京:人民交通出版社,2001.
[4] 中华人民共和国交通部. JTG H30—2004 公路养护安全作业规程[S]. 北京:人民交通出版社,2004.
[5] 姬海君. 建筑施工安全知识[M]. 北京:机械工业出版社,2005.
[6] 刘军. 安全员[M]. 2版. 北京:中国建筑工业出版社,2004.
[7] 秦春芳. 建筑施工安全技术手册[M]. 北京:中国建筑工业出版社,1991.
[8] 王棉. 公路工程施工安全生产指南[M]. 北京:人民交通出版社,2003.
[9] 张涌、胡江碧. 公路施工安全审查手册[M]. 北京:人民交通出版社,2006.
[10] 杨文渊,徐犇. 简明公路施工手册[M]. 北京:人民交通出版社,1991.
[11] 陈卫红,陈镜琼,史延明. 职业危害与职业健康安全管理[M]. 北京:化学工业出版社,2006.
[12] 罗云,程五一. 现代安全管理[M]. 北京:化学工业出版社,2004.
[13] 崔京浩. 工程建设安全管理[M]. 2版. 北京:水利水电出版社,2005.